2012

中国社会统计年鉴

China Social Statistical Yearbook

国家统计局社会科技和文化产业统计司　编

Compiled by
Department of Social, Science and Technology, and Cultural Statistics
National Bureau of Statistics of China

中国统计出版社
China Statistics Press

图书在版编目（CIP）数据

中国社会统计年鉴. 2012 : 汉英对照 / 国家统计局社会科技和文化产业统计司编. -- 北京 : 中国统计出版社, 2012.9

ISBN 978-7-5037- 6728-9

Ⅰ. ①中… Ⅱ. ①国… Ⅲ. ①社会统计－统计资料－中国－2012－年鉴－汉、英 Ⅳ. ①C832-54

中国版本图书馆 CIP 数据核字(2012)第 248299 号

中国社会统计年鉴—2012

作　　者/国家统计局社会科技和文化产业统计司编
责任编辑/徐　涛　辛　佳
封面设计/李雪燕
出版发行/中国统计出版社
通信地址/北京市西城区月坛南街 57 号　邮政编码/100826
办公地址/北京市丰台区西三环南路甲 6 号　邮政编码/100073
电　　话/邮购（010）63376909　书店（010）68783171
网　　址/http://csp.stats.gov.cn
印　　刷/北京联兴盛业印刷股份有限公司
经　　销/新华书店
开　　本/880×1230 毫米　1/16
字　　数/640 千字
印　　张/20
版　　别/2012 年 11 月第 1 版
版　　次/2012 年 11 月第 1 次印刷
定　　价/280.00 元

本书附同版本 CD-ROM 一张，光盘内容以书面文字为准。
如有印装差错，由本社发行部调换。

《中国社会统计年鉴—2012》编委会和编辑人员

编委会

编辑人员

《China Social Statistical Yearbook 2012》 Editorial Board and Staff

编 者 说 明

一、《中国社会统计年鉴-2012》是一部较为全面反映我国社会发展相关领域情况的资料性年刊。全书以部门的社会统计资料为基础，主要包括：教育、文化、体育、卫生、社会服务、残疾人事业及公共管理和社会组织等几个部分。

二、由于有关部门统计基础和现有资料情况各异，其资料在全书中所占篇幅各有不同，部门资料的历史年份也未统一，但资料基本上可以反映部门统计的不同特点。

三、书中以附录的形式收录了反映部门事业发展的统计公报和重大调查成果的报告，是对社会统计数据资料的必要完善与补充。书后附有主要统计指标解释。

四、本书的资料分别来自于：教育部、文化部、广电总局、新闻出版总署、档案局、体育总局、卫生部、民政部、公安部、最高人民检察院、最高人民法院、司法部、人力资源和社会保障部、中央组织部、中央统战部、全国人大、全国政协、全国总工会、全国妇联和中国残联等部门。

五、资料中的“空格”表示该项统计指标数据不详或无该项数据；“#”表示其中的主要项。

六、在本书的编辑过程中，得到有关部门的大力支持，在此谨致深深的谢意。由于社会统计年鉴涉及的范围广、工作量大，在资料的整理和编排方面难免存在不足甚至疏误，敬请读者指正。

PREFACE

I. *China Social Statistical Yearbook 2012* is the statistical yearbook which reflects various aspects related to social development. It is based on social statistical data of different departments, and mainly contains the following chapters: education, culture, sports, public health, social service, undertaking for disabled persons, public administration and membership organization.

II. The Yearbook could reflect basic characteristics of statistics from different departments, although information from each department contained in this yearbook is different, and so is the length of time series of data, due to varying statistical statuses of each department.

III. The Yearbook also includes, in the form of annex, some statistical communiqués and important survey reports reflecting the development of related departments. This is a necessary supplement to social statistical data. In addition, explanatory notes on main statistical indicators are provided at the end of the Yearbook.

IV. Data and materials contained in the Yearbook are sourced from the following departments: Ministry of Education, Ministry of Culture, the State Administration of Radio, Film and Television, General Administration of Press and Publication, the State Archives Administration, General Administration of Sports, Ministry of Health, Ministry of Civil Affairs, Ministry of Public Security, Supreme People's Procuratorate, Supreme People's Court, Ministry of Justice, Ministry of Human Resources and Social Security, the Organization Department of the CPC Central Committee, the United Front Work Department of CPC Central Committee, the National People's Congress, National Committee of the Chinese People's Political Consultative Conference, All-China Federation of Trade Unions, All-China Women's Federation, China Disabled Persons' Federation, etc.

V. Notations used in the yearbook: (blank space) indicates that data are unknown or are not available; "#" indicates a major breakdown of the total.

VI. Our deep appreciation goes to many departments which provided supports in compiling this Yearbook. It is inevitable that there might be some mistakes in the book because of wide coverage and large workload involved in collecting and compiling social statistics. Suggestions from readers are welcome so as to improve the quality of this publication in the future.

目　录

CONTENTS

一、综　合

General Survey

二、教　育

Education

三、文　化
Culture

四、广播电视
Radio and Television

五、新闻出版、档案
News Publication and Archive

六、体 育
Sports

七、卫 生
Public Health

八、社会服务

Social Service

九、残疾人事业
Undertaking for Disabled Persons

十、公共管理和社会组织
Public Administration and Membership Organization

一、综　　合
General Survey

1-1 社会发展主要指标
Major Indicators of Social Development

指 标	Index	1978	1980	1990	2000	2010	2011
教 育	**Education**						
招生数 (万人)	New Students Enrollment (10 000 persons)						
研究生 (人)	Postgraduates (person)	10708	3616	29649	128484	538177	560168
普通高等教育	Regular Higher Education	40.2	28.1	60.9	220.6	661.8	681.5
成人高等教育	Adult Higher Education				156.2	208.4	218.5
中等职业教育	Secondary Vocational Education		256.2	286.1	386.8	870.4	660.3
普通高中	Regular Senior Secondary Schools	692.9	383.4	249.8	472.7	836.2	787.7
普通初中	Regular Junior Secondary Schools	2006.0	1550.9	1369.9	2263.3	1715.5	1634.0
普通小学	Primary Schools	3315.4	2942.3	2064.0	1946.5	1691.7	1736.8
在校生数 (万人)	Students Enrollment (10 000 persons)						
研究生 (人)	Postgraduates (person)	10934	21604	93018	301239	1538416	1645845
普通高等教育	Regular Higher Education	85.6	114.4	206.3	556.1	2231.8	2308.5
成人高等教育	Adult Higher Education	140.8	155.4	166.7	353.6	536.0	547.5
中等职业教育	Secondary Vocational Education		675.6	763.5	1229.5	2238.5	2205.3
普通高中	Regular Senior Secondary Schools	1553.1	969.8	717.3	1201.3	2427.3	2454.8
普通初中	Regular Junior Secondary Schools	4995.2	4538.3	3868.7	6167.6	5275.9	5064.2
普通小学	Primary Schools	14624.0	14627.0	12241.4	13013.3	9940.7	9926.4
毕业生数 (万人)	Graduates (10 000 persons)						
研究生 (人)	Postgraduates (person)	9	476	35440	58767	383600	429994
普通高等教育	Regular Higher Education	16.5	14.7	61.4	95.0	575.4	608.2
成人高等教育	Adult Higher Education			48.9	88.0	197.3	190.7
中等职业教育	Secondary Vocational Education			240.7	478.7	665.3	813.9
普通高中	Regular Senior Secondary Schools	682.7	616.2	233.0	301.5	794.4	850.8
普通初中	Regular Junior Secondary Schools	1692.6	964.7	1109.1	1607.1	1748.6	1735.5
普通小学	Primary Schools	2287.9	2053.3	1863.1	2419.2	1739.6	1662.8
全国教育经费 (亿元)	Total Funds for Education (100 million yuan)			548.7	3849.1	19561.9	
国家财政性教育经费占GDP比重 (%)	Percentage of Government Appropriation for Education to GDP (%)				2.9	3.7	
文 化	**Culture**						
艺术表演团体 (个)	Arts Performance Troupes (unit)	3150	3533	2805	2619	6864	7055
公共图书馆 (个)	Public Libraries (unit)	1218	1732	2527	2677	2884	2952
博物馆 (个)	Museums (unit)	349	365	1013	1392	2435	2650
国家综合档案馆 (个)	General Archives (unit)				3070	3194	3196
图书出版种数 (种)	Number of Published Books (kind)	14987	21621	80224	143376	328387	369523
报纸出版种数 (种)	Number of Published Newspapers (kind)	186	188	1444	2007	1939	1928
期刊出版种数 (种)	Number of Published Magazines (kind)	930	2191	5751	8725	9884	9849

1-1 续表 1 continued

指 标		Index		1978	1980	1990	2000	2010	2011
图书总印数	(亿册、亿张)	Printed Copies of Books	(100 million copies,100 million sheets)	37.7	45.9	56.4	62.7	71.7	77.1
报纸总印数	(亿份)	Printed Copies of Newspapers	(100 million copies)	127.8	140.4	211.3	329.3	452.1	467.4
期刊总印数	(亿册)	Printed Copies of Magazines	(100 million copies)	7.6	11.3	17.9	29.4	32.2	32.9
故事影片产量	(部)	Number of Feature Films	(film)	46	82	134	91	526	558
电视节目制作时间	(万小时)	Production of TV Programs	(10000 hours)			9.2	102.6	274.3	295.1
卫　生		**Health**							
医疗卫生机构数	(个)	Number of Health Institutions	(unit)	169732	180553	1012690	1034229	936927	954389
#医院		Hospitals		9293	9902	14377	16318	20918	21979
医疗卫生机构床位数	(万张)	Number of Beds in Health Care Institutions	(10000 beds)	204.2	218.4	292.5	317.7	478.7	516
卫生技术人员	(万人)	Medical and Technical Personnel	(10 000 persons)	246.4	279.8	389.8	449.1	587.6	620.3
#执业(助理)医师		Certified(Assistant)Doctors		97.8	115.3	176.3	207.6	241.3	246.6
注册护士		Registered Nurses		40.5	46.6	97.5	126.7	204.8	224.4
每千人口执业(助理)医师数	(人)	Number of Certified(Assistant)Doctors per 1 000 Population	(person)	1.08	1.17	1.56	1.68	1.79	1.82
卫生总费用	(亿元)	Expenditure for Public Health	(100 million yuan)	110.2	143.2	747.4	4586.6	19980.4	24268.8
卫生总费用占GDP的比重	(%)	Percentage of Expenditure for Public Health to GDP	(%)	3.0	3.2	4.0	4.6	5.0	5.2
体　育		**Sports**							
运动员获世界冠军	(个)	World Championships Won by Chinese Athletes	(unit)	4	3	54	110	108	138
运动员创世界记录	(次)	World Records Broken by Chinese Athletes	(time)	3	15	16	30	15	8
社会服务		**Social Welfare**							
社会服务床位	(万张)	Beds of Social Welfare Institutions with Residential Accomodation	(10000 units)				113.0	349.6	396.4
社会福利企业	(个)	Social Welfare Enterprises	(unit)	920	1309	41827	40670	22226	21507
城市居民最低生活保障人数	(万人)	Number of Persons Receiving Subsistence Allowance in Urban Areas	(10 000 persons)				402.6	2310.5	2276.8
农村居民最低生活保障人数	(万人)	Number of Persons Receiving Subsistence Allowance in Rural Areas	(10 000 persons)					5214.0	5305.7
社区服务设施数	(个)	Number of Community Service Facilities	(unit)			84757	187888	152941	160352
社会服务经费	(亿元)	Expenditure on Social Service	(100 million yuan)	13.7	17.5	51.9	229.7	2697.5	3229.1
社会服务经费占财政支出的比重	(%)	Percentage of Expenditure on Social Service to Government Expenditure	(%)	1.3	1.4	1.5	1.5	3.0	3.0

1-1 续表 2 continued

指 标	Index	1978	1980	1990	2000	2010	2011
公检法司	**Public Security, Procuratorial,Legal and Judicial Affairs**						
公安机关刑事案件立案数 (万起)	Number of Criminal Cases Registered in Public Security Organs (10 000 cases)				363.7	597.0	600.5
公安机关治安案件查处数 (万起)	Number of Offense Cases Against Public Order Handled by Public Security Organs (10 000 cases)				382.3	1212.2	1256.4
人民检察院立案侦察案件数 (件)	Number of Cases under Direct Investigation by Procurator's Offices (case)				45113	32909	32567
人民检察院批准决定逮捕犯罪嫌疑人 (万人)	Arrests of Criminal Suspects Approved by Procurator's Offices (10 000 persons)				71.6	93.1	92.4
人民法院审理一审案件数 (万件)	Number of First Trial Cases by Courts (10 000 cases)	44.8	76.4	291.7	535.6	699.9	759.6
#刑事案件	Criminal Cases	14.7	19.8	46.0	56.0	78.0	84.6
民事案件	Civil Cases	30.1	56.6	185.2	341.2	609.1	661.4
行政案件	Administrative Cases			1.3	8.6	12.9	13.6
年末在押服刑人员 (万人)	Termers in Custody (10 000 persons)					165.7	164.2
律师事务所 (个)	Number of Law Firms (unit)			3716	9541	17230	18235
专职律师 (万人)	Number of Full-time Lawyers (10 000 persons)			2.4	6.9	17.6	19.3
公证员 (人)	Number of Notaries (person)			9210	12849	11457	12163
交通事故发生数 (万起)	Number of Traffic Accidents (10 000 cases)			25.0	61.7	22.0	21.1
交通事故死亡人数 (人)	Deaths in Traffic Accidents (person)			49243	93853	65225	62387
交通事故直接财产损失 (亿元)	Direct Property Losses from Traffic Accidents (100 million yuan)			3.5	26.7	9.3	10.8
火灾事故发生数 (万起)	Number of Fire Accidents (10 000 cases)			5.7	18.9	13.2	12.5
火灾事故死亡人数 (人)	Deaths in Fire Accidents (person)			2107	3021	1205	1108
火灾事故直接经济损失 (亿元)	Direct Economic Losses from Fire Accidents (100 million yuan)			5.1	15.2	19.6	20.6
工会妇联	**Trade Unions and Women's Federations**						
工会基层组织数 (万个)	Number of Grassroot Trade Unions (10 000 units)		37.6	60.6	85.9	197.6	232.0
全国工会会员人数 (万人)	Membership of Trade Unions (10 000 persons)		6116.5	10135.6	10361.5	23996.5	25885.1
工会专职工作人员 (万人)	Number of Full-time Personnel of Trade Unions (10 000 persons)		24.3	55.6	48.2	86.4	99.8
全国妇联专职干部 (人)	Number of Full-time Cadres of Women's Federations (person)			97566		78122	89951
#少数民族干部	Number of Minority Cadres			14638		12118	14260

二、教　育
Education

2-1 各级各类学校、教职工和专任教师情况（2011年）

Basic Statistics on Schools, Teachers and Staff and Full-time Teachers (2011)

项　目	Item	学校数(所) Number of Schools (unit)	教职工数(人) Teachers and Staff (person)	专任教师(人) Full-time Teachers (person)
高等教育	**Higher Education**	**2762**	**2308631**	**1449686**
研究生培养机构	Institutions Providing Postgraduate Programs	(755)		
普通高校	Regular Institutions of Higher Education	(481)		
科研机构	Research Institutions	(274)		
普通高等学校	Regular Institutions of Higher Education	2409	2204819	1392676
本科院校	Universities with Full Undergraduate Courses	1129	1585694	976937
#独立学院	Non-university Tertiary	309	181039	132733
高职(专科)院校	Colleges with Specialized Courses	1280	614717	412624
其他机构(教学点)	Other Institutions	(47)	4408	3115
成人高等学校	Institutions of Higher Education for Adult	353	69032	40903
民办的其他高等教育机构	Other Private Institutions of Higher Education	(830)	34780	16107
中等教育	**Secondary Education**	**83810**	**7598937**	**5976024**
高中阶段教育	Senior Secondary Education	27638	3645725	2444548
高　中	Senior Secondary Schools	14545	2434528	1562610
普通高中	Regular Senior Secondary Schools	13688	2427386	1556829
完全中学	From Grade 7 to 12	6357	1100491	523198
高级中学	From Grade 10 to 12	6532	1182946	995434
十二年一贯制学校	From Grade 1 to 12	799	143949	38197
成人高中	Adult Senior Secondary Schools	857	7142	5781
中等职业教育	Vocational Secondary Education	13093	1211197	881938
普通中专	Regular Specialized Secondary Schools	3753	435030	303864
成人中专	Adult Specialized Secondary Schools	1614	81292	55192
职业高中	Vocational Senior Secondary Schools	4802	406722	315472
技工学校	Technical Schools	2924	266116	192575
其他机构(教学点)	Other Institutions	(642)	22037	14835
初中阶段教育	Junior Secondary Education	56172	3953212	3531476
普通初中	Regular Junior Secondary Schools	54063	3942471	3522976
初级中学	Junior Secondary Schools	40759	2993587	2655000
九年一贯制学校	From Grade 1 to 9	13304	948884	414894
十二年一贯制学校	From Grade 1 to 12			36824
完全中学	From Grade 7 to 12			416258
职业初中	Vocational Junior Secondary Schools	54	1698	1541
成人初中	Adult Junior Secondary Schools	2055	9043	6959
初等教育	**Primary Education**	**271804**	**5650416**	**5638560**
普通小学	Regular Primary Schools	241249	5584868	5604861
小　学	Primary Schools	241249	5584868	5163882
九年一贯制学校	From Grade 1 to 9			409103
十二年一贯制学校	From Grade 1 to 12			31876
成人小学	Adult Primary Schools	30555	65548	33699
#扫盲班	Literacy Courses	20179	49516	23233
工读学校	**Schools for Juvenile Delinquents**	**76**	**2573**	**1764**
特殊教育	**Special Education**	**1767**	**51189**	**41311**
学前教育	**Pre-school Education**	**166750**	**2204367**	**1315634**

注：1.普通高中的教职工数中包含普通初中的教职工数。
　　2.括号内数据均不计校数。

a) Number of teachers and staff in regular senior secondary schools includes that of regular junior secondary schools.
b) Data in "()" don't count to number of schools.

2-2 各级各类学历教育学生情况（2011年）

Basic Statistics on Students by Level and Type of Education (2011)

单位：人 (person)

项目	Item	招生数 New Enrollment	在校学生数 Total Enrollment	毕业生数 Graduates	女学生占学生总数的比重(%) Females as % of Total
高等教育	**Students Received Higher Education**				
研究生	Postgraduates	560168	1645845	429994	48.46
博　士	Doctor's Degree	65559	271261	50289	36.13
硕　士	Master's Degree	494609	1374584	379705	50.89
普通本专科	Regular Undergraduates and College Students	6815009	23085078	6081565	51.14
本　科	Enrolled in Full Undergraduate Courses	3566411	13496577	2796229	50.40
专　科	Enrolled in Specialized Courses	3248598	9588501	3285336	52.17
成人本专科	Adult Undergraduates and College Students	2185141	5474962	1906640	53.85
本　科	Enrolled in Full Undergraduate Courses	897241	2336132	755402	55.84
专　科	Enrolled in Specialized Courses	1287900	3138830	1151238	52.36
其他高等学历教育	Other Degree of Higher Education				
在职人员攻读博士、硕士学位	Employees Enrolled in Graduate Programs Leading to Doctor or Master Degrees	134061	461693		36.09
网络本专科生	Students Enrolled in Internet-based Courses	1871519	4924833	1299253	47.83
本　科	Enrolled in Full Undergraduate Courses	643993	1754760	460149	50.84
专　科	Enrolled in Specialized Courses	1227526	3170073	839104	46.16
中等教育	**Students Received Secondary Education**	**32993759**	**98078540**	**32665962**	
高中阶段教育	Senior Secondary Education	16646463	46866060	14702827	
高中	Senior Secondary Schools	8507799	24812760	8099367	
普通高中	Regular Senior Secondary Schools	8507799	24548227	7877401	48.98
完全中学	From Grade 7 to 12	2950612	8391776	2618833	
高级中学	From Grade 10 to 12	5354128	15591233	5088191	
十二年一贯制学校	From Grade 1 to 12	203059	565218	170377	
成人高中	Adult Senior Secondary Schools		264533	221966	56.54
中等职业教育	Vocational Secondary Education	8138664	22053300	6603460	45.71
普通中专	Regular Specialized Secondary Schools	2995725	8552071	2702302	53.28
成人中专	Adult Specialized Secondary Schools	1039639	2387275	530942	44.65
职业高中	Vocational Senior Secondary Schools	2464262	6809722	2178008	46.95
技工学校	Technical Schools	1639038	4304232	1192208	28.96
初中阶段教育	Regular Junior Secondary Schools	16347296	51212480	17963135	
普通初中	Regular Junior Secondary Schools	16347296	50668024	17366786	47.13
初级中学	Junior Scondary Schools	12079662	37697057	13097178	
九年一贯制学校	From Grade 1 to 9	1824936	5513859	1790288	
十二年一贯制学校	From Grade 1 to 12	196210	586326	185730	
完全中学	From Grade 7 to 12	2239280	6844816	2281767	
职业初中	Vocational Junior Secondary Schools	7208	25966	11823	
成人初中	Adult Junior Secondary Schools		544456	596349	51.04
初等教育	**Primary Education**	**17367980**	**100942847**	**18417800**	**46.23**
普通小学	Regular Primary Schools	17367980	99263674	16628054	51.30
小学	Primary Schools	15989257	91115452	15201478	
九年一贯制学校	From Grade 1 to 9	1282216	7565579	1326111	
十二年一贯制学校	From Grade 1 to 12	96507	582643	100465	
成人小学	Adult Primary Schools		1679173	1789746	55.10
#扫盲班	Literacy Courses		748890	818150	
工读学校	**Schools for Juvenile Delinquents**	**5664**	**8976**	**4378**	**15.60**
特殊教育	**Students Received Special Education**	**64086**	**398736**	**44194**	**33.96**
学前教育	**Students Received Pre-school Education**	**18273104**	**34244456**	**11847124**	**46.11**

注：特殊教育学生数中包括普通中小学随班就读的学生。

a) Students received special education include those learning in the same classes of formal regular junior and primary schools.

2-3　各级各类非学历教育学生情况(2011年)

Basic Statistics on Students by Level and Type of Non-formal Education (2011)

单位：人　　(person)

项　目	Item	结业生数 Graduates	注册生数 Registered Students
总　计	**Total**	**65196816**	**58382188**
高等教育	Higher Education	6771796	4051425
研究生课程进修班	Postgraduate Courses for Advanced Study	48873	67112
自考助学班	Classes for Self-learning Programs	242067	470423
普通预科生	College Preparatory Courses		32274
进修及培训	In-service Training Courses	6480856	3481616
#资格证书培训	Training for Qualification Certificates	2017012	893784
岗位证书培训	Training for Post Certificates	1785514	976309
中等职业教育	Vocational Secondary Education	58425020	54330763
#资格证书培训	Training for Qualification Certificates	7614303	6461557
岗位证书培训	Training for Post Certificates	9798624	8441784
中等职业学校	Vocational Secondary Schools	6959144	4119561
#资格证书培训	Training for Qualification Certificates	2646761	1630942
岗位证书培训	Training for Post Certificates	2018994	1055320
职业技术培训机构	Vocational Training Institutes	51465876	50211202
#资格证书培训	Training for Qualification Certificates	4967542	4830615
岗位证书培训	Training for Post Certificates	7779630	7386464

2-4 各级各类民办教育基本情况(2011年)

Basic Statistics on Private Schools by Level and Type of Schools (2011)

单位：人　　(person)

项　目	Item	学校数(所) Number of Schools (unit)	毕业生数 Number of Graduates	招生数 New Enrollment	在校生数 Total Enrollment	教职工数 Teachers and Staff	专任教师 Full-time Teachers	其　他 Others
民办高等教育	**Private Higher Education**							
民办高校	Private Institutions of Higher Education	698	1229577	1537292	5050687	371554	252441	260042
本　科	Undergraduate Courses		579675	883191	3118236			
专　科	Specialized Courses		649902	654101	1932451			
独立学院	Non-university Tertiary	309	542638	746028	2674448	181039	132733	29128
本　科	Undergraduate Courses		479562	689278	2498710			
专　科	Specialized Courses		63076	56750	175738			
民办其他高等教育机构	Other Private Institutions of Higher Education	(830)				34780	16107	881399
民办中等教育	**Private Secondary Education**							
高中阶段教育	Senior Secondary Education	5250	1642019	1792777	5042345	754757	547750	
民办普通高中	Private Regular Senior Secondary Schools	2394	724905	835370	2349833	606071	452249	
民办中等职业教育	Private Vocational Secondary Education	2856	917114	957407	2692512	148686	95501	376946
初中阶段教育	Junior Secondary Education	4282	1311881	1536479	4425616			
民办普通初中	Private Regular Junior Secondary Schools	4282	1311881	1536479	4425616			
民办职业初中	Private Vocational Junior Secondary Education							
民办普通小学	**Private Regular Primary Schools**	**5186**	**885433**	**1008252**	**5678255**	**186026**	**134809**	
民办幼儿园	**Private Kindergartens**	**115404**	**4671427**	**8133958**	**16942090**	**1436575**	**807772**	
另：民办培训机构	**Private Training Institutions**	**(21403)**				**250825**	**147525**	**9554560**

注：1.“其他学生数”包括：学历文凭考试学生、自考助学班学生、预科生、进修及培训学生数。

2.民办普通高中的教职工和专任教师数中包含民办普通初中的教职工和专任教师数。

3.“()”括号内数据不计校数。

a) Other Students include: diploma exam students, self-learning assistant class students, preparatory students, in-service training students.

b) Staff and teachers and full-time teachers in private regular senior secondary schools include those of private regular junior secondary schools.

c) Data in "()" do not count to number of schools.

2-5 各级各类学校数

Number of Schools by Level and Type of School

单位：所 (unit)

年 份 Year	普通高等学校 Regular Institutions of Higher Education	普通中学 Regular Secondary Schools	高 中 Senior Secondary Schools	初 中 Junior Secondary Schools	职业中学 Vocational Secondary Schools	普通小学 Primary Schools	特殊教育学校 Special Schools	学前教育 Pre-primary Education
1978	598	162345	49215	113130		949323	292	163952
1980	675	118377	31300	87077	3314	917316	292	170419
1985	1016	93221	17318	75903	8070	832309	375	172262
1986	1054	92967	17111	75856	8187	820846	423	173376
1987	1063	92857	16930	75927	8381	807406	504	176775
1988	1075	91492	16524	74968	8954	793261	577	171845
1989	1075	89575	16050	73525	9173	777244	662	172634
1990	1075	87631	15678	71953	9164	766072	746	172322
1991	1075	85851	15243	70608	9572	729158	886	164465
1992	1053	84021	14850	69171	9860	712973	1077	172506
1993	1065	82795	14380	68415	9985	696681	1123	165197
1994	1080	82358	14242	68116	10217	682588	1241	174657
1995	1054	81020	13991	67029	10147	668685	1379	180438
1996	1032	79967	13875	66092	10049	645983	1428	187324
1997	1020	78642	13880	64762	10047	628840	1440	182485
1998	1022	77888	13948	63940	10074	609626	1535	181368
1999	1071	77213	14127	63086	9636	582291	1520	181136
2000	1041	77268	14564	62704	8849	553622	1539	175836
2001	1225	80432	14907	65525	7802	491273	1531	111706
2002	1396	80067	15406	64661	7402	456903	1540	111752
2003	1552	79490	15779	63711	6843	425846	1551	116390
2004	1731	79058	15998	63060	6478	394183	1560	117899
2005	1792	77977	16092	61885	6423	366213	1593	124402
2006	1867	76703	16153	60550	6100	341639	1605	130495
2007	1908	74790	15681	59109	6191	320061	1618	129086
2008	2263	72907	15206	57701	6128	300854	1640	133722
2009	2305	70774	14607	56167	5805	280184	1672	138209
2010	2358	68881	14058	54823	5273	257410	1706	150420
2011	2409	67751	13688	54063	4856	241249	1767	166750

注：职业中学包括职业高中和职业初中(以下各表同)。

a) Vocational secondary schools include vocational senior and junior secondary schools. The same applies to the tables following.

2-6 各级各类学校专任教师数

Number of Full-time Teachers by Level and Type of School

单位：万人 (10 000 persons)

年 份 Year	普通高等学校 Regular Institutions of Higher Education	普通中学 Regular Secondary Schools	高中 Senior Secondary Schools	初中 Junior Secondary Schools	职业中学 Vocational Secondary Schools	普通小学 Primary Schools	特殊教育学校 Special Schools	学前教育 Pre-primary Education
1978	20.6	318.2	74.1	244.1		522.6	0.4	27.7
1980	24.7	302.0	57.1	244.9	2.3	549.9	0.5	41.1
1985	34.4	265.2	49.2	216.0	14.1	537.7	0.7	55.0
1986	37.2	275.8	51.8	223.9	16.4	541.4	0.8	60.5
1987	38.5	287.0	54.4	232.7	18.5	543.4	0.9	65.1
1988	39.3	296.0	55.7	240.3	20.3	550.1	1.1	67.0
1989	39.7	298.0	55.4	242.7	21.4	554.4	1.2	70.9
1990	39.5	303.3	56.2	247.0	22.4	558.2	1.4	75.0
1991	39.1	309.0	57.3	251.7	23.5	553.2	1.6	76.9
1992	38.8	314.1	57.6	256.5	24.8	552.7	1.9	81.5
1993	38.8	316.7	55.9	260.8	26.2	555.2	2.0	83.6
1994	39.6	323.4	54.7	268.7	27.7	561.1	2.3	86.2
1995	40.1	333.4	55.1	278.4	29.2	566.4	2.5	87.5
1996	40.3	346.5	57.2	289.3	30.8	573.6	2.7	88.9
1997	40.5	358.7	60.5	298.2	32.2	579.4	2.9	88.4
1998	40.7	369.7	64.2	305.5	33.6	581.9	3.0	87.5
1999	42.6	384.1	69.2	314.8	33.6	586.1	3.1	87.2
2000	46.3	400.5	75.7	324.9	32.0	586.0	3.2	85.6
2001	53.2	418.8	84.0	334.8	30.6	579.8	2.9	63.0
2002	61.8	437.6	94.6	343.0	31.0	577.9	3.0	57.1
2003	72.5	453.7	107.1	346.7	28.9	570.3	3.0	61.3
2004	85.8	466.8	119.1	347.7	29.4	562.9	3.1	65.6
2005	96.6	477.1	129.9	347.2	30.3	559.2	3.2	72.2
2006	107.6	485.1	138.7	346.3	30.7	558.8	3.3	77.6
2007	116.8	490.7	144.3	346.4	31.7	561.3	3.5	82.7
2008	123.7	494.4	147.6	346.9	32.6	562.2	3.6	89.9
2009	129.5	500.7	149.3	351.3	32.6	563.3	3.8	98.6
2010	134.3	504.2	151.8	352.3	30.9	561.7	4.0	114.4
2011	139.3	508.0	155.7	352.3	31.7	560.5	4.1	131.6

2-7 各级各类学校招生数

Number of New Students Enrollment by Level and Type of School

单位: 万人 (10 000 persons)

年 份 Year	普通高等学校 Regular Institutions of Higher Education	普通中学 Regular Secondary Schools	高中 Senior Secondary Schools	初中 Junior Secondary Schools	职业中学 Vocational Secondary Schools	普通小学 Primary Schools	特殊教育学校 Special Schools
1978	40.2	2698.9	692.9	2006.0		3315.4	0.6
1980	28.1	1934.3	383.4	1550.9	30.7	2942.3	0.6
1985	61.9	1606.9	257.5	1349.4	116.1	2298.2	0.9
1986	57.2	1643.9	257.3	1386.6	112.8	2258.2	1.1
1987	61.7	1649.5	255.2	1394.3	113.2	2094.6	1.2
1988	67.0	1584.8	244.3	1340.5	119.5	2123.3	1.2
1989	59.7	1551.5	242.1	1309.4	118.3	2151.5	1.4
1990	60.9	1619.6	249.8	1369.9	123.2	2064.0	1.6
1991	62.0	1655.2	243.8	1411.3	137.8	2072.7	2.0
1992	75.4	1699.7	234.7	1465.0	152.1	2183.2	3.0
1993	92.4	1707.3	228.3	1479.0	161.5	2353.5	3.4
1994	90.0	1859.8	243.4	1616.4	175.3	2537.0	4.0
1995	92.6	2025.9	273.6	1752.3	190.1	2531.8	5.6
1996	96.6	2042.9	282.2	1760.7	188.9	2524.7	4.8
1997	100.0	2128.2	322.6	1805.6	211.2	2462.0	4.6
1998	108.4	2321.0	359.6	1961.4	217.6	2201.4	4.9
1999	159.7	2546.0	396.3	2149.7	194.1	2029.5	5.0
2000	220.6	2736.0	472.7	2263.3	182.7	1946.5	5.3
2001	268.3	2815.9	558.0	2257.9	185.0	1944.2	5.6
2002	320.5	2929.0	676.7	2252.3	216.9	1952.8	5.3
2003	382.2	2947.4	752.1	2195.3	222.1	1829.4	4.9
2004	447.3	2899.7	821.5	2078.2	229.1	1747.0	5.1
2005	504.5	2854.3	877.7	1976.5	259.3	1671.7	4.9
2006	546.1	2794.8	871.2	1923.6	294.0	1729.4	5.0
2007	565.9	2703.9	840.2	1863.7	306.9	1736.1	6.3
2008	607.7	2693.2	837.0	1856.2	294.1	1695.7	6.2
2009	639.5	2616.7	830.3	1786.4	315.2	1637.8	6.4
2010	661.8	2551.7	836.2	1715.5	279.8	1691.7	6.5
2011	681.5	2484.8	850.8	1634.0	247.1	1736.8	6.4

2-8 各级各类学校在校学生数

Number of Students Enrollment by Level and Type of School

单位：万人 (10 000 persons)

年份 Year	普通高等学校 Regular Institutions of Higher Education	普通中学 Regular Secondary Schools	高中 Senior Secondary Schools	初中 Junior Secondary Schools	职业中学 Vocational Secondary Schools	普通小学 Primary Schools	特殊教育学校 Special Schools	学前教育 Pre-primary Education
1978	85.6	6548.3	1553.1	4995.2		14624.0	3.1	787.7
1980	114.4	5508.1	969.8	4538.3	45.4	14627.0	3.3	1150.8
1985	170.3	4706.0	741.1	3964.8	229.5	13370.2	4.2	1479.7
1986	188.0	4889.9	773.4	4116.6	256.0	13182.5	4.7	1629.0
1987	195.9	4948.1	773.7	4174.4	267.6	12835.9	5.3	1807.8
1988	206.6	4761.5	746.0	4015.5	279.4	12535.8	5.8	1854.5
1989	208.2	4554.0	716.1	3837.9	282.3	12373.1	6.4	1847.7
1990	206.3	4586.0	717.3	3868.7	295.0	12241.4	7.2	1972.2
1991	204.4	4683.5	722.9	3960.6	315.6	12164.2	8.5	2209.3
1992	218.4	4770.8	704.9	4065.9	342.8	12201.3	13.0	2428.2
1993	253.6	4739.1	656.9	4082.2	362.6	12421.2	16.9	2552.5
1994	279.9	4981.7	664.9	4316.7	405.6	12822.6	21.1	2630.3
1995	290.6	5371.0	713.2	4657.8	448.3	13195.2	29.6	2711.2
1996	302.1	5739.7	769.3	4970.4	473.3	13615.0	32.1	2666.3
1997	317.4	6017.9	850.1	5167.8	511.9	13995.4	34.1	2519.0
1998	340.9	6301.0	938.0	5363.0	541.6	13953.8	35.8	2403.0
1999	413.4	6771.3	1049.7	5721.6	533.9	13548.0	37.2	2326.3
2000	556.1	7368.9	1201.3	6167.6	503.2	13013.3	37.8	2244.2
2001	719.1	7836.0	1405.0	6431.1	466.4	12543.5	38.6	2021.8
2002	903.4	8287.9	1683.8	6604.1	511.5	12156.7	37.5	2036.0
2003	1108.6	8583.2	1964.8	6618.4	528.2	11689.7	36.5	2003.9
2004	1333.5	8695.4	2220.4	6475.0	569.4	11246.2	37.2	2089.4
2005	1561.8	8580.9	2409.1	6171.8	625.6	10864.1	36.4	2179.0
2006	1738.8	8451.9	2514.5	5937.4	676.2	10711.5	36.3	2263.9
2007	1884.9	8243.3	2522.4	5720.9	740.5	10564.0	41.9	2348.8
2008	2021.0	8050.5	2476.3	5574.2	761.1	10331.5	41.7	2475.0
2009	2144.7	7867.9	2434.3	5433.6	785.7	10071.5	42.8	2657.8
2010	2231.8	7703.2	2427.3	5275.9	729.8	9940.7	42.6	2976.7
2011	2308.5	7519.0	2454.8	5064.2	683.6	9926.4	39.9	3424.4

2-9 各级各类学校毕业生数
Number of Graduates by Level and Type of School

单位: 万人 (10 000 persons)

年 份 Year	普通高等学校 Regular Institutions of Higher Education	普通中学 Regular Secondary Schools	高中 Senior Secondary Schools	初中 Junior Secondary Schools	职业中学 Vocational Secondary Schools	普通小学 Primary Schools	特殊教育学校 Special Schools
1978	16.5	2375.3	682.7	1692.6		2287.9	0.3
1980	14.7	1581.0	616.2	964.7	7.9	2053.3	0.4
1985	31.6	1194.9	196.6	998.3	41.3	1999.9	0.4
1986	39.3	1281.0	224.0	1057.0	57.9	2016.1	0.5
1987	53.2	1364.1	246.8	1117.3	75.0	2043.0	0.4
1988	55.3	1407.8	250.6	1157.2	81.0	1930.3	0.5
1989	57.6	1377.5	243.2	1134.3	86.3	1857.1	0.5
1990	61.4	1342.1	233.0	1109.1	89.3	1863.1	0.5
1991	61.4	1308.5	222.9	1085.5	94.5	1896.7	0.6
1992	60.4	1328.4	226.1	1102.3	96.7	1872.4	0.9
1993	57.1	1365.9	231.7	1134.2	102.5	1841.5	1.2
1994	63.7	1361.9	209.3	1152.6	107.6	1899.6	1.4
1995	80.5	1429.0	201.6	1227.4	124.0	1961.5	1.9
1996	83.9	1484.0	204.9	1279.0	139.6	1934.1	2.4
1997	82.9	1664.0	221.7	1442.4	150.1	1960.1	2.8
1998	83.0	1832.0	251.8	1580.2	162.8	2117.4	3.5
1999	84.8	1852.7	262.9	1589.8	167.8	2313.7	3.8
2000	95.0	1908.6	301.5	1607.1	176.3	2419.2	4.3
2001	103.6	2047.4	340.5	1707.0	166.5	2396.9	4.6
2002	133.7	2263.6	383.8	1879.9	145.4	2351.9	4.4
2003	187.7	2453.7	458.1	1995.6	135.5	2267.9	4.5
2004	239.1	2617.4	546.9	2070.4	142.5	2135.2	4.7
2005	306.8	2768.1	661.6	2106.5	170.0	2019.5	4.3
2006	377.5	2789.5	727.1	2062.4	179.5	1928.5	4.5
2007	447.8	2745.2	788.3	1956.8	197.7	1870.2	5.0
2008	511.9	2699.0	836.1	1862.9	216.7	1865.0	5.2
2009	531.1	2618.4	823.7	1794.7	232.1	1805.2	5.7
2010	575.4	2543.0	794.4	1748.6	232.0	1739.6	5.9
2011	608.2	2523.2	787.7	1735.5	219.0	1662.8	4.4

2-10 研究生和留学生数

Number of Postgraduates and Students Studying Abroad

单位：人 (person)

年 份 Year	研究生数 Number of Postgraduates			出 国 留学人员 Number of Students Studying Abroad	学成回国 留学人员 Number of Returned Students
	招生数 New Enrollment	在校人数 Total Enrollment	毕业生数 Graduates		
1978	10708	10934	9	860	248
1980	3616	21604	476	2124	162
1985	46871	87331	17004	4888	1424
1986	41310	110371	16950	4676	1388
1987	39017	120191	27603	4703	1605
1988	35645	112776	40838	3786	3000
1989	28569	101339	37232	3329	1753
1990	29649	93018	35440	2950	1593
1991	29679	88128	32537	2900	2069
1992	33439	94164	25692	6540	3611
1993	42145	106771	28214	10742	5128
1994	50864	127935	28047	19071	4230
1995	51053	145443	31877	20381	5750
1996	59398	163322	39652	20905	6570
1997	63749	176353	46539	22410	7130
1998	72508	198885	47077	17622	7379
1999	92225	233513	54670	23749	7748
2000	128484	301239	58767	38989	9121
2001	165197	393256	67809	83973	12243
2002	202611	500980	80841	125179	17945
2003	268925	651260	111091	117307	20152
2004	326286	819896	150777	114682	24726
2005	364831	978610	189728	118515	34987
2006	397925	1104653	255902	134000	42000
2007	418612	1195047	311839	144000	44000
2008	446422	1283046	344825	179800	69300
2009	510953	1404942	371273	229300	108300
2010	538177	1538416	383600	284700	134800
2011	560168	1645845	429994	339700	186200

2-11 分学科研究生情况（2011年）
Number of Postgraduate Students by Field of Study (2011)

单位：人 (person)

项 目	Item	招生数 New Enrollment	硕士 Master's Degree	博士 Doctor's Degree	在校学生数 Total Enrollment	硕士 Master's Degree	博士 Doctor's Degree	毕业生数 Graduates	硕士 Master's Degree	博士 Doctor's Degree
分学科研究生数（总计）	**Total**	**560168**	**494609**	**65559**	**1645845**	**1374584**	**271261**	**429994**	**379705**	**50289**
#专业学位	Academic Degree	159942	158499	1443	338042	333037	5005	51239	50095	1144
哲 学	Philosophy	4699	3885	814	15482	11947	3535	4851	4095	756
经济学	Economics	25301	22481	2820	67503	55563	11940	19773	17390	2383
法 学	Law	40446	36920	3526	121760	107695	14065	37086	34576	2510
教育学	Education	27112	25751	1361	71423	66684	4739	19769	18848	921
文 学	Literature	48042	45165	2877	136101	124694	11407	37735	35494	2241
历史学	History	5705	4767	938	18229	14236	3993	5329	4493	836
理 学	Science	57688	44894	12794	181072	134463	46609	47731	37850	9881
工 学	Engineering	195082	170478	24604	587587	476320	111267	145303	127600	17703
农 学	Agriculture	20063	17084	2979	56119	44396	11723	12845	10604	2241
医 学	Medicine	60831	52721	8110	181129	152497	28632	49039	42048	6991
军事学	Military	261	217	44	854	648	206	211	177	34
管理学	Management	74938	70246	4692	208586	185441	23145	50322	46530	3792
分学科研究生数（普通高校）	**Regular Colleges**	**541077**	**482195**	**58882**	**1588462**	**1340435**	**248027**	**415687**	**371223**	**44464**
#专业学位	Academic Degree	157738	156295	1443	333352	328347	5005	50937	49793	1144
哲 学	Philosophy	4551	3790	761	15019	11663	3356	4708	3994	714
经济学	Economics	24680	22118	2562	65659	54561	11098	19232	17061	2171
法 学	Law	39581	36202	3379	119286	105691	13595	36451	34063	2388
教育学	Education	27027	25706	1321	71179	66568	4611	19706	18817	889
文 学	Literature	47770	44984	2786	135225	124110	11115	37496	35320	2176
历史学	History	5623	4702	921	17981	14059	3922	5258	4441	817
理 学	Science	50954	41408	9546	160049	124579	35470	42711	35692	7019
工 学	Engineering	187520	165058	22462	564892	461474	103418	139653	123849	15804
农 学	Agriculture	19115	16415	2700	53402	42576	10826	12164	10135	2029
医 学	Medicine	59946	52068	7878	178601	150714	27887	48342	41565	6777
军事学	Military	260	216	44	851	645	206	209	175	34
管理学	Management	74050	69528	4522	206318	183795	22523	49757	46111	3646
分学科研究生数（科研机构）	**Research Institutions**	**19091**	**12414**	**6677**	**57383**	**34149**	**23234**	**14307**	**8482**	**5825**
#专业学位	Academic Degree	2204	2204		4690	4690		302	302	
哲 学	Philosophy	148	95	53	463	284	179	143	101	42
经济学	Economics	621	363	258	1844	1002	842	541	329	212
法 学	Law	865	718	147	2474	2004	470	635	513	122
教育学	Education	85	45	40	244	116	128	63	31	32
文 学	Literature	272	181	91	876	584	292	239	174	65
历史学	History	82	65	17	248	177	71	71	52	19
理 学	Science	6734	3486	3248	21023	9884	11139	5020	2158	2862
工 学	Engineering	7562	5420	2142	22695	14846	7849	5650	3751	1899
农 学	Agriculture	948	669	279	2717	1820	897	681	469	212
医 学	Medicine	885	653	232	2528	1783	745	697	483	214
军事学	Military	1	1		3	3		2	2	
管理学	Management	888	718	170	2268	1646	622	565	419	146

2-12 高等教育学校(机构)数(2011年)

Number of Schools or Institutions of Higher Education (2011)

单位：所 (unit)

项 目	Item	总 计 Total	中 央 部 委 Central Ministries and Agencies	教育部 Ministry of Education	其 他 部 委 Other Ministries	地 方 部 门 Local Departments	教 育 部 门 Departments of Education	非教育 部 门 Departments of Non-Education	地方 企业 Local Enterprises	民 办 Private
研究生培养机构	**Institutions Providing Postgraduate Programs**	**(755)**	**333**	**73**	**260**	**422**	**363**	**58**	**1**	
普通高校	Regular Institutions of Higher Education	(481)	98	73	25	383	362	21		
科研机构	Research Institutions	(274)	235		235	39	1	37	1	
普通高校	**Regular Institutions of Higher Education**	**2409**	**111**	**73**	**38**	**1602**	**969**	**583**	**50**	**696**
本科院校	Universities with Full Undergraduate Courses	1129	108	73	35	633	574	58	1	388
专科院校	Colleges with Specialized Courses	1280	3		3	969	395	525	49	308
#职业技术学院	Vocational and Technical Colleges	1143	2		2	840	333	458	49	301
成人高等学校	**Adult Institutions of Higher Education**	**353**	**14**	**1**	**13**	**337**	**123**	**169**	**45**	**2**
民办的其他高等教育机构	**Other Private Institutions of Higher Education**	**(830)**								**830**

注：括号内数据均不计校数。

a) Data in "()" don't count to number of schools.

2-13 高等教育学校(机构)学生数（2011年）
Number of Students in Regular Institutions of Higher Education (2011)

单位：人 (person)

项 目	Item	招生数 New Enrollment	在校学生数 Total Enrollment	毕(结)业生数 Graduates with Degrees or Diplomas	授予学位数 Degrees Conferred
研究生	Postgraduates	560168	1645845	429994	426778
博 士	Doctor's Degree	65559	271261	50289	48551
硕 士	Master's Degree	494609	1374584	379705	378227
普通本科、专科生	Regular Undergraduates and College Students	6815009	23085078	6081565	2707934
本 科	Enrolled in Full Undergraduate Courses	3566411	13496577	2796229	2707934
专 科	Enrolled in Specialized Courses	3248598	9588501	3285336	
成人本科、专科生	Adult Undergraduates and College Students	2185141	5474962	1906640	99984
本 科	Enrolled in Full Undergraduate Courses	897241	2336132	755402	99984
专 科	Enrolled in Specialized Courses	1287900	3138830	1151238	
网络本科、专科生	Students Enrolled in Internet-based Courses	1871519	4924833	1299253	30979
本 科	Enrolled in Full Undergraduate Courses	643993	1754760	460149	30979
专 科	Enrolled in Specialized Courses	1227526	3170073	839104	
在职人员攻读博士硕士学位	Employees Enrolled in Graduate Programs Leading to Doctor or Master Degrees	134061	461693		107304
自考助学班	Classes for Self-learning Programs		244868	123660	
研究生课程进修班	Postgraduate Courses for Advanced Study		67112	48873	
普通预科生	College Preparatory Courses		32274		
进修及培训	In-service Training Courses		2825772	5757813	
留学生	Overseas Students	94692	147549	73693	15197

2-14 成人本科分学科学生数（2011年）

Number of Students in Adult Institutions of Higher Education by Field of Study (2011)

单位：人 (person)

项 目	Item	招生数 New Enrollment	在校学生数 Total Enrollment	毕业生数 Graduates
总 计	**Total**	**897241**	**2336132**	**755402**
成人高等学校办	**Run by Adult Institutions of Higher Education**	**19286**	**49928**	**18780**
#师范	Teacher Training	6519	18861	8217
哲 学	Philosophy			
经济学	Economics	615	1518	476
法 学	Law	2330	4861	1508
教育学	Education	5186	13713	4968
文 学	Literature	4386	13673	7095
#外语	Foreign Language	1367	3928	1755
艺术	Art	433	1205	567
历史学	History	46	138	89
理 学	Science	642	2063	809
工 学	Engineering	660	2081	804
农 学	Agriculture		127	40
医 学	Medicine	2842	5003	1140
管理学	Management	2579	6751	1851
普通高等学校办	**Run by Regular Institutions of Higher Education**	**877955**	**2286204**	**736622**
#师范	Teacher Training	108577	301429	136693
哲 学	Philosophy	20	167	24
经济学	Economics	28669	83050	27272
法 学	Law	47709	123353	49000
教育学	Education	42945	113834	43626
文 学	Literature	113802	332402	140292
#外语	Foreign Language	29079	92673	40744
艺术	Art	17883	52618	17666
历史学	History	1635	5248	2949
理 学	Science	23655	68188	32127
工 学	Engineering	214648	539077	161206
农 学	Agriculture	14300	34547	10845
医 学	Medicine	166100	422216	102048
管理学	Management	224472	564122	167233

2-15 成人专科分学科学生数（2011年）
Number of Students in Adult Institutions of Higher Education by Field of Study (2011)

单位：人 (person)

项 目	Item	招生数 New Enrollment	在校学生数 Total Enrollment	毕业生数 Graduates
总 计	**Total**	**1287900**	**3138830**	**1151238**
成人高等学校办	**Run by Adult Institutions of Higher Education**	**155375**	**378467**	**171072**
#师 范	Teacher Training	10255	22058	8760
农林牧渔大类	Agriculture, Forestry, Animal Husbandry, and Fishery	756	1970	705
交通运输大类	Communication &Transpotation	4869	11472	7069
生化与药品大类	Biochemistry and Drugs	899	3255	1328
资源开发与测绘大类	Exploiture of Resources & Surveying and Mapping	4552	10291	2306
材料与能源大类	Material and Sources of Energy	1673	4940	1933
土建大类	Civil Construction	8400	18435	6675
水利大类	Water Conservancy	720	1183	856
制造大类	Manufacturing	19724	57779	27392
电子信息大类	Electronic Information	10868	28173	12922
环保、气象与安全大类	Environment Protection, Meteorology and Security	660	977	183
轻纺食品大类	Textile and Food	519	1247	382
财经大类	Finance and Economics	44926	109390	55174
医药卫生大类	Medicine and Health	15797	38833	13497
旅游大类	Tourism	3080	6525	2709
公共事业大类	Public Service	5937	13856	6581
文化教育大类	Culture and Education	23624	49476	20558
艺术设计传媒大类	Art Design and Media	5995	13804	6004
公安大类	Public Security	12	147	164
法律大类	Law	2364	6714	4634
普通高等学校办	**Run by Regular Institutions of Higher Education**	**1132525**	**2760363**	**980166**
#师 范	Teacher Training	67062	147640	52617
农林牧渔大类	Agriculture, Forestry, Animal Husbandry, and Fishery	25288	58961	17202
交通运输大类	Communication &Transpotation	39589	94395	28819
生化与药品大类	Biochemistry and Drugs	13014	36289	12526
资源开发与测绘大类	Exploiture of Resources & Surveying and Mapping	33081	76623	32235
材料与能源大类	Material and Sources of Energy	10875	34884	18062
土建大类	Civil Construction	84319	188844	54006
水利大类	Water Conservancy	5424	11589	4205
制造大类	Manufacturing	139845	355745	128202
电子信息大类	Electronic Information	85517	230028	85866
环保、气象与安全大类	Environment Protection, Meteorology and Security	2167	5369	1833
轻纺食品大类	Textile and Food	7553	17877	5996
财经大类	Finance and Economics	306850	744593	296122
医药卫生大类	Medicine and Health	173913	431231	124502
旅游大类	Tourism	19121	44911	14275
公共事业大类	Public Service	31513	72538	25938
文化教育大类	Culture and Education	112944	259342	94840
艺术设计传媒大类	Art Design and Media	27154	60334	19322
公安大类	Public Security	1248	4839	2577
法律大类	Law	13110	31971	13638

2-16 普通本科分学科学生数（2011年）

Number of Students in Undergraduate and Junior Colleges by Field of Study (2011)

单位：人 (person)

项 目	Item	招生数 New Enrollment	在校学生数 Total Enrollment	毕业生数 Graduates
总 计	**Total**	**3566411**	**13496577**	**2796229**
#师范	Teacher Training	347198	1350393	302990
哲 学	Philosophy	2647	9187	2167
经济学	Economics	213366	805844	172583
法 学	Law	129428	501979	117923
教育学	Education	133587	474661	95140
文 学	Literature	672496	2534078	537958
#外语	Foreign Languages	199946	799245	185771
艺术	Art	312523	1115002	216458
历史学	History	18281	67854	14309
理 学	Science	341487	1287275	279101
工 学	Engineering	1134270	4275808	884542
农 学	Agriculture	60835	235342	51148
医 学	Medicine	217290	942912	168582
管理学	Management	642724	2361637	472776

2-17 普通专科分学科学生数（2011年）

Number of Students in Undergraduate and Junior Colleges by Field of Study (2011)

单位：人 (person)

项 目	Item	招生数 New Enrollment	在校学生数 Total Enrollment	毕业生数 Graduates
总 计	**Total**	**3248598**	**9588501**	**3285336**
#师 范	Teacher Training	179603	524926	198650
农林牧渔大类	Agriculture, Forestry, Animal Husbandry, and Fishery	57103	172439	59580
交通运输大类	Communication &Transpotation	142769	401420	116379
生化与药品大类	Biochemistry and Drugs	76758	237580	85344
资源开发与测绘大类	Exploiture of Resources & Surveying and Mapping	49534	140031	40777
材料与能源大类	Material and Sources of Energy	45655	137167	46523
土建大类	Civil Construction	363343	950137	252816
水利大类	Water Conservancy	14003	37400	11036
制造大类	Manufacturing	422391	1279609	457549
电子信息大类	Electronic Information	313628	1006014	394674
环保、气象与安全大类	Environment Protection, Meteorology and Security	15516	45397	15955
轻纺食品大类	Textile and Food	56745	178163	64209
财经大类	Finance and Economics	689471	2032080	668498
医药卫生大类	Medicine and Health	311438	863942	276239
旅游大类	Tourism	108430	323212	106716
公共事业大类	Public Service	32815	97928	32915
文化教育大类	Culture and Education	343259	1059178	430851
艺术设计传媒大类	Art Design and Media	155198	463522	152434
公安大类	Public Security	11095	36524	24066
法律大类	Law	39447	126758	48775

2-18 网络本科分学科学生数（2011年）

Number of Students Enrolled in Internet-based Courses by Field of Study (2011)

单位：人 (person)

项 目	Item	招生数 New Enrollment	在校学生数 Total Enrollment	毕业生数 Graduates
总 计	**Total**	**643993**	**1754760**	**460149**
#师范	Teacher Training			
哲 学	Philosophy			
经济学	Economics	34711	107152	26685
法 学	Law	66924	209866	55954
教育学	Education	25925	59607	25612
文 学	Literature	52912	175964	57543
#外语	Foreign Language	11781	41846	11877
历史学	History	579	1167	481
理 学	Science	7369	19218	6660
工 学	Engineering	120311	286590	68600
农 学	Agriculture	4267	10618	2335
医 学	Medicine	52344	119525	26997
管理学	Management	278651	765053	189282

2-19 网络专科分学科学生数（2011年）

Number of Students Enrolled in Internet-based Courses by Field of Study (2011)

单位：人 (person)

项 目	Item	招生数 New Enrollment	在校学生数 Total Enrollment	毕业生数 Graduates
总 计	**Total**	**1227526**	**3170073**	**839104**
#师范	Teacher Training	29833	52299	13973
农林牧渔大类	Agriculture, Forestry, Animal Husbandry, and Fishery	62403	189416	59936
交通运输大类	Communication &Transpotation	29172	61402	16932
生化与药品大类	Biochemistry and Drugs	3484	8676	2324
资源开发与测绘大类	Exploiture of Resources & Surveying and Mapping	12174	23784	6499
材料与能源大类	Material and Sources of Energy	6609	14797	5947
土建大类	Civil Construction	100235	218003	48585
水利大类	Water Conservancy	5941	17783	3717
制造大类	Manufacturing	55933	132861	31531
电子信息大类	Electronic Information	51214	157007	41571
环保、气象与安全大类	Environment Protection, Meteorology and Security	1947	4388	1144
轻纺食品大类	Textile and Food	1080	1863	904
财经大类	Finance and Economics	383550	1022089	284262
医药卫生大类	Medicine and Health	51826	149372	28370
旅游大类	Tourism	4768	16606	4878
公共事业大类	Public Service	234139	577559	145321
文化教育大类	Culture and Education	129892	301493	77786
艺术设计传媒大类	Art Design and Media	7475	29315	7754
公安大类	Public Security	1050	2195	909
法律大类	Law	84634	241464	70734

2-20 中等职业学校(机构)数（2011年）
Number of Secondary Vocational Schools (2011)

单位：个 (unit)

项　目	Item	总　计 Total	中央部委 Central Ministries and Agencies	地方部门 Local Departments	教育部门 Departments of Education	非教育部门 Departments of Non-Education	地方企业 Local Enterprises	民　办 Private
中等职业学校	**Secondary Vocational Schools**	**10169**	**30**	**7283**	**5669**	**1510**	**104**	**2856**
普通中等专业学校	Regular Specialized Secondary School	3753	22	2750	1711	998	41	981
成人中等专业学校	Adult Specialized Secondary School	1614	4	1452	1152	274	26	158
职业高中学校	Vocational Junior Secondary School	4802	4	3081	2806	238	37	1717
其他机构(教学点)（不计校数）	**Other Institutions**	**642**	**3**	**515**	**353**	**151**	**11**	**124**

注：中等职业学校未含技工学校数据（下表同）。
a) Number of secondary vocational schools do not include the number of skilled-worker schools. The same applies to the tables following.

2-21 中等职业学校(机构)学生分科类情况（2011年）
Students in Secondary Vocational Schools by Field of Study (2011)

单位：人 (person)

项　目	Item	招生数 New Enrollment	在校学生数 Total Enrollment	毕业生数 Graduates	#获得职业资格证书 With Certificate on Professional Competence
总　计	**Total**	**6499626**	**17749068**	**5411252**	**3384287**
农林牧渔类	Agriculture, Forestry, Animal Husbandry and Fishery	854314	2259595	351875	184656
资源环境类	Resources and Environment	49497	108134	55738	22605
能源与新能源类	Energy and New Energy	34555	90926	39229	22050
土木水利类	Civil and Hydraulic Engineering	247204	589347	151897	92935
加工制造类	Manufacturing	1050657	2989952	1160033	833267
石油化工类	Petroleum and Chemical	46351	128352	54485	37446
轻纺食品类	Light Industry, Textile, and Food	78749	211447	65187	37981
交通运输类	Transport	398086	1011086	254702	169349
信息技术类	Information Technologies	1218685	3420989	1239731	831043
医药卫生类	Medicine and Health	530467	1650724	504644	179303
休闲保健类	Leisure and Health	30896	89743	13293	7313
财经商贸类	Finance and Trade	677896	1868180	608103	401571
旅游服务类	Tourism Services	257635	731429	212307	144294
文化艺术类	Culture and Arts	300566	841541	252848	151098
体育与健身	Sports and Fitness	47042	123992	37201	21261
教育类	Education	495174	1117272	243766	157587
司法服务类	Justice Services	28717	79001	27142	11330
公共管理与服务类	Public Management and Services	77353	224445	76038	44693
其他	Others	75782	212913	63033	34505

2-22 职业技术培训机构基本情况（2011年）

Basic Statistics on Vocational/Technical Training Institutions (2011)

单位：人 (person)

项　目	Item	学校数（所） Schools (unit)	注册学生数 Registered Students	结业学生数 Graduates	教职工数 Teachers and Staff	#专任教师 Full-time Teachers
总计	**Total**	**129530**	**50211202**	**51465876**	**521758**	**298332**
职工技术培训学校(机构)	Vocational/Technical Training Schools	3049	3365040	3302902	67470	47898
教育部门和集体办	Run by Education Departments and Collectives	1392	1811091	1803700	45820	33833
其他部门办	Run by Other Departments	919	1193335	1140310	12473	8002
民办	Run by Private Institutions	738	360614	358892	9177	6063
农村成人文化技术培训学校(机构)	Technical Training Schools for Adult Farmers	103420	34969530	37946868	188523	94474
教育部门和集体办	Run by Education Departments and Collectives	100206	34024779	36791291	180779	89546
#县办	Run by Counties	2403	2797667	3092944	17877	11281
乡办	Run by Townships	16419	16749524	18342746	67599	37844
村办	Run by Villages	81384	14477588	15355601	95303	40421
其他部门办	Run by Other Departments	2434	759777	974045	3432	1882
民办	Run by Private Institutions	780	184974	181532	4312	3046
其他培训机构(含社会培训机构)	Others	23061	11876632	10216106	265765	155960
教育部门和集体办	Run by Education Departments and Collectives	922	1037320	991477	10872	7965
其他部门办	Run by Other Departments	2254	1830340	1795570	17557	9579
民办	Run by Private Institutions	19885	9008972	7429059	237336	138416

2-23 普通高中学校和学生情况（2011年）

Statistics on Regular Senior Secondary Schools and Students (2011)

项　目	Item	学校数（所） Schools (unit)	高级中学 Senior Secondary Schools	完全中学 From Grade 7 to 12	十二年一贯制学校 From Grade 1 to 12	招生数（人） New Enrollment (person)	在校学生数（人） Total Enrollment (person)	毕业生数（人） Graduates (person)
总计	**Total**	**13688**	**6532**	**6357**	**799**	**8507799**	**24548227**	**7877401**
教育部门	Departments of Education	11087	5650	5222	215	7599180	21985780	7083189
其他部门	Other Department	177	72	70	35	66445	192639	62252
地方企业	Local Enterprises	30	7	18	5	6804	19975	7055
民办	Run by Private Institutions	2394	803	1047	544	835370	2349833	724905
城市	Cities	6389	2906	2996	487	3746924	10987519	3530749
教育部门	Departments of Education	4879	2399	2331	149	3286926	9664166	3122017
其他部门	Other Department	97	34	42	21	33637	100459	33057
地方企业	Local Enterprises	12	3	9		2595	8298	3068
民办	Run by Private Institutions	1401	470	614	317	423766	1214596	372607
县镇	Counties and Towns	6451	3280	2926	245	4394533	12527046	4010813
教育部门	Departments of Education	5549	2949	2549	51	4001881	11444593	3675414
其他部门	Other Department	76	37	27	12	30860	87426	27789
地方企业	Local Enterprises	17	4	8	5	4029	11191	3843
民办	Run by Private Institutions	809	290	342	177	357763	983836	303767
农村	Rural	848	346	435	67	366342	1033662	335839
教育部门	Departments of Education	659	302	342	15	310373	877021	285758
其他部门	Other Department	4	1	1	2	1948	4754	1406
地方企业	Local Enterprises	1		1		180	486	144
民办	Run by Private Institutions	184	43	91	50	53841	151401	48531

2-24 初中学校和学生情况（2011年）
Statistics on Regular Junior Secondary Schools and Students (2011)

项 目	Item	普通初中学校数（所）Regular Junior Secondary Schools (unit)	初级中学 Junior Secondary Schools	九年一贯制 From Grade 1 to 9	职业初中学校数（所）Vocational Junior Secondary Schools (unit)	招生数（人）New Enrollment (person)	在校学生数（人）Total Enrollment (person)	毕业生数（人）Graduates (person)
总计	**Total**	**54063**	**40759**	**13304**	**54**	**16347296**	**50668024**	**17366786**
教育部门	Departments of Education	39105	39052	10121	53	14694298	45876709	15931572
其他部门	Other Department	219	218	348	1	107040	335626	112902
地方企业	Local Enterprises	17	17	25		9479	30073	10431
民办	Run by Private Institutions	1472	1472	2810		1536479	4425616	1311881
城市	Cities	7437	7433	3321	4	4693012	14363980	4640192
教育部门	Departments of Education	6775	6772	1853	3	3889596	12049436	3957574
其他部门	Other Department	78	77	85	1	39427	120832	39826
地方企业	Local Enterprises	3	3	9		3238	10300	3763
民办	Run by Private Institutions	581	581	1374		760751	2183412	639029
县镇	Counties and Towns	18241	18214	4121	27	7939411	24674229	8553130
教育部门	Departments of Education	17525	17498	2921	27	7249219	22665947	7940281
其他部门	Other Department	111	111	216		58829	186933	64038
地方企业	Local Enterprises	12	12	10		5795	18216	6178
民办	Run by Private Institutions	593	593	974		625568	1803133	542633
农村	Rural	15135	15112	5862	23	3714873	11629815	4173464
教育部门	Departments of Education	14805	14782	5347	23	3555483	11161326	4033717
其他部门	Other Department	30	30	47		8784	27861	9038
地方企业	Local Enterprises	2	2	6		446	1557	490
民办	Run by Private Institutions	298	298	462		150160	439071	130219

2-25 普通小学学校和学生情况（2011年）
Statistics on Regular Primary Schools and Students (2011)

项 目	Item	学校数（所）Schools (unit)	招生数（人）New Enrollment (person)	在校学生数（人）Total Enrollment (person)	毕业生数（人）Graduates (person)
总计	**Total**	**241249**	**17367980**	**99263674**	**16628054**
教育部门	Departments of Education	235269	16257270	92964233	15629604
其他部门	Other Department	717	94541	571292	103839
地方企业	Local Enterprises	77	7917	49894	9178
民办	Run by Private Institutions	5186	1008252	5678255	885433
城市	Cities	26227	4691107	26069589	4219876
教育部门	Departments of Education	24027	4095206	22887298	3733466
其他部门	Other Department	217	30968	194833	35480
地方企业	Local Enterprises	20	2452	14151	2584
民办	Run by Private Institutions	1963	562481	2973307	448346
县镇	Counties and Towns	45977	5517580	32542101	5596606
教育部门	Departments of Education	44089	5181127	30421434	5235505
其他部门	Other Department	258	49805	298544	55232
地方企业	Local Enterprises	37	4595	29508	5395
民办	Run by Private Institutions	1593	282053	1792615	300474
农村	Rural	169045	7159293	40651984	6811572
教育部门	Departments of Education	167153	6980937	39655501	6660633
其他部门	Other Department	242	13768	77915	13127
地方企业	Local Enterprises	20	870	6235	1199
民办	Run by Private Institutions	1630	163718	912333	136613

2-26 技工学校数、学生数和教职工数
Number of Technical Schools, Students, Teachers and Staff

年 份 Year	学校数 (所) Schools (unit)	招生数 (万人) New Enrollment (10 000 persons)	在校学生数 (万人) Total Enrollment (10 000 persons)	毕业生数 (万人) Graduates (10 000 persons)	教职工数 (万人) Teachers and Staff (10 000 persons)
1985	3548	35.5	74.2	22.6	21.5
1986	3765	39.4	89.2	23.3	24.4
1987	3952	42.3	103.1	26.5	26.2
1988	3996	46.1	116.1	31.1	28.0
1989	4102	47.0	125.8	36.8	29.6
1990	4184	50.6	133.2	41.3	30.8
1991	4269	54.4	142.2	45.4	32.5
1992	4392	60.2	155.6	45.7	33.6
1993	4477	66.4	171.7	49.7	33.5
1994	4430	71.4	187.1	55.7	34.0
1995	4521	74.0	188.6	68.1	33.7
1996	4467	72.7	191.8	68.1	33.5
1997	4395	73.4	193.1	69.9	31.0
1998	4362	59.4	181.3	68.2	31.0
1999	4098	51.5	156.0	66.2	26.9
2000	3792	50.4	140.1	64.6	24.0
2001	3470	55.1	134.7	47.7	22.0
2002	3075	73.3	153.0	45.4	20.3
2003	2970	91.6	193.1	45.3	20.2
2004	2884	109.7	234.5	53.5	20.5
2005	2855	118.4	275.3	69.0	20.4
2006	2880	134.8	320.8	86.4	21.5
2007	2995	158.5	367.1	99.7	24.0
2008	3075	161.4	397.5	109.0	24.7
2009	3077	156.7	415.3	115.5	26.0
2010	3008	159.0	422.1	121.6	26.6
2011	2924	163.9	430.4	119.2	26.6

2-27 各类技工学校情况（2011年）
Statistics on Technical Schools (2011)

指 标	Item	合 计 Total	国务院各部门 Ministries under the State Council	省、自治区、直辖市 Provinces, Autonomous Regions and Municipalities
学校数 (所)	Number of Schools (unit)	2914	59	2855
在校学生数 (万人)	Number of Students (10 000 persons)	429.4	9.7	419.7
教职工数 (万人)	Teachers and Staff (10 000 persons)	26.5	0.6	25.9
专任教师数 (万人)	Full-time Teachers (10 000 persons)	19.2	0.5	18.7
文化技术理论课指导教师	Classroom Teachers	12.9	0.3	12.6
生产实习课指导教师	Practical Training Teachers	6.3	0.1	6.1
理论实习一体化教师 (万人)	Classroom cum Practical Training Teachers (10 000 persons)	5.8	0.1	5.7

注：本表未含上海数据。
a) Data in this table do not include those of Shanghai.

2-28 学龄儿童净入学率和各级普通学校毕业生升学率

Net Enrollment Ratio of Primary Schools and Promotion Rate of Various Schools

单位：% (%)

年 份 Year	学龄儿童净入学率 Net Enrollment Ratio of Primary Schools	小学升学率 Promotion Rate from Primary Schools to Junior Secondary Schools	初中升学率 Promotion Rate from Junior Secondary Schools to Senior Secondary Schools	高中升学率 Promotion Rate from Senior Secondary Schools to Higher Education
1990	97.8	74.6	40.6	27.3
1991	97.8	77.7	42.6	28.7
1992	97.2	79.7	43.6	34.9
1993	97.7	81.8	44.1	43.3
1994	98.4	86.6	47.8	46.7
1995	98.5	90.8	50.3	49.9
1996	98.8	92.6	49.8	51.0
1997	98.9	93.7	51.5	48.6
1998	98.9	94.3	50.7	46.1
1999	99.1	94.4	50.0	63.8
2000	99.1	94.9	51.2	73.2
2001	99.1	95.5	52.9	78.8
2002	98.6	97.0	58.3	83.5
2003	98.7	97.9	59.6	83.4
2004	98.9	98.1	63.8	82.5
2005	99.2	98.4	69.7	76.3
2006	99.3	100.0	75.7	75.1
2007	99.5	99.9	80.5	70.3
2008	99.5	99.7	82.1	72.7
2009	99.4	99.1	85.6	77.6
2010	99.7	98.7	87.5	83.3
2011	99.8	98.3	88.9	86.5

注：1.初中升高级中学包含升入技工学校。

2.高中升学率为普通高校招生数（含电大普通班）与普通高中毕业生数之比。

a) Data on promotion rate from junior secondary schools to senior secondary schools include those entering into secondary technical schools.

b) Data on promotion rate from senior secondary schools to higher education refer to the ratio of new entrants into regular institutions of higher education (including regular classes of TV universities) to graduates of senior secondary schools.

2-29 各地区高等学校普通本、专科学校和学生情况（2011年）
Number of Schools and Students in Undergraduate or Specialized Courses in Institutions of Higher Education by Region (2011)

单位：人 (person)

地 区	Region	学校数（所）Schools (unit)	招生数 Entrants	专科 Specialized Courses	本科 Undergraduate Courses	在校学生数 Enrollment	专科 Specialized Courses	本科 Undergraduate Courses
全 国	**National Total**	**2483**	**6815009**	**3248598**	**3566411**	**23085078**	**9588501**	**13496577**
北 京	Beijing	87	156862	36497	120365	587887	112395	475492
天 津	Tianjin	56	131227	53011	78216	449702	156167	293535
河 北	Hebei	119	349000	197100	151900	1149252	557265	591987
山 西	Shanxi	78	178393	90317	88076	594469	272316	322153
内蒙古	Inner Mongolia	47	114076	58916	55160	384440	173018	211422
辽 宁	Liaoning	114	259816	98256	161560	902231	277685	624546
吉 林	Jilin	59	160052	48931	111121	562831	138275	424556
黑龙江	Heilongjiang	82	195176	67947	127229	709968	220433	489535
上 海	Shanghai	66	137811	50497	87314	511283	154065	357218
江 苏	Jiangsu	156	436056	195595	240461	1659415	691318	968097
浙 江	Zhejiang	103	267493	125106	142387	907482	361191	546291
安 徽	Anhui	116	308035	169184	138851	991267	472667	518600
福 建	Fujian	87	201449	95049	106400	674779	278686	396093
江 西	Jiangxi	90	246027	132192	113835	828599	399999	428600
山 东	Shandong	146	480753	256706	224047	1645589	779231	866358
河 南	Henan	123	448850	244939	203911	1500142	741381	758761
湖 北	Hubei	127	409497	198546	210951	1340298	569438	770860
湖 南	Hunan	124	306088	152068	154020	1067852	474624	593228
广 东	Guangdong	134	468685	241430	227255	1527254	684907	842347
广 西	Guangxi	74	184639	107616	77023	600094	315408	284686
海 南	Hainan	17	46416	22393	24023	156700	68773	87927
重 庆	Chongqing	60	177615	75948	101667	567813	206281	361532
四 川	Sichuan	95	343631	169818	173813	1139316	455801	683515
贵 州	Guizhou	48	106810	49216	57594	344100	139995	204105
云 南	Yunnan	64	159349	68796	90553	487552	191689	295863
西 藏	Tibet	6	9401	4269	5132	32374	12475	19899
陕 西	Shaanxi	98	292105	125084	167021	964773	369590	595183
甘 肃	Gansu	44	123481	55478	68003	405306	149626	255680
青 海	Qinghai	9	13990	5968	8022	45721	15948	29773
宁 夏	Ningxia	16	28203	11956	16247	87870	30898	56972
新 疆	Xinjiang	38	74023	39769	34254	258719	116956	141763

注：学校数为普通高校数。学生数包括成人高校的普通本专科学生数。

a) Schools refer to those of regular higher education. Number of students includes adult regular undergraduates and college students.

2-29 续表 continued

单位：人 (person)

地 区	Region	预计毕业生数 Anticipated Graduates for Next Year	专科 Specialized Courses	本科 Undergraduate Courses	毕(结)业生数 Graduates with Degrees or Diplomas	专科 Specialized Courses	本科 Undergraduate Courses	授予学位数 Degrees Conferred
全 国	**National Total**	**6361179**	**3248092**	**3113087**	**6081565**	**3285336**	**2796229**	**2707934**
北 京	Beijing	160529	42304	118225	153663	42415	111248	108719
天 津	Tianjin	116487	51546	64941	108723	51580	57143	55244
河 北	Hebei	318931	183503	135428	311141	190865	120276	117660
山 西	Shanxi	163162	90667	72495	152680	87563	65117	62894
内蒙古	Inner Mongolia	105869	58950	46919	95957	54636	41321	40261
辽 宁	Liaoning	240881	89325	151556	236341	96324	140017	137482
吉 林	Jilin	147616	48685	98931	141569	49819	91750	86502
黑龙江	Heilongjiang	205943	86613	119330	196075	88195	107880	105945
上 海	Shanghai	143309	52383	90926	139027	54853	84174	80860
江 苏	Jiangsu	484568	245211	239357	477137	251627	225510	211624
浙 江	Zhejiang	253883	123204	130679	238448	121607	116841	113238
安 徽	Anhui	268320	152077	116243	256135	150244	105891	103187
福 建	Fujian	183030	91497	91533	173702	94270	79432	79428
江 西	Jiangxi	233187	137193	95994	225802	140788	85014	82914
山 东	Shandong	479119	270381	208738	472882	293593	179289	176331
河 南	Henan	436815	266552	170263	432994	278994	154000	150720
湖 北	Hubei	357818	187694	170124	362991	205436	157555	149843
湖 南	Hunan	309014	174779	134235	284178	164329	119849	117476
广 东	Guangdong	416739	229664	187075	357521	195266	162255	158942
广 西	Guangxi	167226	103265	63961	151052	94215	56837	55120
海 南	Hainan	42344	24187	18157	39150	23345	15805	14755
重 庆	Chongqing	141690	64120	77570	130702	60683	70019	66043
四 川	Sichuan	296176	135607	160569	289165	151406	137759	134535
贵 州	Guizhou	87573	46813	40760	83016	45167	37849	34845
云 南	Yunnan	120661	60483	60178	109531	59012	50519	49226
西 藏	Tibet	7817	3299	4518	8159	3606	4553	4315
陕 西	Shaanxi	267898	132863	135035	258878	138292	120586	116127
甘 肃	Gansu	104468	46012	58456	99042	47877	51165	50288
青 海	Qinghai	11951	5253	6698	12582	6553	6029	5953
宁 夏	Ningxia	21183	9072	12111	19524	9496	10028	9877
新 疆	Xinjiang	66972	34890	32082	63798	33280	30518	27580

2-30 各地区普通高等学校（机构）教职工情况（2011年）
Situations on Teachers and Staff in Regular Schools (Institutions) of Higher Education by Region (2011)

单位：人 (person)

地 区	Region	教职工数 Teachers & Staff	#校本部教职工 Head-quarters	专任教师 Full-time Teachers	正高级 Senior	副高级 Sub-senior	中级 Middle	初级 Junior	无职称 No Rank	行政人员 Administrative Personnel	教辅人员 Teaching Assistants	工勤人员 Workers
全 国	**National Total**	**2204819**	**2077080**	**1392676**	**159691**	**394689**	**549921**	**218431**	**69944**	**304026**	**205157**	**175221**
北 京	Beijing	131583	113055	59592	12340	20173	22213	3109	1757	21362	16582	15519
天 津	Tianjin	45894	44208	28919	4275	9446	10704	3518	976	7042	4510	3737
河 北	Hebei	96315	92578	62751	7938	17458	24254	9529	3572	13558	7828	8441
山 西	Shanxi	57849	55089	37527	2781	9680	13482	8578	3006	7395	5468	4699
内蒙古	Inner Mongolia	37381	36321	24160	2210	7339	8654	4287	1670	5616	3885	2660
辽 宁	Liaoning	94834	90411	58742	7815	18432	23282	7645	1568	14109	9123	8437
吉 林	Jilin	61429	57710	35647	5123	10975	12991	5733	825	8357	6484	7222
黑龙江	Heilongjiang	76205	72784	44821	6611	13291	17551	6008	1360	11149	7744	9070
上 海	Shanghai	74065	66565	39626	6461	12113	16422	3410	1220	11685	8442	6812
江 苏	Jiangsu	161062	150722	103939	11347	30741	44919	14097	2835	21967	14084	10732
浙 江	Zhejiang	81384	76394	52296	6783	15631	23028	4638	2216	12776	7430	3892
安 徽	Anhui	73176	70487	51185	3811	13292	19681	11347	3054	7941	6294	5067
福 建	Fujian	61042	58175	39747	4186	10608	14799	8161	1993	8969	5834	3625
江 西	Jiangxi	70472	68118	49970	4862	13475	19008	10228	2397	8517	5409	4222
山 东	Shandong	142698	136659	94621	9720	25981	38594	17033	3293	18862	12683	10493
河 南	Henan	117117	112257	82037	6478	21300	32540	17620	4099	12173	8738	9309
湖 北	Hubei	127363	118868	78952	9378	23013	29013	13475	4073	17870	12152	9894
湖 南	Hunan	95652	89744	61156	6508	17633	24519	9185	3311	13372	8933	6283
广 东	Guangdong	125388	119351	82916	9798	21610	33193	10386	7929	18281	11902	6252
广 西	Guangxi	52830	47063	33459	3069	8630	12859	5469	3432	6273	3958	3373
海 南	Hainan	12913	12581	8027	782	1862	2649	1931	803	1934	1387	1233
重 庆	Chongqing	50119	47977	33110	3506	9393	13517	4881	1813	7416	3911	3540
四 川	Sichuan	103433	97214	67448	6711	17433	27660	11949	3695	12414	8776	8576
贵 州	Guizhou	31121	30682	21855	2022	6465	8731	3308	1329	4509	2612	1706
云 南	Yunnan	43195	41891	29501	3057	7991	11438	4909	2106	5448	3430	3512
西 藏	Tibet	3460	3428	2288	114	575	966	369	264	528	304	308
陕 西	Shaanxi	99010	93213	59171	7129	15775	23826	10161	2280	14256	10312	9474
甘 肃	Gansu	33886	31355	22066	2221	6308	8656	3529	1352	3983	2753	2553
青 海	Qinghai	6677	5957	3735	647	1310	1076	542	160	759	831	632
宁 夏	Ningxia	9637	9167	6156	856	1743	2138	992	427	1456	870	685
新 疆	Xinjiang	27629	27056	17256	1152	5013	7558	2404	1129	4049	2488	3263

2-31 各地区中等职业学校（机构）学生情况（2011年）

Situations on Students in Secondary Vocational Schools (Institutions) by Region (2011)

单位：人 (person)

地区	Region	招生数 New Enrollment	在校学生数 Total Enrollment	毕业生数 Graduates	#获得职业资格证书 With Professional Qualification Certificates	预计毕业生数 Graduates for Next Year
全国	**National**	**6499626**	**17749068**	**5411252**	**3384287**	**5734745**
北京	Beijing	61507	168982	51112	28439	57886
天津	Tianjin	35046	108094	40355	18597	38588
河北	Hebei	356853	1065994	355816	180710	392227
山西	Shanxi	176188	508529	193887	115261	188591
内蒙古	Inner Mongolia	105862	307919	91335	43558	110039
辽宁	Liaoning	134577	407577	142226	68826	139150
吉林	Jilin	91656	265952	96934	40878	88556
黑龙江	Heilongjiang	109287	323219	123316	54093	126828
上海	Shanghai	48149	154008	51325	40509	45260
江苏	Jiangsu	307406	926984	290081	196954	255029
浙江	Zhejiang	238150	652001	188650	164371	205125
安徽	Anhui	405504	947984	289204	203690	287795
福建	Fujian	251705	573082	162006	123509	196742
江西	Jiangxi	211902	587317	193413	108136	197055
山东	Shandong	444703	1177130	386564	251782	380641
河南	Henan	569553	1567770	529025	296117	545275
湖北	Hubei	212318	720915	307701	192697	285419
湖南	Hunan	279918	778750	225490	157944	252298
广东	Guangdong	550297	1520525	366543	245112	453448
广西	Guangxi	317077	841953	180013	117351	232763
海南	Hainan	57964	148743	32182	16293	43113
重庆	Chongqing	146484	379534	118634	78477	115026
四川	Sichuan	523302	1266229	340512	244196	382662
贵州	Guizhou	148242	379908	90966	58055	113255
云南	Yunnan	184875	578273	129480	80941	163840
西藏	Tibet	5368	19767	8625	2574	9267
陕西	Shaanxi	236407	603772	207571	130317	194465
甘肃	Gansu	119116	332561	102760	56560	104269
青海	Qinghai	29600	80057	21620	15147	25540
宁夏	Ningxia	50433	112500	29398	15113	32480
新疆	Xinjiang	90177	243039	64508	38080	72113

注：中等职业学校未含技工学校数据（下表同）。

a) Number of secondary vocational schools do not include the number of skilled-worker schools. The same applies to the tables following.

2-32 各地区中等职业学校(机构)教职工数(2011年)
Number of Teachers and Staff in Secondary Vocational Schools (Institutions) by Region (2011)

单位：人 (person)

地 区	Region	教职工数 Teachers and Staff	校本部教职工 Teachers and Staff in Headquarters	专任教师 Full-time Teachers	行政人员 Administrative Personnel	教辅人员 Teaching Assistants	工勤人员 Workers	校办企业职工 Employees in School-run Enterprises	其他附设机构人员 Personnel in Other Subsidiary Units	聘请校外教师 Engaged from Other Schools
全 国	**National Total**	**945081**	**931124**	**689363**	**96551**	**68319**	**76891**	**6678**	**7279**	**102321**
北 京	Beijing	13332	13172	7787	2607	1179	1599	18	142	1534
天 津	Tianjin	10662	10558	7437	1685	657	779	56	48	1049
河 北	Hebei	64403	63963	48323	6418	4607	4615	239	201	4130
山 西	Shanxi	34321	33634	24471	3608	2674	2881	270	417	4012
内蒙古	Inner Mongolia	20970	20714	15127	2191	1892	1504	139	117	1305
辽 宁	Liaoning	32101	31876	21801	4535	2457	3083	159	66	3745
吉 林	Jilin	26978	26832	18533	3651	2802	1846	71	75	1333
黑龙江	Heilongjiang	25402	25165	17967	2969	1843	2386	176	61	1636
上 海	Shanghai	13750	13668	8175	2178	1501	1814	80	2	1290
江 苏	Jiangsu	56101	55726	43909	3668	3788	4361	230	145	5773
浙 江	Zhejiang	37905	37202	30998	2155	2242	1807	176	527	6249
安 徽	Anhui	41908	40767	32112	3297	2376	2982	396	745	3994
福 建	Fujian	22712	22519	17781	2003	1380	1355	56	137	4144
江 西	Jiangxi	26458	25512	19026	2987	1371	2128	740	206	3255
山 东	Shandong	74232	73224	53569	7792	6763	5100	669	339	3659
河 南	Henan	79010	77157	58334	7414	5749	5660	807	1046	8649
湖 北	Hubei	36980	36261	26208	4113	2879	3061	439	280	4641
湖 南	Hunan	40070	39556	27977	4891	3426	3262	325	189	3437
广 东	Guangdong	60632	60038	45993	5631	3668	4746	208	386	6879
广 西	Guangxi	30433	28920	20610	2884	2146	3280	388	1125	4237
海 南	Hainan	6484	6400	4289	783	493	835	9	75	666
重 庆	Chongqing	18307	18226	13911	1738	1196	1381	62	19	2799
四 川	Sichuan	54691	54067	39933	5158	3631	5345	301	323	5112
贵 州	Guizhou	15680	15425	11635	1953	661	1176	188	67	3671
云 南	Yunnan	27879	27625	20989	1978	1526	3132	120	134	5254
西 藏	Tibet	740	740	595	50	51	44			119
陕 西	Shaanxi	30029	29714	20582	4217	2604	2311	182	133	3569
甘 肃	Gansu	21334	21068	15886	1913	1424	1845	78	188	1476
青 海	Qinghai	3222	3174	2549	225	174	226	40	8	526
宁 夏	Ningxia	3419	3371	2474	294	236	367	33	15	496
新 疆	Xinjiang	14936	14850	10382	1565	923	1980	23	63	3682

2-33 各地区普通高中基本情况（2011年）

Basic Statistics on Regular Senior Secondary Schools by Region (2011)

单位：人 (person)

地 区	Region	学校数（所） Schools (unit)	招生数 New Enrollment	在校学生数 Total Enrollment	毕业生数 Graduates	教职工数 Teachers and Staff	#专任教师 Full-time Teachers
全 国	**National Total**	**13688**	**8507799**	**24548227**	**7877401**	**2427386**	**1556829**
北 京	Beijing	290	64146	195072	58275	49726	20317
天 津	Tianjin	209	60705	185461	60204	30224	15160
河 北	Hebei	598	397819	1233223	427876	123456	83476
山 西	Shanxi	519	286680	852689	270072	91003	56150
内蒙古	Inner Mongolia	279	169674	493476	168114	50698	31304
辽 宁	Liaoning	422	236157	712632	233805	61021	45965
吉 林	Jilin	248	168965	478783	155349	41859	27554
黑龙江	Heilongjiang	411	207742	622251	204287	59972	41698
上 海	Shanghai	247	52224	161056	58523	30301	16596
江 苏	Jiangsu	618	408844	1286951	466131	138024	97149
浙 江	Zhejiang	569	300521	899016	277131	86461	63360
安 徽	Anhui	734	441743	1278903	424199	114370	69577
福 建	Fujian	559	240621	709515	226312	97896	52375
江 西	Jiangxi	438	308930	783497	251060	79176	47583
山 东	Shandong	565	560488	1564212	501759	148000	113427
河 南	Henan	792	646263	1895068	665464	138525	104288
湖 北	Hubei	585	361978	1167697	429063	95092	71333
湖 南	Hunan	594	369889	1013814	325598	106050	67552
广 东	Guangdong	1012	777547	2204135	630863	225361	137112
广 西	Guangxi	446	283282	773562	238408	65974	43069
海 南	Hainan	102	60609	168529	51487	21291	9865
重 庆	Chongqing	263	226743	648720	189652	62638	34234
四 川	Sichuan	740	535394	1512025	452646	146473	82768
贵 州	Guizhou	447	277290	689042	180203	58350	36223
云 南	Yunnan	444	243767	660291	192310	71058	42935
西 藏	Tibet	30	16720	44676	13165	4204	3398
陕 西	Shaanxi	544	336071	969167	309328	84064	55444
甘 肃	Gansu	436	221551	657086	202234	60585	38593
青 海	Qinghai	112	35377	106911	36114	12846	7702
宁 夏	Ningxia	67	53562	148043	48291	12466	9364
新 疆	Xinjiang	368	156497	432724	129478	60222	31258

注：教职工数为普通高中和普通初中之和。

a) Number of teachers and staff is the sum of that of regular senior secondary schools and regular junior secondary schools.

2-34 各地区初中基本情况（2011年）

Basic Statistics on Regular Junior Secondary Schools by Region (2011)

单位：人 (person)

地区	Region	学校数（所）Schools (unit)	招生数 New Enrollment	在校学生数 Total Enrollment	毕业生数 Graduates	专任教师 Full-time Teachers
全 国	**National Total**	**54117**	**16347296**	**50668024**	**17366786**	**3524517**
北 京	Beijing	342	100636	302269	97587	30539
天 津	Tianjin	316	82553	261954	90486	25860
河 北	Hebei	2534	727190	2150335	752512	172505
山 西	Shanxi	2093	509272	1643113	555758	119314
内蒙古	Inner Mongolia	808	256646	791411	259992	62565
辽 宁	Liaoning	1637	376932	1195997	435895	101483
吉 林	Jilin	1230	232122	751532	285578	67090
黑龙江	Heilongjiang	1685	335172	1223979	398552	100563
上 海	Shanghai	507	116210	430585	96244	34506
江 苏	Jiangsu	2100	649616	2111249	838269	185110
浙 江	Zhejiang	1745	499789	1546002	575871	119270
安 徽	Anhui	2962	760861	2498800	922116	161604
福 建	Fujian	1271	363390	1157266	463505	97795
江 西	Jiangxi	2117	675593	2009641	631353	122811
山 东	Shandong	3004	1057830	3451577	1076260	263333
河 南	Henan	4596	1616241	4679780	1554530	282202
湖 北	Hubei	2122	619213	2040702	771362	154295
湖 南	Hunan	3310	734924	2163402	692709	173343
广 东	Guangdong	3316	1540940	4790565	1619069	268008
广 西	Guangxi	1939	688646	2008317	624461	119248
海 南	Hainan	406	125529	392397	141635	25104
重 庆	Chongqing	996	372073	1190197	428823	76717
四 川	Sichuan	3964	1058072	3266108	1153686	202987
贵 州	Guizhou	2194	745660	2138054	650596	111173
云 南	Yunnan	1711	687209	2052586	670529	119266
西 藏	Tibet	93	44567	136371	44370	9121
陕 西	Shaanxi	1819	458592	1498841	586760	115434
甘 肃	Gansu	1577	406700	1285392	458253	84462
青 海	Qinghai	304	76548	223398	63632	14720
宁 夏	Ningxia	262	102617	299635	97927	18846
新 疆	Xinjiang	1157	325953	976569	328466	85243

2-35 各地区普通小学基本情况（2011年）
Basic Statistics on Regular Primary Schools by Region (2011)

单位：人 (person)

地区	Region	学校数(所) Schools (unit)	招生数 New Enrollment	在校学生数 Total Enrollment	毕业生数 Graduates	教职工数 Teachers and Staff	#专任教师 Full-time Teachers
全国	**National Total**	**241249**	**17367980**	**99263674**	**16628054**	**5584868**	**5604861**
北京	Beijing	1090	132719	680457	101678	54781	50867
天津	Tianjin	874	100097	518531	84602	41825	37457
河北	Hebei	13274	1038453	5410910	732753	325542	316537
山西	Shanxi	10936	440802	2771927	527818	190646	188820
内蒙古	Inner Mongolia	2613	246419	1405322	254920	126569	113734
辽宁	Liaoning	5118	370138	2168074	377227	137851	145457
吉林	Jilin	5600	250353	1439237	226712	132521	121854
黑龙江	Heilongjiang	5620	333945	1874996	336006	152915	147697
上海	Shanghai	764	169430	731131	130857	48151	46254
江苏	Jiangsu	4325	761815	4095995	649684	253834	250123
浙江	Zhejiang	3818	628821	3440635	517786	169565	174379
安徽	Anhui	13343	791856	4435804	769388	237290	243319
福建	Fujian	5947	447904	2460858	371976	158592	155337
江西	Jiangxi	11633	777955	4340255	667802	195620	204248
山东	Shandong	12047	1193990	6440742	1068186	393612	386280
河南	Henan	27793	1934351	10928960	1676067	504697	495824
湖北	Hubei	7415	692317	3773446	583417	197395	194851
湖南	Hunan	10824	869687	4903095	730155	235769	250333
广东	Guangdong	15148	1408922	8220577	1619684	430652	432451
广西	Guangxi	13789	726689	4270002	702614	235149	218967
海南	Hainan	2210	123955	765619	131762	49546	51583
重庆	Chongqing	5248	338693	1954818	363073	116397	115343
四川	Sichuan	8847	996827	5798017	1042069	264869	305508
贵州	Guizhou	12008	626379	4087382	773003	195168	197094
云南	Yunnan	13320	653821	4240837	729118	238762	234758
西藏	Tibet	860	49536	294725	48319	19200	19077
陕西	Shaanxi	8867	407696	2535962	464579	173769	171011
甘肃	Gansu	10907	338176	2200743	426257	135559	141324
青海	Qinghai	1533	82562	511867	80162	20916	25897
宁夏	Ningxia	1942	111236	643293	112676	32179	33295
新疆	Xinjiang	3536	322436	1919457	327704	115527	135182

2-36 各地区特殊教育基本情况（2011年）
Basic Statistics on Special Education by Region (2011)

单位：人 (person)

地 区	Region	学校数（所） Schools (unit)	招生数 New Enrollment	在校学生数 Total Enrollment	毕业生数 Graduates	教职工数 Teachers and Staff	#专任教师 Full-time Teachers
全 国	**National Total**	**1767**	**64086**	**398736**	**44194**	**51189**	**41311**
北 京	Beijing	21	1049	8037	1691	1159	862
天 津	Tianjin	20	333	2647	270	710	535
河 北	Hebei	148	1982	12566	1183	3444	2800
山 西	Shanxi	51	1339	8311	805	1580	1300
内蒙古	Inner Mongolia	34	879	4286	292	1183	982
辽 宁	Liaoning	74	1069	8935	926	2642	1965
吉 林	Jilin	46	887	6015	547	1752	1316
黑龙江	Heilongjiang	73	1736	12963	821	2308	1872
上 海	Shanghai	29	1178	8260	1505	1577	1158
江 苏	Jiangsu	108	3693	25517	3270	3844	3036
浙 江	Zhejiang	78	2174	13048	1544	2095	1794
安 徽	Anhui	63	1701	12635	1244	1480	1239
福 建	Fujian	71	4570	28738	3649	1762	1554
江 西	Jiangxi	75	3593	22577	1917	990	885
山 东	Shandong	146	3387	21745	2463	5731	4585
河 南	Henan	127	3151	19463	1697	3547	2961
湖 北	Hubei	76	1622	12893	1535	1811	1527
湖 南	Hunan	58	2358	12673	1049	1656	1325
广 东	Guangdong	80	3581	25022	3212	2902	2158
广 西	Guangxi	60	2411	13861	1129	1447	1138
海 南	Hainan	3	336	1678	206	153	110
重 庆	Chongqing	36	3485	16978	1585	895	763
四 川	Sichuan	107	6767	40898	5486	2036	1784
贵 州	Guizhou	52	2858	14474	1244	1026	901
云 南	Yunnan	30	3736	19329	2563	955	772
西 藏	Tibet	2	63	485	20	64	55
陕 西	Shaanxi	44	1309	6837	665	1007	777
甘 肃	Gansu	22	1457	9455	708	586	484
青 海	Qinghai	11	247	2142	230	171	140
宁 夏	Ningxia	7	196	1535	86	245	217
新 疆	Xinjiang	15	939	4733	652	431	316

2-37 各地区各级普通学校生师比

Student-Teacher Ratio by Level of Regular Schools by Region

(教师人数=1) (number of teachers=1)

年份 Year / 地区 Region		小学 Primary School	初中 Junior Secondary School	普通高中 Regular Senior Secondary School	职业高中 Vocational Senior Secondary School	普通中专 Regular Specialized Secondary School	普通高校 Regular Institution of Higher Education	本科院校 Undergraduate Courses	专科院校 Specialized Courses
2004		19.98	18.65	18.65	19.10	28.13	16.22	17.44	13.15
2005		19.43	17.80	18.54	20.62	31.02	16.85	17.75	14.78
2006		19.17	17.15	18.13	22.16	31.67	17.80	17.61	18.26
2007		18.82	16.52	17.48	23.50	31.39	17.28	17.31	17.20
2008		18.38	16.07	16.78	23.47	31.27	17.23	17.21	17.27
2009		17.88	15.47	16.30	23.65	27.82	17.27	17.23	17.35
2010		17.70	14.98	15.99	23.66	26.10	17.33	17.38	17.21
2011		17.71	14.38	15.77	21.59	31.53	17.42	17.48	17.28
北京	Beijing	13.38	9.90	9.60	12.82	25.65	16.18	16.39	14.47
天津	Tianjin	13.84	10.13	12.23	12.44	15.18	17.03	16.95	17.27
河北	Hebei	17.09	12.47	14.77	17.70	31.35	17.89	17.99	17.68
山西	Shanxi	14.68	13.77	15.19	20.76	24.61	17.03	16.91	17.29
内蒙古	Inner Mongolia	12.36	12.65	15.76	16.02	30.09	17.63	18.15	16.94
辽宁	Liaoning	14.91	11.79	15.50	16.77	18.66	16.95	17.29	15.67
吉林	Jilin	11.81	11.20	17.38	16.41	21.01	17.36	17.60	16.05
黑龙江	Heilongjiang	12.69	12.17	14.92	14.70	27.47	16.16	16.71	14.53
上海	Shanghai	15.81	12.48	9.70	12.21	20.55	16.92	16.91	16.96
江苏	Jiangsu	16.38	11.41	13.25	16.75	23.43	15.65	16.32	14.64
浙江	Zhejiang	19.73	12.96	14.19	20.81	23.11	17.21	16.98	17.73
安徽	Anhui	18.23	15.46	18.38	25.80	28.98	18.77	18.65	18.96
福建	Fujian	15.84	11.83	13.55		32.23	17.19	17.19	17.21
江西	Jiangxi	21.25	16.36	16.47	27.92	42.54	16.85	17.04	16.50
山东	Shandong	16.67	13.11	13.79	18.21	26.16	17.06	16.88	17.43
河南	Henan	22.04	16.58	18.17	23.66	42.13	17.83	18.13	17.34
湖北	Hubei	19.37	13.23	16.37	25.79	29.09	17.53	17.62	17.31
湖南	Hunan	19.59	12.48	15.01	21.01	59.12	18.42	18.30	18.61
广东	Guangdong	19.01	17.87	16.08	22.78	36.78	18.88	18.91	18.83
广西	Guangxi	19.50	16.84	17.96		40.88	17.45	17.53	17.33
海南	Hainan	14.84	15.63	17.08	22.75	54.10	18.80	18.90	18.61
重庆	Chongqing	16.95	15.51	18.95	26.53	43.32	17.43	17.90	16.33
四川	Sichuan	18.98	16.09	18.27	25.94	35.39	18.31	18.40	18.09
贵州	Guizhou	20.74	19.23	19.02	28.35	41.90	17.47	17.12	18.17
云南	Yunnan	18.06	17.21	15.38	26.24	39.74	18.49	18.12	19.23
西藏	Tibet	15.45	14.95	13.15		32.68	15.51	14.03	19.35
陕西	Shaanxi	14.83	12.98	17.48	27.81	37.72	17.92	17.66	18.84
甘肃	Gansu	15.57	15.22	17.03	17.32	21.79	18.73	19.09	17.99
青海	Qinghai	19.77	15.18	13.88	12.59	34.03	13.98	13.49	15.28
宁夏	Ningxia	19.32	15.90	15.81	26.12	65.18	18.19	17.10	20.40
新疆	Xinjiang	14.20	11.46	13.84	26.93	22.42	16.65	16.00	17.72

注：普通高校生师比中专任教师数包括聘请校外教师。

a) Of the student-teacher ratio of regular institution of higher education, full-time teachers include those from other schools.

2-38 每十万人口各级学校平均在校生数
Number of Students Per 100 000 Population by Level

单位：人 (person)

年 份 地 区	Year Region	幼儿园 Kindergartens	小 学 Primary Education	初中阶段 Junior Secondary	高中阶段 Senior Secondary	高等学校 Higher Education
	2004	1617	8725	5058	2824	1420
	2005	1676	8358	4781	3070	1613
	2006	1731	8192	4557	3321	1816
	2007	1787	8037	4364	3409	1924
	2008	1873	7819	4227	3463	2042
	2009	2001	7584	4097	3495	2128
	2010	2230	7448	3955	3499	2189
	2011	2554	7403	3779	3489	2253
北 京	Beijing	1587	3468	1541	2104	5613
天 津	Tianjin	1740	3992	2017	2441	4329
河 北	Hebei	2550	7521	2989	3427	2006
山 西	Shanxi	2296	7756	4597	4134	2202
内蒙古	Inner Mongolia	1813	5685	3202	3330	1920
辽 宁	Liaoning	1970	4956	2734	2797	2712
吉 林	Jilin	1676	5239	2736	2874	2807
黑龙江	Heilongjiang	1465	4892	3193	3034	2409
上 海	Shanghai	1929	3175	1870	1430	3556
江 苏	Jiangsu	2764	5205	2683	3312	2824
浙 江	Zhejiang	3436	6317	2838	3134	2218
安 徽	Anhui	1961	7446	4195	3858	2007
福 建	Fujian	3572	6664	3134	3924	2200
江 西	Jiangxi	3261	9727	4504	3392	2212
山 东	Shandong	2524	6718	3600	3257	2191
河 南	Henan	3001	11620	4976	4026	1901
湖 北	Hubei	2313	6588	3563	3597	2991
湖 南	Hunan	2492	7463	3293	3032	2054
广 东	Guangdong	2948	7873	4588	4384	1978
广 西	Guangxi	3129	9262	4356	3756	1688
海 南	Hainan	2410	8810	4516	3984	2079
重 庆	Chongqing	2921	6776	4125	3983	2522
四 川	Sichuan	2623	7207	4060	3623	1904
贵 州	Guizhou	2523	11749	6146	3178	1254
云 南	Yunnan	2360	9215	4460	2905	1520
西 藏	Tibet	1386	9792	4531	2141	1446
陕 西	Shaanxi	2752	6790	4013	4865	3378
甘 肃	Gansu	1688	8597	5021	4237	2041
青 海	Qinghai	2380	9092	3968	3720	1082
宁 夏	Ningxia	2353	10163	4734	4308	1912
新 疆	Xinjiang	2980	8785	4469	3292	1521

注：1.高等学校包括普通高等学校和成人高等学校。
2.高中阶段合计数据包括普通高中、成人高中、普通中专、职业高中、技工学校和成人中专。
3.初中阶段包括普通初中和职业初中。

a) Institutions of higher education include that of regular institutions of higher education and institutions of higher education for adults.
b) Total of senior schools include that of regular senior schools, adult senior schools, regular secondary technical schools, vocational secondary schools, technical worker school, adult technical secondary schools.
c) Junior secondary schools include regular junior schools and junior vocational schools.

2-39 教育经费情况
Basic Statistics on Educational Funds

单位：万元 (10 000 yuan)

年份 Year / 地区 Region	合计 Total	国家财政性教育经费 Government Appropriation for Education	#预算内教育经费 Budgetary	民办学校办学经费 Funds from Private Schools	社会捐赠经费 Donations and Fund-raising for Running Schools	事业收入 Income from Teaching Research and Other Auxiliary Activity	#学杂费 Tuition and Miscel-laneous Fees	其他教育经费 Other Educational Funds
1992	8670491	7287506	5387382		696285		439319	
1993	10599374	8677618	6443914	33323	701856		871477	
1994	14887813	11747396	8839795	107795	974487		1469228	
1995	18779501	14115233	10283930	203672	1628414		2012423	
1996	22623394	16717046	12119134	261999	1884190		2610361	
1997	25317326	18625416	13577262	301746	1706588		3260792	
1998	29490592	20324526	15655917	480314	1418537	6091515	3697474	1175700
1999	33490416	22871756	18157597	628957	1258694	7497174	4636108	1233835
2000	38490806	25626056	20856792	858537	1139557	9382717	5948304	1483939
2001	46376626	30570100	25823762	1280895	1128852	11575137	7456014	1821643
2002	54800278	34914048	31142383	1725549	1272791	14609169	9227792	2278722
2003	62082653	38506237	34538583	2590148	1045927	17218399	11214985	2721943
2004	72425989	44658575	40278158	3478529	934204	20114268	13465517	3240414
2005	84188391	51610759	46656939	4522185	931613	23399991	15530545	3723842
2006	98153087	63483648	57956138	5490583	899078	24073042	15523301	4206736
2007	121480663	82802142	76549082	809337	930584	31772357	21309082	5166242
2008	145007374	104496296	96855602	698479	1026663	33670711	23492983	5115225
2009	165027065	122310935	114193032	749829	1254991	35275939	25155983	5435371
2010	195618471	146700670	134895629	1054254	1078839	41060664	30155593	5724045
中 央 Central Government	21583467	14920947	14035055		150934	5347866	2595393	1163719
地 方 Local Governments	174035004	131779723	120860573	1054254	927905	35712797	27560200	4560325
北 京 Beijing	6134448	5136580	4693182	6529	48389	808000	578991	134950
天 津 Tianjin	2920970	2270774	2103847	1163	6218	553129	364134	89685
河 北 Hebei	7192734	5647497	5178041	14598	8285	1422726	1211145	99629
山 西 Shanxi	4508195	3529544	3193060	26046	9295	854277	699279	89033
内蒙古 Inner Mongolia	4143731	3584765	3344758	4755	2017	487251	395818	64943
辽 宁 Liaoning	6242615	4834720	4367511	40605	1677	1261638	1019217	103975
吉 林 Jilin	3445611	2747077	2605373	7690	4103	652271	537994	34472
黑龙江 Heilongjiang	4048565	3183150	2901742	17051	2739	823012	735480	22614
上 海 Shanghai	5582736	4407376	3935045	7583	9541	901393	736562	256843
江 苏 Jiangsu	13146233	9234608	8142866	14591	169548	3117810	2312625	609676
浙 江 Zhejiang	10625688	7336561	5884177	33772	147053	2486977	1919052	621325
安 徽 Anhui	5990868	4488332	4172046	63061	21938	1305908	995547	111627
福 建 Fujian	5341118	3913350	3603658	100520	36973	1189237	903345	101038
江 西 Jiangxi	4494597	3175331	2984350	65600	20595	1070547	878067	162524
山 东 Shandong	10395900	8029725	7180596	29561	33420	2161674	1677026	141521
河 南 Henan	9111164	6800265	6481601	99621	8250	1980533	1581738	222495
湖 北 Hubei	5869164	3838175	3584633	31095	16254	1698149	1282738	285491
湖 南 Hunan	6497608	4585048	4227052	33200	16087	1655954	1288148	207319
广 东 Guangdong	15327348	10440230	9808383	216728	106776	4234065	3310218	329549
广 西 Guangxi	4941416	3990786	3739829	23755	10620	847218	673105	69037
海 南 Hainan	1422673	1133239	1045956	15426	13628	234577	185043	25802
重 庆 Chongqing	4068437	2893208	2687127	61406	42150	841898	587059	229775
四 川 Sichuan	8951781	6816497	6355855	70443	111231	1850014	1127335	103596
贵 州 Guizhou	3669550	3139157	2954220	15861	6827	452054	327349	55652
云 南 Yunnan	5336317	4480463	4226247	17631	23499	671821	533736	142904
西 藏 Tibet	662293	641638	625959	678	1155	18642	15583	180
陕 西 Shaanxi	5143635	3766663	3516784	14464	8757	1241636	989373	112116
甘 肃 Gansu	3106736	2648616	2532466	7953	18745	401239	331816	30183
青 海 Qinghai	1062206	985919	949172	1485	2596	59363	45326	12843
宁 夏 Ningxia	994671	843802	789385	9119	4947	115953	90675	20850
新 疆 Xinjiang	3655998	3256626	3045655	2266	14596	313833	226675	68678

注：2007年对部分教育经费统计指标进行了修订。"民办学校办学经费"1992-2006年指社会团体和公民个人办学总经费，2007年以后指民办学校中举办者投入。

a) In 2007, certain indicators of educational funds had been revised. "Funds from private schools" from 1992 to 2006 equals to funds from social organizations and citizens for running schools, but that of 2007 equals to funds from runners of private schools.

2-40 各类学校教育经费情况（2010年）
Educational Funds in Various Schools (2010)

单位：万元 (10 000 yuan)

学校类别	Type of Schools	合计 Total	国家财政性教育经费 Government Appropriation for Education	#预算内教育经费 Budgetary	民办学校办学经费 Funds from Private Schools	社会捐赠经费 Donations and Fund-Raising for Running Schools	事业收入 Income from Teaching Research and Other Auxiliary Activity	#学杂费 Tuition and Miscellaneous Fees	其他教育经费 Other Educational Funds
全国总计	**National Total**	**195618471**	**146700670**	**134895629**	**1054254**	**1078839**	**41060664**	**30155593**	**5724045**
按学校类别分组	**Grouped by Type of Schools**								
高等学校	Institutions of Higher Education	56290771	29653206	27777956	269647	299818	22767733	17245423	3300367
普通高等学校	Regular Institutions of Higher Education	54978649	29018026	27188006	269647	296357	22165552	16760756	3229068
成人高等学校	Institutions of Higher Education for Adults	1312122	635181	589950		3461	602181	484667	71299
中等职业学校	Vocational Secondary Schools	13573099	9682826	8325194	129023	25515	3320022	2765577	415713
中等专业学校	Specialized Secondary Schools	6065512	4151336	3694266	56022	8991	1629680	1381849	219483
职业高中	Vocational Senior Secondary Schools	5092958	3927611	3181529	56106	14478	998793	844424	95971
技工学校	Technical Schools	1696444	1070922	964151	10522	461	537846	447771	76692
成人中专学校	Specialized Secondary Schools for Adults	718186	532957	485247	6373	1585	153703	91533	23568
中学	Secondary Schools	54210868	44774412	41159888	244850	406119	7918407	5356601	867081
普通中学	Regular Secondary Schools	54164955	44742044	41131373	244850	406100	7908922	5354371	863040
普通高中	Regular Senior Secondary Schools	20033460	13218350	11758580	98710	181846	6105258	4357491	429297
普通初中	Regular Junior Secondary Schools	34131495	31523694	29372793	146140	224254	1803665	996880	433743
#农村	Rural Areas	19009185	18421822	17469915	18328	87612	303436	144594	177987
成人中学	Secondary Schools for Adults	45913	32368	28515		19	9485	2231	4041
小学	Primary Schools	48874755	46429953	43896249	129502	260262	1529020	896042	526018
普通小学	Regular Primary Schools	48870719	46425984	43892287	129502	260262	1528954	896042	526017
#农村	Rural Areas	31165811	30419740	29227117	36081	118665	346471	166854	244855
成人小学	Primary Schools for Adults	4036	3969	3962			65		2
特殊教育学校	Special Education Schools	719083	683805	619899	112	6424	10308	561	18434
幼儿园	Kindergartens	7280143	2443526	2187411	281120	50214	4342065	3841975	163217
教育行政单位	Education Administrative Unit	2906046	2605378	2258371		13959	177992		108718
教育事业单位	Education Institution	6269455	5200421	4313650		15895	780770		272369
其它	Others	5494252	5227143	4357012		634	214348	49414	52128

三、文　化
Culture

3-1 全国主要文化机构情况
Number of Institutions in Cultural Industry

单位：个 (unit)

年 份 Year	公共图书馆 Public Libraries	文化馆(站) Cultural Centers (Station)	省级、地市级文化馆 Art Centers at Provincial & Prefecture Level	县市级文化馆 Cultural Centers at County & City Level	乡镇(街道)文化站 Township (sub-district) Cultural Stations	博物馆 Museums	艺术表演团体 Art Performance Troupes	艺术表演场馆 Art Performance Places
1949	55	896		896		21	1000	891
1952	83	2430		2430		35	2084	1510
1957	400	2748		2748		72	2884	2296
1962	541	3767	61	2514	1192	230	3320	2249
1965	562	4785	62	2598	2125	214	3458	2943
1970	323	4126	29	2303	1794	182	2541	1432
1975	629	5387	81	2589	2717	242	2836	1464
1978	1218	6893	92	2748	4053	349	3150	1095
1980	1732	8739	218	2912	5609	365	3533	1444
1985	2344	8576	335	2960	5281	711	3317	1377
1986	2406	8913	337	2993	5583	777	3195	2058
1987	2440	8974	348	2973	5653	827	3094	2148
1988	2485	9045	358	2975	5712	903	2985	2081
1989	2512	9037	366	2955	5716	967	2850	2050
1990	2527	9216	366	2955	5895	1013	2805	1955
1991	2535	10507	371	2894	7242	1075	2772	2068
1992	2558	9564	372	2900	6292	1106	2753	2037
1993	2572	10155	370	2886	6899	1130	2707	2024
1994	2589	11276	374	2887	8015	1161	2698	1998
1995	2615	13487	373	2886	10228	1194	2682	1958
1996	2620	45253	392	2892	41969	1219	2664	1934
1997	2628	45449	385	2901	42163	1282	2663	1947
1998	2662	45834	386	2901	42547	1339	2652	1929
1999	2669	45837	389	2905	42543	1363	2632	1911
2000	2675	45321	390	2907	42024	1392	2619	1900
2001	2696	43379	399	2842	40138	1461	2605	1854
2002	2697	42516	389	2854	39273	1511	2587	1829
2003	2709	41816	382	2846	38588	1515	2601	1900
2004	2720	41402	380	2841	38181	1548	2759	1928
2005	2762	41588	375	2851	38362	1581	2805	1866
2006	2778	40088	395	2819	36874	1617	2866	1839
2007	2799	40601	411	2806	37384	1722	4512	2070
2008	2820	41156	389	2829	37938	1893	5114	1944
2009	2850	41959	361	2862	38736	2252	6139	2137
2010	2884	43382	374	2890	40118	2435	6864	2112
2011	2952	43675	379	2906	40390	2650	7055	1956

注：1.2007年以前艺术表演团体和艺术表演场馆为文化系统内数据，2007年起含非文化部门数据。

2.1996年以前文化站数据未包括其他部门所属乡镇文化站。1996-1998年包括其他部门所属文化站，1999年以后，其他部门所属文化站划归文化部门管理。

a) Art performance troupes and art performance places referred to that of Culture System before 2007, and include non-cultural department since 2007.

b) Culture stations did not include township culture stations of other department before 1996, and included culture stations of other department from 1996 to 1998. Since 1999, culture stations of other department was put under Culture Department's administration.

3-2 全国文化文物机构人员情况(2011年)

Number of Institutions and Personnel in Culture and Cultural Relics (2011)

机构类别	Category of Institution	机构(个) Number of Institutions (unit)	文化部门 Cultural Department	国有经济 State-owned Economy	集体经济 Collective-owned Economy	其他经济 Other Economy	其他部门 Other Department
总　计	**Total**	**310091**	**63739**	**62992**	**365**	**382**	**246352**
文化及相关产业	**Culture and Related Industry**	**309953**	**63633**	**62904**	**359**	**370**	**246320**
艺术业	Arts	9227	4061	3620	254	187	5166
公共图书馆业	Public Libraries	2952	2952	2952			
群众文化服务业	Mass Culture	43675	43675	43675			
艺术教育业	Culture and Education	149	149	146	3		
文化市场经营机构	Business Units Dealing in Culture Market	240362	50	40	2	8	240312
文艺科研机构	Art Research Institutions	222	222	222			
文物业	Cultural Relics	5728	5456	5314	66	76	272
其他文化及相关产业	Other Cultural Units	7638	7068	6935	34	99	570
非文化及相关产业	**Non-culture and Related Industry**	**138**	**106**	**88**	**6**	**12**	**32**

3-2 续表 Continued

机构类别	Category of Institution	从业人员(人) Number of Employed Persons (person)	文化部门 Cultural Department	国有经济 State-owned Economy	集体经济 Collective-owned Economy	其他经济 Other Economy	其他部门 Other Department
总　计	**Total**	**2212956**	**595569**	**574152**	**8915**	**12502**	**1617387**
文化及相关产业	**Culture and Related Industry**	**2208572**	**592766**	**572023**	**8855**	**11888**	**1615806**
艺术业	Arts	270474	160323	144887	8039	7397	110151
公共图书馆业	Public Libraries	54475	54475	54475			
群众文化服务业	Mass Culture	147732	147732	147732			
艺术教育业	Culture and Education	12917	12917	12897	20		
文化市场经营机构	Business Units Dealing in Culture Market	1468094	2711	2485	20	206	1465383
文艺科研机构	Art Research Institutions	3832	3832	3832			
文物业	Cultural Relics	111338	105462	104004	290	1168	5876
其他文化及相关产业	Other Cultural Units	139710	105314	101711	486	3117	34396
非文化及相关产业	**Non-culture and Related Industry**	**4384**	**2803**	**2129**	**60**	**614**	**1581**

四、广播电视
Radio and Television

4-1 全国广播和电视综合人口覆盖情况（2011年）
Coverage of Radio and TV Program Broadcasting (2011)

单位：% (%)

地 区	Province	广播节目综合人口覆盖率 Listener Rating	#中央广播节目覆盖率 Listener Rating of Central Radio Station	电视节目综合人口覆盖率 Viewer Rating	#中央电视节目覆盖率 Viewer Rating of CCTV
全国合计	**National Total**	**97.06**	**96.13**	**97.82**	**96.99**
北 京	Beijing	100.00	100.00	100.00	100.00
天 津	Tianjin	100.00	100.00	100.00	100.00
河 北	Hebei	99.33	98.90	99.26	99.14
山 西	Shanxi	93.61	93.60	97.70	97.68
内蒙古	Inner Mongolia	97.41	96.66	96.19	95.62
辽 宁	Liaoning	98.51	97.44	98.64	97.80
吉 林	Jilin	98.53	97.65	98.64	96.65
黑龙江	Heilongjiang	98.57	98.53	98.77	98.77
上 海	Shanghai	100.00	100.00	100.00	100.00
江 苏	Jiangsu	99.99	99.75	99.88	99.40
浙 江	Zhejiang	99.20	98.40	99.38	98.63
安 徽	Anhui	97.62	95.98	97.74	96.97
福 建	Fujian	98.00	97.57	98.54	98.23
江 西	Jiangxi	97.06	96.69	98.18	97.88
山 东	Shandong	98.19	95.53	97.91	95.77
河 南	Henan	97.70	97.60	97.77	97.69
湖 北	Hubei	98.18	97.96	98.23	98.02
湖 南	Hunan	92.61	91.60	96.82	96.41
广 东	Guangdong	98.00	97.04	98.00	97.45
广 西	Guangxi	95.24	93.66	96.99	93.08
海 南	Hainan	96.45	96.37	95.42	95.19
重 庆	Chongqing	98.02	97.12	98.56	98.04
四 川	Sichuan	96.60	95.98	97.69	97.20
贵 州	Guizhou	88.00	85.09	92.81	89.78
云 南	Yunnan	95.69	95.34	96.72	96.67
西 藏	Tibet	91.67	82.08	92.80	82.54
陕 西	Shaanxi	97.02	96.46	97.87	97.42
甘 肃	Gansu	93.70	89.30	94.05	91.24
青 海	Qinghai	91.64	91.64	95.69	95.69
宁 夏	Ningxia	93.50	93.50	98.60	98.60
新 疆	Xinjiang	94.90	93.79	95.29	93.66
计划单列市	**Cities Specifically Designated in State Plan**	**99.40**	**99.40**	**99.56**	**99.56**
大 连	Dalian	98.97	98.97	99.84	99.84
宁 波	Ningbo	100.00	100.00	100.00	100.00
厦 门	Xiamen	99.19	99.19	100.00	100.00
青 岛	Qingdao	98.50	98.50	98.30	98.30
深 圳	Shenzhen	100.00	100.00	100.00	100.00

4-2 全国有线广播电视传输干线网络及用户情况（2011年）
Transmission Trunk and Users of Cable Radios and TVs (2011)

地 区	Province	有线广播电视传输干线网络总长（公里）Total Length of Transmission Trunk for Cable Radios and TVs (km)	有线广播电视用户数（户）Users of Cable Radios and TVs (household)	#数字电视用户数 Users of Digital TV Programs	#付费电视用户数 Users of Pay TV
全国合计	**National Total**	**3697262**	**202643918**	**114889599**	**17605858**
北 京	Beijing	163887	4759163	3454763	1235
天 津	Tianjin	6638	2907100	2276100	219000
河 北	Hebei	156042	7196004	4564316	65442
山 西	Shanxi	96340	4626014	2708312	89818
内蒙古	Inner Mongolia	44289	3172324	2005623	106689
辽 宁	Liaoning	116953	8102726	3585681	101015
吉 林	Jilin	93641	4871662	3254479	241678
黑龙江	Heilongjiang	172447	5507755	3097439	944956
上 海	Shanghai	37475	6271833	2855508	442653
江 苏	Jiangsu	442854	19878632	11958046	2342348
浙 江	Zhejiang	229900	13309325	9700976	2133791
安 徽	Anhui	46529	4907775	2597167	244283
福 建	Fujian	151885	6521296	3339293	434960
江 西	Jiangxi	82216	4896996	2190433	164127
山 东	Shandong	313078	18022613	8720065	543648
河 南	Henan	146637	7872279	1008029	80583
湖 北	Hubei	224583	9877517	6748356	934500
湖 南	Hunan	107193	6959363	5420063	571767
广 东	Guangdong	210476	18250269	11169273	1970567
广 西	Guangxi	44973	4362191	2825421	789161
海 南	Hainan	2169	854752	680026	47614
重 庆	Chongqing	143094	5087612	2499118	109454
四 川	Sichuan	305867	13403416	3194543	919028
贵 州	Guizhou	48870	3965746	3496794	835932
云 南	Yunnan	83948	5337419	3158626	2101025
西 藏	Tibet	3565	178765	42562	5000
陕 西	Shaanxi	67331	5511142	3816100	987697
甘 肃	Gansu	47161	2204622	1477853	102763
青 海	Qinghai	6124	401540	364506	69486
宁 夏	Ningxia	13050	795630	795630	
新 疆	Xinjiang	29648	2080147	1884498	5638
新疆生产建设兵团	Xinjiang Production and Construction Corps.	17450	550290		
计划单列市	**Cities Specifically Designated in State Plan**	**102753**	**7068569**	**5700889**	**477977**
大 连	Dalian	10836	645300	319500	1300
宁 波	Ningbo	38690	2186827	1576135	61127
厦 门	Xiamen	4659	629365	480687	16005
青 岛	Qingdao	24656	1479103	1222812	60868
深 圳	Shenzhen	23912	2127974	2101755	338677

注：有线广播电视传输干线网络总长指标中包括国家广电总局直属的40949公里.
a) Total length of transmission trunk for cable radios include 40 949 km directly under the State Administration of Radio, Film and Television.

4-3 全国广播节目播出情况（2011年）
National Radio Programs (2011)

地 区	Province	公共广播节目套数（套）Number of Public Radio Programs (set)	全年公共广播节目播出时间（小时）Broadcasting Hours of Public Radio Programs (hour)	#转中央台节目 Relaying Programs of Central Radio Station	#播出自制节目 Own-produced Programs
全国合计	**National Total**	**2587**	**13057496**	**1370037**	**8615373**
国家广电总局直属	Directly under the State Administration of Radio, Film and Television	26	274575	365	267643
北 京	Beijing	18	120292	2861	98546
天 津	Tianjin	22	138051	2978	85269
河 北	Hebei	129	607266	41484	401814
山 西	Shanxi	108	378028	50230	223330
内蒙古	Inner Mongolia	121	649530	136337	323339
辽 宁	Liaoning	118	722903	31090	523062
吉 林	Jilin	69	446210	26363	311607
黑龙江	Heilongjiang	94	438118	43977	257079
上 海	Shanghai	21	138010	3753	108402
江 苏	Jiangsu	126	785943	53944	611073
浙 江	Zhejiang	107	713198	50308	534984
安 徽	Anhui	106	519610	52005	342000
福 建	Fujian	89	509811	104967	311211
江 西	Jiangxi	104	351806	63533	211784
山 东	Shandong	157	856328	58352	559674
河 南	Henan	151	636000	69677	422141
湖 北	Hubei	85	447033	41970	299861
湖 南	Hunan	99	351520	56263	208172
广 东	Guangdong	130	772704	40995	613436
广 西	Guangxi	63	297125	23910	219687
海 南	Hainan	24	108848	13401	60221
重 庆	Chongqing	32	132850	18486	86219
四 川	Sichuan	117	540466	90146	281144
贵 州	Guizhou	31	189225	19940	143413
云 南	Yunnan	49	280863	28388	210395
西 藏	Tibet	8	42218	1637	34003
陕 西	Shaanxi	104	410456	64342	235044
甘 肃	Gansu	87	283158	54203	158399
青 海	Qinghai	9	54961	5166	44378
宁 夏	Ningxia	24	102234	12181	67529
新 疆	Xinjiang	159	758158	106784	360511
计划单列市	**Cities Specifically Designated in State Plan**	**47**	**336874**	**14781**	**281581**
大 连	Dalian	11	75124	3858	59802
宁 波	Ningbo	13	91729	4295	76037
厦 门	Xiamen	6	40764	276	37496
青 岛	Qingdao	12	86577	5989	66724
深 圳	Shenzhen	5	42680	365	41523

4-3 续表 continued

单位：小时 (hour)

地区	Province	按节目类型分 by Type of Programs 新闻资讯类节目 News Programs	专题服务类节目 Special Subject Programs	综艺类节目 General Entertainment Programs	广播剧类节目 Radio Play Programs	广告类节目 Advertising Programs	其他类节目 Others
全国合计	**National Total**	**2650759**	**3026825**	**3575301**	**648231**	**1224565**	**1931814**
国家广电总局直属	Directly under the State Administration of Radio, Film and Television	85455	104759	57678	2112	15735	8837
北京	Beijing	19718	39234	19797	7807	16442	17294
天津	Tianjin	21053	25864	47812	1984	21861	19478
河北	Hebei	99433	165626	240107	15973	53595	32531
山西	Shanxi	80019	85499	99906	25916	24145	62543
内蒙古	Inner Mongolia	108378	152578	204374	34273	45679	104248
辽宁	Liaoning	97145	198756	236429	41044	80986	68543
吉林	Jilin	59979	110042	171742	19979	52893	31576
黑龙江	Heilongjiang	87631	114425	93423	16865	42436	83337
上海	Shanghai	36768	32230	44184	6419	16162	2248
江苏	Jiangsu	145653	179330	193134	35875	96940	135011
浙江	Zhejiang	140654	176263	178555	26072	72488	119166
安徽	Anhui	102175	131008	117614	37265	56196	75353
福建	Fujian	124798	102613	146604	11495	29841	94459
江西	Jiangxi	83836	88639	87734	25306	31441	34851
山东	Shandong	145907	170388	253205	52247	92214	142367
河南	Henan	113298	131517	202693	42356	59849	86288
湖北	Hubei	93478	104134	126518	27487	57890	37525
湖南	Hunan	86001	61398	65021	18256	32396	88450
广东	Guangdong	146482	157004	192622	32784	70353	173459
广西	Guangxi	72072	54184	92673	8306	24662	45228
海南	Hainan	26801	18076	32850	3334	7421	20367
重庆	Chongqing	32036	31596	24108	13251	5588	26271
四川	Sichuan	125106	120928	130472	24165	34821	104974
贵州	Guizhou	39461	46446	52547	9662	19090	22019
云南	Yunnan	67033	59794	60343	15646	31611	46436
西藏	Tibet	8590	10326	16256	2446	2174	2426
陕西	Shaanxi	98451	83331	87967	25305	43601	71800
甘肃	Gansu	75721	57113	59569	15637	27811	47307
青海	Qinghai	9803	8832	15288	3544	7645	9849
宁夏	Ningxia	25763	20733	30364	7196	12689	5490
新疆	Xinjiang	192063	184157	193716	38224	37913	112085
计划单列市	**Cities Specifically Designated in State Plan**	**62067**	**97867**	**70213**	**17921**	**43261**	**45545**
大连	Dalian	13684	20423	17091	7673	12038	4217
宁波	Ningbo	13544	26755	22103	4176	10896	14255
厦门	Xiamen	9652	17514	4978	356	1687	6578
青岛	Qingdao	16576	19735	15619	5454	11190	18004
深圳	Shenzhen	8611	13442	10422	262	7451	2492

4-4 全国省级广播节目播出情况（2011年）
Provincial Radio Programs (2011)

地　区	Province	公共广播节目套数（套）Number of Public Radio Programs (set)	全年公共广播节目播出时间（小时）Broadcasting Hours of Public Radio Programs (hour)	#转中央台节目 Relaying Programs of Central Radio Station	#播出自制节目 Own-produced Programs
全国合计	**National Total**	**234**	**1827296**	**36620**	**1632307**
北　京	Beijing	9	69286	912	63519
天　津	Tianjin	10	75768	1643	71388
河　北	Hebei	8	61102	446	55603
山　西	Shanxi	7	57670	912	53686
内蒙古	InnerMongolia	8	59776	1704	51113
辽　宁	Liaoning	8	68897	560	61141
吉　林	Jilin	8	70080	588	53880
黑龙江	Heilongjiang	7	59130	830	55563
上　海	Shanghai	11	81551	270	78591
江　苏	Jiangsu	11	84033	1278	80669
浙　江	Zhejiang	6	52560	913	50552
安　徽	Anhui	9	72532	1052	65542
福　建	Fujian	6	49838	2994	45839
江　西	Jiangxi	6	47069	366	45324
山　东	Shandong	8	68012	539	61303
河　南	Henan	10	87600	851	72420
湖　北	Hubei	10	78188	1425	70181
湖　南	Hunan	7	57670	673	53074
广　东	Guangdong	9	77600	725	76875
广　西	Guangxi	5	37720	548	35430
海　南	Hainan	4	28384	1095	22730
重　庆	Chongqing	6	51229	605	46595
四　川	Sichuan	8	60872	730	55967
贵　州	Guizhou	5	43800	913	41063
云　南	Yunnan	9	57841	2407	51598
西　藏	Tibet	4	29353	1277	24093
陕　西	Shaanxi	9	68837	3828	44965
甘　肃	Gansu	6	39816	924	37515
青　海	Qinghai	4	25865	1090	23300
宁　夏	Ningxia	5	36962	1422	27121
新　疆	Xinjiang	11	68258	3104	55673

4-4 续表 continued

单位：小时 (hour)

地区	Province	按节目类型分 by Type of Programs 新闻资讯类节目 News Programs	专题服务类节目 Special Subject Programs	综艺类节目 General Entertainment Programs	广播剧类节目 Radio Play Programs	广告类节目 Advertising Programs	其他类节目 Others
全国合计	**National Total**	**308749**	**510583**	**483514**	**73039**	**262008**	**189403**
北京	Beijing	13979	28659	3363	235	11765	11287
天津	Tianjin	12544	12167	34461	50	16547	
河北	Hebei	8525	27882	19556	1582	3404	153
山西	Shanxi	5274	12984	11414	1095	8906	17999
内蒙古	InnerMongolia	8873	21800	13078	8974	6662	390
辽宁	Liaoning	11924	26269	15134	1153	8744	5674
吉林	Jilin	7648	11688	21260	5144	14943	9398
黑龙江	Heilongjiang	6112	28109	4398	1079	11768	7666
上海	Shanghai	19322	23918	26089	927	11101	195
江苏	Jiangsu	13278	14186	32476	43	19683	4368
浙江	Zhejiang	13187	13347	16317	1004	5968	2736
安徽	Anhui	6441	28968	9654	4535	13760	9174
福建	Fujian	13734	10613	5961	653	3639	15239
江西	Jiangxi	4190	27194	5152	2494	6104	1935
山东	Shandong	11156	21783	24350	1372	6715	2636
河南	Henan	10790	16847	32080	10337	12335	5211
湖北	Hubei	9442	22916	19577	3214	15428	7611
湖南	Hunan	6395	12469	3263	2305	3418	29820
广东	Guangdong	16140	15940	31339	4372	6358	3451
广西	Guangxi	11087	9494	13098	9	4022	11
海南	Hainan	5889	8340	4767	183	2637	6569
重庆	Chongqing	11563	18511	6152	4486	2988	7530
四川	Sichuan	12470	14520	26925	36	4531	2389
贵州	Guizhou	2373	14235	19528	1460	6205	
云南	Yunnan	15321	14987	9591	2957	10584	4401
西藏	Tibet	5038	7341	12376	1366	1910	1322
陕西	Shaanxi	12179	6461	15889	1348	12788	20173
甘肃	Gansu	5427	5801	10833	560	13230	3965
青海	Qinghai	3830	4932	4396	525	5957	6225
宁夏	Ningxia	7253	8315	11316	3775	5583	721
新疆	Xinjiang	17368	19910	19727	5769	4327	1157

4-5 全国电视节目播出情况（2011年）
National TV Programs (2011)

地　区	Province	公共电视节目套数（套）Number of Public TV Programs (set)	全年公共电视节目播出时间（小时）Broadcasting Hours of Public TV Programs (hour)	#转中央台节目 Relaying Programs of CCTV	#播出自制节目 Own-produced Programs
全国合计	**National Total**	**3274**	**16753029**	**1253650**	**5617951**
国家广电总局直属	Directly under the State Administration of Radio, Film and Television	30	251909		222457
北　京	Beijing	25	113233	200	67774
天　津	Tianjin	31	182509	8934	49616
河　北	Hebei	178	755340	38580	279600
山　西	Shanxi	114	472148	45877	154806
内蒙古	Inner Mongolia	119	633247	89217	174232
辽　宁	Liaoning	119	728886	20643	307824
吉　林	Jilin	76	502386	13701	187561
黑龙江	Heilongjiang	121	677427	119610	172306
上　海	Shanghai	25	177240	2465	87368
江　苏	Jiangsu	130	823861	25539	327582
浙　江	Zhejiang	114	722036	22323	286970
安　徽	Anhui	115	641252	44193	186560
福　建	Fujian	101	340130	6096	146190
江　西	Jiangxi	113	632617	111076	138450
山　东	Shandong	170	964520	59676	322163
河　南	Henan	166	867528	73415	299387
湖　北	Hubei	115	673537	28737	221577
湖　南	Hunan	139	722684	84955	211879
广　东	Guangdong	158	781664	46819	227671
广　西	Guangxi	115	485287	27255	187966
海　南	Hainan	14	81780	3302	33407
重　庆	Chongqing	45	261658	8793	101098
四　川	Sichuan	204	1038581	125620	322742
贵　州	Guizhou	101	227163	15831	92532
云　南	Yunnan	158	767825	63217	212477
西　藏	Tibet	10	45594	2725	17851
陕　西	Shaanxi	123	586010	53080	189524
甘　肃	Gansu	106	423257	31436	130138
青　海	Qinghai	13	69344	2044	23534
宁　夏	Ningxia	28	153113	8168	54639
新　疆	Xinjiang	198	949265	70125	180070
计划单列市	**Cities Specifically Designated in State Plan**	**62**	**395548**	**11457**	**155666**
大　连	Dalian	14	88711	2059	37368
宁　波	Ningbo	13	85974	1716	35646
厦　门	Xiamen	8	52670	643	22419
青　岛	Qingdao	15	89056	2015	37804
深　圳	Shenzhen	12	79137	5025	22428

4-5 续表 1 continued

单位：小时 (hour)

地 区	Province	按节目类型分类 by Type of Programs 新闻资讯类节目 News Programs	专题服务类节目 Special Subject Programs	综艺益智类节目 General Entertainment and Puzzle Programs	影视剧类节目 Films and TV Plays Programs	广告类节目 Advertising Programs	其他类节目 Others
全国合计	**National Total**	**2264318**	**1942275**	**1425749**	**7364317**	**2010858**	**1745512**
国家广电总局直属	Directly under the State Administration of Radio, Film and Television	68595	80497	40246	53450	9120	
北 京	Beijing	17916	47218	8110	21067	10580	8341
天 津	Tianjin	20732	50114	10690	71372	19963	9638
河 北	Hebei	93559	81187	93296	375729	88104	23465
山 西	Shanxi	60901	38805	46072	194352	54634	77384
内蒙古	Inner Mongolia	78873	62946	52689	291315	69357	78068
辽 宁	Liaoning	68304	79876	115302	300050	92125	73229
吉 林	Jilin	46363	70178	103729	205799	61403	14913
黑龙江	Heilongjiang	87648	63211	62904	254598	57555	151511
上 海	Shanghai	29245	37753	10672	63660	18292	17618
江 苏	Jiangsu	101327	111029	62328	341990	112910	94277
浙 江	Zhejiang	86552	72850	38317	322304	122537	79476
安 徽	Anhui	82203	68401	41935	321789	95535	31390
福 建	Fujian	59720	50666	22761	116859	49244	40880
江 西	Jiangxi	81417	58097	40778	307939	66034	78352
山 东	Shandong	104190	99211	100156	443602	138571	78790
河 南	Henan	99632	87483	82477	406212	90782	100941
湖 北	Hubei	76581	85992	44229	334183	104587	27965
湖 南	Hunan	106909	77351	60183	319785	84687	73769
广 东	Guangdong	131483	83928	49173	264847	97618	154614
广 西	Guangxi	70656	55186	33568	191066	69740	65072
海 南	Hainan	14462	12368	5051	32380	12742	4776
重 庆	Chongqing	40518	40549	22768	112992	26956	17876
四 川	Sichuan	166713	105763	74679	441623	119691	130113
贵 州	Guizhou	64231	20681	10002	72436	24071	35742
云 南	Yunnan	110972	74889	51393	369729	80040	80803
西 藏	Tibet	6728	4697	1125	23340	4258	5446
陕 西	Shaanxi	76432	74248	40066	262947	68130	64187
甘 肃	Gansu	56150	44914	28550	212193	38540	42910
青 海	Qinghai	10469	4717	8238	33499	6776	5645
宁 夏	Ningxia	17781	15744	15929	73223	20790	9647
新 疆	Xinjiang	127055	81728	48333	527988	95487	68674
计划单列市	**Cities Specifically Designated in State Plan**	**44560**	**56251**	**25001**	**154882**	**51251**	**63602**
大 连	Dalian	9120	13315	8160	35521	12235	10361
宁 波	Ningbo	7153	7013	4096	41777	11165	14771
厦 门	Xiamen	6421	8245	3424	15241	5819	13521
青 岛	Qingdao	11230	15023	6918	38467	14035	3383
深 圳	Shenzhen	10637	12656	2404	23877	7998	21566

4-5 续表 2 continued

单位：小时 (hour)

地区	Province	全年电视剧播出数 Number of TV Plays 部 set	全年电视剧播出数 Number of TV Plays 集 part	#进口电视剧 Number of Imported TV Plays 部 set	#进口电视剧 Number of Imported TV Plays 集 part	全年动画电视播出时间 Broadcasting Hours of Cartoon TV Programs	#进口动画电视 Broadcasting Hours of Imported Cartoon TV Programs
全国合计	**National Total**	**247060**	**6636255**	**6377**	**166401**	**280254**	**14822**
国家广电总局直属	Directly under the State Administration of Radio, Film and Television	2487	63709	127	2658	4373	436
北京	Beijing	479	14954	22	592	3105	460
天津	Tianjin	3124	52355	6	150	3803	203
河北	Hebei	13990	393324	169	7333	7761	93
山西	Shanxi	5758	147213	23	816	6156	52
内蒙古	Inner Mongolia	12504	296283	192	2246	7664	113
辽宁	Liaoning	9973	275350	250	7134	6657	621
吉林	Jilin	7897	225852	222	6190	1239	
黑龙江	Heilongjiang	4097	107373	92	3275	3018	1152
上海	Shanghai	1304	42901	84	2080	12849	2788
江苏	Jiangsu	10072	285069	126	3878	14080	
浙江	Zhejiang	9470	267649	151	7873	20203	210
安徽	Anhui	10914	274272	239	5890	9334	302
福建	Fujian	3679	111185	20	567	7399	473
江西	Jiangxi	9428	269711	1040	35198	14956	1090
山东	Shandong	12243	364644	138	3446	11471	284
河南	Henan	15807	451774	140	3802	6753	600
湖北	Hubei	14718	387108	140	3929	7381	130
湖南	Hunan	11083	290079	410	10252	21434	954
广东	Guangdong	6228	193621	122	3759	21279	1651
广西	Guangxi	6039	164683	235	3301	7863	242
海南	Hainan	568	22953	2	40	2575	323
重庆	Chongqing	4176	107283	181	3625	7874	78
四川	Sichuan	18359	483878	298	9960	17890	990
贵州	Guizhou	2663	64549	127	2600	2733	50
云南	Yunnan	10064	263715			10162	
西藏	Tibet	521	11415			514	
陕西	Shaanxi	9205	260463	14	315	7503	
甘肃	Gansu	6709	186740	54	1918	9121	92
青海	Qinghai	1065	31288	16	559	1334	
宁夏	Ningxia	1795	43991	20	922	4857	
新疆	Xinjiang	20641	480871	1717	32093	16899	1427
计划单列市	**Cities Specifically Designated in State Plan**	**5361**	**155428**	**118**	**2440**	**11358**	**861**
大连	Dalian	1093	34254	4	80	1998	
宁波	Ningbo	1395	38098	2	40	4411	91
厦门	Xiamen	550	18970			1005	
青岛	Qingdao	1575	42660	87	1696	1516	113
深圳	Shenzhen	748	21446	25	624	2427	657

4-6 全国省级电视节目播出情况（2011年）
Provincial TV Programs (2011)

地 区	Province	全年公共电视节目播出时间（小时）Broadcasting Hours of Public TV Programs (hour)	#转中央台节目 Relaying Programs of CCTV	#播出自制节目 Own-produced Programs	购买、交换节目 Purchased or Exchanged Programs
全国合计	**National Total**	**2169379**	**16045**	**854926**	**1282603**
北 京	Beijing	84255	200	45584	38471
天 津	Tianjin	91498	365	26960	64173
河 北	Hebei	53815	207	16333	37276
山 西	Shanxi	57163	182	29622	27359
内蒙古	Inner Mongolia	60228	566	15980	43683
辽 宁	Liaoning	58814	183	21902	36730
吉 林	Jilin	86243	1445	27981	56816
黑龙江	Heilongjiang	58971	386	23371	35134
上 海	Shanghai	126424	1001	72718	52705
江 苏	Jiangsu	78584	232	21210	57142
浙 江	Zhejiang	76364	554	26738	38857
安 徽	Anhui	43826	199	17390	26237
福 建	Fujian	81852	239	39430	41907
江 西	Jiangxi	71359	1276	27154	41649
山 东	Shandong	64106	181	28454	35471
河 南	Henan	70009	199	33611	36199
湖 北	Hubei	69765	227	27493	42045
湖 南	Hunan	96033	199	42159	53676
广 东	Guangdong	135683	331	49340	82366
广 西	Guangxi	65432	205	24738	40489
海 南	Hainan	43530	501	18362	24667
重 庆	Chongqing	87315	183	43498	43635
四 川	Sichuan	93650	438	36928	56285
贵 州	Guizhou	58970	182	25872	32916
云 南	Yunnan	55441	190	20636	34615
西 藏	Tibet	24056	221	11038	12676
陕 西	Shaanxi	77969	2704	27128	48137
甘 肃	Gansu	43645	215	10879	32551
青 海	Qinghai	25823	212	10834	14777
宁 夏	Ningxia	40494	1188	16335	22784
新 疆	Xinjiang	88065	1639	15249	71177

4-6 续表 continued

单位：小时 (hour)

地区	Province	按节目类型分类 by Type of Programs					
		新闻资讯类节目 News Programs	专题服务类节目 Special Subject Programs	综艺益智类节目 General Entertainment and Puzzle Programs	影视剧类节目 Films and TV Plays Programs	广告类节目 Advertising Programs	其他类节目 Others
全国合计	**National Total**	**285621**	**388521**	**161754**	**809499**	**292543**	**231443**
北京	Beijing	11514	33822	4199	20246	7065	7409
天津	Tianjin	7099	40241	3153	25523	15482	
河北	Hebei	3568	5699	4656	28583	7240	4069
山西	Shanxi	8826	2329	1875	24299	9577	10258
内蒙古	Inner Mongolia	7407	9383	2865	20275	9755	10544
辽宁	Liaoning	7143	8232	3198	23320	8870	8052
吉林	Jilin	8533	8305	15382	33934	11855	8234
黑龙江	Heilongjiang	4149	6866	6790	28683	6008	6476
上海	Shanghai	21484	29331	8607	40489	10809	15703
江苏	Jiangsu	10249	9423	6614	26673	8946	16679
浙江	Zhejiang	11160	9249	4923	32420	7900	10711
安徽	Anhui	9479	5735	5217	15000	6515	1880
福建	Fujian	13069	16583	5167	28009	11533	7490
江西	Jiangxi	7139	8726	2520	33305	6347	13322
山东	Shandong	7672	11550	6583	18503	12403	7396
河南	Henan	11555	13902	6027	19632	6541	12351
湖北	Hubei	7595	19836	2085	27422	11135	1690
湖南	Hunan	12334	15947	10154	30921	12198	14479
广东	Guangdong	26926	20630	15829	45449	18798	8051
广西	Guangxi	7062	7304	2714	27240	7519	13594
海南	Hainan	8690	8217	1312	17107	6963	1241
重庆	Chongqing	17457	20640	10379	27515	5149	6174
四川	Sichuan	10705	8745	8491	38352	14375	12982
贵州	Guizhou	4814	11192	3516	16876	7862	14709
云南	Yunnan	8342	9304	4650	21886	8922	2337
西藏	Tibet	2802	2074	715	14868	3140	457
陕西	Shaanxi	8498	22276	2509	28986	13611	2090
甘肃	Gansu	4079	7028	143	21801	8783	1811
青海	Qinghai	3512	1091	1918	13739	2882	2681
宁夏	Ningxia	3491	6336	6912	18913	3381	1462
新疆	Xinjiang	9268	8524	2650	39530	20979	7114

4-7 全国广播节目制作情况（2011年）

Production of National Radio Programs (2011)

地　区	Province	全年制作广播节目时间（小时）Radio Programs Produced (hour)	#新闻资讯类 News Programs	#广播剧类 Radio Plays
全国合计	**National Total**	**6936960**	**1295019**	**119477**
国家广电总局直属	Directly under the State Administration of Radio, Film and Television	223564	72885	1980
北　京	Beijing	118222	15753	2046
天　津	Tianjin	75573	12819	193
河　北	Hebei	320011	41288	1583
山　西	Shanxi	162885	33758	2912
内蒙古	Inner Mongolia	245187	37585	6685
辽　宁	Liaoning	442709	59338	2176
吉　林	Jilin	255893	32585	3212
黑龙江	Heilongjiang	243608	40378	3766
上　海	Shanghai	72344	13835	745
江　苏	Jiangsu	580800	102619	14328
浙　江	Zhejiang	455373	78063	7125
安　徽	Anhui	191932	39485	1746
福　建	Fujian	260560	54984	2094
江　西	Jiangxi	186509	35610	5511
山　东	Shandong	474119	87342	10921
河　南	Henan	297285	48184	1816
湖　北	Hubei	236298	46684	3777
湖　南	Hunan	169148	30112	3164
广　东	Guangdong	514492	98615	14017
广　西	Guangxi	169407	36598	770
海　南	Hainan	57204	12906	1974
重　庆	Chongqing	61168	16320	470
四　川	Sichuan	190384	45879	772
贵　州	Guizhou	102374	18138	2699
云　南	Yunnan	150941	37527	4572
西　藏	Tibet	28063	6174	5
陕　西	Shaanxi	196433	44781	5234
甘　肃	Gansu	108778	22725	1461
青　海	Qinghai	30521	4235	708
宁　夏	Ningxia	44278	10095	1521
新　疆	Xinjiang	270896	57719	9495
计划单列市	**Cities Specifically Designated in State Plan**	**258681**	**47934**	**3354**
大　连	Dalian	48271	9178	100
宁　波	Ningbo	71645	8521	1509
厦　门	Xiamen	32707	9171	10
青　岛	Qingdao	65958	13021	1567
深　圳	Shenzhen	40102	8044	168

4-8 全国省级广播节目制作情况（2011年）
Production of Provincial Radio Programs (2011)

地 区	Province	全年制作广播节目时间（小时）Radio Programs Produced (hour)	#新 闻 资讯类 News Programs	#广播剧类 Radio Plays
全国合计	**National Total**	**1500636**	**258795**	**23428**
北 京	Beijing	93030	13673	363
天 津	Tianjin	60894	9064	10
河 北	Hebei	55603	8079	781
山 西	Shanxi	39011	4317	365
内蒙古	Inner Mongolia	49341	6468	5324
辽 宁	Liaoning	57407	11188	1
吉 林	Jilin	53150	6965	1152
黑龙江	Heilongjiang	55562	4824	208
上 海	Shanghai	58964	11764	745
江 苏	Jiangsu	77593	12000	43
浙 江	Zhejiang	49852	12865	639
安 徽	Anhui	36280	4052	1310
福 建	Fujian	49629	13734	464
江 西	Jiangxi	45324	3824	1115
山 东	Shandong	49361	8310	235
河 南	Henan	72420	9916	1806
湖 北	Hubei	67136	6766	1653
湖 南	Hunan	46049	4587	1040
广 东	Guangdong	73274	15585	1952
广 西	Guangxi	31302	8270	101
海 南	Hainan	22555	4985	183
重 庆	Chongqing	40876	10556	80
四 川	Sichuan	52489	9185	36
贵 州	Guizhou	24401	1642	
云 南	Yunnan	43726	12606	160
西 藏	Tibet	24031	5010	5
陕 西	Shaanxi	42990	10343	1059
甘 肃	Gansu	29936	4555	560
青 海	Qinghai	19990	2404	5
宁 夏	Ningxia	22790	5718	1437
新 疆	Xinjiang	55673	15542	598

4-9 全国电视节目制作情况（2011年）
Production of National TV Programs (2011)

地　区	Province	全年制作电视节目时间（小时）TV Programs Produced (hour)	#新闻资讯类 News Programs	全年电视剧制作投资（万元）Investment in Production of TV Plays (10 000 yuan)	全年动画电视制作投资（万元）Investment in Production of Cartoon TV Programs (10 000 yuan)
全国合计	**National Total**	**2950490**	**802377**	**711270**	**176815**
国家广电总局直属	Directly under the State Administration of Radio, Film and Television	120508	39674	22348	15254
北　京	Beijing	100138	13409	302130	17924
天　津	Tianjin	22025	4410	434	
河　北	Hebei	139402	24882	8097	6929
山　西	Shanxi	93218	23391		
内蒙古	Inner Mongolia	67448	21617		135
辽　宁	Liaoning	184320	30248	8300	
吉　林	Jilin	87358	15479	11096	
黑龙江	Heilongjiang	97669	22805	5700	
上　海	Shanghai	42695	14716	33652	5868
江　苏	Jiangsu	191071	50623	34357	71368
浙　江	Zhejiang	181278	48291	70665	17409
安　徽	Anhui	76954	24232	12282	1669
福　建	Fujian	61271	22778	14159	10789
江　西	Jiangxi	86268	26973	2966	
山　东	Shandong	170965	39715	2123	120
河　南	Henan	139065	33862	3000	
湖　北	Hubei	98309	24499	13838	4718
湖　南	Hunan	134530	40386	6167	406
广　东	Guangdong	148701	58284	33704	21398
广　西	Guangxi	102763	26792	950	300
海　南	Hainan	16870	8626		
重　庆	Chongqing	50442	12501	4325	1359
四　川	Sichuan	104909	38000	7435	10
贵　州	Guizhou	31043	10797	400	
云　南	Yunnan	95343	29784	7253	
西　藏	Tibet	7097	2149		
陕　西	Shaanxi	107375	28867	104940	820
甘　肃	Gansu	59424	21677	800	116
青　海	Qinghai	21917	6205		
宁　夏	Ningxia	25112	5755		216
新　疆	Xinjiang	85003	30950	150	5
计划单列市	**Cities Specifically Designated in State Plan**	**90951**	**22852**	**26726**	**12532**
大　连	Dalian	14461	3501		
宁　波	Ningbo	21446	3328	4085	
厦　门	Xiamen	7566	2416	10703	3366
青　岛	Qingdao	12954	3231		
深　圳	Shenzhen	34523	10376	11938	9165

4-10 全国省级电视节目制作情况（2011年）
Production of Provincial TV Programs (2011)

地 区	Province	全年制作电视节目时间（小时）TV Programs Produced (hour)	#新闻资讯类 News Programs	全年电视剧制作投资（万元）Investment in Production of TV Plays (10 000 yuan)	全年动画电视制作投资（万元）Investment in Production of Cartoon TV Programs (10 000 yuan)
全国合计	**National Total**	**634736**	**160779**	**641453**	**79844**
北 京	Beijing	82386	8870	302130	17924
天 津	Tianjin	11434	2037	434	
河 北	Hebei	15097	2170	7897	6779
山 西	Shanxi	21378	5741		
内蒙古	Inner Mongolia	5700	2401		
辽 宁	Liaoning	15032	3691	8300	
吉 林	Jilin	26541	5818	4500	
黑龙江	Heilongjiang	14391	3189		
上 海	Shanghai	37425	12830	33652	5868
江 苏	Jiangsu	25982	9952	30367	9767
浙 江	Zhejiang	49626	16410	66580	17409
安 徽	Anhui	14808	3382	11712	886
福 建	Fujian	15995	5576	3356	6598
江 西	Jiangxi	19213	4630	2966	
山 东	Shandong	16551	4415	2000	
河 南	Henan	14884	5200	3000	
湖 北	Hubei	18263	3531	13600	4718
湖 南	Hunan	21800	4984	5687	406
广 东	Guangdong	42402	13039	19390	6678
广 西	Guangxi	21161	5576	950	300
海 南	Hainan	9597	5953		
重 庆	Chongqing	26781	4500	4325	1359
四 川	Sichuan	16562	4742	7435	
贵 州	Guizhou	11765	1731	400	
云 南	Yunnan	12471	1659	7253	
西 藏	Tibet	2771	757		
陕 西	Shaanxi	28909	5823	104720	820
甘 肃	Gansu	6815	3433	800	116
青 海	Qinghai	11051	2972		
宁 夏	Ningxia	8627	2488		216
新 疆	Xinjiang	9319	3280		

4-11 全国广播电视对外宣传情况（2011年）
International Radio and TV Programs (2011)

地　区	Province	对外广播 International Radio Programs 对外广播节目播出套数（套）Number of International Radio Programs (set)	对外广播节目播出时间（小时）Broadcasting Hours of International Radio Programs (hour)	对外电视 International TV Programs 对外电视节目播出套数（套）Number of International TV Programs (set)	对外电视节目播出时间（小时）Broadcasting Hours of International TV Programs (hour)
全国合计	**National Total**	**222**	**1271542**	**43**	**308758**
国家广电总局直属	Directly under the State Administration of Radio, Film and Television	204	1228444	13	112458
北　京	Beijing			1	8760
天　津	Tianjin			1	8760
山　西	Shanxi	2	9490	4	18615
内蒙古	Inner Mongolia	1	6628	1	8604
辽　宁	Liaoning	1	24	1	12
黑龙江	Heilongjiang			2	78
上　海	Shanghai				
江　苏	Jiangsu	1	730	1	8760
浙　江	Anhui			1	8760
安　徽	Fujian	1	280	1	8760
福　建	Shandong	3	15736	2	17520
江　西	Jiangxi				
山　东	Henan			1	8760
河　南	Hubei			1	302
湖　南	Hunan			1	8700
广　东	Guangdong	2	130	6	45942
广　西	Guangxi	1	6205	1	8760
海　南	Hainan				
重　庆	Chongqing			1	8760
四　川	Sichuan			1	8622
贵　州	Guizhou				
云　南	Yunnan	2	1841	1	8760
西　藏	Tibet	1	28		
陕　西	Shaanxi	1	1277	1	8610
青　海	Qinghai				
宁　夏	Ningxia				
新　疆	Xinjiang	2	730	1	456
计划单列市	**Cities Specifically Designated in State Plan**			2	17520
厦　门	Xiamen			1	8760
深　圳	Shenzhen			1	8760

4-12 电视节目进出口情况(2011年)
Statistics on Imported and Exported TV Programs (2011)

指　标	Item	合　计 Total	欧　洲 Europe	非　洲 Africa	美　洲 America	#美　国 United States
全年电视节目进口总额(万元)	Value of Imported TV Programs (10 000 yuan)	54099	6094	87	6474	6634
#电视剧	TV Play	34564	67		504	1036
动画电视	Cartoon	702	161		491	401
纪录片		3683	1989		1041	1011
全年电视节目进口量(时)	Time of Imported TV Programs (hour)	21790	8224	9	1122	6905
#电视剧　(部/集)	TV Play　(set)	146/3423	4/8		30/30	31/50
动画电视　(时)	Cartoon　(set)	279	65		205	165
纪录片　(时)	Cartoon　(part)	955	502		257	249
全年电视节目出口总额(万元)	Value of Exported TV Programs (10 000 yuan)	22662	567	254	9235	9261
#电视剧	TV Play	14649	42	148	6452	6501
动画电视	Cartoon	3662	365	67	414	381
纪录片		1834	87	39	843	843
全年电视节目出口量(时)	Time of Exported TV Programs (hour)	25657	888	1294	6949	8455
#电视剧　(部/集)	TV Play　(set)	298/14001	3/130	26/1034	87/3337	87/3396
动画电视　(时)	TV Play　(part)	426	79	3	155	103
纪录片　(时)	Cartoon　(set)	111	38	33		

4-12 续表 continued

指　标	Item	亚　洲 Asia	#日　本 Japan	#韩　国 Republic of Korea	#东南亚 Southeast Asia	#中国香港 Hong Kong, China	#中国台湾 Taiwan, China	大洋洲 Oceania
全年电视节目进口总额(万元)	Value of Imported TV Programs (10 000 yuan)	26523	783	9492	14697	8949	3233	779
#电视剧	TV Play	22507	575	9487	14572	5837	2656	37
动画电视	Cartoon	50	50					
纪录片		621	33	5		552	32	32
全年电视节目进口量(时)	Time of Imported TV Programs (hour)	2055	86	583	1133	914	362	66
#电视剧　(部/集)	TV Play　(set)	58/1927	1/23	24/767	40/1063	33/875	12/330	1/2
动画电视　(时)	Cartoon　(set)	8	8					
纪录片　(时)	Cartoon　(part)	182	22	4		154	1	8
全年电视节目出口总额(万元)	Value of Exported TV Programs (10 000 yuan)	8039	1043	1737	3404	3126	2401	15
#电视剧	TV Play	6068	939	456	2203	2000	2068	15
动画电视	Cartoon	755	78	1247	511	757	219	
纪录片		853	14	35	557	151	109	
全年电视节目出口量(时)	Time of Exported TV Programs (hour)	11106	625	1039	5217	2775	2318	52
#电视剧　(部/集)	TV Play　(set)	152/8381	17/573	17/682	78/4851	28/1561	39/1750	2/67
动画电视　(时)	TV Play　(part)	261	1	26	260	109	27	
纪录片　(时)	Cartoon　(set)	40	31	33		5	37	

4-13 全国中短波和调频广播发射转播情况（2011年）
Transmission and Relay of Medium Short Wave and Frequency Modulation Radio Programs (2011)

地 区	Province	中、短波转播发射台(座) Medium Short Wave Transmission and Relaying Stations (set)	中波发射机 Medium Wave Transmitters		#转中央台节目 Relaying Programs of Central Radio Stations		#转省级台节目 Relaying Programs of Provincial Radio Stations	
			数量(部) Number (unit)	功率(千瓦) Power (kw)	数量(部) Number (unit)	功率(千瓦) Power (kw)	数量(部) Number (unit)	功率(千瓦) Power (kw)
全国合计	**National Total**	**827**	**2300**	**42865**	**790**	**25604.5**	**964**	**12079.7**
国家广电总局直属	Directly under the State Administration of Radio, Film and Television	35	68	19542	68	19542.0		
北 京	Beijing	1	10	160				
天 津	Tianjin	5	24	1558			22	555.0
河 北	Hebei	31	49	352	5	32.0	23	236.0
山 西	Shanxi	15	39	450	10	73.0	22	323.0
内蒙古	Inner Mongolia	57	181	995	63	206.0	83	472.0
辽 宁	Liaoning	35	83	1200	21	453.0	24	532.0
吉 林	Jilin	34	87	829	21	138.0	40	362.0
黑龙江	Heilongjiang	40	95	1718	37	850.0	37	566.0
上 海	Shanghai	4	8	240	2	20.0	6	220.0
江 苏	Jiangsu	21	104	611	11	92.0	14	324.0
浙 江	Zhejiang	37	149	401	80	156.0	44	109.0
安 徽	Anhui	23	96	1082	12	126.0	50	753.0
福 建	Fujian	37	96	1274	45	345.0	38	855.0
江 西	Jiangxi	16	31	262	12	129.0	9	76.0
山 东	Shandong	30	102	1269	24	357.0	27	309.0
河 南	Henan	30	103	1212	2	60.0	48	553.0
湖 北	Hubei	26	80	1311	14	126.0	46	948.0
湖 南	Hunan	25	51	597	22	51.0	23	522.0
广 东	Guangdong	26	97	1410	33	746.0	51	542.0
广 西	Guangxi	20	37	766	13	232.0	24	534.0
海 南	Hainan	3	7	132	4	62.0	3	70.0
重 庆	Chongqing	5	13	120	4	62.0	9	58.0
四 川	Sichuan	37	100	687	44	204.0	39	410.0
贵 州	Guizhou	11	28	423	15	309.0	11	103.0
云 南	Yunnan	60	102	1079	50	351.0	47	567.0
西 藏	Tibet	42	151	179	64	77.4	77	83.6
陕 西	Shaanxi	14	36	434	8	84.0	14	318.0
甘 肃	Gansu	30	59	637	25	184.0	26	391.0
青 海	Qinghai	12	25	603	10	82.0	12	491.0
宁 夏	Ningxia	12	34	329	14	248.1	15	68.1
新 疆	Xinjiang	53	155	1003	57	207.0	80	729.0
新疆生产建设兵团	Xinjiang Production and Construction Corps.							
计划单列市	**Cities Specifically Designated in State Plan**	**13**	**54**	**585**	**14**	**273.0**	**11**	**144.0**
大 连	Dalian	5	15	163	4	71.0	3	61.0
宁 波	Ningbo	3	12	41	3	12.0	3	3.0
厦 门	Xiamen	2	16	191	4	120.0	1	10.0
青 岛	Qingdao	1	4	40	1	10.0	1	10.0
深 圳	Shenzhen	2	7	150	2	60.0	3	60.0

4-13 续表 continued

地　区	Province	短波发射机 Short Wave Transmitters 数量(部) Number (unit)	功率(千瓦) Power (kw)	调频转播发射台(座) Frequency Modulation Transmission and Relaying Stations (set)	调频发射机 Frequency Modulation Transmitters 数量(部) Number (unit)	功率(千瓦) Power (kw)	#转中央台节目 Relaying Programs of Central Radio Station 数量(部) Number (unit)	功率(千瓦) Power (kw)
全国合计	**National Total**	**411**	**55069**	**11403**	**19491**	**9976**	**7061**	**2483**
国家广电总局直属	Directly under the State Administration of Radio, Film and Television	276	51750	2	24	141	24	141
北　京	Beijing			15	25	41	3	2
天　津	Tianjin	1	3	14	35	108	4	24
河　北	Hebei			155	267	230	59	54
山　西	Shanxi			119	208	352	100	116
内蒙古	Inner Mongolia	11	430	547	1005	704	390	151
辽　宁	Liaoning			237	350	340	120	106
吉　林	Jilin			78	268	379	58	96
黑龙江	Heilongjiang	1	15	146	395	400	100	119
上　海	Shanghai	3	200	11	21	80	4	26
江　苏	Jiangsu	1	100	94	202	156	33	38
浙　江	Zhejiang			107	228	268	42	37
安　徽	Anhui			393	616	575	87	108
福　建	Fujian	2	58	87	261	216	62	50
江　西	Jiangxi			602	738	353	292	97
山　东	Shandong	1	1	131	231	476	56	56
河　南	Henan			138	189	172	53	45
湖　北	Hubei			428	598	545	188	101
湖　南	Hunan	1	10	99	167	331	82	96
广　东	Guangdong	1	10	92	278	600	62	149
广　西	Guangxi	2	100	154	370	545	118	137
海　南	Hainan			62	95	137	59	56
重　庆	Chongqing			60	260	163	44	27
四　川	Sichuan	2	100	2164	2776	651	2080	119
贵　州	Guizhou	2	20	171	305	217	72	61
云　南	Yunnan	2	100	393	869	349	326	82
西　藏	Tibet			2636	5150	101	1346	37
陕　西	Shaanxi	3	17	172	314	326	79	56
甘　肃	Gansu	2	65	697	967	240	535	72
青　海	Qinghai	17	274	219	333	143	187	54
宁　夏	Ningxia			24	64	112	33	77
新　疆	Xinjiang	83	1816	976	1497	495	363	94
新疆生产建设兵团	Xinjiang Production and Construction Corps.			180	385	30		
计划单列市	**Cities Specifically Designated in State Plan**			**62**	**138**	**264**	**27**	**48**
大　连	Dalian			38	67	57	11	7
宁　波	Ningbo			11	32	85	7	7
厦　门	Xiamen			2	13	25	4	8
青　岛	Qingdao			9	19	36	3	6
深　圳	Shenzhen			2	7	61	2	20

4-14 全国电视发射转播情况（2011年）
Transmission and Relay of TV Programs (2011)

地 区	Province	电视转播发射台（座）TV Transmission and Relaying Stations (set)	电视发射机 TV Program Transmitters 数量（部）Number (unit)	功率（千瓦）Power (kw)	#专转中央台发射机 Transmitters for Relaying CCTV Programs 数量（部）Number (unit)	功率（千瓦）Power (kw)	#专转省一套发射机 Transmitters for Relaying Provincial Channel I Programs 数量（部）Number (unit)	功率（千瓦）Power (kw)
全国合计	**National Total**	**15397**	**30082**	**13960**	**16288**	**5872**	**11082**	**4475**
国家广电总局直属	Directly under the State Administration of Radio, Film and Television	**2**	**17**	**216**	**17**	**216**		
北 京	Beijing	15	31	99	10	9	12	76
天 津	Tianjin	11	34	153	12	37	13	106
河 北	Hebei	252	440	499	201	131	129	224
山 西	Shanxi	434	659	372	396	164	204	125
内蒙古	Inner Mongolia	1268	1891	640	1195	368	602	157
辽 宁	Liaoning	368	576	583	333	250	117	179
吉 林	Jilin	156	415	443	180	187	168	170
黑龙江	Heilongjiang	240	624	560	430	367	149	123
上 海	Shanghai	11	18	172	2	31	6	131
江 苏	Jiangsu	83	318	520	138	185	64	129
浙 江	Zhejiang	97	250	250	128	63	34	48
安 徽	Anhui	146	432	847	171	193	105	301
福 建	Fujian	76	242	324	125	172	63	97
江 西	Jiangxi	297	519	418	304	189	100	101
山 东	Shandong	156	420	949	176	266	73	284
河 南	Henan	153	399	729	145	169	79	244
湖 北	Hubei	992	1273	598	861	218	198	103
湖 南	Hunan	180	401	438	208	186	108	158
广 东	Guangdong	88	262	702	146	294	52	237
广 西	Guangxi	129	376	555	204	259	103	169
海 南	Hainan	22	61	121	42	82	12	28
重 庆	Chongqing	47	121	100	83	68	24	25
四 川	Sichuan	3001	4121	628	2542	275	1431	235
贵 州	Guizhou	89	279	367	160	242	85	103
云 南	Yunnan	180	703	406	334	210	166	105
西 藏	Tibet	2060	6469	104	2429	48	4035	57
陕 西	Shaanxi	123	251	504	157	262	32	122
甘 肃	Gansu	2504	3997	356	2708	236	1186	60
青 海	Qinghai	1187	1763	140	1168	73	586	58
宁 夏	Ningxia	26	578	194	455	97	100	74
新 疆	Xinjiang	911	1983	910	828	327	1046	447
新疆生产建设兵团	Xinjiang Production and Construction Corps.	93	159	62				
计划单列市	**Cities Specifically Designated in State Plan**	**69**	**160**	**367**	**71**	**122**	**17**	**69**
大 连	Dalian	48	95	113	44	35	11	17
宁 波	Ningbo	8	20	34	10	5	1	10
厦 门	Xiamen	1	6	51	3	21	1	10
青 岛	Qingdao	10	27	72	8	27	1	10
深 圳	Shenzhen	2	12	98	6	34	3	22

4-15 全国广播电视卫星、微波情况（2011年）

Satellite and Microwave Facilities for Radio and TV Broadcasting (2011)

地 区	Province	微波实有站（座）Actual Number of Microwave Stations (set)	微波传送线路长度（公里）Length of Microwave Transmission Lines (km)	#数字微波线路长度 Length of Digital Microwave Lines
全国合计	**National Total**	**2497**	**82950**	**44099**
国家广电总局直属	Directly under the State Administration of Radio, Film and Television	166	3540	3173
北 京	Beijing	16	223	136
天 津	Tianjin	16	120	50
河 北	Hebei	32	1613	1613
山 西	Shanxi	82	3707	2725
内蒙古	Inner Mongolia	158	6305	2219
辽 宁	Liaoning	85	3677	1743
吉 林	Jilin	133	3286	3286
黑龙江	Heilongjiang	64	5818	54
上 海	Shanghai			
江 苏	Jiangsu	76	3270	1848
浙 江	Zhejiang	84	1852	603
安 徽	Anhui	102	3796	417
福 建	Fujian	185	4530	1665
江 西	Jiangxi	18	1018	
山 东	Shandong	82	2044	1165
河 南	Henan	54	1599	193
湖 北	Hubei	119	2936	1704
湖 南	Hunan	159	5629	3071
广 东	Guangdong	183	5448	3851
广 西	Guangxi	54	2122	1625
海 南	Hainan	56	297	111
重 庆	Chongqing	38	1567	1083
四 川	Sichuan	67	3396	2859
贵 州	Guizhou	101	100	72
云 南	Yunnan	119	4836	607
西 藏	Tibet			
陕 西	Shaanxi	69	3267	3065
甘 肃	Gansu	108	4165	3760
青 海	Qinghai	7	157	10
宁 夏	Ningxia	27	1894	935
新 疆	Xinjiang	37	739	458
计划单列市	**Cities Specifically Designated in State Plan**	**30**	**903**	**826**
大 连	Dalian	19	567	490
宁 波	Ningbo	2	40	40
厦 门	Xiamen	1	145	145
青 岛	Qingdao			
深 圳	Shenzhen	8	151	151

4-16 全国广播电视从业人员情况（2011年）
Employees Engaged in Radio and Television Broadcasting Industry (2011)

单位：人 (person)

地区	Province	从业人员 Total Number of Employees	#长期职工 Long-time Employees	按岗位分 by Position 管理人员 Managers	专业人员 Professional Personnel	编辑、记者 Editors and Reporters	播音员、主持人 Announcers and Anchor Persons	工程技术人员 Engineering Technical Personnel
全国合计	**National Total**	**786372**	**732448**	**129879**	**395560**	**135748**	**28007**	**143474**
国家广电总局直属	Directly under the State Administration of Radio, Film and Television	48386	42463	8554	23101	5997	537	12405
北 京	Beijing	30805	27874	5737	13712	4229	556	3336
天 津	Tianjin	7569	6099	1099	4889	1733	273	1016
河 北	Hebei	35905	33250	5262	16751	5435	1504	5784
山 西	Shanxi	20865	19446	2788	10194	4947	664	3381
内蒙古	Inner Mongolia	18843	17045	2565	11888	4237	853	3427
辽 宁	Liaoning	27332	26457	5088	16443	4972	1097	5991
吉 林	Jilin	21039	20076	2304	11138	5067	763	4394
黑龙江	Heilongjiang	18559	18121	2719	11313	4904	809	3925
上 海	Shanghai	27243	25195	4587	12538	2887	925	3655
江 苏	Jiangsu	52399	48468	8533	27168	8909	1833	10076
浙 江	Zhejiang	39933	35482	4450	20457	7232	1688	7000
安 徽	Anhui	21821	21230	3254	11955	4189	1267	3985
福 建	Fujian	26096	24157	3053	11491	3321	687	3517
江 西	Jiangxi	20269	19446	3925	8261	2667	908	2477
山 东	Shandong	48475	44431	7303	28475	10218	2182	11632
河 南	Henan	45207	43122	6568	18200	8834	1373	5943
湖 北	Hubei	34776	33690	5861	20430	5653	1125	10003
湖 南	Hunan	34699	33284	6503	15182	4692	1007	6150
广 东	Guangdong	52718	48131	10394	22549	6787	1673	7276
广 西	Guangxi	13769	12156	3133	8232	2941	628	3099
海 南	Hainan	4781	4733	717	1786	644	181	572
重 庆	Chongqing	11959	11339	2538	5969	1297	308	1871
四 川	Sichuan	36231	34451	8200	16761	5637	1114	5576
贵 州	Guizhou	13292	12712	3046	6837	2358	501	2447
云 南	Yunnan	17479	16559	2729	9650	3740	859	3951
西 藏	Tibet	3262	3163	495	1813	354	108	496
陕 西	Shaanxi	16312	15729	3197	8371	3623	765	2533
甘 肃	Gansu	14031	13261	2461	5941	2665	604	2007
青 海	Qinghai	2622	2507	341	1946	733	152	937
宁 夏	Ningxia	4188	4113	739	2421	1078	200	853
新 疆	Xinjiang	15507	14258	1736	9698	3768	863	3759
计划单列市	**Cities Specifically Designated in State Plan**	**24697**	**22783**	**3872**	**15061**	**4403**	**844**	**4488**
大 连	Dalian	2823	2600	509	1762	662	110	372
宁 波	Ningbo	4718	4270	530	2128	815	274	802
厦 门	Xiamen	3446	3203	571	2375	542	50	661
青 岛	Qingdao	4229	4067	525	2468	944	190	789
深 圳	Shenzhen	9481	8643	1737	6328	1440	220	1864

4-16 续表 continued

单位：人 (person)

地区	Province	按岗位分 by Position 艺术人员 Artistic Staff	经营人员 Operating Personnel	其他人员 Others	按职称分 by Title 正高 Senior	副高 Sub-senior	中级 Middle	初级及以下 Junior and Below
全国合计	**National Total**	**16398**	**23110**	**260933**	**6833**	**29519**	**115063**	**348276**
国家广电总局直属	Directly under the State Administration of Radio, Film and Television	1153	1027	16731	1059	2800	7711	21395
北　京	Beijing	1739	1975	11356	413	896	3116	12325
天　津	Tianjin	218	98	1581	230	474	979	4018
河　北	Hebei	612	534	13892	487	1816	5863	11727
山　西	Shanxi	43	133	7883	233	545	3635	8447
内蒙古	Inner Mongolia	265	12	4390	291	1309	3905	7284
辽　宁	Liaoning	1128	969	5801	431	1362	5331	11947
吉　林	Jilin	165	189	7597	254	1306	3469	5827
黑龙江	Heilongjiang	420	378	4527	256	1426	4519	6870
上　海	Shanghai	911	1612	10118	199	783	3809	10206
江　苏	Jiangsu	1451	1452	16698	296	1525	6404	28140
浙　江	Zhejiang	441	2066	15026	238	1143	5811	21480
安　徽	Anhui	626	967	6612	72	722	3260	8923
福　建	Fujian	509	1026	11552	73	697	2501	10769
江　西	Jiangxi	217	281	8083	70	525	1891	7596
山　东	Shandong	551	1746	12697	419	2755	8693	24629
河　南	Henan	263	656	20439	107	962	5415	15086
湖　北	Hubei	574	1284	8485	230	1129	6757	16470
湖　南	Hunan	979	843	13014	99	751	4419	21199
广　东	Guangdong	1343	1817	19775	517	1493	6610	25816
广　西	Guangxi	53	146	2404	60	484	2358	8045
海　南	Hainan	73	183	2278	13	129	573	2324
重　庆	Chongqing	457	430	3452	62	381	1337	7747
四　川	Sichuan	832	1913	11270	107	711	3701	15297
贵　州	Guizhou	120	280	3409	47	293	1713	6121
云　南	Yunnan	193	287	5100	75	714	2809	6052
西　藏	Tibet	65	4	954	37	156	313	1508
陕　西	Shaanxi	323	450	4744	205	640	2513	6050
甘　肃	Gansu	142	148	5629	76	441	1590	5149
青　海	Qinghai	24	57	335	51	247	704	1082
宁　夏	Ningxia	50	74	1028	59	217	675	2470
新　疆	Xinjiang	458	73	4073	67	687	2679	6277
计划单列市	**Cities Specifically Designated in State Plan**	**903**	**1427**	**5764**	**214**	**1130**	**3706**	**13068**
大　连	Dalian	63	231	552	21	172	530	1147
宁　波	Ningbo	24	32	2060	26	157	720	2680
厦　门	Xiamen	171	465	500	21	153	487	2061
青　岛	Qingdao	94	297	1236	35	281	625	2235
深　圳	Shenzhen	551	402	1416	111	367	1344	4945

4-17 全国广播电视收入情况（2011年）

Revenue of Radio and Television Broadcasting Industry (2011)

单位：万元 (10 000 yuan)

地　区	Province	总收入 Total Revenue	事业、企业单位实际创收 Revenue from Institutions and Enterprises	#广告收入 Revenue from Advertising	#有线广播电视收视费收入 Revenue from Subscription of Cable Radio and TV Programs
全国合计	**National Total**	**27173157**	**23711781**	**11228956**	**3641728**
国家广电总局直属	Directly under the State Administration of Radio, Film and Television	4838912	4136313	2705376	73522
北　京	Beijing	2104218	1724007	796113	98285
天　津	Tianjin	395658	336745	72300	55787
河　北	Hebei	473733	414820	214946	127877
山　西	Shanxi	270957	197948	96524	62830
内蒙古	Inner Mongolia	296063	148968	48651	67912
辽　宁	Liaoning	637032	549536	286913	137388
吉　林	Jilin	360168	294483	123923	123197
黑龙江	Heilongjiang	487199	423926	195638	137741
上　海	Shanghai	2484258	2363867	784462	115135
江　苏	Jiangsu	2234331	2110804	943913	343740
浙　江	Zhejiang	2075891	1946197	680765	255907
安　徽	Anhui	611603	538693	368442	41260
福　建	Fujian	562147	464911	202514	101864
江　西	Jiangxi	342867	296173	140448	74494
山　东	Shandong	1068470	1036361	533487	278944
河　南	Henan	504462	407135	243995	76726
湖　北	Hubei	651820	573473	230626	192198
湖　南	Hunan	1376603	1300015	708114	156314
广　东	Guangdong	1983137	1861563	823765	399901
广　西	Guangxi	363221	279784	110781	86227
海　南	Hainan	123451	91338	57225	24072
重　庆	Chongqing	345846	280629	80389	81693
四　川	Sichuan	786052	617311	274879	176221
贵　州	Guizhou	376384	323233	81913	60140
云　南	Yunnan	423805	317574	142765	76968
西　藏	Tibet	61094	12972	9042	2450
陕　西	Shaanxi	355717	375387	167221	96585
甘　肃	Gansu	157725	84638	28161	40904
青　海	Qinghai	61742	27361	4277	13520
宁　夏	Ningxia	109036	66199	31045	23300
新　疆	Xinjiang	239590	102286	37272	34566
新疆生产建设兵团	Xinjiang Production and Construction Corps.	9966	7132	3073	4059
计划单列市	**Cities Specifically Designated in State Plan**	**1052753**	**955218**	**454214**	**154937**
大　连	Dalian	100243	80044	61978	12533
宁　波	Ningbo	162805	141544	57860	40173
厦　门	Xiamen	124607	104637	29654	15140
青　岛	Qingdao	126880	120361	70142	22652
深　圳	Shenzhen	538218	508633	234580	64440

4-18 全国广播电视行政事业单位实际创收情况（2011年）

Actual Revenue of Administrative Organs and Institutions of Broadcasting Industry (2011)

单位：万元 (10 000 yuan)

地区	Province	实际创收收入 Actual Revenue	广告收入 Revenue from Advertising	广播广告收入 Radio Advertising Revenue	电视广告收入 TV Advertising Revenue	其它广告收入 Other Advertising Revenue	网络收入 Revenue from Network Services
全国合计	**National Total**	**10369321**	**8076270**	**911289**	**7040157**	**124824**	**1356846**
国家广电总局直属	Directly under the State Administration of Radio, Film and Television	2621904	2480887	36924	2441663	2300	70121
北京	Beijing	451556	417694	86647	330471	576	13
天津	Tianjin	159081	70947	40226	30415	305	
河北	Hebei	220685	186130	50775	127403	7952	26033
山西	Shanxi	151637	93841	15662	75342	2837	33894
内蒙古	Inner Mongolia	62953	48651	14531	33214	906	9879
辽宁	Liaoning	187006	128360	42756	83006	2598	39366
吉林	Jilin	131554	119989	24443	95546		6736
黑龙江	Heilongjiang	355571	195408	44883	138827	11697	131907
上海	Shanghai	15242	3889	350	3374	166	5594
江苏	Jiangsu	675598	413334	73107	322073	18154	204337
浙江	Zhejiang	567161	247315	46843	190657	9815	257975
安徽	Anhui	366116	337757	27605	308181	1971	15231
福建	Fujian	238205	142016	16204	124290	1523	78675
江西	Jiangxi	137915	127941	12396	114008	1536	4651
山东	Shandong	638058	475694	71837	384844	19013	129044
河南	Henan	280945	232162	33375	195540	3246	36605
湖北	Hubei	284331	189694	38398	147641	3655	66638
湖南	Hunan	817015	705499	27607	672593	5299	47488
广东	Guangdong	863659	671686	97407	570317	3962	113433
广西	Guangxi	118392	108534	12358	95164	1012	113
海南	Hainan	58840	57225	2949	48665	5611	653
重庆	Chongqing	13804	7903	311	6996	596	3536
四川	Sichuan	167150	120812	13699	92114	14999	21807
贵州	Guizhou	219878	80546	5348	74509	688	2395
云南	Yunnan	159514	141033	16422	121576	3035	
西藏	Tibet	12972	9042	80	8962		3001
陕西	Shaanxi	222895	162834	38242	124334	258	4679
甘肃	Gansu	64466	27979	5116	22509	354	29809
青海	Qinghai	11220	4277	967	3204	106	628
宁夏	Ningxia	32860	27606	1637	25569	400	
新疆	Xinjiang	54008	36515	12183	24078	254	8546
新疆生产建设兵团	Xinjiang Production and Construction Corps.	7132	3073		3073		4059
计划单列市	**Cities Specifically Designated in State Plan**	**470911**	**342383**	**63194**	**278268**	**921**	**80239**
大连	Dalian	40583	37497	13185	24312		
宁波	Ningbo	113674	42564	6572	35075	917	53137
厦门	Xiamen	23404	12498	3076	9421		
青岛	Qingdao	81325	55862	12866	42992	4	21714
深圳	Shenzhen	211924	193962	27495	166467		5388

4-18 续表 continued

单位：万元 (10 000 yuan)

地 区	Province	有线广播电视收视费收入 Revenue from Subscription of Cable Programs	付费数字电视收入 Revenue from Pay Digital TV Programs	三网融合业务收入 Revenue from Three-network Convergence	其它网络收 入 Revenue from Other Network Services	广播电视节目销售收入 Revenue from Radio and TV Programs	其它创收收 入 Revenue from Other Services
全国合计	**National Total**	**1063651**	**41770**	**7835**	**243590**	**33280**	**902924**
国家广电总局直属	Directly under the State Administration of Radio, Film and Television	67792	2329			3354	67541
北 京	Beijing				13		33849
天 津	Tianjin					565	87570
河 北	Hebei	22277	277		3479	1526	6996
山 西	Shanxi	29714	71		4109	150	23752
内蒙古	Inner Mongolia	8615	20		1245		4422
辽 宁	Liaoning	35812	49		3505	2075	17205
吉 林	Jilin	5588			1148	7	4823
黑龙江	Heilongjiang	114380	3100		14428	589	27667
上 海	Shanghai	2307			3287	113	5646
江 苏	Jiangsu	144314	9809	996	49218	339	57588
浙 江	Zhejiang	159208	12066	2633	84068	50	61822
安 徽	Anhui	13336	302	630	962		13128
福 建	Fujian	54285	7153	781	16457		17514
江 西	Jiangxi	3781	4		866		5324
山 东	Shandong	110514	865	151	17514	8469	24851
河 南	Henan	32146	247		4212		12178
湖 北	Hubei	55354	951	472	9862		27999
湖 南	Hunan	40486	692	131	6179	7211	56816
广 东	Guangdong	100100	782	1957	10594	4498	74043
广 西	Guangxi	113					9745
海 南	Hainan	649			4		962
重 庆	Chongqing	1778	107	18	1634		2364
四 川	Sichuan	17273	444	66	4024		24531
贵 州	Guizhou	170	1084		1141		136936
云 南	Yunnan					4001	14480
西 藏	Tibet	2450	97		454		929
陕 西	Shaanxi	4675			4	268	55114
甘 肃	Gansu	24235	1229		4345	65	6612
青 海	Qinghai	602	15		11		6314
宁 夏	Ningxia						5254
新 疆	Xinjiang	7638	76	1	831		8947
新疆生产建设兵团	Xinjiang Production and Construction Corps.	4059					
计划单列市	**Cities Specifically Designated in State Plan**	**55573**	**3533**	**2664**	**18469**	**1252**	**47036**
大 连	Dalian						3086
宁 波	Ningbo	34567	2478	1250	14842		17973
厦 门	Xiamen						10906
青 岛	Qingdao	18033	362	37	3282		3749
深 圳	Shenzhen	2973	693	1377	345	1252	11322

4-19 全国广播电视企业单位经营情况（2011年）
Main Financial Indicators of Broadcasting Enterprises (2011)

单位：万元 (10 000 yuan)

地 区	Province	总收入 Total Revenue	#主营业务收入 Revenue from Principal Business	本年应缴税金 Value Tax Payable
全国合计	**National Total**	**13693374**	**12650876**	**847452**
国家广电总局直属	Directly under the State Administration of Radio, Film and Television	1564756	1495478	124379
北 京	Beijing	1388020	1231616	110951
天 津	Tianjin	181330	177532	9242
河 北	Hebei	196380	186345	7752
山 西	Shanxi	47217	45992	1091
内蒙古	Inner Mongolia	86411	86406	3026
辽 宁	Liaoning	371643	356251	8425
吉 林	Jilin	169346	158724	1850
黑龙江	Heilongjiang	56932	54777	1616
上 海	Shanghai	2389130	2262810	162140
江 苏	Jiangsu	1461992	1379171	71900
浙 江	Zhejiang	1385186	1168611	44204
安 徽	Anhui	172577	135955	7376
福 建	Fujian	235419	226330	14894
江 西	Jiangxi	161134	144280	4103
山 东	Shandong	363524	313163	17952
河 南	Henan	130789	121663	7491
湖 北	Hubei	290995	278256	5016
湖 南	Hunan	495480	489427	31570
广 东	Guangdong	1034128	1002857	64348
广 西	Guangxi	164402	131912	4448
海 南	Hainan	32498	31778	482
重 庆	Chongqing	296243	211523	16246
四 川	Sichuan	468410	449011	110287
贵 州	Guizhou	106339	99727	3063
云 南	Yunnan	159418	145391	4049
陕 西	Shaanxi	155573	151234	5516
甘 肃	Gansu	21798	21250	955
青 海	Qinghai	16141	16314	479
宁 夏	Ningxia	36448	29779	775
新 疆	Xinjiang	53716	47313	1827
计划单列市	**Cities Specifically Designated in State Plan**	**515361**	**503317**	**37020**
大 连	Dalian	39977	39192	1274
宁 波	Ningbo	29294	28044	1559
厦 门	Xiamen	83105	81398	4989
青 岛	Qingdao	41961	40729	2097
深 圳	Shenzhen	321024	313954	27100

4-20 全国广播电视企业单位创收情况（2011年）
Actual Revenue of Broadcasting Enterprises (2011)

单位：万元 (10 000 yuan)

地区	Province	实际创收收入 Actual Revenue	广告收入 Revenue from Advertising	广播广告收入 Radio Advertising	电视广告收入 TV Advertising	其它广告收入 Other Advertising	网络收入 Revenue from Network Services
全国合计	**National Total**	**13342460**	**3152685**	**321889**	**2305197**	**525599**	**4280916**
国家广电总局直属	Directly under the State Administration of Radio, Film and Television	1514409	224489	25310	155841	43338	135929
北京	Beijing	1272452	378419	36893	87621	253905	217017
天津	Tianjin	177664	1353	214	978	161	82248
河北	Hebei	194134	28816	6154	10351	12311	127172
山西	Shanxi	46311	2683	63	1244	1376	41698
内蒙古	Inner Mongolia	86016					85991
辽宁	Liaoning	362530	158553	22707	132424	3422	141352
吉林	Jilin	162929	3934	64	3693	177	154036
黑龙江	Heilongjiang	68355	230			230	50805
上海	Shanghai	2348625	780573	57530	612150	110893	215405
江苏	Jiangsu	1435206	530579	55450	464855	10275	357140
浙江	Zhejiang	1379036	433450	54979	370933	7537	234824
安徽	Anhui	172577	30685	102	25923	4660	91201
福建	Fujian	226706	60497	8670	33030	18797	86847
江西	Jiangxi	158258	12508		9928	2579	106157
山东	Shandong	398303	57793	10718	43717	3358	243061
河南	Henan	126191	11833		4244	7589	61119
湖北	Hubei	289143	40932	42	37773	3118	190221
湖南	Hunan	483000	2615	185	2341	88	178163
广东	Guangdong	997904	152080	16560	100526	34994	453579
广西	Guangxi	161391	2246		33	2213	130387
海南	Hainan	32498					31778
重庆	Chongqing	266825	72486	11563	58480	2442	135495
四川	Sichuan	450160	154067	14329	138215	1523	257918
贵州	Guizhou	103355	1367	181	983	203	85906
云南	Yunnan	158060	1732		1732		142026
陕西	Shaanxi	152493	4387		4240	147	140274
甘肃	Gansu	20172	182			182	17997
青海	Qinghai	16141					16141
宁夏	Ningxia	33339	3439		3439		25800
新疆	Xinjiang	48279	757	177	500	80	43229
计划单列市	**Cities Specifically Designated in State Plan**	**484308**	**111830**	**19992**	**74567**	**17271**	**168593**
大连	Dalian	39461	24481	6539	16803	1139	14318
宁波	Ningbo	27870	15295	1944	13108	243	8377
厦门	Xiamen	81233	17156	1571	9354	6231	29062
青岛	Qingdao	39036	14280	8881	3683	1716	5273
深圳	Shenzhen	296708	40618	1058	31618	7942	111563

4-20 续表 continued

单位：万元 (10 000 yuan)

地　区	Province	有线广播电视收视费收入 Subscription of Cable Programs	付费数字电视收入 Pay Digital TV Programs	三网融合业务收入 Revenue from Three-network Convergence	其它网络收　入 Revenue from Other Network Services	广播电视节目销售收入 Revenue from Radio and TV Programs	其它创收收　入 Revenue from Other Services
全国合计	**National Total**	**2578077**	**335106**	**198006**	**1169728**	**913340**	**4995519**
国家广电总局直属	Directly under the State Administration of Radio, Film and Television	5730	27148	26714	76337	68669	1085322
北　京	Beijing	98285	4425	17007	97301	288347	388668
天　津	Tianjin	55787	1906	6125	18429	261	93801
河　北	Hebei	105600	1917	931	18723	2201	35946
山　西	Shanxi	33116	317		8265		1930
内蒙古	Inner Mongolia	59297	7594		19100	21	4
辽　宁	Liaoning	101576	4347	2815	32613	8343	54282
吉　林	Jilin	117609	10192	2520	23715	335	4624
黑龙江	Heilongjiang	23362	434	111	26898		17321
上　海	Shanghai	112828	14714	3417	84446	86178	1266469
江　苏	Jiangsu	199426	24328	17812	115574	85463	462023
浙　江	Zhejiang	96699	45067	33896	59162	149329	561434
安　徽	Anhui	27923	41778	1788	19712	4522	46169
福　建	Fujian	47580	5462	4824	28981	29953	49409
江　西	Jiangxi	70713	9356	1374	24713	1524	38070
山　东	Shandong	168430	6754	5094	62783	7165	90284
河　南	Henan	44579	2126	2717	11698		53238
湖　北	Hubei	136844	13276	8087	32014	26603	31386
湖　南	Hunan	115828	16482	4833	41020	350	301873
广　东	Guangdong	299801	20812	20730	112236	141354	250890
广　西	Guangxi	86114	6034		38240	187	28571
海　南	Hainan	23423	991		7364		720
重　庆	Chongqing	79915	7902	4317	43360	6212	52634
四　川	Sichuan	158948	17882	13829	67260	1111	37065
贵　州	Guizhou	59970	8127	798	17011		16083
云　南	Yunnan	76968	27071	6410	31577		14303
陕　西	Shaanxi	91910	7744	9565	31055	4427	3405
甘　肃	Gansu	16669	506		822	367	1627
青　海	Qinghai	12918	408		2815		
宁　夏	Ningxia	23300			2500	419	3681
新　疆	Xinjiang	26928	6	2291	14005		4292
计划单列市	**Cities Specifically Designated in State Plan**	**99364**	**20892**	**23285**	**25052**	**108175**	**95710**
大　连	Dalian	12533			1785		662
宁　波	Ningbo	5606	905		1866	47	4151
厦　门	Xiamen	15140	5097	3285	5540	17033	17982
青　岛	Qingdao	4618			655	632	18851
深　圳	Shenzhen	61467	14890	20000	15206	90463	54064

4-21 全国少数民族广播电视宣传覆盖情况(2011年)
Publicity and Coverage of Radio and TV Programs for Minority Population(2011)

地 区	Province	公共广播节目播出时间(小时) Broadcasting Hours of Public Radio Programs (hour)	公共电视节目播出时间(小时) Broadcasting Hours of Public TV Programs (hour)	制作广播节目时间(小时) Radio Programs Produced (hour)	制作电视节目时间(小时) TV Programs Produced (hour)	广播综合覆盖(%) Radio Program Coverage (%)	电视综合覆盖(%) TV Program Coverage (%)
全国合计	**National Total**	**2262737**	**3247566**	**905705**	**396072**	**93.58**	**95.90**
河 北	Hebei	1460	15124	191	1998	96.66	98.49
内蒙古	Inner Mongolia	649530	633247	245187	67448	97.41	96.19
辽 宁	Liaoning	45179	38363	14551	8591	94.31	95.33
吉 林	Jilin	77599	89548	41781	10052	99.27	98.00
黑龙江	Heilongjiang	2229	3650	103	196	92.65	93.25
浙 江	Zhejiang	5510	4622	636	452	98.72	99.94
湖 北	Hubei	17813	53320	4923	7955	97.03	97.67
湖 南	Hunan	26628	75147	8436	9213	75.87	94.53
广 东	Guangdong	10270	5680	1070	450	94.38	92.49
广 西	Guangxi	297125	485287	169407	102764	95.24	96.99
海 南	Hainan	13713		1936		94.56	93.57
重 庆	Chongqing	3285	23977	285	1285	94.72	96.67
四 川	Sichuan	26098	171944	1982	10922	83.98	92.11
贵 州	Guizhou	44923	61138	19511	9014	87.02	93.64
云 南	Yunnan	100827	374330	43392	36623	95.14	96.66
西 藏	Tibet	42218	45594	28063	7097	91.67	92.80
甘 肃	Gansu	31713	35296	7158	6741	91.95	92.55
青 海	Qinghai	6226	28921	1920	5157	88.42	93.69
宁 夏	Ningxia	102234	153113	44278	25112	93.50	98.60
新 疆	Xinjiang	758158	949265	270896	85003	94.90	95.29

五、新闻出版、档案
News Publication and Archive

5-1 图书出版情况（2011年）
Statistics on Books Published in China by Categories (2011)

类　别	Category	种 数（种）Number of Publications (item)	印 数（万册）Printed Copies (10 000 copies)	印 张（千印张）Printed Sheets (1 000 sheets)
图书总计	**Total**	**369523**	**770518**	**63451289**
使用"中国标准书号"部分合计	**Publications with "China International Standard Book Number"**	**368640**	**765939**	**63287867**
马列主义、毛泽东思想	Marxism-Leninism, Mao Zedong Thought	604	1468	279634
哲学	Philosophy	8600	6301	903294
社会科学总论	General Social Sciences	5344	4414	540512
政治、法律	Politics and Law	15669	14017	1930263
军事	Military Affairs	1178	933	141684
经济	Economics	30253	16523	2763968
文化、科学、教育、体育	Culture, Science, Education and Sports	133054	578433	38886613
语言、文字	Languages	19550	21919	3244175
文学	Literature	32317	39762	4381331
艺术	Arts	19825	17468	1254779
历史、地理	History and Geography	14511	11130	1405607
自然科学总论	General Natural Sciences	827	791	76957
数理科学、化学	Mathematics and Chemistry	6997	4313	669626
天文学、地球科学	Astronomy and Geology	2014	980	110365
生物科学	Biology	2259	1375	182891
医学、卫生	Medicine and Health Care	15711	11401	1751178
农业科学	Agricultural Science	6305	6246	467900
工业技术	Industrial Technology	44539	21547	3473871
交通运输	Transportation	4189	2452	334312
航空、航天	Aeronautics and Aerospace	338	148	19683
环境科学	Environmental Science	1706	992	104480
综合性图书	General Books	2850	3326	364744
不使用"中国标准书号"部分合计	**Publications without "China International Standard Book Number"**	**883**	**4579**	**163422**
图片	Pictures	883	975	26252
国标(GB)、部标(BB)等标准类文件印品	Standards Publications such as National Standards, Ministry Standards		1555	71545
活页文选、活页歌篇、小件印品等	Loose-leaf Collectanea, Loose-leaf Song and Prints of Small Volume		2049	65625

5-2 图书、期刊和报纸出版情况
Number of Books, Magazines and Newspapers Published in China

年份 Year 地区 Region	图书 Books Published				期刊 Magazines Published				报纸 Newspapers Published			
	种数 (种) Number of Publication (kind)	#新出版 New Publication	总印数 (亿册、亿张) Printed Copies (100 million copies)	总印张数 (亿印张) Printed Sheets (100 million sheets)	种数 (种) Number of Publication (kind)	平均期印数 (万册) Average Printed Copies per Issue (10 000 copies)	总印数 (亿册) Total Printed Copies (100 million copies)	总印张数 (亿印张) Printed Sheets (100 million sheets)	种数 (种) Number of Publication (kind)	平均期印数 (万份) Average Printed Copies per Issue (10 000 copies)	总印数 (亿份) Total Printed Copies (100 million copies)	总印张数 (亿印张) Printed Sheets (100 million sheets)
1978	14987	11888	37.7	135.4	930	6200	7.6	22.7	186	4280	127.8	113.5
1980	21621	17660	45.9	195.7	2191	10298	11.3	36.7	188	6236	140.4	141.7
1985	45603	33743	66.7	282.8	4705	23952	25.6	77.3	1445	19107	246.8	202.8
1990	80224	55245	56.4	232.1	5751	16156	17.9	48.1	1444	14670	211.3	182.8
1995	101381	59159	63.2	316.8	7583	19794	23.4	67.0	2089	17644	263.3	359.6
1996	112813	63647	71.6	360.5	7916	19300	23.1	68.1	2163	17877	274.3	392.4
1997	120106	66585	73.1	364.0	7918	20046	24.4	73.3	2149	18259	287.6	459.8
1998	130613	74719	72.4	373.6	7999	20928	25.4	79.9	2053	18211	300.4	540.0
1999	141831	83095	73.2	391.4	8187	21845	28.5	96.8	2038	18632	318.4	636.7
2000	143376	84235	62.7	376.2	8725	21544	29.4	100.0	2007	17914	329.3	799.8
2001	154526	91416	63.1	406.1	8889	20697	28.9	100.9	2111	18130	351.1	938.9
2002	170962	100693	68.7	456.4	9029	20406	29.5	106.4	2137	18721	367.8	1067.4
2003	190391	110812	66.7	462.2	9074	19909	29.5	109.1	2119	19072	383.1	1235.6
2004	208294	121597	64.1	465.6	9490	17208	28.3	110.5	1922	19522	402.4	1524.8
2005	222473	128578	64.7	493.3	9468	16286	27.6	125.3	1931	19549	412.6	1613.1
2006	233971	160757	64.1	512.0	9468	16435	28.5	136.9	1938	19703	424.5	1658.9
2007	248283	136226	62.9	486.5	9468	16697	30.4	157.9	1938	20545	438.0	1700.8
2008	274123	148978	70.6	561.1	9549	16767	31.0	158.0	1943	21155	442.9	1930.6
2009	301719	168296	70.4	565.5	9851	16457	31.5	166.2	1937	20837	439.1	1969.4
2010	328387	189295	71.7	606.3	9884	16349	32.2	181.1	1939	21438	452.1	2148.0
2011	369523	207506	77.1	634.5	9849	16880	32.9	192.7	1928	21517	467.4	2272.0
中央 Zhongyang	161243	93269	21.5	232.7	2870	5794	9.9	74.2	217	2940	69.0	199.9
北京 Beijing	6699	3420	1.1	10.4	174	197	0.3	2.6	37	513	14.1	93.8
天津 Tianjin	4236	2999	0.4	3.7	254	259	0.4	2.0	27	317	9.2	53.7
河北 Hebei	2971	1615	1.7	10.9	230	283	0.5	2.4	64	847	14.3	42.4
山西 Shanxi	3401	1778	1.4	12.4	200	174	0.3	2.2	60	2039	20.2	28.5
内蒙古 Inner Mongolia	2881	1317	0.6	4.4	149	106	0.3	1.3	61	128	2.9	7.5
辽宁 Liaoning	9885	5208	1.5	12.1	323	572	1.0	4.2	73	825	16.1	99.8
吉林 Jilin	15963	10115	2.1	18.6	234	358	1.0	4.5	52	478	7.8	33.2
黑龙江 Heilongjiang	4430	3007	0.8	6.1	315	272	0.6	2.9	69	375	7.9	29.9
上海 Shanghai	21744	12333	2.9	27.1	632	1023	1.8	9.4	72	726	15.8	78.6
江苏 Jiangsu	17951	9733	5.7	37.6	466	508	1.2	4.5	80	1178	28.0	142.0
浙江 Zhejiang	9492	4595	3.3	21.1	220	501	0.8	3.7	71	1202	35.9	160.6
安徽 Anhui	7804	4087	2.5	18.6	186	397	0.6	2.5	51	505	12.1	60.8
福建 Fujian	3570	2403	0.8	5.9	177	206	0.4	1.6	44	501	10.2	48.5
江西 Jiangxi	4263	2745	1.7	10.8	161	270	0.7	2.4	52	327	7.4	30.1
山东 Shandong	9638	3708	3.9	25.6	269	510	1.2	6.1	87	1188	34.5	220.5
河南 Henan	5557	2973	2.1	15.1	246	409	0.9	4.3	78	1581	21.4	71.8
湖北 Hubei	11122	6544	2.6	19.7	422	1227	3.0	16.1	73	908	19.8	88.8
湖南 Hunan	10162	6132	3.5	22.4	254	528	1.3	5.6	50	554	12.2	46.1
广东 Guangdong	7257	4538	3.3	23.5	389	918	2.0	12.4	99	1831	45.8	428.8
广西 Guangxi	7695	3640	2.7	17.3	184	194	0.4	1.9	51	258	6.7	26.4
海南 Hainan	2917	1442	0.7	4.5	42	52	0.1	0.6	14	90	2.4	7.5
重庆 Chongqing	5651	2087	1.6	10.1	138	265	0.5	3.3	26	316	6.6	36.8
四川 Sichuan	8081	3951	2.5	17.9	348	471	0.9	6.7	89	665	17.3	101.6
贵州 Guizhou	856	545	0.8	5.7	88	78	0.1	0.7	31	175	4.5	20.1
云南 Yunnan	6110	3966	1.7	11.8	128	225	0.3	2.2	43	239	6.5	37.4
西藏 Tibet	701	163	0.2	1.1	35	16	0.0	0.1	23	31	0.6	1.8
陕西 Shaanxi	6636	3350	1.7	13.3	286	370	0.8	5.2	44	292	6.7	43.4
甘肃 Gansu	2248	1376	0.7	5.2	134	497	1.1	4.6	52	193	4.6	10.5
青海 Qinghai	543	327	0.1	0.9	53	30	0.0	0.3	27	40	1.0	3.5
宁夏 Ningxia	1248	953	0.2	1.9	35	53	0.2	1.6	15	48	1.0	3.2
新疆 Xinjiang	6568	3187	0.9	5.9	207	115	0.2	1.0	96	207	4.7	14.5

5-3 各地区少年儿童读物和课本出版情况（2011年）
Number of Books Published for Children and Textbooks by Region (2011)

地 区	Region	种数(种) Number of Publications (kind)		总印数（万册） Printed Copies (10 000 copies)		总印张(千印张) Printed Sheets (1 000 sheets)	
		儿童读物 Books for Children	课 本 Textbooks	儿童读物 Books for Children	课 本 Textbooks	儿童读物 Books for Children	课 本 Textbooks
全 国	**National Total**	**22059**	**78281**	**37800**	**343991**	**2138117**	**27294304**
中 央	Central Level	3921	47457	6561	102348	323917	10274076
地 方	Local Level	18138	30824	31239	241643	1814200	17020228
北 京	Beijing	1067	808	1617	2195	133801	203247
天 津	Tianjin	385	645	628	1480	42285	124501
河 北	Hebei	14	194	105	8674	4421	589277
山 西	Shanxi	207	38	214	5101	36618	367369
内蒙古	Inner Mongolia	262	805	372	4538	14991	324622
辽 宁	Liaoning	833	2795	1543	7137	76354	508654
吉 林	Jilin	2742	899	2715	6392	171667	421532
黑龙江	Heilongjiang	461	538	527	4175	29436	279136
上 海	Shanghai	1320	4949	3174	13317	127980	1169818
江 苏	Jiangsu	1076	2498	2068	19999	137797	1349712
浙 江	Zhejiang	1974	1399	4533	11876	299511	822065
安 徽	Anhui	1155	633	1452	10536	92877	797456
福 建	Fujian	246	359	206	3845	15028	252872
江 西	Jiangxi	1067	180	2590	6967	147669	501300
山 东	Shandong	228	1070	629	16390	31446	986499
河 南	Henan	231	1326	319	13731	25485	919963
湖 北	Hubei	580	1624	1176	9424	67262	662849
湖 南	Hunan	1271	807	1778	12931	118850	748223
广 东	Guangdong	630	1344	1729	21436	57317	1537562
广 西	Guangxi	623	394	1208	9114	64978	611823
海 南	Hainan	40	28	60	1128	4737	75088
重 庆	Chongqing	76	1488	176	6007	2946	423630
四 川	Sichuan	770	1158	1054	12130	48941	966869
贵 州	Guizhou	17	96	55	6557	2600	459043
云 南	Yunnan	92	294	118	7509	4926	514320
西 藏	Tibet	36	192	36	1102	1096	71463
陕 西	Shaanxi	321	1508	770	6024	35993	511977
甘 肃	Gansu	83	50	76	3916	4034	319218
青 海	Qinghai	14	211	5	824	285	64802
宁 夏	Ningxia	24		52	844	1149	60909
新 疆	Xinjiang	293	2494	254	6344	11720	374429

5-4 课本出版情况(2011年)
Publication of Textbooks (2011)

项　目	Item	种数 (种) Number of Items (kind)	#新出版 New Publication	总印数 (万册) Printed Copies (10 000)	总印张 (千印张) Printed Sheets (1 000)	定价总金额 (万元) Total Priced Value (10 000 yuan)
总　计	**Total**	**78281**	**25944**	**343991**	**27294304**	**3301730**
大专及以上课本	Textbooks for Colleges and Universities	48126	17976	33207	5779979	972202
中专、技校课本	Textbooks for Secondary Technical Schools	6151	1622	7456	958302	152064
中学课本	Textbooks for Secondary Schools	6307	954	168160	12843298	1247800
小学课本	Textbooks for Primary Schools	5267	730	121815	6235323	651738
业余教育课本	Textbooks for Spare-time Education	6288	3147	4228	685683	144168
扫盲课本	Textbooks for Eliminating Illiteracy	8	4	6	399	49
教学用书	Teaching Materials	6134	1511	9119	791320	133709

5-5 各地区录像制品出版品种情况（2011年）
Statistics on Number of Publication of Video Products by Region (2011)

单位：种 (kind)

地区 Region	录像制品 Total of Video Products	激光数码视盘 VCD	高密度激光视盘 DVD-V	录像带及其他 VT and Others	其中:新版录像制品 of Which: New Publication of Video Products	激光数码视盘 VCD	高密度激光视盘 DVD-V	录像带及其他 VT and Others
全国 National	**9477**	**2994**	**6342**	**141**	**6993**	**1591**	**5265**	**137**
中央 Central Level	3885	1415	2397	73	2298	418	1807	73
地方 Local Government	5592	1579	3945	68	4695	1173	3458	64
北京 Beijing	159	24	133	2	159	24	133	2
天津 Tianjin	33	1	32		33	1	32	
河北 Hebei	35		35		35		35	
山西 Shanxi	120	14	95	11	76	2	63	11
内蒙古 Inner Mongolia	88		88		88		88	
辽宁 Liaoning	426	55	366	5	422	55	362	5
吉林 Jilin	79	18	49	12	74	17	45	12
黑龙江 Heilongjiang	12	1	11		8	1	7	
上海 Shanghai	580	145	408	27	353	35	295	23
江苏 Jiangsu	335	143	191	1	225	67	157	1
浙江 Zhejiang	318	101	217		257	61	196	
安徽 Anhui	150	20	130		141	20	121	
福建 Fujian	190	33	157		54	17	37	
江西 Jiangxi	132	109	23		125	102	23	
山东 Shandong	217	17	199	1	214	16	197	1
河南 Henan	246	44	202		222	31	191	
湖北 Hubei	293	223	69	1	287	218	68	1
湖南 Hunan	228	78	150		167	40	127	
广东 Guangdong	1281	316	961	4	1193	312	877	4
广西 Guangxi	76	37	38	1	70	37	32	1
海南 Hainan	5		5		5		5	
重庆 Chongqing	153	76	77		71	6	65	
四川 Sichuan	96	22	73	1	96	22	73	1
贵州 Guizhou	3		3		3		3	
云南 Yunnan	222	64	157	1	213	59	153	1
西藏 Tibet	17	13	4		17	13	4	
陕西 Shaanxi	52	24	27	1	44	16	27	1
甘肃 Gansu	21	1	20		19	1	18	
青海 Qinghai								
宁夏 Ningxia	2		2		2		2	
新疆 Xinjiang	23		23		22		22	

5-6 各地区录像制品出版发行情况（2011年）

Statistics on Volume of Publication of Video Products by Region (2011)

单位：万盒、万张 (10 000 cassettes, 10 000 discs)

地 区	Region	录像制品 Total of Video Products	激光数码视盘 VCD	高密度激光视盘 DVD-V	录像带及其他 VT and Others	其中:新版录像制品 of Which: New Publication of Video Products	激光数码视盘 VCD	高密度激光视盘 DVD-V	录像带及其他 VT and Others	发行数量 Number Publicated
全 国	**National**	**21788.20**	**6864.36**	**14860.86**	**62.98**	**18221.20**	**4417.73**	**13743.70**	**59.77**	**12807.09**
中 央	Central Level	6721.29	3986.41	2700.52	34.36	3779.28	1878.87	1866.06	34.36	6547.68
地 方	Local Government	15066.91	2877.95	12160.33	28.62	14441.92	2538.86	11877.64	25.41	6259.41
北 京	Beijing	315.57	22.85	289.92	2.80	315.57	22.85	289.92	2.80	202.28
天 津	Tianjin	8.30	1.50	6.80		8.30	1.50	6.80		7.45
河 北	Hebei	24.70		24.70		24.70		24.70		64.93
山 西	Shanxi	18.02	3.91	7.68	6.43	12.54	0.40	5.71	6.43	173.28
内蒙古	Inner Mongolia	18.40		18.40		18.40		18.40		48.77
辽 宁	Liaoning	8260.33	65.01	8194.31	1.01	8259.29	65.01	8193.27	1.01	304.20
吉 林	Jilin	36.66	4.34	32.20	0.12	35.66	3.74	31.80	0.12	145.53
黑龙江	Heilongjiang	48.70	5.50	43.20		46.70	5.50	41.20		48.62
上 海	Shanghai	484.38	129.36	343.05	11.96	341.07	60.28	272.04	8.75	406.77
江 苏	Jiangsu	318.72	75.93	242.39	0.40	249.46	26.07	222.99	0.40	191.30
浙 江	Zhejiang	108.64	57.29	51.35		83.22	34.03	49.19		237.65
安 徽	Anhui	64.14	10.05	54.09		57.79	10.05	47.74		53.45
福 建	Fujian	112.22	35.60	76.62		36.22	25.60	10.62		169.22
江 西	Jiangxi	43.33	23.57	19.76		42.23	22.47	19.76		73.15
山 东	Shandong	146.24	17.12	129.02	0.10	144.32	16.80	127.42	0.10	237.72
河 南	Henan	207.66	72.52	135.14		137.64	32.00	105.64		81.32
湖 北	Hubei	558.42	379.91	178.31	0.20	555.52	377.11	178.21	0.20	298.10
湖 南	Hunan	450.62	38.94	411.67		393.35	16.45	376.90		570.67
广 东	Guangdong	3055.89	1506.98	1547.20	1.70	2990.42	1476.88	1511.83	1.70	2324.42
广 西	Guangxi	133.83	86.22	45.61	2.00	129.90	86.22	41.68	2.00	57.23
海 南	Hainan	2.40		2.40		2.40		2.40		13.60
重 庆	Chongqing	253.54	219.94	33.60		188.18	158.04	30.13		107.24
四 川	Sichuan	73.13	10.58	62.30	0.25	73.13	10.58	62.30	0.25	85.49
贵 州	Guizhou	0.50		0.50		0.50		0.50		7.50
云 南	Yunnan	218.70	82.44	134.78	1.5	208.70	74.35	132.86	1.5	203.69
西 藏	Tibet	7.85	1.30	6.55		7.85	1.30	6.55		14.95
陕 西	Shaanxi	73.69	26.59	46.95	0.15	58.23	11.13	46.95	0.15	75.03
甘 肃	Gansu	17.83	0.50	17.33		16.33	0.50	15.83		50.15
青 海	Qinghai									5.00
宁 夏	Ningxia									0.70
新 疆	Xinjiang	4.50		4.50		4.30		4.30		

5-7 各地区录音制品出版品种情况（2011年）
Number of Publication of Audio Products by Region (2011)

单位：种 (kind)

地 区	Region	录音制品合计 Total of Audio Products	录音带 AT	激光唱盘 CD	高密度激光唱盘及其他 DVD-A and Others	其中：新版录音制品 of Which: New Publication of Audio Products	录音带 AT	激光唱盘 CD	高密度激光唱盘及其他 DVD-A and Others
全 国	**National**	**9931**	**3250**	**4716**	**1965**	**5848**	**1322**	**3456**	**1070**
中 央	Central Level	4133	1329	1718	1086	2028	226	1218	584
地 方	Local Government	5798	1921	2998	879	3820	1096	2238	486
北 京	Beijing	258	212	26	20	258	212	26	20
天 津	Tianjin	62	11	49	2	57	11	44	2
河 北	Hebei	39	38	1		39	38	1	
山 西	Shanxi	15	11	2	2	15	11	2	2
内蒙古	Inner Mongolia	33		33		33		33	
辽 宁	Liaoning	373	35	63	275	245	19	63	163
吉 林	Jilin	68	6	51	11	56	6	40	10
黑龙江	Heilongjiang	6			6	3			3
上 海	Shanghai	1928	562	1046	320	795	81	560	154
江 苏	Jiangsu	415	159	243	13	231	77	141	13
浙 江	Zhejiang	108	48	59	1	57	2	54	1
安 徽	Anhui	108	57	46	5	100	50	46	4
福 建	Fujian	61	56	5		34	29	5	
江 西	Jiangxi	117	64	53		117	64	53	
山 东	Shandong	151	67	45	39	70	25	45	
河 南	Henan	57	40	16	1	56	40	15	1
湖 北	Hubei	166	24	87	55	138	21	83	34
湖 南	Hunan	160	19	104	37	57	10	34	13
广 东	Guangdong	1151	263	853	35	1120	254	831	35
广 西	Guangxi	104	79	24	1	79	69	10	
海 南	Hainan	7		7		7		7	
重 庆	Chongqing	108	49	44	15	49	27	19	3
四 川	Sichuan	32	4	27	1	31	4	26	1
贵 州	Guizhou								
云 南	Yunnan	122	50	70	2	94	30	62	2
西 藏	Tibet	4		4		4		4	
陕 西	Shaanxi	134	67	30	37	64	16	24	24
甘 肃	Gansu	1			1	1			1
青 海	Qinghai								
宁 夏	Ningxia								
新 疆	Xinjiang	10		10		10		10	

5-8 各地区录音制品出版发行情况（2011年）
Volume of Publication of Audio Products by Region (2011)

单位：万盒、万张 (10 000 cassettes, 10 000 discs)

地区	Region	录音制品 合计 Total of Audio Products	录音带 AT	激光唱盘 CD	高密度激光唱盘及其他 DVD-A and Others	其中：新版录音制品 of Which: New Publication of Audio Products	录音带 AT	激光唱盘 CD	高密度激光唱盘及其他 DVD-A and Others	发行数量 Volume Issued
全　国	**National**	**24642.75**	**18757.06**	**3731.56**	**2154.13**	**4743.56**	**1797.10**	**2156.31**	**790.15**	**26047.38**
中　央	Central Level	17771.59	15361.34	1460.28	949.97	1738.03	627.12	748.65	362.26	15587.68
地　方	Local Government	6871.16	3395.72	2271.28	1204.16	3005.53	1169.98	1407.67	427.88	10459.70
北　京	Beijing	119.37	63.23	51.34	4.80	119.37	63.23	51.34	4.80	167.08
天　津	Tianjin	34.42	4.20	28.82	1.40	29.34	4.20	23.74	1.40	136.27
河　北	Hebei	441.32	440.12	1.20		441.32	440.12	1.20		550.50
山　西	Shanxi	2.07	0.67	0.80	0.60	2.07	0.67	0.80	0.60	63.83
内蒙古	Inner Mongolia	9.98		9.98		9.98		9.98		26.23
辽　宁	Liaoning	238.07	25.70	37.02	175.35	144.05	7.90	37.02	99.13	464.56
吉　林	Jilin	22.24	1.81	15.67	4.76	15.19	1.81	8.82	4.56	43.54
黑龙江	Heilongjiang	2.40			2.40	1.20			1.20	2.40
上　海	Shanghai	2641.07	1330.53	855.04	455.50	1058.25	297.72	552.15	208.38	2741.43
江　苏	Jiangsu	965.77	700.53	256.14	9.10	180.02	5.25	165.67	9.10	429.91
浙　江	Zhejiang	311.89	288.08	23.51	0.30	22.89	0.09	22.50	0.30	1512.75
安　徽	Anhui	58.44	36.42	19.98	2.04	53.03	31.51	19.98	1.54	517.68
福　建	Fujian	39.99	37.09	2.90		9.03	6.13	2.90		102.03
江　西	Jiangxi	75.22	47.47	27.75		75.22	47.47	27.75		119.83
山　东	Shandong	25.03	9.42	15.61		22.77	7.16	15.61		1294.16
河　南	Henan	69.61	26.16	43.35	0.10	64.61	26.16	38.35	0.10	72.55
湖　北	Hubei	58.66	18.62	22.37	17.67	51.15	17.72	21.67	11.76	507.16
湖　南	Hunan	905.54	26.93	410.21	468.40	73.06	4.71	27.40	40.95	547.86
广　东	Guangdong	509.72	145.21	340.85	23.66	473.66	144.48	305.52	23.66	682.64
广　西	Guangxi	34.65	11.13	15.52	8.00	17.92	9.43	8.49		34.81
海　南	Hainan	1.00		1.00		1.00		1.00		14.16
重　庆	Chongqing	99.44	70.82	21.54	7.08	43.08	32.44	9.03	1.61	194.40
四　川	Sichuan	25.77	4.00	21.47	0.30	25.47	4.00	21.17	0.30	38.75
贵　州	Guizhou									
云　南	Yunnan	23.09	3.22	19.58	0.29	20.72	1.98	18.45	0.29	27.54
西　藏	Tibet	2.10		2.10		2.10		2.10		2.20
陕　西	Shaanxi	152.50	104.36	26.23	21.91	47.23	15.80	13.73	17.70	158.38
甘　肃	Gansu	0.50			0.50	0.50			0.50	3.20
青　海	Qinghai									1.60
宁　夏	Ningxia									2.25
新　疆	Xinjiang	1.30		1.30		1.30		1.30		

5-9 各地区电子出版物品种情况（2011年）

Statistics on Kind of Electronic Publications by Region (2011)

单位：种 (kind)

地 区	Region	电子出版物 Electronic Publications	只读光盘 (CD-ROM)	高密度只读光盘 (DVD-ROM)	交互式光盘及其他 (CD-I)	其中：新版电子出版物 New Editions of Electronic Publications	只读光盘 (CD-ROM)	高密度只读光盘 (DVD-ROM)	交互式光盘及其他 (CD-I)
全 国	**National**	**11154**	**7546**	**2747**	**861**	**6924**	**4314**	**2072**	**538**
中 央	Central Level	7739	4792	2370	577	4478	2439	1779	260
地 方	Local Government	3415	2754	377	284	2446	1875	293	278
北 京	Beijing	146	100	15	31	146	100	15	31
天 津	Tianjin	95	53	12	30	78	45	9	24
河 北	Hebei	21	19	1	1	21	19	1	1
山 西	Shanxi	33	32	1		33	32	1	
内蒙古	Inner Mongolia								
辽 宁	Liaoning	285	271	12	2	206	195	9	2
吉 林	Jilin	196	49	9	138	196	49	9	138
黑龙江	Heilongjiang								
上 海	Shanghai	652	529	69	54	398	299	45	54
江 苏	Jiangsu	337	292	44	1	99	81	17	1
浙 江	Zhejiang	160	153	7		82	75	7	
安 徽	Anhui	24	24			22	22		
福 建	Fujian	64	62	2		30	28	2	
江 西	Jiangxi	50	43	7		49	42	7	
山 东	Shandong	284	260	20	4	278	254	20	4
河 南	Henan	91	40	51		80	29	51	
湖 北	Hubei	121	103	17	1	67	50	16	1
湖 南	Hunan	86	77	9		40	31	9	
广 东	Guangdong	182	155	9	18	111	84	9	18
广 西	Guangxi	35	21	14		29	21	8	
海 南	Hainan								
重 庆	Chongqing	134	94	40		69	49	20	
四 川	Sichuan	309	287	21	1	308	286	21	1
贵 州	Guizhou								
云 南	Yunnan	35	33	2		34	32	2	
西 藏	Tibet								
陕 西	Shaanxi	70	55	12	3	65	50	12	3
甘 肃	Gansu	2	2			2	2		
青 海	Qinghai	3		3		3		3	
宁 夏	Ningxia								
新 疆	Xinjiang								

5-10 各地区电子出版物出版数量情况（2011年）
Statistics on Volume of Electronic Publication by Region (2011)

单位：万张 (10 000 discs)

地 区	Region	电子出版物 Electronic Publications	只读光盘 (CD-ROM)	高密度只读光盘 (DVD-ROM)	交互式光盘及其他 (CD-I)	其中：新版电子出版物 New Editions of Electronic Publications	只读光盘 (CD-ROM)	高密度只读光盘 (DVD-ROM)	交互式光盘及其他 (CD-I)
全 国	**National**	**21322.22**	**15919.66**	**3995.40**	**1407.17**	**8087.81**	**4433.80**	**2858.13**	**795.88**
中 央	Central Level	13614.76	9777.71	2978.93	858.12	5218.89	2512.84	2457.02	249.03
地 方	Local Government	7707.46	6141.95	1016.46	549.05	2868.91	1920.96	401.11	546.85
北 京	Beijing	263.87	78.70	1.77	183.40	263.87	78.70	1.77	183.40
天 津	Tianjin	39.05	16.45	8.40	14.20	33.35	13.95	7.40	12.00
河 北	Hebei	15.34	12.34	2.00	1.00	15.34	12.34	2.00	1.00
山 西	Shanxi	4.24	4.14	0.10		4.24	4.14	0.10	
内蒙古	Inner Mongolia								
辽 宁	Liaoning	390.32	386.06	4.27		108.24	104.98	3.27	
吉 林	Jilin	56.70	31.10	1.60	24.00	56.70	31.10	1.60	24.00
黑龙江	Heilongjiang								
上 海	Shanghai	1686.19	1627.81	55.78	2.59	215.20	200.25	12.35	2.59
江 苏	Jiangsu	1314.56	1275.41	39.13	0.02	757.13	732.48	24.63	0.02
浙 江	Zhejiang	740.94	739.07	1.87		49.06	47.19	1.87	
安 徽	Anhui	7.66	7.66			7.45	7.45		
福 建	Fujian	7.93	7.73	0.20		5.54	5.34	0.20	
江 西	Jiangxi	49.68	46.93	2.75		49.28	46.53	2.75	
山 东	Shandong	126.36	112.96	13.00	0.40	107.89	94.49	13.00	0.40
河 南	Henan	421.00	332.50	88.50		138.81	50.31	88.50	
湖 北	Hubei	178.08	172.72	5.07	0.30	26.39	21.33	4.76	0.30
湖 南	Hunan	387.63	372.81	14.82		111.35	96.89	14.46	
广 东	Guangdong	1059.39	729.80	7.46	322.13	550.04	220.45	7.46	322.13
广 西	Guangxi	727.42	5.91	721.51		187.42	5.91	181.51	
海 南	Hainan								
重 庆	Chongqing	74.80	53.32	21.48		32.01	25.29	6.73	
四 川	Sichuan	114.21	92.95	21.15	0.10	114.11	92.85	21.15	0.10
贵 州	Guizhou								
云 南	Yunnan	9.48	7.17	2.30		9.38	7.09	2.30	
西 藏	Tibet								
陕 西	Shaanxi	31.81	28.11	2.80	0.91	25.31	21.60	2.80	0.91
甘 肃	Gansu	0.30	0.30			0.30	0.30		
青 海	Qinghai	0.50		0.50		0.50		0.50	
宁 夏	Ningxia								
新 疆	Xinjiang								

5-11 全国图书、期刊、报纸进出口情况（2011年）

Statistics on Imports and Exports of Books, Magazines and Newspapers (2011)

指 标	Item	出口 Exports			进口 Imports		
		种数（种次）Items (kind)	数量（万册、份）Number (10 000 copies)	金额（万美元）Value (10 000 USD)	种数（种次）Items (kind)	数量（万册、份）Number (10 000 copies)	金额（万美元）Value (10 000 USD)
总 计	**National**	**914726**	**1144.18**	**3905.51**	**1119975**	**2979.88**	**28373.26**
图书	Books Published	878174	855.76	3276.61	1042288	754.85	11666.91
哲学、社会科学	Phylosophy, Social Science	201653	101.52	752.50	276618	117.99	2476.69
文化、教育	Culture and Education	181888	158.08	571.18	165089	180.25	2037.88
文学、艺术	Literature and Art	208855	144.66	650.66	168122	138.23	1690.11
自然、科学技术	Natural Science and S&T	89654	57.99	345.88	252027	134.63	3414.30
少儿读物	For Children	64657	205.23	280.61	63665	78.66	629.25
综合性图书	General Books	131466	188.27	675.77	116767	105.09	1418.68
期刊	Magazines Published	36018	252.89	573.44	76337	439.93	13906.17
报纸	Newspapers Published	534	35.52	55.46	1350	1785.10	2800.18

5-12 全国音像、电子出版物进出口情况(2011年)

Statistics on Audio Products and Electronic Publications (2011)

指 标	Item	出口 Exports			进口 Imports		
		种数（种次）Items (kind)	数量（盒、张）Number (disc)	金额（万美元）Value (10 000 USD)	种数（种次）Items (kind)	数量（盒、张）Number (disc)	金额（万美元）Value (10 000 USD)
总 计	**National Total**	**8077**	**77091**	**35.17**	**14553**	**396287**	**14134.78**
录音合计	Audio Products	347	1345	0.25	11386	147281	130.79
录音带	AT						
激光唱片	CDs	347	1345	0.25	11384	147279	130.78
数码激光唱盘	CDs				2	2	0.01
录像合计	Video Products	7730	75746	34.93	691	75489	13.32
VT	VT						
DVD—V	DVD-V	7104	69129	34.25	691	75489	13.32
VCD	VCD	626	6617	0.68			
电子出版物	Electronic Publications				2476	173517	13990.67

5-13 各地区版权合同登记情况（2011年）
Registration of Copyright Contracts by Region (2011)

单位：份 (unit)

地 区	Region	合 计 Total	图 书 Books	期 刊 Magazines Published	音 像 制 品 Audio Products	电 子 出版物 Electronic Publi-cations	软 件 Software	电 影 Films	电 视 节 目 TV Programs	其 他 Others
合 计	**Total**	**20797**	**14401**	**288**	**245**	**485**	**955**		**3**	**4420**
北 京	Beijing	8513	7919	281		47	266			
天 津	Tianjin	272	272							
河 北	Hebei	38	38							
山 西	Shanxi	47	47							
内蒙古	Inner Mongolia									
辽 宁	Liaoning	349	328		5	2	14			
吉 林	Jilin	646	645	1						
黑龙江	Heilongjiang	72	72							
上 海	Shanghai	1134	772		161	165	36			
江 苏	Jiangsu	4937	718			5	178			4036
浙 江	Zhejiang	882	264		77	149	8			384
安 徽	Anhui	144	143				1			
福 建	Fujian	47	34		2	11				
江 西	Jiangxi	663	663							
山 东	Shandong	235	235							
河 南	Henan	231	231							
湖 北	Hubei	208	208							
湖 南	Hunan	438	326	3		106			3	
广 东	Guangdong	102	102							
广 西	Guangxi	326	326							
海 南	Hainan									
重 庆	Chongqing	283	261				22			
四 川	Sichuan	265	255	3			7			
贵 州	Guizhou	13	13							
云 南	Yunnan	212	212							
西 藏	Tibet									
陕 西	Shaanxi	653	230				423			
甘 肃	Gansu									
青 海	Qinghai									
宁 夏	Ningxia	21	21							
新 疆	Xinjiang	66	66							

5-14 全国引进和输出版权情况（2011年）

Basic Statistics on Copyright Import and Export (2011)

单位：项 (item)

项 目	Item	合 计 Total	图 书 Books	录 音 制 品 Audio Products	录 像 制 品 Video Products	电 子 出版物 Electronic Publica-tions	软 件 Software	电 影 Films	电 视 节 目 TV Programs	其 他 Others
本年引进版权总数	**Total Number of Copyright Import During the Year**	**16639**	**14708**	**278**	**421**	**185**	**273**	**37**	**734**	**3**
美 国	United States	5182	4553	38	289	2	47	11	241	1
英 国	United Kingdom	2595	2256	13	90	9	15		212	
德 国	Germany	895	881				14			
法 国	France	720	706	2	1		1		10	
俄罗斯	Russia	57	55	1		1				
加拿大	Canada	140	133	1	5	1				
新加坡	Singapore	265	200			3	2		60	
日 本	Japan	2161	1982	21	10	3	14		130	1
韩 国	South Korea	1098	1047	2	9	25	8	6	1	
香港地区	Hong Kong, China	658	345	141	3	3	114	20	32	
澳门地区	Macao, China	1	1							
台湾地区	Taiwan, China	1497	1295	52	9	135	5			1
其 他	Others	1370	1254	7	5	3	53		48	
本年输出版权总数	**Total Number of Copyright Export During the Year**	**7783**	**5922**	**130**	**20**	**125**	**5**	**2**	**1559**	**20**
美 国	United States	1077	766	11		21			278	1
英 国	United Kingdom	433	422	1		5	5			
德 国	Germany	146	127	2						17
法 国	France	129	126	1		2				
俄罗斯	Russia	40	40							
加拿大	Canada	16	15	1						
新加坡	Singapore	221	131			42			48	
日 本	Japan	187	161	25						1
韩 国	South Korea	507	446	51	2	8				
香港地区	Hong Kong, China	448	366	1		2			79	
澳门地区	Macao, China	37	19			18				
台湾地区	Taiwan, China	1656	1644	1					10	1
其 他	Others	2886	1659	36	18	27		2	1144	

5-15 各地区出版物发行机构数和网点数（2011年）
Issuing Institutions and Spots of Publication by Region (2011)

地 区	Region	发行机构(处) Issuing Institutions (unit) 合 计 Total	国有书店及国有发行点 State-owned Book Store and Issuing Spots	供销社 Supply and Marketing Cooperatives	出版社 Press	网上书店 Online Bookstore	文化教育广电邮政系统 Cultural, Educational Broadcasting and Postal Systems	新华书店系统外批发网点 Wholesale Spots Outside Xinhua Bookstore	集体个体零售 Collective and Personal Retail	新华书店系统出版社自办发行从业人数(人) Persons Engaged in Own Issuance of Presses of Xinhua Bookstore System(person) 全部职工 All Staff	国有书店及国有发行点 State-owned Bookstores and Issuing Spots
全 国	**National**	**168586**	**9513**	**997**	**447**	**101**	**36455**	**7141**	**113932**	**147294**	**138414**
中 央	Central Level	151	4		147					2655	918
地 方	Local Government	168435	9509	997	300	101	36455	7141	113932	144639	137496
北 京	Beijing	8773	124		17	62	2400	1418	4752	4766	4263
天 津	Tianjin	2962	79		13			160	2710	1894	1780
河 北	Hebei	5234	340		7		874	381	3632	3356	2573
山 西	Shanxi	3225	412	26			445	122	2220	5880	5850
内蒙古	Inner Mongolia	1946	227		7			49	1663	2132	2072
辽 宁	Liaoning	4848	208		12		487	277	3864	6194	5899
吉 林	Jilin	2597	111		4	14	243	237	1988	2909	2817
黑龙江	Heilongjiang	3031	239	59	5	1	582	138	2007	3943	3821
上 海	Shanghai	8982	150		45	14	2390	389	5994	3324	2838
江 苏	Jiangsu	12045	906		18	2	1683	239	9197	6107	5969
浙 江	Zhejiang	11066	477		14	1	2614	367	7593	6805	6695
安 徽	Anhui	8858	607		11	2	3580	329	4329	3832	3932
福 建	Fujian	4340	233		5		1301	158	2643	3932	3832
江 西	Jiangxi	3238	205	23	6		21	159	2824	4026	3851
山 东	Shandong	7626	810	170	5		920	161	5560	10318	10004
河 南	Henan	8498	1050		12		2310	283	4843	14197	14030
湖 北	Hubei	5560	234	3	16		664	201	4442	5305	4963
湖 南	Hunan	8132	390		14		5003	174	2551	9778	8672
广 东	Guangdong	13142	416	635	19			489	11583	10211	8772
广 西	Guangxi	5051	255	81	23		1924	119	2649	4568	4204
海 南	Hainan	696	28		4		362	42	260	974	950
重 庆	Chongqing	3321	267		4		620	134	2296	2577	2562
四 川	Sichuan	9820	242			1	3389	224	5964	8511	8511
贵 州	Guizhou	3317	222		2	1	672	115	2305	1725	1684
云 南	Yunnan	11020	309		7		1736	121	8847	5695	5684
西 藏	Tibet	131	52		1		8		70	299	295
陕 西	Shaanxi	4714	205		25		1597	269	2618	4287	3997
甘 肃	Gansu	2204	323		3		80	179	1619	3136	3032
青 海	Qinghai	534	61				93	28	352	734	734
宁 夏	Ningxia	939	31		1	1	457	32	417	456	442
新 疆	Xinjiang	2585	296			2		147	2140	2768	2768

5-16 各地区出版印刷生产情况（2011年）

Conditions of Printing by Region (2011)

地 区	Region	企业数（个） Number of Enterprises (unit)	工业销售产值（万元） Industrial Sales Value (10 000 yuan)	印刷产量 Output of Printing: 黑白（万令） Black and White (10 000 ream)	印刷产量 Output of Printing: 彩色（万对开色令） Color (10 000 bisect color ream)	装订产量（万令） Output of Bookbinding (10 000 ream)	用纸量（万令） Amount of Paper Used (10 000 ream)	用纸量（万吨） Amount of Paper Used (10 000 tons)
全 国	**National**	**8309**	**13206765.08**	**30090.95**	**152912.73**	**28984.86**	**33366.23**	**1013.97**
北 京	Beijing	775	1015549.65	2553.53	12298.49	2730.59	3240.52	54.02
天 津	Tianjin	127	154900.69	202.41	2908.62	179.32	338.61	10.50
河 北	Hebei	588	702305.70	1775.14	2532.85	2091.25	2039.36	24.48
山 西	Shanxi	185	165344.70	316.06	2086.13	277.32	288.11	11.98
内蒙古	Inner Mongolia	93	38690.94	98.11	311.73	94.46	85.80	5.38
辽 宁	Liaoning	172	182383.88	1696.67	2421.56	879.03	345.10	13.95
吉 林	Jilin	250	359635.79	1415.17	2525.23	540.53	534.62	9.63
黑龙江	Heilongjiang	170	132503.28	286.84	2038.60	461.49	311.88	9.09
上 海	Shanghai	255	942895.91	1227.05	12546.31	574.45	500.24	29.29
江 苏	Jiangsu	419	836226.33	1511.53	6508.99	1651.51	1670.78	58.77
浙 江	Zhejiang	450	1538739.83	1537.66	19613.74	1405.05	2684.08	86.25
安 徽	Anhui	261	391575.80	1228.30	2293.39	1015.33	928.90	33.90
福 建	Fujian	219	347832.17	506.49	1782.16	311.56	476.73	12.75
江 西	Jiangxi	124	234156.59	705.89	1532.62	771.02	522.42	16.90
山 东	Shandong	589	1011225.40	2426.62	22876.18	3283.90	2769.72	132.56
河 南	Henan	405	402932.40	1153.54	3001.76	1126.63	1156.45	35.49
湖 北	Hubei	359	434663.04	1255.03	3724.68	1270.91	847.98	61.49
湖 南	Hunan	453	703243.43	1135.13	3178.82	1436.55	2098.31	83.41
广 东	Guangdong	858	2269874.38	3903.30	32406.84	4144.71	9958.28	127.42
广 西	Guangxi	178	152913.00	1759.00	3245.00	660.00	477.00	62.00
海 南	Hainan	58	12957.70	68.30	425.66	49.10	45.26	2.44
重 庆	Chongqing	175	186244.95	281.63	638.15	332.72	187.36	11.11
四 川	Sichuan	194	232199.90	1475.30	4130.85	2316.94	520.90	64.54
贵 州	Guizhou	183	79239.54	149.83	2650.37	177.19	179.87	5.76
云 南	Yunnan	145	152930.00	316.11	2273.97	228.50	243.17	16.16
西 藏	Tibet	9	9686.40	24.56	50.73	23.36	21.73	0.38
陕 西	Shaanxi	243	360972.40	668.54	1661.92	496.18	528.97	16.29
甘 肃	Gansu	105	76044.47	251.17	442.33	238.10	160.38	6.91
青 海	Qinghai	49	22624.86	55.08	125.99	33.31	39.06	2.33
宁 夏	Ningxia	80	23725.32	30.90	100.96	37.07	54.55	0.80
新 疆	Xinjiang	138	32546.64	76.06	578.11	146.77	110.12	8.00

5-17 档案馆机构和人员情况

Statistics on Archive Institutions and Personnel

单位：个、人 (unit, person)

年 份 Year	国家综合档案馆 National Comprehensive Archives		国家专门档案馆 National Special Archives		部门档案馆 Department Archives		企业档案馆数 Enterprise Archive Institutions	文化事业档案馆数 Culture Archive Institutions	科技事业单位档案馆数 Science and Technology Archive Institutions
	馆数 Number of Institutions	专职人员 Full-time Personnel	馆数 Number of Institutions	专职人员 Full-time Personnel	馆数 Number of Institutions	专职人员 Full-time Personnel			
1991	2957	21657	211	2038	128	2171	229	19	28
1992	2962	22226	206	2082	122	2258	231	19	28
1993	2980	23624	200	2245	122	1448	221	20	31
1994	2983	23568	205	2294	136	2160	209	20	36
1995	3024	24777	216	2484	144	2168	213	27	38
1996	3011	24542	226	2658	134	2072	232	23	44
1997	3021	24904	223	2578	162	2521	228	26	46
1998	3034	24197	232	3200	149	2411	245	27	46
1999	3046	23530	225	3436	142	2123	304	40	59
2000	3070	23701	234	3319	141	1865	307	53	80
2001	3100	23652	243	3448	142	2086	286	47	84
2002	3110	22825	253	3435	148	2109	299	75	93
2003	3121	23086	260	3514	141	1770	300	75	85
2004	3127	23401	258	3591	149	1932	300	79	99
2005	3142	23413	238	3452	145	2020	301	105	63
2006	3154	22689	239	3537	137	1699	216	110	95
2007	3161	21399	245	3737	146	1985	215	126	94
2008	3170	21414	240	3663	154	1886	241	141	87
2009	3191	20949	241	3626	149	1814	233	167	96
2010	3194	19750	252	3833	167	1747	223	160	111
2011	3196	19985	255	3843	170	2121	183	179	124

5-18 国家综合档案馆基本情况
Basic Statistics on National Comprehensive Archives

年 份 Year	馆藏档案 (万卷、万件) Number of Archives (10 000 volumes, 10 000 pieces)	照片档案 (万张) Photos (10 000 sheets)	开放档案 (万卷、万件) Archives Open to Public (10 000 volume, 10 000 pieces)	利用档案 (万卷、万件次) Utilized Archives (10 000 volume-times, 10 000 piece-times)	档案馆建筑面积 (万平方米) Floor Space of Archive Institutions (10 000 sq.m)
1991	9637.4	371.0	2094.3	937.0	348.1
1992	10003.5	402.4	2018.7	773.8	255.7
1993	10726.8	435.5	2140.7	891.9	275.9
1994	10782.9	449.6	2454.6	674.4	268.3
1995	11318.3	485.5	2790.3	529.3	282.5
1996	11341.4	494.6	2939.2	485.4	297.5
1997	12222.9	553.0	3304.6	501.0	347.6
1998	12276.5	579.7	3556.5	446.5	310.7
1999	12866.8	584.5	3808.2	508.5	328.4
2000	13314.0	631.7	4072.0	494.4	336.2
2001	13756.6	642.8	4129.7	575.4	342.0
2002	14790.7	720.5	4301.1	548.8	351.0
2003	15945.9	797.4	4618.4	602.6	361.4
2004	17601.5	827.9	4868.3	813.9	376.8
2005	18688.7	908.8	5132.3	868.0	393.1
2006	21656.5	1277.2	5746.3	1166.4	406.1
2007	23675.3	1393.3	5875.5	1244.9	421.9
2008	25051.0	1505.3	6072.2	1257.4	465.4
2009	28089.2	1646.3	6687.4	1308.0	473.3
2010	32198.6	1809.2	7428.6	1417.3	504.4
2011	35445.5	1965.8	7828.4	1564.5	551.1

六、体　　育
Sports

6-1 体育系统机构人员情况（2011年）
Institutions and Engaged Persons of Physical Education System (2011)

单位：个、人 (unit,person)

指　标	Item	合计 Total 机构 Institutions	合计 Total 人员 Persons	国家级 National Level 机构 Institutions	国家级 National Level 人员 Persons
总　计	**Total**	**6901**	**157333**	**44**	**6042**
体育行政机关	Administrative Agencies of Physical Culture and Sports	3130	36569	1	218
运动项目管理部门	Sports Events Management	296	34868	23	1763
本科院校	Colleges	7	5006	1	1380
职业、运动技术学院	Sports Technical Institutes	14	4671		
体育运动学校	Physical Education and Sports Schools	222	16912		
竞技体校	Competitive Sports School	9	323		
少儿体育运动学校(业余体校)	Spare-time Sports School	1552	24169		
单项运动学校	Physical Education and Sports Schools	17	371		
训练基地	Training Bases	55	3323	5	920
体育场馆	Stadium and Gymnasium	699	16315	1	566
科研机构	Science and Technology Institute	57	1353	2	217
其他事业单位	Other Institutions	699	11577	10	502
其他(社团等)	Others	144	1876	1	476

6-1 续表 continued

单位：个、人 (unit,person)

指　标	Item	省级 Provincial Level 机构 Institutions	省级 Provincial Level 人员 Persons	地级 Prefectural Level 机构 Institutions	地级 Prefectural Level 人员 Persons	县级 County Level 机构 Institutions	县级 County Level 人员 Persons
总　计	**Total**	**656**	**56062**	**1981**	**53843**	**4220**	**41386**
体育行政机关	Administrative Agencies of Physical Culture and Sports	31	1726	437	9323	2661	25302
运动项目管理部门	Sports Events Management	205	29554	66	3501	2	50
本科院校	Colleges	6	3626				
职业、运动技术学院	Sports Technical Institutes	11	4324	3	347		
体育运动学校	Physical Education and Sports Schools	37	3081	173	13481	12	350
竞技体校	Competitive Sports School	3	128	4	146	2	49
少儿体育运动学校(业余体校)	Spare-time Sports School	21	509	393	12021	1138	11639
单项运动学校	Physical Education and Sports Schools	2	161	15	210		
训练基地	Training Bases	24	1958	24	433	2	12
体育场馆	Stadium and Gymnasium	52	3391	437	10136	209	2222
科研机构	Science and Technology Institute	26	894	29	242		
其他事业单位	Other Institutions	223	6175	320	3497	146	1403
其他(社团等)	Others	15	535	80	506	48	359

6-2 运动员获世界冠军情况
World Championships Won by Chinese Athletes

年 份 Year	项 数 (项) Number of Events (item)	#女 子 Female	人 数 (人) Number of Persons (person)	#女 子 Female	个 数 (个) Number of Champions (time)	#女 子 Female
1978	4	2	4	2	4	2
1979	12	6.5	20	11	12	6.5
1980	3		3		3	
1981	25	12.5	53	32	25	12.5
1982	12	2	31	15	13	2
1983	37	15	50	24	39	17
1984	33	10	46	26	37	10
1985	42	20	70	41	46	23
1986	26	14	56	34	26	14
1987	64	39	72	34	69	41.5
1988	54	36.5	59	30	54	36.5
1989	80	49	83	48	82	50
1990	54	33.5	61	30	54	33.5
1991	88	57.5	86	51	93	61.5
1992	86	69.5	68	52	89	72.5
1993	101	66.5	106	70	103	68.5
1994	79	53.5	86	45	79	53.5
1995	98	49.5	187	86	102	51.5
1996	72	55	58	42	75	57
1997	87	46	96	46	92	50.5
1998	75	49	89	59	83	55
1999	91	43	129	72	92	44
2000	92	52	109	60	110	66.5
2001	79	46.5	138	77	90	54.5
2002	99	58	123	81	110	64
2003	17	15.5	94	62.5	84	49
2004	27	21	175	98	101	56
2005	22	19	159	89	106	63
2006	24	18	169	87	141	76
2007	22	16	217	123	123	70
2008	24	17	151	83	120	65.5
2009	30	17	223	134	142	87.5
2010	22	13	180	81	108	54.5
2011	24	13.5	198	102	138	78

注：男女混合运动项目，女子按半项和半个计算。项数统计中2003年以前按小项统计，2003年起按大项统计。
a) For mixed doubles champions, the score for women counts as 0.5.

6-3 运动员创世界纪录情况（2011年）
World Records Chalked up by Chinese Athletes by Events (2011)

项 目	Item	项 数 (项) Number of Events (item)	#女 子 Female	人 数 (人) Number of Persons (person)	#女 子 Female	次 数 (次) Number of Champions (time)	#女 子 Female
总 计	**Total**	**8**	**6**	**7**	**5**	**8**	**6**
游 泳	Swimming	1		1		1	
射 击	Shooting	2	1	4	3	2	1
举 重	Weightlifting	1	1	1	1	1	1
蹼 泳	Fin swimming	4	4	1	1	4	4

6-4 各地区体育局系统机构人员情况（2011年）

Number of Institutions and Employees in Sports Bureaus by Province (2011)

单位：个、人 (unit,person)

地区	Province	合计 Total		#行政机关 Administrative Organs		#优秀运动队 Excellent Sports Teams		#体育运动学校 Physical Education and Sports Schools		#业余体校 Spare-time Sports Schools	
		机构数 Institutions	人数 Persons	机构数 Institutions	人数 Persons	机构数 Institutions	人数 Persons	机构数 Institutions	人数 Persons	机构数 Institutions	人数 Persons
总计	**Total**	**6901**	**157333**	**3130**	**36569**	**296**	**34868**	**222**	**16912**	**1552**	**24169**
国家直属	Directly Under the Jurisdiction of State	44	6042	1	218	23	1763				
地区合计	Sub-total of Provinces	6857	151291	3129	36351	273	33105	222	16912	1552	24169
北京	Beijing	128	5291	18	494	7	1860	6	308	27	1030
天津	Tianjin	91	3188	19	235	7	1405	4	167	15	351
河北	Hebei	328	5908	174	1244	13	1248	7	612	73	1207
山西	Shanxi	226	4947	131	1808	15	845	9	922	37	584
内蒙古	Inner Mongolia	214	4036	115	967	5	1035	6	495	49	728
辽宁	Liaoning	313	8064	116	1288	14	2102	31	2086	62	1140
吉林	Jilin	211	5016	69	677	13	1130	6	550	68	1165
黑龙江	Heilongjiang	284	5166	128	1087	22	2130	6	333	79	695
上海	Shanghai	157	6004	19	240	3	468	9	371	40	1162
江苏	Jiangsu	360	9013	107	1735	10	1552	15	1197	67	1424
浙江	Zhejiang	264	6144	104	1173	9	1107	5	391	53	1193
安徽	Anhui	180	4369	120	1259	6	1232	3	186	27	664
福建	Fujian	248	4514	94	648	18	1496	4	414	79	984
江西	Jiangxi	250	4196	111	1107	10	1099	4	324	81	717
山东	Shandong	286	10663	161	3844	18	2208	17	1499	31	652
河南	Henan	273	6483	170	1921	11	1327	17	1268	18	281
湖北	Hubei	388	6195	116	1494	16	1166	9	553	76	1071
湖南	Hunan	325	5793	138	1539	11	1049	4	245	102	1191
广东	Guangdong	368	10384	169	3181	11	1871	15	1151	61	1359
广西	Guangxi	225	5209	118	1459	2	1135	2	335	72	1817
海南	Hainan	44	792	23	220	2	21	2	402	12	82
重庆	Chongqing	98	1930	41	484	2	390	6	151	25	391
四川	Sichuan	462	6644	204	1528	13	974	2	74	175	1618
贵州	Guizhou	130	2172	99	946	6	536	4	286	1	16
云南	Yunnan	206	4051	146	1817	3	476	3	416	29	420
西藏	Tibet	36	557	23	101	3	295	1	59	6	43
陕西	Shaanxi	259	5393	113	1138	8	545	8	614	79	1164
甘肃	Gansu	150	4121	93	1681	4	878	10	815	16	214
青海	Qinghai	87	981	55	152	3	422			16	210
宁夏	Ningxia	46	993	25	270	1	267	2	122	5	
新疆	Xinjiang	220	3064	110	614	7	836	5	566	71	596

6-5 各地区优秀运动队人员情况（2011年）
Persons in Excellent Sports Teams by Province (2011)

单位：人 (person)

地 区	Province	合 计 Total	#教练员 Coaches	#运动员 Athletes	#科研人员 Scientific Research Personnel	#医务人员 Medical Personnel	#文化教师 Full-time Teachers	#管理人员 Managerial Personnel
总　计	**Total**	**34868**	**4208**	**18852**	**115**	**509**	**141**	**5869**
国家直属	Directly Under the Jurisdiction of State	1763	58	154	12	10		1152
地区合计	Sub-total of Provinces	33105	4150	18698	103	499	141	4717
北 京	Beijing	1860	186	1137	22	28		250
天 津	Tianjin	1405	185	874		14	1	155
河 北	Hebei	1248	142	690	7	13		174
山 西	Shanxi	845	89	360	1	17		260
内蒙古	Inner Mongolia	1035	84	719		21		118
辽 宁	Liaoning	2102	253	1393	1	10	34	244
吉 林	Jilin	1130	159	752	5	5	16	131
黑龙江	Heilongjiang	2130	290	1342	24	38		169
上 海	Shanghai	468	77	216	6	3		75
江 苏	Jiangsu	1552	167	803		41	2	165
浙 江	Zhejiang	1107	208	760	1	4	1	112
安 徽	Anhui	1232	146	847	6	6		124
福 建	Fujian	1496	241	942	5	27	9	168
江 西	Jiangxi	1099	105	543		8		214
山 东	Shandong	2208	270	1374	8	28	7	352
河 南	Henan	1327	144	567		27	5	282
湖 北	Hubei	1166	201	735		23		149
湖 南	Hunan	1049	121	564		10	7	203
广 东	Guangdong	1871	298	900	14	25	1	165
广 西	Guangxi	1135	120	462		34	35	227
海 南	Hainan	21	4					5
重 庆	Chongqing	390	40	285		10		46
四 川	Sichuan	974	141	549	1	14	6	177
贵 州	Guizhou	536	73	191		9	2	193
云 南	Yunnan	476	42	133		22		63
西 藏	Tibet	295	32	156		11	2	53
陕 西	Shaanxi	545	105	295		3		123
甘 肃	Gansu	878	75	173		17	12	144
青 海	Qinghai	422	51	289		7		56
宁 夏	Ningxia	267	23	112	1	5	1	28
新 疆	Xinjiang	836	78	535	1	19		92

6-6 各地区运动员情况（2011年）
Number of Athletes by Province (2011)

单位:人 (person)

地 区	Province	合 计 Total	一 线 First Grade	二 线 Second Grade	三 线 Third Grade
总 计	**Total**	**524463**	**26381**	**59842**	**438240**
国家直属	Directly Under the Jurisdiction of State	495	495		
地区合计	Sub-total of Provinces	523968	25886	59842	438240
北 京	Beijing	12714	1137	981	10596
天 津	Tianjin	4469	874	358	3237
河 北	Hebei	7294	690	979	5625
山 西	Shanxi	9496	877	1709	6910
内蒙古	Inner Mongolia	13202	815	1843	10544
辽 宁	Liaoning	20823	2101	4075	14647
吉 林	Jilin	23118	896	1473	20749
黑龙江	Heilongjiang	13223	1531	3065	8627
上 海	Shanghai	11648	959	1177	9512
江 苏	Jiangsu	46497	1726	4683	40088
浙 江	Zhejiang	18952	793	1139	17020
安 徽	Anhui	13080	972	1084	11024
福 建	Fujian	22588	981	2092	19515
江 西	Jiangxi	15123	692	952	13479
山 东	Shandong	33215	1383	6023	25809
河 南	Henan	21774	633	6741	14400
湖 北	Hubei	20788	1054	2524	17210
湖 南	Hunan	16059	660	1977	13422
广 东	Guangdong	43421	1471	3864	38086
广 西	Guangxi	12400	1761	164	10475
海 南	Hainan	2832	112	456	2264
重 庆	Chongqing	15289	385	1792	13112
四 川	Sichuan	50933	1027	714	49192
贵 州	Guizhou	15768	213	746	14809
云 南	Yunnan	4859	312	785	3762
西 藏	Tibet	894	156	395	343
陕 西	Shaanxi	22984	356	1998	20630
甘 肃	Gansu	11566	374	2680	8512
青 海	Qinghai	3790	289		3501
宁 夏	Ningxia	3273	120	404	2749
新 疆	Xinjiang	11896	536	2969	8391

6-7 分项目运动员情况（2011年）

Number of Athletes by Sports Item (2011)

单位：人 (person)

项 目	Item	合 计 Total	一 线 First Grade	二 线 Second Grade	三 线 Third Grade
总 计	**Total**	**524463**	**26381**	**59842**	**438240**
田径	Track and Field Events	105582	2995	10240	92347
游泳	Swimming	32987	1201	3002	28784
跳水	Diving	2763	488	447	1828
水球	Water Polo	526	130	78	318
花样游泳	Synchronized Swimming	671	140	40	491
体操	Gymnastics	7376	842	919	5615
艺术体操	Rhythmic Gymnastics	2932	201	257	2474
蹦床	Trampoline	2389	369	440	1580
举重	Weightlifting	18863	1117	3133	14613
拳击	Boxing	9450	717	2586	6147
国际式摔跤	International Wrestling	14839	1750	3636	9453
中国式摔跤	Chinese Wrestling	6085	189	1466	4430
柔道	Judo	14160	1263	3180	9717
跆拳道	Taekwondo	31801	796	3317	27688
自行车	Bicycles	3912	683	630	2599
击剑	Fencing	4885	601	910	3374
马术	Equestrian	184	154		30
现代五项	Modern Pentathlon	188	119	53	16
射击	Shooting	13225	1696	3042	8487
射箭	Archery	6112	518	951	4643
赛艇	Rowing	4564	895	848	2821
皮划艇	Canoe Kayak	4745	700	817	3228
帆船	Sailing	1301	348	149	804
足球	Football	28635	629	2848	25158
篮球	Basketball	49097	1051	5501	42545
排球	Volleyball	13313	810	1771	10732
沙滩排球	Beach Volleyball	2080	122	134	1824
乒乓球	Table Tennis	33888	843	1769	31276
羽毛球	Badminton	14162	617	1119	12426
网球	Tennis	5934	404	780	4750
手球	Handball	2842	420	481	1941
曲棍球	Hockey	1855	482	263	1110
棒球	Baseball	1434	214	97	1123
垒球	Softball	1531	187	120	1224
速度滑冰	Speed Skating	2898	218	463	2217
短道速滑	Short Track Speed Skating	1439	131	263	1045
花样滑冰	Figure Skating	273	60	43	170
冰球	Ice Hockey	617	184	76	357
冰壶	Curling	70	37	33	
高山滑雪	Alpine Skiing	351	37	111	203
越野滑雪	Cross-Country Skiing	330	76	35	219
跳台滑雪	Ski Jumping	80	20	2	58
自由式滑雪	Freestyle Skiing	184	61	3	120
单板滑雪	Snowboard Skiing	207	59	6	142
冬季两项	Biathlon	40	8		32
技巧	Acrobatics	352	81	10	261

6-7 续表 continued

单位：人 (person)

项目	Item	合计 Total	一线 First Grade	二线 Second Grade	三线 Third Grade
健美操	Aerobics	2660	31	134	2495
街舞	Hip Hop Dance	609			609
软式网球	Soft Tennis	41	12		29
武术	Wushu	25546	814	2774	21958
滑水	Water-ski	44	26		18
潜水	Dive	9			9
蹼泳	Fin Swimming	518	48	10	460
摩托艇	Motorboat	24	5		19
围棋	Weiqi	9326	168	73	9085
国际象棋	Chess	13745	133	36	13576
中国象棋	Chinese Chess	4989	87	35	4867
桥牌	Bridge	75			75
登山	Mountaineering	282	24	64	194
摩托车	Motorcycles	23	17		6
汽车	Motor Vehicles	32			32
铁人三项	Triathlon	115	30	10	75
高尔夫球	Golf	165	71	50	44
保龄球	Bowling	50			50
掷球	Boules	70			70
台球	Billiards	421			421
藤球	Sepaktakraw				
壁球	Squash				
橄榄球	Rugby	670	84	231	355
车辆模型	Model Car	288			288
航海模型	Model Ship	277	32		245
定向	Orienteering	453			453
航空模型	Model Aeroplane	556	46	2	508
跳伞	Parachuting	83	78		5
滑翔	Hang Gliding				
运动飞机	Sport Plane				
热气球	Fire Balloon				
轮滑	Roller Skating	1046	7	70	969
业余无线电	Amateur Radio	478	5	10	463
毽球	Jianqiu	609			609
门球	Gateball	591			591
舞龙舞狮	Dragon and Lion Dance	575			575
龙舟	Dragon Boat	524			524
钓鱼	Fishing	688			688
风筝	Kite	100			100
信鸽	Carrier Pigeon	435			435
体育舞蹈	Dance Sports	4811		264	4547
健美	Bodybuilding	612		10	602
拔河	Tug of War	881			881
飞镖	Dart	134			134
救生	Lifesaving	16			16
健身气功	Qigong	624			624
电子竞技	E-sports	116			116

6-8 各地区分技术等级运动员发展人数（2011年）

Certified Athletes by Region and Technical Grade (2011)

单位：人 (person)

地 区	Region	合 计 Total	#女 Female	国际级运动健将 International Level	#女 Female	运动健将 National Level	#女 Female	一 级运动员 First Grade	#女 Female	二 级运动员 Second Grade	#女 Female
总 计	**Total**	**38380**	**14242**	**300**	**135**	**1675**	**682**	**7580**	**2917**	**28825**	**10508**
国家直属	Directly Under the Jurisdiction of State	630	225	47	26	230	83	18	7	335	109
地方合计	Sub-total of Provinces	37750	14017	253	109	1445	599	7562	2910	28490	10399
北 京	Beijing	1751	689	19	4	144	56	411	168	1177	461
天 津	Tianjin	1175	534	7	4	98	46	217	126	853	358
河 北	Hebei	2489	958			70	37	458	201	1961	720
山 西	Shanxi	635	259	1				67	25	567	234
内蒙古	Inner Mongolia	831	307	28	8	18	6	118	60	667	233
辽 宁	Liaoning	2451	992	7	4	99	47	581	239	1764	702
吉 林	Jilin	1588	530	2	2	37	11	215	83	1334	434
黑龙江	Heilongjiang	1008	363	6	5	141	24	247	106	614	228
上 海	Shanghai	1554	651	81	30			336	132	1137	489
江 苏	Jiangsu	1554	596					442	193	1112	403
浙 江	Zhejiang	1950	779	9	5	122	59	633	277	1186	438
安 徽	Anhui	1079	425	7	4	37	24	26	14	1009	383
福 建	Fujian	1314	502			44	19	313	128	957	355
江 西	Jiangxi	692	187			20	5			672	182
山 东	Shandong	2512	717	16	12	14	7	691	32	1791	666
河 南	Henan	3387	1042	3	2	94	36	406	146	2884	858
湖 北	Hubei	1385	445	4	1	54	29	217	96	1110	319
湖 南	Hunan	1467	594	7	3	31	20	367	161	1062	410
广 东	Guangdong	2118	839	28	9	158	67	498	174	1434	589
广 西	Guangxi	186	87	3	2	29	17	102	46	52	22
海 南	Hainan	374	127	3	3	6	1	77	33	288	90
重 庆	Chongqing	1351	501	3	2	16	6	186	70	1146	423
四 川	Sichuan	2179	927	8	4	97	38	407	215	1667	670
贵 州	Guizhou	437	173	2	1	13	6	22	9	400	157
云 南	Yunnan	622	232	4	1	21	12	163	59	434	160
西 藏	Tibet	9	1			6	1	2		1	
陕 西	Shaanxi	466	180	4	2	35	12	136	40	291	126
甘 肃	Gansu	343	106			19	7	99	21	225	78
青 海	Qinghai	182	53			3	3	32	12	147	38
宁 夏	Ningxia	394	111			2	1	67	31	325	79
新 疆	Xinjiang	267	110	1	1	17	2	26	13	223	94

6-9 分项目和技术等级运动员发展人数（2011年）

Certified Athletes by Type of Sports and Technical Grade (2011)

单位：人 (person)

项 目	Item	合 计 Total	#女 Female	国际级运动健将 International Level	#女 Female	运动健将 National Level	#女 Female	一 级运动员 First Grade	#女 Female	二 级运动员 Second Grade	#女 Female
总 计	**Total**	**38380**	**14242**	**300**	**135**	**1675**	**682**	**7580**	**2917**	**28825**	**10508**
田径	Track and Field Events	5341	1626	4		36	15	694	229	4607	1382
游泳	Swimming	2492	1189	3	3	45	14	532	232	1912	940
跳水	Diving	309	155	10	4	52	31	108	57	139	63
水球	Water Polo	101	48	9	3	36	21	53	24	3	
花样游泳	Synchronized Swimming	61	61	1	1	15	15			45	45
体操	Gymnastics	295	147			29	21	112	49	154	77
艺术体操	Rhythmic Gymnastics	137	124			43	37	20	20	74	67
蹦床	Trampoline	105	57			5	4	53	31	47	22
举重	Weightlifting	336	141	3	1	41	18	99	56	193	66
拳击	Boxing	790	194	8	6	81	36	159	34	542	118
国际式摔跤	International Wrestling	686	205	5	1	29	17	34	9	618	178
中国式摔跤	Chinese Wrestling	546	144	18	3	31	18	26	10	471	113
柔道	Judo	858	349	4	4	54	32	165	68	635	245
跆拳道	Taekwondo	1484	608	1	1	15	5	317	139	1151	463
自行车	Bicycles	309	91	2	1	24	6	173	34	110	50
击剑	Fencing	449	204	23	12	19	10	109	45	298	137
马术	Equestrian										
现代五项	Modern Pentathlon	52	15	1	1	11	8	16	5	24	1
射击	Shooting	1175	524	11	7	17	6	515	206	632	305
射箭	Archery	187	86	3	1	7	4	57	23	120	58
赛艇	Rowing	638	255	33	13	146	54	187	87	272	101
皮划艇	Canoe Kayak	577	158	12	10	104	31	180	42	281	75
帆船	Sailing	193	84	11	7	87	31	63	30	32	16
足球	Football	2956	818	1	1	56	17	593	174	2306	626
篮球	Basketball	4722	1495	10	5	74	27	963	319	3675	1144
排球	Volleyball	2435	1055			56	28	499	206	1880	821
沙滩排球	Beach Volleyball	145	76			5	3	16	10	124	63
乒乓球	Table Tennis	1926	861	8	3	17	7	181	74	1720	777
羽毛球	Badminton	618	269	5	4	32	15	148	64	433	186
网球	Tennis	991	428	10	6	3	2	58	30	920	390
手球	Handball	549	266	28	14	18	12	86	36	417	204
曲棍球	Hockey	380	202	7	7	31	9	80	32	262	154
棒球	Baseball	335		14		59		80		182	
垒球	Softball	295	275	5	5	23	23	110	110	157	137
速度滑冰	Speed Skating	146	38			26	3	65	17	55	18
短道速滑	Short Track Speed Skating	80	29			42	13	26	12	12	4
花样滑冰	Figure Skating	34	17			13	5	15	8	6	4
冰球	Ice Hockey	92	15			69	1	23	14		
冰壶	Curling	36	20	3	2	4	1	8	1	21	16
高山滑雪	Alpine Skiing	28	11					11	6	17	5
越野滑雪	Cross-Country Skiing	69	28			1	1	11	4	57	23
跳台滑雪	Ski Jumping	6	3			1	1	1		4	2
自由式滑雪	Freestyle Skiing	2	2	2	2						
单板滑雪	Snowboard Skiing	2	1					2	1		
冬季两项	Biathlon	2	1			1		1	1		
技巧	Acrobatics	88	60	2	1	5	3	42	26	39	30

6-9 续表 continued

单位：人 (person)

项　目	Item	合　计 Total	#女 Female	国际级运动健将 International Level	#女 Female	运动健将 National Level	#女 Female	一　级运动员 First Grade	#女 Female	二　级运动员 Second Grade	#女 Female
健美操	Aerobics	742	409	2		45	15	276	137	419	257
街舞	Hip Hop Dance										
软式网球	Soft Tennis	129	36			4	3	35	8	90	25
武术	Wushu	2962	860	13	2	74	26	277	93	2598	739
滑水	Water-ski	15	3	3	1	12	2				
潜水	Dive										
蹼泳	Fin Swimming	16	8			14	6	1	1	1	1
摩托艇	Motorboat	21	14	1		9	5	11	9		
围棋	Weiqi	442	93	14				29	4	399	89
国际象棋	Chess	362	140	2	1	6	4	96	36	258	99
中国象棋	Chinese Chess	248	100	4	1	3	1	59	17	182	81
桥牌	Bridge										
登山	Mountaineering	35	10			12	1	4		19	9
摩托车	Motorcycles										
汽车	Motor Vehicles										
铁人三项	Triathlon	6	2			2	1	4	1		
高尔夫球	Golf										
保龄球	Bowling										
掷球	Boules										
台球	Billiards										
藤球	Sepaktakraw										
壁球	Squash										
橄榄球	Rugby	65	34			13	6	36	17	16	11
车辆模型	Model Car	19	5			1		4		14	5
航海模型	Model Ship	36	6			2		16	2	18	4
定向	Orienteering										
航空模型	Model Aeroplane	62	13			2		15	3	45	10
跳伞	Parachuting	6	4			3	3	3	1		
滑翔	Hang Gliding										
运动飞机	Sport Plane										
热气球	Fire Balloon										
轮滑	Roller Skating	43	14	1		4		9	4	29	10
业余无线电	Amateur Radio	33	14			2		4	1	27	13
毽球	Jianqiu										
门球	Gateball										
舞龙舞狮	Dragon and Lion Dance										
龙舟	Dragon Boat										
钓鱼	Fishing										
风筝	Kite										
信鸽	Carrier Pigeon										
体育舞蹈	Dance Sports										
健美	Bodybuilding	80	42	3	1	4	4	10	8	63	29
拔河	Tug of War										
飞镖	Dart										
救生	Lifesaving										
健身气功	Qigong										
电子竞技	E-sports										

6-10 各地区在聘专职教练员人数（2011年）
Coaches with Full-time Contracts by Province (2011)

单位：人 (person)

地　区	Province	合　计 Total	一　线 First Grade	二　线 Second Grade	三　线 Third Grade
总　计	**Total**	**22312**	**6177**	**3704**	**12303**
国家直属	Directly Under the Jurisdiction of State	121	100	7	14
地区合计	Sub-total of Provinces	22191	6077	3697	12289
北　京	Beijing	779	183	119	477
天　津	Tianjin	503	210	38	255
河　北	Hebei	960	118	256	573
山　西	Shanxi	273	99	72	94
内蒙古	Inner Mongolia	437	90	146	201
辽　宁	Liaoning	1378	524	260	587
吉　林	Jilin	850	203	139	508
黑龙江	Heilongjiang	732	275	90	367
上　海	Shanghai	1077	276	146	655
江　苏	Jiangsu	1247	517	203	526
浙　江	Zhejiang	778	216	156	406
安　徽	Anhui	680	120	131	429
福　建	Fujian	995	196	106	693
江　西	Jiangxi	643	138	63	436
山　东	Shandong	1475	643	283	532
河　南	Henan	769	156	229	368
湖　北	Hubei	863	235	159	445
湖　南	Hunan	903	94	83	725
广　东	Guangdong	1629	400	383	821
广　西	Guangxi	594	177	5	412
海　南	Hainan	143	46		97
重　庆	Chongqing	261	62	33	166
四　川	Sichuan	1173	260	110	800
贵　州	Guizhou	195	49	88	58
云　南	Yunnan	623	198	61	364
西　藏	Tibet	40	31	1	8
陕　西	Shaanxi	759	208	123	428
甘　肃	Gansu	475	185	67	219
青　海	Qinghai	166	46		120
宁　夏	Ningxia	157	41	7	106
新　疆	Xinjiang	634	81	140	413

6-11 各项目在聘专职教练员人数（2011年）
Coaches with Full-time Contracts by Sports Item (2011)

单位：人 (person)

项 目	Item	合 计 Total	一 线 First Grade	二 线 Second Grade	三 线 Third Grade
总 计	**Total**	**22312**	**6177**	**3704**	**12303**
田径	Track and Field Events	5128	965	708	3419
游泳	Swimming	1416	290	273	845
跳水	Diving	233	102	41	84
水球	Water Polo	29	16	7	6
花样游泳	Synchronized Swimming	60	35	7	13
体操	Gymnastics	891	278	169	443
艺术体操	Rhythmic Gymnastics	100	47	11	42
蹦床	Trampoline	153	64	21	68
举重	Weightlifting	1261	294	198	762
拳击	Boxing	357	126	80	149
国际式摔跤	International Wrestling	725	234	127	363
中国式摔跤	Chinese Wrestling	289	53	73	161
柔道	Judo	828	230	180	412
跆拳道	Taekwondo	545	112	107	326
自行车	Bicycles	311	180	43	86
击剑	Fencing	345	129	74	142
马术	Equestrian	28	28		
现代五项	Modern Pentathlon	36	29	3	
射击	Shooting	1231	445	238	536
射箭	Archery	295	100	46	148
赛艇	Rowing	312	140	44	128
皮划艇	Canoe Kayak	348	125	56	167
帆船	Sailing	116	59	20	37
足球	Football	958	274	168	512
篮球	Basketball	1624	281	287	1051
排球	Volleyball	568	189	118	260
沙滩排球	Beach Volleyball	47	33	3	11
乒乓球	Table Tennis	993	223	141	626
羽毛球	Badminton	483	152	58	260
网球	Tennis	380	123	47	210
手球	Handball	150	61	31	57
曲棍球	Hockey	120	63	26	28
棒球	Baseball	78	44	9	25
垒球	Softball	77	43	13	20
速度滑冰	Speed Skating	252	85	32	135
短道速滑	Short Track Speed Skating	67	21	6	40
花样滑冰	Figure Skating	37	19	3	15
冰球	Ice Hockey	51	23	9	19
冰壶	Curling	6	5		1
高山滑雪	Alpine Skiing	20	7	4	9
越野滑雪	Cross-Country Skiing	48	16	9	23
跳台滑雪	Ski Jumping	7	3	1	3
自由式滑雪	Freestyle Skiing	4	2	2	
单板滑雪	Snowboard Skiing	8	6		2
冬季两项	Biathlon	2	1		1
技巧	Acrobatics	52	26	2	24

6-11 续表 continued

单位：人 (person)

项 目	Item	合 计 Total	一 线 First Grade	二 线 Second Grade	三 线 Third Grade
健美操	Aerobics	25	1	4	20
街舞	Hip Hop Dance				
软式网球	Soft Tennis	1	1		
武术	Wushu	796	208	136	451
滑水	Water-ski	10	7		2
潜水	Dive	1			1
蹼泳	Fin Swimming	24	8	1	13
摩托艇	Motorboat	8	7	1	
围棋	Weiqi	66	16	9	41
国际象棋	Chess	41	21	3	17
中国象棋	Chinese Chess	57	15	3	39
桥牌	Bridge				
登山	Mountaineering	18	12	5	1
摩托车	Motorcycles	4	4		
汽车	Motor Vehicles	1		1	
铁人三项	Triathlon	14	11	2	1
高尔夫球	Golf	18	18		
保龄球	Bowling	2		2	
掷球	Boules	7		3	4
台球	Billiards				
藤球	Sepaktakraw				
壁球	Squash				
橄榄球	Rugby	10	5	2	3
车辆模型	Model Car	1			1
航海模型	Model Ship	29	12	2	15
定向	Orienteering	6		2	4
航空模型	Model Aeroplane	31	16	12	3
跳伞	Parachuting	23	18	5	
滑翔	Hang Gliding	2	2		
运动飞机	Sport Plane				
热气球	Fire Balloon				
轮滑	Roller Skating	11	1	8	2
业余无线电	Amateur Radio	3	1	1	1
毽球	Jianqiu				
门球	Gateball	3			3
舞龙舞狮	Dragon and Lion Dance	2		1	1
龙舟	Dragon Boat				
钓鱼	Fishing				
风筝	Kite				
信鸽	Carrier Pigeon				
体育舞蹈	Dance Sports	26	11	6	9
健美	Bodybuilding	2	1		1
拔河	Tug of War				
飞镖	Dart				
救生	Lifesaving				
健身气功	Qigong	1			1
电子竞技	E-sports				

6-12 各地区分等级教练员发展人数（2011年）

Cerified Coaches by Region and Grade (2011)

单位：人 (person)

地 区	Region	合 计 Total	#女 Female	国家级 National Level	#女 Female	高 级 Senior Grade	#女 Female	中 级 Medium Grade	#女 Female	初 级 Junior Grade	#女 Female
总 计	**Total**	**1054**	**330**	**13**	**3**	**161**	**45**	**332**	**84**	**539**	**194**
国家直属	Directly Under the Jurisdiction of State	4		1		1		1		1	
地方合计	Sub-total of Provinces	1050	330	12	3	160	45	331	84	538	194
北 京	Beijing	62	24			7	3	19	9	36	12
天 津	Tianjin	14	4	1		2	1	7	2	4	1
河 北	Hebei	15	3					4		10	3
山 西	Shanxi	1								1	
内蒙古	Inner Mongolia	15	3			2	1	3		10	2
辽 宁	Liaoning	92	24	3	2	10	3	31	6	48	13
吉 林	Jilin	30	15			11	3	10	5	9	7
黑龙江	Heilongjiang	37	11			11	1	9	1	17	9
上 海	Shanghai	22	3			9	2	7		6	1
江 苏	Jiangsu	80	27	2		9	3	29	9	40	15
浙 江	Zhejiang	48	17	1		6	1	4	1	37	15
安 徽	Anhui	19	2							19	2
福 建	Fujian	61	25	1		14	4	14	6	31	15
江 西	Jiangxi	17	5			5	2	6		6	3
山 东	Shandong	95	41			9	1	37	16	49	24
河 南	Henan	82	19			18	6	37	4	27	9
湖 北	Hubei	52	13	3	1	22	4	14	2	13	6
湖 南	Hunan	26	5			2		5		18	5
广 东	Guangdong	45	19			3	2	16	4	23	11
广 西	Guangxi	41	6			1	1	18	3	22	2
海 南	Hainan	8	1	1				4		3	1
重 庆	Chongqing	11	5			2	1	3	1	6	3
四 川	Sichuan	42	15			3	3	14	5	25	7
贵 州	Guizhou	11	3			1		2	1	8	2
云 南	Yunnan	33	14			2		14	5	17	9
西 藏	Tibet	7	2					6	2	1	
陕 西	Shaanxi	27	10			1	1	6	2	20	7
甘 肃	Gansu	23	6			3		4		13	4
青 海	Qinghai	4				1		1		2	
宁 夏	Ningxia	4	1					2		2	1
新 疆	Xinjiang	26	7			6	2	5		15	5

6-13 各地区分项目优秀运动队在聘专职教练人数（2011年）
Coaches with Full-time Contracts in Excellent Sports Teams by Province and Sports Item (2011)

单位：人 (person)

地 区	Province	总计 Total	田径 Track and Field Events	游泳 Swimming	跳水 Diving	水球 Water Polo	花样游泳 Synchronized Swimming	体操 Gymnastics	艺术体操 Rhythmic Gymnastics
总 计	**Total**	**6177**	**965**	**290**	**102**	**16**	**35**	**278**	**47**
国家直属	Directly Under the Jurisdiction of State	100	12					3	7
地区合计	Sub-total of Provinces	6077	953	290	102	16	35	275	40
北 京	Beijing	183	7	12	8		5	13	
天 津	Tianjin	210	14	12	3	2	1	11	1
河 北	Hebei	118	18	13	7			8	2
山 西	Shanxi	99	11	2	2			7	1
内蒙古	Inner Mongolia	90	18						
辽 宁	Liaoning	524	131	28				2	
吉 林	Jilin	203	33						
黑龙江	Heilongjiang	275	43	5					
上 海	Shanghai	276	15	14	6	6	6	18	4
江 苏	Jiangsu	517	83	22	13		11	31	9
浙 江	Zhejiang	216	20	16	2			21	7
安 徽	Anhui	120	14	8	3			10	
福 建	Fujian	196	37	13	5			8	
江 西	Jiangxi	138	21	15	6			4	
山 东	Shandong	643	163	13	2			25	1
河 南	Henan	156		13				13	
湖 北	Hubei	235	33	4				23	
湖 南	Hunan	94	14	3	5	2	3	8	
广 东	Guangdong	400	41	32	14	3	4	26	5
广 西	Guangxi	177	21	15	6	3		13	1
海 南	Hainan	46	11	4					
重 庆	Chongqing	62	12	3	1				2
四 川	Sichuan	260	23	20	10		5		1
贵 州	Guizhou	49	5	1				10	3
云 南	Yunnan	198	25	13	6			15	
西 藏	Tibet	31	4						
陕 西	Shaanxi	208	71	9	3			6	3
甘 肃	Gansu	185	42						
青 海	Qinghai	46	6						
宁 夏	Ningxia	41	7						
新 疆	Xinjiang	81	10					3	

6-13 续表 1 continued

单位：人 (person)

地 区	Province	蹦床 Trampoline	举重 Weightlifting	拳击 Boxing	国际式摔跤 International Wrestling	中国式摔跤 Chinese Wrestling	柔道 Judo	跆拳道 Taekwondo	自行车 Bicycles
总 计	**Total**	**64**	**294**	**126**	**234**	**53**	**230**	**112**	**180**
国家直属	Directly Under the Jurisdiction of State		3	3	5		6	8	1
地区合计	Sub-total of Provinces	64	291	123	229	53	224	104	179
北 京	Beijing		4	6	9		7	3	10
天 津	Tianjin	2	10	2	6	3	6	2	3
河 北	Hebei		4	2	9		9	2	9
山 西	Shanxi	4	1	1	5		4	4	12
内蒙古	Inner Mongolia		1	5	16		7	1	
辽 宁	Liaoning	1	23	8	16	1	29	8	16
吉 林	Jilin		10	1	6		10		3
黑龙江	Heilongjiang		14	4	11	1	6	3	9
上 海	Shanghai	7	5	2		2	8		9
江 苏	Jiangsu	11	15	4	6		14	9	13
浙 江	Zhejiang	7	5	6	5		2	2	6
安 徽	Anhui	3	7	5	7	1	6	3	1
福 建	Fujian	5	12	4	1			6	3
江 西	Jiangxi		8	4	8			3	
山 东	Shandong	3	49	17	30	8	35	11	18
河 南	Henan		5	4	7	4	5	3	8
湖 北	Hubei		9	2	3	3	4	1	
湖 南	Hunan	2	10	1	3		3	1	
广 东	Guangdong	8	21	8	9	7	17	7	6
广 西	Guangxi	6	18	3	16		4	2	
海 南	Hainan		13	2			1	1	1
重 庆	Chongqing		11	2	2		3	2	
四 川	Sichuan		12	6	6		5	1	10
贵 州	Guizhou	2	2	5				2	
云 南	Yunnan		9	9	10	6	7		7
西 藏	Tibet			1	5		1		
陕 西	Shaanxi	3	9	3	12		9	4	
甘 肃	Gansu				2	9	13	9	27
青 海	Qinghai			3	6		6	4	5
宁 夏	Ningxia		2		3	7		1	2
新 疆	Xinjiang		2	3	10	1	3	9	1

6-13 续表 2 continued

单位：人 (person)

地区	Province	击剑 Fencing	马术 Equestrian	现代五项 Modern Pentathlon	射击 Shooting	射箭 Archery	赛艇 Rowing	皮划艇 Canoe Kayak	帆船 Sailing
总 计	**Total**	**129**	**28**	**29**	**445**	**100**	**140**	**125**	**59**
国家直属	Directly Under the Jurisdiction of State	2		2	4				2
地区合计	Sub-total of Provinces	127	28	27	441	100	140	125	57
北 京	Beijing	1			10	4	3	4	
天 津	Tianjin	22			5				
河 北	Hebei						3	2	1
山 西	Shanxi	4			15	6			
内蒙古	Inner Mongolia		13	8	12	3			
辽 宁	Liaoning	12			49	12	11	18	9
吉 林	Jilin				18	6			
黑龙江	Heilongjiang	1			30	1		1	
上 海	Shanghai	19	6	4	14	3	12	5	5
江 苏	Jiangsu	26		3	28	4	5		5
浙 江	Zhejiang		1		14		7	7	5
安 徽	Anhui	8			6		4	2	
福 建	Fujian	3			14	6	6	7	11
江 西	Jiangxi				9		7	9	
山 东	Shandong	6		3	33	10	21	16	9
河 南	Henan			3	13	2	5	4	
湖 北	Hubei	3			7		17	13	1
湖 南	Hunan				8		4	6	
广 东	Guangdong	8		6	13	9	9	7	3
广 西	Guangxi				9	5			1
海 南	Hainan								7
重 庆	Chongqing				8	3			
四 川	Sichuan				23	3	11	10	
贵 州	Guizhou	1			12	1	1	4	
云 南	Yunnan	12			19	4		4	
西 藏	Tibet		6		1	2			
陕 西	Shaanxi	1			22	7	8	2	
甘 肃	Gansu				26		6	4	
青 海	Qinghai				6	5			
宁 夏	Ningxia				9				
新 疆	Xinjiang		2		8	4			

6-13 续表 3 continued

单位：人 (person)

地 区	Province	足球 Football	篮球 Basketball	排球 Volleyball	沙滩排球 Beach Volleyball	乒乓球 Table Tennis	羽毛球 Badminton	网球 Tennis	手球 Handball
总 计	**Total**	**274**	**281**	**189**	**33**	**223**	**152**	**123**	**61**
国家直属	Directly Under the Jurisdiction of State							1	
地区合计	Sub-total of Provinces	274	281	189	33	223	152	122	61
北 京	Beijing	3		11		7	8	6	7
天 津	Tianjin	27	6	10		11		15	7
河 北	Hebei	8	2	9		4			
山 西	Shanxi	2			3	5		2	
内蒙古	Inner Mongolia		1						
辽 宁	Liaoning	32	26	9	1	17	11	23	
吉 林	Jilin	1	15			7		2	
黑龙江	Heilongjiang		12	1		10			3
上 海	Shanghai	6	10	13	3	10	9	4	8
江 苏	Jiangsu	30	29	24	6	24	26	17	6
浙 江	Zhejiang		11	21	4	9	15	5	
安 徽	Anhui					4		1	12
福 建	Fujian		10	11	4	7	9	3	
江 西	Jiangxi	1	4			12	7	3	
山 东	Shandong	18	40	18	3	22	5	3	7
河 南	Henan	7	12	14		9		7	
湖 北	Hubei	34	20	8		13	12	7	
湖 南	Hunan					1	12	6	
广 东	Guangdong	29	16	5	3	11	18	3	9
广 西	Guangxi	1	20	2		8	8	2	2
海 南	Hainan			2	2				
重 庆	Chongqing	1	7				1	1	
四 川	Sichuan	22	6	15		22	10	7	
贵 州	Guizhou								
云 南	Yunnan	13	5	14	1	2		5	
西 藏	Tibet	5							
陕 西	Shaanxi	12	9			5			
甘 肃	Gansu	8	15			3	1		
青 海	Qinghai	2							
宁 夏	Ningxia		4						
新 疆	Xinjiang	12	1	2	3				

6-13 续表 4 continued

单位：人 (person)

地 区	Province	曲棍球 Hockey	棒球 Baseball	垒球 Softball	速度滑冰 Speed Skating	短道速滑 Short Track Speed Skating	花样滑冰 Figure Skating	冰球 Ice Hockey	冰壶 Curling
总 计	**Total**	**63**	**44**	**43**	**85**	**21**	**19**	**23**	**5**
国家直属	Directly Under the Jurisdiction of State								
地区合计	Sub-total of Provinces	63	44	43	85	21	19	23	5
北 京	Beijing	7	4	3					
天 津	Tianjin	7	7	10					
河 北	Hebei								
山 西	Shanxi								
内蒙古	Inner Mongolia								
辽 宁	Liaoning	8		6	7				
吉 林	Jilin	18			37	6	5		
黑龙江	Heilongjiang				37	15	14	23	5
上 海	Shanghai	4	12	8					
江 苏	Jiangsu	4	3	2					
浙 江	Zhejiang								
安 徽	Anhui								
福 建	Fujian								
江 西	Jiangxi								
山 东	Shandong								
河 南	Henan		6	5					
湖 北	Hubei								
湖 南	Hunan								
广 东	Guangdong	7	4	4					
广 西	Guangxi								
海 南	Hainan								
重 庆	Chongqing								
四 川	Sichuan	6	5	3					
贵 州	Guizhou								
云 南	Yunnan								
西 藏	Tibet								
陕 西	Shaanxi								
甘 肃	Gansu	2	3	2					
青 海	Qinghai								
宁 夏	Ningxia								
新 疆	Xinjiang				4				

6-13 续表 5 continued

单位：人 (person)

地 区	Province	高山滑雪 Alpine Skiing	越野滑雪 Cross-Country Skiing	跳台滑雪 Ski Jumping	自由式滑雪 Freestyle Skiing	单板滑雪 Snowboard Skiing	冬季两项 Biathlon	技巧 Acrobatics	健美操 Aerobics
总　计	**Total**	**7**	**16**	**3**	**2**	**6**	**1**	**26**	**1**
国家直属	Directly Under the Jurisdiction of State								
地区合计	Sub-total of Provinces	7	16	3	2	6	1	26	1
北　京	Beijing								
天　津	Tianjin								
河　北	Hebei								
山　西	Shanxi								
内蒙古	Inner Mongolia								
辽　宁	Liaoning								
吉　林	Jilin	3	9	3	1	2	1		
黑龙江	Heilongjiang	4	7		1	4			
上　海	Shanghai							3	
江　苏	Jiangsu							9	
浙　江	Zhejiang							4	
安　徽	Anhui							3	
福　建	Fujian							1	
江　西	Jiangxi								
山　东	Shandong								1
河　南	Henan								
湖　北	Hubei								
湖　南	Hunan								
广　东	Guangdong							3	
广　西	Guangxi							1	
海　南	Hainan								
重　庆	Chongqing								
四　川	Sichuan								
贵　州	Guizhou								
云　南	Yunnan							2	
西　藏	Tibet								
陕　西	Shaanxi								
甘　肃	Gansu								
青　海	Qinghai								
宁　夏	Ningxia								
新　疆	Xinjiang								

6-13 续表 6 continued

单位：人 (person)

地 区	Province	街舞 Hip Hop Dance	软式网球 Soft Tennis	武术 Wushu	滑水 Water-ski	潜水 Dive	蹼泳 Fin Swimming	摩托艇 Motorboat	围棋 Weiqi
总 计	**Total**		**1**	**208**	**7**		**8**	**7**	**16**
国家直属	Directly Under the Jurisdiction of State		1	2	4		2		5
地区合计	Sub-total of Provinces			206	3		6	7	11
北 京	Beijing			8					1
天 津	Tianjin			5					
河 北	Hebei			3					1
山 西	Shanxi			7					
内蒙古	Inner Mongolia			3					
辽 宁	Liaoning			9			1		
吉 林	Jilin			6					
黑龙江	Heilongjiang			1					2
上 海	Shanghai			5					
江 苏	Jiangsu			22					1
浙 江	Zhejiang			7					1
安 徽	Anhui			11				1	
福 建	Fujian			8					
江 西	Jiangxi			9	3			1	
山 东	Shandong			37				2	
河 南	Henan			2					3
湖 北	Hubei			9				2	1
湖 南	Hunan							1	
广 东	Guangdong			17			3		1
广 西	Guangxi			8			2		
海 南	Hainan								
重 庆	Chongqing			2					
四 川	Sichuan								
贵 州	Guizhou								
云 南	Yunnan			5					
西 藏	Tibet								
陕 西	Shaanxi			10					
甘 肃	Gansu			5					
青 海	Qinghai			3					
宁 夏	Ningxia			4					
新 疆	Xinjiang								

6-13 续表 7 continued

单位：人 (person)

地 区	Province	国际象棋 Chess	中国象棋 Chinese Chess	桥牌 Bridge	登山 Mountai-neering	摩托车 Motorcycles	汽车 Motor Vehicles	铁人三项 Triathlon	高尔夫球 Golf
总　计	**Total**	**21**	**15**		**12**	**4**		**11**	**18**
国家直属	Directly Under the Jurisdiction of State	6			6				12
地区合计	Sub-total of Provinces	15	15		6	4		11	6
北　京	Beijing	1	2						4
天　津	Tianjin								
河　北	Hebei		2						
山　西	Shanxi								
内蒙古	Inner Mongolia							2	
辽　宁	Liaoning								
吉　林	Jilin								
黑龙江	Heilongjiang	2	5						
上　海	Shanghai	3	1						
江　苏	Jiangsu	1							
浙　江	Zhejiang	2	2						
安　徽	Anhui								
福　建	Fujian								
江　西	Jiangxi								
山　东	Shandong	1						4	
河　南	Henan								
湖　北	Hubei	1	1						
湖　南	Hunan								
广　东	Guangdong	2	2						
广　西	Guangxi								
海　南	Hainan								2
重　庆	Chongqing	1							
四　川	Sichuan	1							
贵　州	Guizhou								
云　南	Yunnan					2			
西　藏	Tibet				6				
陕　西	Shaanxi								
甘　肃	Gansu								
青　海	Qinghai								
宁　夏	Ningxia								
新　疆	Xinjiang					2			

6-13 续表 8 continued

单位：人 (person)

地 区	Province	保龄球 Bowling	掷球 Boules	台球 Billiards	藤球 Sepakt-akraw	壁球 Squash	橄榄球 Rugby	车辆模型 Model Car	航海模型 Model Ship
总 计	**Total**						**5**		**12**
国家直属	Directly Under the Jurisdiction of State								
地区合计	Sub-total of Provinces						5		12
北 京	Beijing						1		
天 津	Tianjin								
河 北	Hebei								
山 西	Shanxi								
内蒙古	Inner Mongolia								
辽 宁	Liaoning								
吉 林	Jilin								
黑龙江	Heilongjiang								
上 海	Shanghai								1
江 苏	Jiangsu								
浙 江	Zhejiang								1
安 徽	Anhui								
福 建	Fujian								2
江 西	Jiangxi								2
山 东	Shandong						4		
河 南	Henan								2
湖 北	Hubei								1
湖 南	Hunan								
广 东	Guangdong								
广 西	Guangxi								
海 南	Hainan								
重 庆	Chongqing								
四 川	Sichuan								2
贵 州	Guizhou								
云 南	Yunnan								1
西 藏	Tibet								
陕 西	Shaanxi								
甘 肃	Gansu								
青 海	Qinghai								
宁 夏	Ningxia								
新 疆	Xinjiang								

6-13 续表 9 continued

单位：人 (person)

地　区	Province	定向 Orient-eering	航空模型 Model Aeroplane	跳伞 Parach-uting	滑翔 Hang Gliding	运动飞机 Sport Plane	热气球 Fire Balloon	轮滑 Roller Skating	业余无线电 Amateur Radio
总　计	**Total**		**16**	**18**	**2**			**1**	**1**
国家直属	Directly Under the Jurisdiction of State			3					
地区合计	Sub-total of Provinces		16	15	2			1	1
北　京	Beijing			4					
天　津	Tianjin								
河　北	Hebei								
山　西	Shanxi			1					
内蒙古	Inner Mongolia								
辽　宁	Liaoning								
吉　林	Jilin								
黑龙江	Heilongjiang								
上　海	Shanghai		5					1	
江　苏	Jiangsu								1
浙　江	Zhejiang		1						
安　徽	Anhui								
福　建	Fujian								
江　西	Jiangxi		1	1					
山　东	Shandong		3	2					
河　南	Henan								
湖　北	Hubei			3					
湖　南	Hunan			1					
广　东	Guangdong								
广　西	Guangxi								
海　南	Hainan								
重　庆	Chongqing								
四　川	Sichuan		2	3	2				
贵　州	Guizhou								
云　南	Yunnan		2						
西　藏	Tibet								
陕　西	Shaanxi								
甘　肃	Gansu		1						
青　海	Qinghai								
宁　夏	Ningxia								
新　疆	Xinjiang		1						

6-13 续表 10 continued

单位：人 (person)

地 区	Province	毽球 Jianqiu	门球 Gateball	舞龙舞狮 Dragon and Lion Dance	龙舟 Dragon Boat	钓鱼 Fishing	风筝 Kite	信鸽 Carrier Pigeon
总 计	**Total**							
国家直属	Directly Under the Jurisdiction of State							
地区合计	Sub-total of Provinces							
北 京	Beijing							
天 津	Tianjin							
河 北	Hebei							
山 西	Shanxi							
内蒙古	Inner Mongolia							
辽 宁	Liaoning							
吉 林	Jilin							
黑龙江	Heilongjiang							
上 海	Shanghai							
江 苏	Jiangsu							
浙 江	Zhejiang							
安 徽	Anhui							
福 建	Fujian							
江 西	Jiangxi							
山 东	Shandong							
河 南	Henan							
湖 北	Hubei							
湖 南	Hunan							
广 东	Guangdong							
广 西	Guangxi							
海 南	Hainan							
重 庆	Chongqing							
四 川	Sichuan							
贵 州	Guizhou							
云 南	Yunnan							
西 藏	Tibet							
陕 西	Shaanxi							
甘 肃	Gansu							
青 海	Qinghai							
宁 夏	Ningxia							
新 疆	Xinjiang							

6-13 续表 11 continued

单位：人 (person)

地 区	Province	体育舞蹈 Dance Sports	健美 Bodybu-ilding	拔河 Tug of War	飞镖 Dart	救生 Lifesaving	健身气功 Qigong	电子竞技 E-sports
总 计	**Total**	**11**	**1**					
国家直属	Directly Under the Jurisdiction of State							
地区合计	Sub-total of Provinces	11	1					
北 京	Beijing							
天 津	Tianjin							
河 北	Hebei							
山 西	Shanxi							
内蒙古	Inner Mongolia							
辽 宁	Liaoning							
吉 林	Jilin							
黑龙江	Heilongjiang							
上 海	Shanghai							
江 苏	Jiangsu							
浙 江	Zhejiang							
安 徽	Anhui							
福 建	Fujian							
江 西	Jiangxi							
山 东	Shandong							
河 南	Henan							
湖 北	Hubei							
湖 南	Hunan							
广 东	Guangdong							
广 西	Guangxi							
海 南	Hainan							
重 庆	Chongqing							
四 川	Sichuan	8						
贵 州	Guizhou							
云 南	Yunnan							
西 藏	Tibet							
陕 西	Shaanxi							
甘 肃	Gansu	2						
青 海	Qinghai							
宁 夏	Ningxia	1	1					
新 疆	Xinjiang							

6-14 各地区体育运动学校在聘专职教练员学历情况（2011年）
Educational Attainment of Coaches with Full-time Contracts in Physical Education and Sports Schools by Province (2011)

单位：人 (person)

地 区	Province	合 计 Total	研究生及以上 Postgraduates and Above	本 科 Undergraduates	专 科 Junior College	中专(中学)及以下 Secondary Technical Schools (Secondary Schools) and Below
总 计	**Total**	**3704**	**40**	**2042**	**1255**	**245**
国家直属	Directly Under the Jurisdiction of State	7	3	1	3	
地区合计	Sub-total of Provinces	3697	37	2041	1252	245
北 京	Beijing	119	5	86	26	2
天 津	Tianjin	38		13	24	
河 北	Hebei	256	4	155	79	18
山 西	Shanxi	72		41	28	3
内蒙古	Inner Mongolia	146	1	86	50	9
辽 宁	Liaoning	260	6	117	117	14
吉 林	Jilin	139	2	95	37	5
黑龙江	Heilongjiang	90	1	74	12	3
上 海	Shanghai	146	3	112	28	3
江 苏	Jiangsu	203		119	71	13
浙 江	Zhejiang	156	3	96	48	9
安 徽	Anhui	131		63	50	18
福 建	Fujian	106		74	15	16
江 西	Jiangxi	63		28	32	3
山 东	Shandong	283		187	80	16
河 南	Henan	229	4	139	35	1
湖 北	Hubei	159	2	84	61	12
湖 南	Hunan	83		25	40	18
广 东	Guangdong	383		155	124	40
广 西	Guangxi	5		4	1	
海 南	Hainan					
重 庆	Chongqing	33		15	17	1
四 川	Sichuan	110	1	37	65	7
贵 州	Guizhou	88		29	47	12
云 南	Yunnan	61	1	17	40	3
西 藏	Tibet	1			1	
陕 西	Shaanxi	123	3	68	46	6
甘 肃	Gansu	67		45	16	6
青 海	Qinghai					
宁 夏	Ningxia	7			7	
新 疆	Xinjiang	140	1	77	55	7

6-15 各地区分文化程度在队优秀运动员人数（2011年）

Excellent Athletes with Contracts by Educational Attainment and Province (2011)

单位：人 (person)

地区	Province	合计 Total	大专以上 Junior College and Above	中专 Secondary Technical Schools	高中 Senior Secondary Schools	初中 Junior Secondary Schools	小学 Primary Schools
总计	**Total**	**22924**	**4713**	**6700**	**3881**	**5681**	**1880**
国家直属	Directly Under the Jurisdiction of State	457	181	175	25	69	7
地方合计	Sub-total of Provinces	22467	4532	6525	3856	5612	1873
北京	Beijing	1082	207	561	70	208	21
天津	Tianjin	566	171	311	5	62	17
河北	Hebei	642	86	161	155	193	47
山西	Shanxi	802	206	279	12	219	86
内蒙古	Inner Mongolia	761	46	661	1	53	
辽宁	Liaoning	1977	332	817	107	655	66
吉林	Jilin	848	447	275	4	56	66
黑龙江	Heilongjiang	1306	338	657	86	104	117
上海	Shanghai	949	291	9	498	144	7
江苏	Jiangsu	1497	165	119	520	604	89
浙江	Zhejiang	776	118	5	220	415	18
安徽	Anhui	691	121	278	41	231	20
福建	Fujian	849	196	145	68	367	69
江西	Jiangxi	570	90	158	81	159	81
山东	Shandong	1183	388	488	172	120	15
河南	Henan	554	307	176	24	42	
湖北	Hubei	1023	101	261	199	336	125
湖南	Hunan	545	17	3	331	67	124
广东	Guangdong	1138	147	68	536	331	41
广西	Guangxi	1657	7	138	105	624	783
海南	Hainan	112	30	25	18	32	7
重庆	Chongqing	363	20	26	269	38	10
四川	Sichuan	876	312	177	219	131	16
贵州	Guizhou	199	24	81	8	69	17
云南	Yunnan	239	110	44	37	41	7
西藏	Tibet	119	31	12	30	36	10
陕西	Shaanxi	316	134	87	18	75	2
甘肃	Gansu	365	10	202	4	149	
青海	Qinghai	41	7	14	7	13	
宁夏	Ningxia	117	38	55	7	12	5
新疆	Xinjiang	304	35	232	4	26	7

6-16 各项目分文化程度在队优秀运动员人数（2011年）

Excellent Athletes with Contracts by Educational Attainment and Sports Item (2011)

单位：人 (person)

项 目	Item	合 计 Total	研究生以上 Post-graduates and Above	大 学 Under-graduates	大 专 Junior College	中 专 Secondary Technical Schools	高 中 Senior Secondary Schools	初 中 Junior Secondary Schools	小学及以下 Primary Schools and Below
总 计	**Total**	**22924**	**53**	**3033**	**1627**	**6700**	**3881**	**5681**	**1880**
田径	Track and Field Events	2706	10	370	62	732	724	600	194
游泳	Swimming	978	2	99	28	186	90	355	217
跳水	Diving	395		25	8	59	32	108	163
水球	Water Polo	128		21	22	6	55	24	
花样游泳	Synchronized Swimming	126		23	9	12	21	41	20
体操	Gymnastics	705	1	31	21	96	50	250	256
艺术体操	Rhythmic Gymnastics	175	1	13	2	24	9	84	42
蹦床	Trampoline	309		27	13	49	53	85	82
举重	Weightlifting	982	3	109	74	292	156	264	84
拳击	Boxing	631	1	70	24	253	90	170	18
国际式摔跤	International Wrestling	1530	2	175	109	721	128	355	38
中国式摔跤	Chinese Wrestling	146		10	21	21	17	22	55
柔道	Judo	1033	4	150	120	484	92	157	24
跆拳道	Taekwondo	704	9	58	31	181	143	223	54
自行车	Bicycles	599		49	52	262	125	110	1
击剑	Fencing	497	1	90	98	133	95	74	6
马术	Equestrian	135		1	25	75	11	23	
现代五项	Modern Pentathlon	115		17	20	29	33	16	
射击	Shooting	1421		167	156	613	159	279	41
射箭	Archery	458		38	28	155	45	182	9
赛艇	Rowing	737		104	77	109	203	234	5
皮划艇	Canoe Kayak	555	1	75	45	108	109	201	16
帆船	Sailing	295		39	27	44	57	83	45
足球	Football	497		101	23	82	166	122	3
篮球	Basketball	972	3	156	73	259	164	241	74
排球	Volleyball	741	1	114	43	189	199	190	4
沙滩排球	Beach Volleyball	110		19	7	32	30	20	2
乒乓球	Table Tennis	803	1	47	30	211	77	295	139
羽毛球	Badminton	573		47	37	88	121	210	66
网球	Tennis	373	2	39	22	83	62	151	14
手球	Handball	377		84	46	122	75	39	11
曲棍球	Hockey	408		79	52	227	25	25	
棒球	Baseball	184	2	27	36	76	34	7	
垒球	Softball	147		21	17	71	14	15	
速度滑冰	Speed Skating	183		56		51	14	17	45
短道速滑	Short Track Speed Skating	124		40	1	63	2	10	8
花样滑冰	Figure Skating	50		17		19	2	12	
冰球	Ice Hockey	184		85	22	11	39	27	
冰壶	Curling	34	4	16		14			
高山滑雪	Alpine Skiing	37		11	1	13		12	
越野滑雪	Cross-Country Skiing	70		41		27		2	
跳台滑雪	Ski Jumping	20		2	2	12			4
自由式滑雪	Freestyle Skiing	61		21		38	2		
单板滑雪	Snowboard Skiing	59		21		25	3	6	4
冬季两项	Biathlon	8		8					
技巧	Acrobatics	64		4	4	3	9	25	19

6-16 续表 continued

单位：人 (person)

项 目	Item	合 计 Total	研究生以上 Post-graduates and Above	大 学 Under-graduates	大 专 Junior College	中 专 Secondary Technical Schools	高 中 Senior Secondary Schools	初 中 Junior Secondary Schools	小学及以下 Primary Schools and Below
健美操	Aerobics	31				13		18	
街舞	Hip Hop Dance								
软式网球	Soft Tennis	12	1	1		9		1	
武术	Wushu	741		131	32	152	179	164	76
滑水	Water-ski	26		1	7	1	15	2	
潜水	Dive								
蹼泳	Fin Swimming	40		3	7	6	3	6	15
摩托艇	Motorboat	5		2		2	1		
围棋	Weiqi	99	1	5	4	37	21	23	8
国际象棋	Chess	85		17	4	14	28	22	
中国象棋	Chinese Chess	85		4	5	15	43	13	5
桥牌	Bridge								
登山	Mountaineering	24			13	1			10
摩托车	Motorcycles	10			1	3	1	5	
汽车	Motor Vehicles								
铁人三项	Triathlon	29				15		14	
高尔夫球	Golf	71		12		28	14	14	3
保龄球	Bowling								
掷球	Boules								
台球	Billiards								
藤球	Sepaktakraw								
壁球	Squash								
橄榄球	Rugby	83	3	24	4	23	27	2	
车辆模型	Model Car								
航海模型	Model Ship	31		5	19		3	4	
定向	Orienteering								
航空模型	Model Aeroplane	37		4	18	6	8	1	
跳伞	Parachuting	69		5	21	15	2	26	
滑翔	Hang Gliding								
运动飞机	Sport Plane								
热气球	Fire Balloon								
轮滑	Roller Skating	7		2	4		1		
业余无线电	Amateur Radio								
毽球	Jianqiu								
门球	Gateball								
舞龙舞狮	Dragon and Lion Dance								
龙舟	Dragon Boat								
钓鱼	Fishing								
风筝	Kite								
信鸽	Carrier Pigeon								
体育舞蹈	Dance Sports								
健美	Bodybuilding								
拔河	Tug of War								
飞镖	Dart								
救生	Lifesaving								
健身气功	Qigong								
电子竞技	E-sports								

6-17 各地区分技术等级在队优秀运动员人数（2011年）
Excellent Athletes with Contracts by Technical Level and Province (2011)

单位：人 (person)

地 区	Province	合 计 Total	国际级 International Level	国家级 National Level	一 级 First Grade	二 级 Second Grade	三 级 Third Grade	无等级 No Grade
总 计	**Total**	**22924**	**677**	**4720**	**6246**	**2503**	**460**	**7347**
国家直属	Directly Under the Jurisdiction of State	457	68	100	57	33		199
地方合计	Sub-total of Provinces	22467	609	4620	6189	2470	460	7148
北 京	Beijing	1082	32	301	311	129		305
天 津	Tianjin	566	20	118	369	4		46
河 北	Hebei	642	25	149	254	94		120
山 西	Shanxi	802	4	53	69	75		520
内蒙古	Inner Mongolia	761	9	74	217	244		216
辽 宁	Liaoning	1977	63	297	400	526		691
吉 林	Jilin	848	20	280	280	80		169
黑龙江	Heilongjiang	1306	16	296	527	30		359
上 海	Shanghai	949	63	599	125	12		150
江 苏	Jiangsu	1497	33	338	229	296	58	542
浙 江	Zhejiang	776	19	107	253	153		244
安 徽	Anhui	691	12	120	213	158		188
福 建	Fujian	849	25	143	303	144		151
江 西	Jiangxi	570	12	63	221	130	86	58
山 东	Shandong	1183	51	325	411	62		334
河 南	Henan	554	40	213	228	51		21
湖 北	Hubei	1023	5	100	215	66		484
湖 南	Hunan	545	30	112	178			222
广 东	Guangdong	1138	30	307	166	4	18	295
广 西	Guangxi	1657	6	64	253	13	293	1028
海 南	Hainan	112	3	11				50
重 庆	Chongqing	363	6	12	34	2		309
四 川	Sichuan	876	23	245	432	98		75
贵 州	Guizhou	199	5	41	92	20		41
云 南	Yunnan	239	6	54	76	25		27
西 藏	Tibet	119	25	5				64
陕 西	Shaanxi	316	8	86	154	15		53
甘 肃	Gansu	365		27	35	16		287
青 海	Qinghai	41	5	5	11	2		18
宁 夏	Ningxia	117	4	22	36	2	1	52
新 疆	Xinjiang	304	9	53	97	19	4	29

6-18 各项目分性别和民族在队优秀运动员人数（2011年）
Excellent Athletes with Contracts by Sex, Nationality and Sports Item (2011)

单位：人 (person)

项　目	Item	合　计 Total	男 Male	女 Female	汉　族 Han Nationality	少数民族 Minority Nationalities
总　计	**Total**	**22924**	**12773**	**10151**	**20673**	**2251**
田径	Track and Field Events	2706	1517	1189	2317	389
游泳	Swimming	978	520	458	905	73
跳水	Diving	395	189	206	382	13
水球	Water Polo	128	99	29	124	4
花样游泳	Synchronized Swimming	126		126	123	3
体操	Gymnastics	705	382	323	672	33
艺术体操	Rhythmic Gymnastics	175	2	173	167	8
蹦床	Trampoline	309	160	149	295	14
举重	Weightlifting	982	575	407	828	154
拳击	Boxing	631	472	159	529	102
国际式摔跤	International Wrestling	1530	1000	530	1111	419
中国式摔跤	Chinese Wrestling	146	103	43	121	25
柔道	Judo	1033	516	517	867	166
跆拳道	Taekwondo	704	412	292	607	97
自行车	Bicycles	599	337	262	558	41
击剑	Fencing	497	273	224	457	40
马术	Equestrian	135	105	30	42	93
现代五项	Modern Pentathlon	115	61	54	103	12
射击	Shooting	1421	814	607	1353	68
射箭	Archery	458	240	218	382	76
赛艇	Rowing	737	386	351	705	32
皮划艇	Canoe Kayak	555	394	161	534	21
帆船	Sailing	295	163	132	283	12
足球	Football	497	161	336	482	15
篮球	Basketball	972	499	473	914	58
排球	Volleyball	741	392	349	725	16
沙滩排球	Beach Volleyball	110	54	56	108	2
乒乓球	Table Tennis	803	446	357	770	33
羽毛球	Badminton	573	323	250	559	14
网球	Tennis	373	194	179	367	6
手球	Handball	377	193	184	353	24
曲棍球	Hockey	408	131	277	374	34
棒球	Baseball	184	184		182	2
垒球	Softball	147	2	145	143	4
速度滑冰	Speed Skating	183	101	82	183	
短道速滑	Short Track Speed Skating	124	58	66	118	6
花样滑冰	Figure Skating	50	22	28	49	1
冰球	Ice Hockey	184	155	29	179	5
冰壶	Curling	34	20	14	33	1
高山滑雪	Alpine Skiing	37	16	21	36	1
越野滑雪	Cross-Country Skiing	70	37	33	70	
跳台滑雪	Ski Jumping	20	20		20	
自由式滑雪	Freestyle Skiing	61	30	31	61	
单板滑雪	Snowboard Skiing	59	37	22	56	3
冬季两项	Biathlon	8	6	2	8	
技巧	Acrobatics	64	28	36	63	1

6-18 续表 continued

单位：人 (person)

项 目	Item	合 计 Total	男 Male	女 Female	汉 族 Han Nationality	少数民族 Minority Nationalities
健美操	Aerobics	31	11	20	31	
街舞	Hip Hop Dance					
软式网球	Soft Tennis	12	6	6	11	1
武术	Wushu	741	503	238	662	79
滑水	Water-ski	26	12	14	26	
潜水	Dive					
蹼泳	Fin Swimming	40	15	25	38	2
摩托艇	Motorboat	5	4	1	5	
围棋	Weiqi	99	72	27	93	6
国际象棋	Chess	85	49	36	84	1
中国象棋	Chinese Chess	85	54	31	83	2
桥牌	Bridge					
登山	Mountaineering	24	20	4		24
摩托车	Motorcycles	10	10		6	4
汽车	Motor Vehicles					
铁人三项	Triathlon	29	17	12	26	3
高尔夫球	Golf	71	33	38	69	2
保龄球	Bowling					
掷球	Boules					
台球	Billiards					
藤球	Sepaktakraw					
壁球	Squash					
橄榄球	Rugby	83	27	56	80	3
车辆模型	Model Car					
航海模型	Model Ship	31	30	1	30	1
定向	Orienteering					
航空模型	Model Aeroplane	37	37		36	1
跳伞	Parachuting	69	40	29	68	1
滑翔	Hang Gliding					
运动飞机	Sport Plane					
热气球	Fire Balloon					
轮滑	Roller Skating	7	4	3	7	
业余无线电	Amateur Radio					
毽球	Jianqiu					
门球	Gateball					
舞龙舞狮	Dragon and Lion Dance					
龙舟	Dragon Boat					
钓鱼	Fishing					
风筝	Kite					
信鸽	Carrier Pigeon					
体育舞蹈	Dance Sports					
健美	Bodybuilding					
拔河	Tug of War					
飞镖	Dart					
救生	Lifesaving					
健身气功	Qigong					
电子竞技	E-sports					

七、卫　生
Public Health

7-1 医疗卫生机构

Number of Health Institutions

单位:个 (unit)

年 份 Year	合计 Total	#医院 Hospitals	#综合医院 General Hospitals	#中医医院 Hospitals Specialized in Traditional Chinese Medicine	#专科医院 Specialized Hospitals	#基层医疗卫生机构 Basic Medical Institutions	#社区卫生服务中心(站) Community Health Service Centers	#乡镇卫生院 Township Health Centers
1949	3670	2600						
1950	8915	2803	2692	4	85			
1955	67725	3648	3351	67	188			
1960	261195	6020	5173	330	401			24849
1965	224266	5330	4747	131	339			36965
1970	149823	5964	5353	117	385			56568
1975	151733	7654	6817	160	543			54026
1978	169732	9293	7539	447	643			55018
1980	180553	9902	7859	678	694			55413
1981	800205	10252	8044	781	718			55500
1982	801869	10471	8146	878	731			55496
1983	870686	10901	8370	1009	772			55559
1984	905424	11381	8545	1218	810			55549
1985	978540	11955	9197	1485	938			47387
1986	999102	12442	9363	1646	1030			46967
1987	1012804	12962	9657	1790	1097			47177
1988	1012485	13544	9916	1932	1190			47529
1989	1027522	14090	10242	2046	1265			47523
1990	1012690	14377	10424	2115	1362			47749
1991	1003769	14628	10562	2195	1345			48140
1992	1001310	14889	10774	2269	1376			46117
1993	1000531	15436	11426	2298	1438			45024
1994	1005271	15595	11549	2336	1440			51929
1995	994409	15663	11586	2361	1445			51797
1996	1078131	15833	11696	2405	1473			51277
1997	1048657	15944	11771	2413	1488			50981
1998	1042885	16001	11779	2443	1495			50071
1999	1017673	16678	11868	2441	1533			49694
2000	1034229	16318	11872	2453	1543	1000169		49229
2001	1029314	16197	11834	2478	1576	995670		48090
2002	1005004	17844	12716	2492	2237	973098	8211	44992
2003	806243	17764	12599	2518	2271	774693	10101	44279
2004	849140	18393	12900	2611	2492	817018	14153	41626
2005	882206	18703	12982	2620	2682	849488	17128	40907
2006	918097	19246	13120	2665	3022	884818	22656	39975
2007	912263	19852	13372	2720	3282	878686	27069	39876
2008	891480	19712	13119	2688	3437	858015	24260	39080
2009	916571	20291	13364	2728	3716	882153	27308	38475
2010	936927	20918	13681	2778	3956	901709	32739	37836
2011	954389	21979	14328	2831	4283	918003	32860	37295

7-1 续表 continued

单位：个 (unit)

年 份 Year	村卫生室 Village Clinics	门诊部(所) Outpatient Department	专业公共卫生机构 Specialized Public Health Institutions	疾病预防控制中心 Center for Disease Control and Prevention	专科疾病防治院(所/站) Specialized Disease Prevention & Treatment Institution	妇幼保健院(所/站) Women and Children Care Agencies	卫生监督所(中心) Health Inspection Institution (center)
1949		769			11	9	
1950		3356		61	30	426	
1955		51600		315	287	3944	
1960		213823		1866	683	4213	
1965		170430		2499	822	2910	
1970		79600		1714	607	1124	
1975		80739		2912	683	2128	
1978		94395		2989	887	2571	
1980		102474		3105	1138	2745	
1981	610079	111189		3202	1197	2789	
1982	608431	113916		3271	1272	2827	
1983	674669	115826		3274	1326	2851	
1984	707168	117028		3339	1458	2955	
1985	777674	126604		3410	1566	2996	
1986	795963	127575		3475	1635	3059	
1987	807844	128459		3512	1697	3082	
1988	806497	128422		3532	1727	3103	
1989	820798	128112		3591	1747	3112	
1990	803956	129332		3618	1781	3148	
1991	794733	128665		3652	1818	3187	
1992	796523	125873		3673	1845	3187	
1993	806945	115161		3729	1872	3115	
1994	813529	105984		3711	1905	3190	
1995	804352	104406		3729	1895	3179	
1996	755565	237153		3737	1887	3172	
1997	733624	229474		3747	1893	3180	
1998	728788	229349		3746	1889	3191	
1999	716677	226588		3763	1877	3180	
2000	709458	240934	11386	3741	1839	3163	
2001	698966	248061	11471	3813	1783	3132	
2002	698966	219907	10787	3580	1839	3067	571
2003	514920	204468	10792	3584	1749	3033	838
2004	551600	208794	10878	3588	1583	2998	1284
2005	583209	207457	11177	3585	1502	3021	1702
2006	609128	212243	11269	3548	1402	3003	2097
2007	613855	197083	11528	3585	1365	3051	2553
2008	613143	180752	11485	3534	1310	3011	2675
2009	632770	182448	11665	3536	1291	3020	2809
2010	648424	181781	11835	3513	1274	3025	2992
2011	662894	184287	11926	3484	1294	3036	3022

7-2 各地区医疗卫生机构（2011年）

Number of Health Care Institutions by Province (2011)

单位：个 (unit)

年份 Year 地区 Region		合计 Total	#医院 Hospitals	#综合医院 General Hospitals	#中医医院 Hospitals Specialized in Traditional Chinese Medicine	#专科医院 Specialized Hospitals	#基层医疗卫生机构 Basic Medical Institutions	#社区卫生服务中心(站) Community Health Service Centers	#街道卫生院 Urban Health Centers	#乡镇卫生院 Township Health Centers
总 计	**Total**	**954389**	**21979**	**14328**	**2831**	**4283**	**918003**	**32860**	**667**	**37295**
北 京	Beijing	9495	550	313	104	120	8718	1693		
天 津	Tianjin	4428	296	195	30	65	3981	536	1	164
河 北	Hebei	80185	1247	824	179	209	78246	1119		1960
山 西	Shanxi	40339	1206	632	199	362	38587	778	484	1202
内蒙古	Inner Mongolia	22908	488	308	61	68	21905	1148	3	1323
辽 宁	Liaoning	35229	831	515	98	211	33712	1038	29	990
吉 林	Jilin	19785	560	343	75	131	18882	538	1	766
黑龙江	Heilongjiang	21749	911	635	122	143	20142	774	9	958
上 海	Shanghai	4740	308	180	17	91	4289	971		
江 苏	Jiangsu	31680	1283	849	86	308	29659	2551	3	1220
浙 江	Zhejiang	30515	731	368	113	230	29207	6526	8	1197
安 徽	Anhui	22884	916	644	88	168	21434	1924	2	1395
福 建	Fujian	27147	482	307	71	93	26287	511		873
江 西	Jiangxi	39154	542	356	97	81	38063	617	9	1582
山 东	Shandong	68275	1490	974	157	347	65954	2281		1645
河 南	Henan	76128	1220	797	197	217	74208	1017		2068
湖 北	Hubei	35625	608	393	91	111	34509	1278	34	1161
湖 南	Hunan	59634	782	486	129	151	58214	597	2	2310
广 东	Guangdong	45930	1125	694	141	278	44034	2388	34	1252
广 西	Guangxi	34026	465	292	85	76	33132	262		1280
海 南	Hainan	4816	190	148	19	20	4513	118	3	300
重 庆	Chongqing	17650	433	307	43	75	17037	468	8	966
四 川	Sichuan	75815	1387	925	173	249	73646	873	1	4618
贵 州	Guizhou	25943	621	472	67	73	24957	398	14	1436
云 南	Yunnan	23248	845	586	101	137	21800	407	2	1386
西 藏	Tibet	6602	103	83		1	6356	8		673
陕 西	Shaanxi	36396	871	622	142	102	35033	525	2	1655
甘 肃	Gansu	26632	385	258	68	45	25884	567	9	1370
青 海	Qinghai	5887	131	79	13	12	5608	169		404
宁 夏	Ningxia	4132	152	102	19	26	3886	97		228
新 疆	Xinjiang	17412	820	641	46	83	16120	683	9	913

7-2 续表 continued

单位：个 (unit)

年份 地区	Year Region	#村卫生室 Village Clinics	#门诊部(所) Outpatient Department	#专业公共卫生机构 Specialized Public Health Institutions	#疾病预防控制中心 Center for Disease Control and Prevention	#专科疾病防治院(所/站) Specialized Disease Prevention & Treatment Institution	#妇幼保健院(所/站) Women and Children Care Agencies	#卫生监督所(中心) Health Inspection Institution (center)
总 计	**Total**	**662894**	**184287**	**11926**	**3484**	**1294**	**3036**	**3022**
北 京	Beijing	2968	4057	121	32	28	19	20
天 津	Tianjin	2157	1123	95	24	17	23	19
河 北	Hebei	65375	9792	598	196	8	185	185
山 西	Shanxi	28471	7652	469	146	11	131	130
内蒙古	Inner Mongolia	14433	4998	446	121	50	117	112
辽 宁	Liaoning	21031	10624	492	131	90	110	110
吉 林	Jilin	11612	5965	260	67	53	70	40
黑龙江	Heilongjiang	13107	5294	646	188	109	150	156
上 海	Shanghai	1384	1934	101	21	19	21	19
江 苏	Jiangsu	16694	9191	497	129	53	106	111
浙 江	Zhejiang	13851	7625	372	100	25	85	100
安 徽	Anhui	15321	2792	443	124	52	119	111
福 建	Fujian	19862	5041	304	96	25	87	77
江 西	Jiangxi	32040	3815	474	115	110	110	109
山 东	Shandong	51277	10751	681	184	132	158	162
河 南	Henan	64074	7049	560	180	20	166	158
湖 北	Hubei	25204	6832	425	112	83	100	98
湖 南	Hunan	45389	9916	526	146	86	139	130
广 东	Guangdong	28971	11389	670	136	147	124	140
广 西	Guangxi	23381	8209	389	106	41	103	110
海 南	Hainan	2527	1565	102	26	24	24	21
重 庆	Chongqing	10577	5018	160	43	16	42	42
四 川	Sichuan	54015	14139	701	205	38	198	204
贵 州	Guizhou	20260	2849	333	103	9	94	96
云 南	Yunnan	13292	6713	515	150	30	148	146
西 藏	Tibet	5232	443	141	81		57	2
陕 西	Shaanxi	27174	5677	384	122	6	117	115
甘 肃	Gansu	16574	7364	329	103	7	100	91
青 海	Qinghai	4289	746	144	56	1	21	55
宁 夏	Ningxia	2527	1034	84	25		22	25
新 疆	Xinjiang	9825	4690	464	216	4	90	128

7-3 各地区村卫生室情况

Village Clinics by Region

年 份 地 区	Year Region	村卫生室(个) Village Clinics (unit) 合计 Total	村办 Run by Village	乡卫生院设点 Township Hospitals	联合办 Jointly Run	私人办 Run by Private	其他 Others	设卫生室的村数占行政村数% Villages with Clinics as % of Total
	1985	777674	305537	29769	88803	323904	29661	87.4
	1990	803956	266137	29963	87149	381844	38863	86.2
	1995	804352	297462	36388	90681	354981		88.9
	2000	709458	300864	47101	89828	255179	16486	89.8
	2005	583209	313633	32396	38561	180403	18216	85.8
	2006	609128	333790	34803	36805	186524	17206	88.1
	2007	613855	340082	33633	33649	186841	19650	88.7
	2008	613143	342692	40248	31698	180157	18348	89.4
	2009	632770	350515	45434	31035	183699	22087	90.4
	2010	648424	365153	49678	32650	177080	23863	92.3
	2011	662894	372661	56128	33639	175747	24719	93.4
北 京	Beijing	2968	2602	5	4	331	26	75.3
天 津	Tianjin	2157	869	343	202	249	494	57.0
河 北	Hebei	65375	28847	1842	1287	32156	1243	100.0
山 西	Shanxi	28471	21475	932	910	3803	1351	100.0
内蒙古	Inner Mongolia	14433	6538	1760	307	5449	379	100.0
辽 宁	Liaoning	21031	10524	332	936	9106	133	100.0
吉 林	Jilin	11612	4382	833	1322	4660	415	100.0
黑龙江	Heilongjiang	13107	9987	851	202	1378	689	100.0
上 海	Shanghai	1384	1080	228	63	1	12	81.3
江 苏	Jiangsu	16694	8817	4640	2539	62	636	100.0
浙 江	Zhejiang	13851	9700	1026	259	2414	452	48.1
安 徽	Anhui	15321	7534	4053	1120	1156	1458	100.0
福 建	Fujian	19862	12783	375	263	5057	1384	100.0
江 西	Jiangxi	32040	14744	216	1560	13615	1905	100.0
山 东	Shandong	51277	26413	15034	4590	3651	1589	71.6
河 南	Henan	64074	38114	567	3940	20661	792	100.0
湖 北	Hubei	25204	15928	3935	2595	1974	772	98.3
湖 南	Hunan	45389	34594	1264	1068	7729	734	100.0
广 东	Guangdong	28971	23270	1249	199	3690	563	100.0
广 西	Guangxi	23381	8406	523	853	12764	835	100.0
海 南	Hainan	2527	724	45	22	1627	109	98.4
重 庆	Chongqing	10577	6325	1132	411	1945	764	100.0
四 川	Sichuan	54015	26899	1603	3222	19409	2882	100.0
贵 州	Guizhou	20260	8204	1644	453	8653	1306	100.0
云 南	Yunnan	13292	9105	1508	1124	569	986	100.0
西 藏	Tibet	5232	1767	2716	170		579	99.5
陕 西	Shaanxi	27174	19955	593	811	5252	563	100.0
甘 肃	Gansu	16574	8448	1201	1052	5510	363	100.0
青 海	Qinghai	4289	2056	419	735	944	135	100.0
宁 夏	Ningxia	2527	882	139	119	1303	84	100.0
新 疆	Xinjiang	9825	1689	5120	1301	629	1086	100.0

7-4 卫生人员
Number of Employed Persons in Health Care Institutions

单位：人 (person)

年份 Year	卫生人员 Medical Personnel	#卫生技术人员 Medical Technical Personnel	#执业(助理)医师 Licensed (Assistant) Doctors	#执业医师 Licensed Doctor	#注册护士 Registered Nurse	#药师(士) Pharmacist	#检验技师(士) Laboratory Technician	乡村医生和卫生员 Village Doctors and Assistants	其他技术人员 Other Technical Personnel	管理人员 Administrative Personnel	工勤技能人员 Logistics Technical Workers
1978	7883041	2463931	978152	609608	405223	266570	98806	4777469	22950	298104	320587
1980	7355483	2798241	1153234	709473	465798	308438	114290	3820776	27834	310805	397827
1985	5606105	3410910	1413281	724238	636974	365145	145217	1293094	46052	358812	497237
1990	6137711	3897921	1763086	1302997	974541	405978	170371	1231510	85504	396694	526082
1995	6704395	4256923	1917772	1454926	1125661	418520	189488	1331017	120782	450013	545660
1996	6735097	4311845	1941235	1475232	1162609	424952	192873	1316095	125480	444571	537106
1997	6833962	4397805	1984867	1505342	1198228	428295	198016	1317786	133369	448047	536955
1998	6863315	4423721	1999521	1513975	1218836	423644	200846	1327633	145060	435507	531394
1999	6894985	4458669	2044672	1561584	1244844	418574	201272	1324937	150041	434997	526341
2000	6910383	4490803	2075843	1603266	1266838	414408	200900	1319357	157533	426789	515901
2001	6874527	4507700	2099658	1637337	1286938	404087	203378	1290595	157961	412757	505514
2002	6528674	4269779	1843995	1463573	1246545	357659	209144	1290595	179962	332628	455710
2003	6216971	4380878	1942364	1534046	1265959	357378	209616	867778	199331	318692	450292
2004	6332739	4485983	1999457	1582442	1308433	355451	211553	883075	209422	315595	438664
2005	6447246	4564050	2042135	1622683.8	1349589	349533	211495	916532	225697	312826	428141
2006	6681184	4728350	2099064	1678030.7	1426339	353565	218771	957459	235466	323705	436204
2007	6964389	4913186	2122925	1715460.3	1558822	325212	206487	931761	243460	356569	519413
2008	7251803	5174478	2201904	1791881	1678091	330525	212618	938313	255149	356854	527009
2009	7781448	5535124	2329206	1905436	1854818	341910	220695	1050991	275006	362665	557662
2010	8207502	5876158	2413259	1972840	2048071	353916	230572	1091863	290161	370548	578772
2011	8616040	6202858	2466094	2020154	2244020	363993	238874	1126443	305981	374885	605873

7-5 卫生人员性别、年龄、学历、职称构成（2011年）

Composition of Medical Personnel by Sex, Age, Educational Level and Title (2011)

单位：% (%)

项 目	Item	卫生技术人员 Medical & Technical Personnel	执业(助理)医师 Certified (Assistant) Doctors	#执业医师 Certified Doctors	注册护士 Registered Nurses	药师(士) Pharmacists	技师(士) Laboratory Technicians	其他 Others	其他技术人员 Other Technical Personnel	管理人员 Managerial Personnel
总 计	**Total**	**100.0**	**100.0**	**100.0**	**100.0**	**100.0**	**100.0**	**100.0**	**100.0**	**100.0**
按性别分	By Sex									
男	Male	33.5	56.7	57.4	1.7	38.4	44.9	44.4	41.8	49.3
女	Female	66.5	43.3	42.6	98.3	61.6	55.1	55.6	58.2	50.7
按年龄分	by Age Group									
25岁以下	25 and Below	8.2	0.2	0.1	14.7	5.0	5.2	17.7	7.0	3.0
25-34岁	25-34	35.0	30.8	27.0	40.3	27.4	34.8	36.3	32.2	21.6
35-44岁	35-44	29.5	34.2	33.8	26.2	30.3	30.0	23.5	31.5	31.5
45-54岁	45-54	18.2	19.8	21.9	15.8	26.7	21.2	14.8	21.9	31.7
55-59岁	55-59	5.5	7.9	9.0	2.4	8.2	6.5	4.9	5.5	9.5
60岁及以上	60 and Over	3.6	7.1	8.3	0.5	2.5	2.3	2.9	1.9	2.8
按工作年限分	by Work Experience									
5年以下	5 Years and Below	21.1	13.7	12.9	25.8	13.5	16.3	36.7	19.6	11.4
5-9年	5-9 Years	14.7	14.1	12.7	17.1	10.2	13.5	12.1	13.1	8.4
10-19年	10-19 Years	27.9	31.1	29.2	26.1	27.7	29.2	22.6	26.6	23.1
20-29年	20-29 Years	20.8	21.4	22.9	21.0	24.3	22.3	15.9	23.2	30.1
30年及以上	30 Years and Over	15.5	19.6	22.3	10.0	24.4	18.6	12.8	17.6	27.1
按学历分	by Education Attainments									
研究生	Master's Degree	3.4	7.5	9.1	0.1	1.0	1.7	2.3	1.9	2.7
大学本科	Undergraduates	22.3	36.8	43.9	9.5	14.4	19.4	19.1	19.0	27.0
大专	Junior College	37.0	32.1	28.6	44.1	33.3	39.6	33.2	35.9	39.7
中专	Specialized Secondary Schools	33.4	21.2	16.2	44.0	39.1	34.4	38.0	28.8	19.7
高中及以下	Senior Secondary Schools and Below	3.8	2.5	2.2	2.4	12.2	4.9	7.4	14.5	10.9
按专业技术资格分	by Professional Technical Level									
正高	Senior Title	1.7	3.8	4.7	0.1	0.6	0.6	0.6	0.4	2.1
副高	Associate Senior Title	6.0	11.9	14.5	1.8	2.8	4.3	1.9	2.6	7.8
中级	Middle Title	23.7	29.2	35.2	22.8	22.1	25.6	9.3	14.3	21.5
师级/助理	Assistant	31.5	37.2	37.0	27.8	37.9	35.0	20.1	24.1	19.9
士级	Junior Assistant	26.5	10.8	2.4	40.0	29.1	25.7	36.2	32.0	16.6
不详	Others	10.5	7.1	6.2	7.5	7.5	8.8	31.9	26.6	32.0
按聘任技术职务分	by Appointed Technical Title									
正高	Senior Title	1.6	3.6	4.5	0.1	0.5	0.5	0.5	0.4	2.9
副高	Associate Senior Title	6.1	12.0	14.7	1.7	2.8	4.2	2.0	2.6	9.6
中级	Middle Title	24.4	30.3	36.4	22.7	22.7	26.4	10.4	15.4	28.1
师级/助理	Assistant	33.4	39.7	38.3	29.2	38.9	36.3	21.4	28.0	27.7
士级	Junior Assistant	26.9	10.0	2.5	41.3	30.5	27.2	36.7	34.4	20.9
待聘	Others	7.7	4.4	3.6	4.9	4.6	5.4	28.9	19.1	10.7

注：本表不包括村卫生室数字。

a) Data in this table exclude village clinics.

7-6 各地区卫生人员

Number of Employed Persons in Health Care Institutions

单位：人 (person)

年份 Year 地区 Region	卫生人员 Medical Personnel	卫生技术人员 Medical Technical Personnel	#执业（助理）医师 Licensed (Assistant) Doctors	#执业医师 Licensed Doctor	#注册护士 Registered Nurse	#药师（士） Pharmacist	#技师（士） Laboratory Technician	乡村医生和卫生员 Village Doctors and Assistants	其他技术人员 Other Technical Personnel	管理人员 Administrative Personnel	工勤技能人员 Logistics Technical Workers
总 计 Total	**8616040**	**6202858**	**2466094**	**2020154**	**2244020**	**363993**	**238874**	**1126443**	**305981**	**374885**	**605873**
北 京 Beijing	235652	181936	69747	65439	72812	10871		3692	12534	14993	22497
天 津 Tianjin	100169	73318	29831	27406	25814	4699		4759	4903	9607	7582
河 北 Hebei	449108	301672	136801	103565	93520	13888		85639	18901	14803	28093
山 西 Shanxi	271627	191416	84818	70404	64810	9934		43354	9926	11074	15857
内蒙古 Inner Mongolia	175226	131603	57145	48340	42494	9276		20061	6337	7233	9992
辽 宁 Liaoning	319116	235623	97744	86959	91912	13329		27045	12380	16548	27520
吉 林 Jilin	192940	139010	59581	52593	47938	8094		19411	8090	11801	14628
黑龙江 Heilongjiang	266066	195029	76780	65365	66144	11145		26299	8695	15281	20762
上 海 Shanghai	176632	140740	53751	49505	58885	7929		982	8773	9882	16255
江 苏 Jiangsu	481818	350544	134683	120387	135602	22122		54999	16247	22968	37060
浙 江 Zhejiang	374157	306922	124497	103554	109275	20339		10833	15014	14015	27373
安 徽 Anhui	315382	217591	84696	64883	84454	11002		55284	11529	11768	19210
福 建 Fujian	217586	158791	62484	54152	62463	10727		28574	7085	6237	16899
江 西 Jiangxi	244570	165938	62839	53026	64440	12407		48417	6725	7449	16041
山 东 Shandong	689628	481738	186034	155280	170968	28827		135861	24467	19095	28467
河 南 Henan	623494	396300	156664	111308	137124	20721		132205	24031	24269	46689
湖 北 Hubei	365175	268122	102094	85317	102114	17689		44098	14712	16869	21374
湖 南 Hunan	387975	282511	112630	83239	101867	20359		49299	13410	17498	25257
广 东 Guangdong	626571	485585	186161	148539	182660	32608		35194	20944	28457	56391
广 西 Guangxi	283543	204011	74153	58275	76506	10998		37436	6802	11084	24210
海 南 Hainan	56893	43295	15527	12265	18200	2161		2796	1780	3083	5939
重 庆 Chongqing	170799	120151	49571	36657	42765	6437		24179	4893	8239	13337
四 川 Sichuan	505712	352259	153795	122451	121266	19417		75626	16123	25190	36514
贵 州 Guizhou	169098	113801	45415	36549	41589	4898		34587	5760	7244	7706
云 南 Yunnan	215335	150982	64684	53790	52315	6783		35672	7589	6880	14212
西 藏 Tibet	22234	10782	4175	3178	2140	495		9125	601	566	1160
陕 西 Shaanxi	275464	197173	65740	53671	70225	11522		38817	4550	18099	16825
甘 肃 Gansu	145699	105908	40870	33216	33673	5301		21043	3878	4642	10228
青 海 Qinghai	38785	27520	11396	9663	9660	1478		6369	1247	1505	2144
宁 夏 Ningxia	41758	31983	12258	10913	11625	2054		3910	1151	1669	3045
新 疆 Xinjiang	167828	130604	49530	40265	48760	6483		10877	6904	6837	12606

注：卫生人员和卫生技术人员包括公务员中卫生监督员1万名。

a) Data of medical personnel and medical technical personnel include 10 000 persons of sanitation supervisors in public servants.

7-7 各地区每千人口卫生技术人员（2011年）
Number of Medical and Technical Personnel per 1000 Population by Province (2011)

单位：人 (person)

地 区	Province	卫生技术人员 Medical& Technical Personnel			执业(助理)医师 Certified (Assistant) Doctors			注册护士 Registered Nurses		
		合计 Total	城市 City	农村 County	合计 Total	城市 City	农村 County	合计 Total	城市 City	农村 County
总 计	**Total**	**4.58**	**7.90**	**3.19**	**1.82**	**3.00**	**1.33**	**1.66**	**3.29**	**0.98**
北 京	Beijing	14.20	14.58	7.72	5.45	5.56	3.49	5.68	5.88	2.37
天 津	Tianjin	7.33	7.78	5.28	2.98	3.03	2.76	2.58	2.87	1.26
河 北	Hebei	4.11	9.37	2.97	1.86	3.89	1.42	1.27	3.78	0.73
山 西	Shanxi	5.47	10.01	3.71	2.42	4.11	1.77	1.85	4.08	0.99
内蒙古	Inner Mongolia	5.34	9.30	3.87	2.32	3.76	1.78	1.72	3.64	1.01
辽 宁	Liaoning	5.54	8.35	3.28	2.30	3.29	1.50	2.16	3.61	1.00
吉 林	Jilin	5.10	7.06	4.18	2.19	3.04	1.79	1.76	2.77	1.29
黑龙江	Heilongjiang	5.09	8.17	3.41	2.00	3.01	1.45	1.73	3.30	0.87
上 海	Shanghai	9.92	10.03	7.71	3.79	3.75	4.55	4.15	4.25	2.07
江 苏	Jiangsu	4.67	6.48	3.61	1.79	2.38	1.45	1.80	2.74	1.26
浙 江	Zhejiang	6.42	9.58	4.96	2.60	3.66	2.11	2.29	3.78	1.59
安 徽	Anhui	3.16	5.55	2.25	1.23	2.01	0.93	1.23	2.52	0.74
福 建	Fujian	4.47	8.69	2.99	1.76	3.39	1.19	1.76	3.65	1.09
江 西	Jiangxi	3.49	7.00	2.66	1.32	2.51	1.04	1.36	3.17	0.93
山 东	Shandong	5.02	6.95	4.23	1.94	2.72	1.61	1.78	2.87	1.33
河 南	Henan	3.63	7.75	2.67	1.43	2.85	1.11	1.26	3.33	0.77
湖 北	Hubei	4.35	6.93	3.16	1.66	2.59	1.23	1.66	3.01	1.03
湖 南	Hunan	3.96	8.08	3.00	1.58	2.91	1.27	1.43	3.70	0.90
广 东	Guangdong	5.62	9.75	2.96	2.16	3.55	1.26	2.11	3.96	0.92
广 西	Guangxi	3.80	6.39	2.91	1.38	2.33	1.05	1.43	2.71	0.98
海 南	Hainan	4.77	8.78	3.48	1.71	3.05	1.28	2.00	3.98	1.37
重 庆	Chongqing	3.61	4.27	3.02	1.49	1.65	1.35	1.28	1.76	0.86
四 川	Sichuan	3.89	6.25	3.03	1.70	2.45	1.43	1.34	2.64	0.86
贵 州	Guizhou	2.68	7.29	1.99	1.07	2.78	0.81	0.98	3.26	0.64
云 南	Yunnan	3.31	8.06	2.58	1.42	3.49	1.10	1.15	3.00	0.86
西 藏	Tibet	3.57	13.02	2.94	1.38	5.78	1.09	0.71	4.55	0.45
陕 西	Shaanxi	5.04	7.72	3.70	1.68	2.67	1.18	1.80	3.20	1.09
甘 肃	Gansu	3.88	6.09	2.97	1.50	2.45	1.10	1.23	2.41	0.75
青 海	Qinghai	4.94	13.78	3.21	2.04	5.08	1.45	1.73	5.80	0.94
宁 夏	Ningxia	4.91	7.52	2.88	1.88	2.63	1.30	1.78	3.02	0.83
新 疆	Xinjiang	5.93	10.58	4.96	2.25	4.16	1.85	2.21	4.30	1.78

7-8 各地区乡镇卫生院人员（2011年）

Number of Personnel in Township Health Centers by Province (2011)

单位:人 (person)

地区	Province	合计 Total	卫生技术人员 Medical & Technical Personnel	执业(助理)医师 Certified (Assistant) Doctors	#执业医师 Certified Doctors	注册护士 Registered Nurses	药剂人员 Pharmacists
总计	**Total**	**1165996**	**981227**	**408587**	**239306**	**230339**	**72487**
北京	Beijing						
天津	Tianjin	5105	4437	2558	1863	797	302
河北	Hebei	55076	45685	22768	11397	5637	2577
山西	Shanxi	25307	21840	10752	6642	4197	1494
内蒙古	Inner Mongolia	20094	17631	9145	5598	2766	1208
辽宁	Liaoning	24780	19040	8833	5784	4750	1500
吉林	Jilin	24469	19479	8396	5885	4741	1393
黑龙江	Heilongjiang	23336	19268	8136	5100	3542	1430
上海	Shanghai						
江苏	Jiangsu	70642	57080	24112	19132	16394	5249
浙江	Zhejiang	40611	35608	15665	9626	7340	3489
安徽	Anhui	46778	39776	17641	9464	9787	2442
福建	Fujian	28105	23469	9100	6604	7350	2326
江西	Jiangxi	43915	37795	14643	10049	11004	4072
山东	Shandong	110408	99444	36419	23742	22357	7982
河南	Henan	98204	76651	31901	14476	16471	4850
湖北	Hubei	67768	57207	21959	14062	16254	4915
湖南	Hunan	76696	65469	28992	14143	13599	7089
广东	Guangdong	78883	65235	27579	13188	17555	4991
广西	Guangxi	55527	47187	15979	8433	13381	2948
海南	Hainan	9004	6666	2207	1177	2302	431
重庆	Chongqing	31207	25838	11778	6327	5681	1441
四川	Sichuan	88175	71895	34330	20313	15141	4327
贵州	Guizhou	23047	20604	9239	4612	4271	595
云南	Yunnan	26325	23174	10626	6435	6362	700
西藏	Tibet	2831	2576	427	232	193	82
陕西	Shaanxi	34736	29840	9005	5350	5958	2199
甘肃	Gansu	26480	24071	7444	4598	5705	1209
青海	Qinghai	4231	3583	1412	968	870	187
宁夏	Ningxia	3864	3504	1724	1278	691	299
新疆	Xinjiang	20392	17175	5817	2828	5243	760

7-8 续表 continued

单位:人 (person)

地 区	Province	技师（士） Technicians	其 他 Others	其他技术人员 Other Technical Personnel	管理人员 Managerial Personnel	工勤技能人员 Logistic Personnel	每千农业人口乡镇卫生院人员数 Number of Personnel in Township Health Centers per 1000 Rural Population
总 计	**Total**	**51776**	**218038**	**53166**	**43775**	**87828**	**1.32**
北 京	Beijing						
天 津	Tianjin	220	560	62	311	295	1.33
河 北	Hebei	2300	12403	3945	1676	3770	1.10
山 西	Shanxi	976	4421	1415	643	1409	1.08
内蒙古	Inner Mongolia	758	3754	718	732	1013	1.38
辽 宁	Liaoning	1190	2767	1272	1453	3015	1.19
吉 林	Jilin	997	3952	1041	1470	2479	1.71
黑龙江	Heilongjiang	971	5189	949	1305	1814	1.18
上 海	Shanghai						
江 苏	Jiangsu	3655	7670	3211	3238	7113	2.05
浙 江	Zhejiang	1694	7420	1670	956	2377	1.24
安 徽	Anhui	2655	7251	1922	1596	3484	0.88
福 建	Fujian	1150	3543	1107	559	2970	1.20
江 西	Jiangxi	2653	5423	1457	801	3862	1.26
山 东	Shandong	5601	27085	4393	2434	4137	1.96
河 南	Henan	5090	18339	6869	4072	10612	1.15
湖 北	Hubei	3380	10699	3226	2956	4379	1.68
湖 南	Hunan	3619	12170	3760	2587	4880	1.38
广 东	Guangdong	2767	12343	3768	2667	7213	1.91
广 西	Guangxi	2230	12649	1837	1443	5060	1.28
海 南	Hainan	306	1420	440	549	1349	1.60
重 庆	Chongqing	896	6042	1137	1267	2965	1.52
四 川	Sichuan	2939	15158	4363	5655	6262	1.34
贵 州	Guizhou	887	5612	880	901	662	0.65
云 南	Yunnan	914	4572	965	601	1585	0.69
西 藏	Tibet	8	1866	165	36	54	1.13
陕 西	Shaanxi	1862	10816	772	2342	1782	1.38
甘 肃	Gansu	846	8867	715	338	1356	1.31
青 海	Qinghai	127	987	134	409	105	1.14
宁 夏	Ningxia	170	620	109	73	178	0.97
新 疆	Xinjiang	915	4440	864	705	1648	1.62

7-9 各地区村卫生室人员（2011年）

Number of Personnel in Village Clinics by Province (2011)

单位：人 (person)

地 区	Province	人员总数 Total	#执业(助理)医师 Certifed (Assistant) Doctors	#注册护士 Registered Nurses	乡村医生和卫生员 Village Doctors and Associates	乡村医生 Village Doctors	卫生员 Village Associates	平均每村卫生室人员 Number of Village Doctors and Associates per Village	平均每千农业人口村卫生室人员 Number of Village Doctors and Associates per 1 000 Rural Population
总 计	**Total**	**1350222**	**193277**	**30502**	**1126443**	**1060548**	**65895**	**2.29**	**1.53**
北 京	Beijing	4342	535	115	3692	3594	98	1.10	1.64
天 津	Tianjin	5647	817	71	4759	4673	86	1.49	1.47
河 北	Hebei	104475	17566	1270	85639	82527	3112	2.13	2.09
山 西	Shanxi	49867	5916	597	43354	41038	2316	1.77	2.13
内蒙古	Inner Mongolia	24108	3420	627	20061	18974	1087	2.12	1.65
辽 宁	Liaoning	32926	4687	1194	27045	26007	1038	2.85	1.58
吉 林	Jilin	22670	2985	274	19411	18583	828	2.47	1.59
黑龙江	Heilongjiang	31937	5399	239	26299	25174	1125	3.55	1.62
上 海	Shanghai	4699	3673	44	982	911	71	2.76	3.10
江 苏	Jiangsu	61192	5003	1190	54999	53404	1595	3.92	1.77
浙 江	Zhejiang	21061	9070	1158	10833	10415	418	0.73	0.64
安 徽	Anhui	70428	13075	2069	55284	52877	2407	4.73	1.33
福 建	Fujian	33895	4787	534	28574	28049	525	2.35	1.45
江 西	Jiangxi	54965	5473	1075	48417	47570	847	3.25	1.58
山 东	Shandong	152441	12992	3588	135861	131143	4718	2.13	2.70
河 南	Henan	161153	23766	5182	132205	123281	8924	3.40	1.89
湖 北	Hubei	53435	7786	1551	44098	42865	1233	2.08	1.32
湖 南	Hunan	60886	10982	605	49299	45619	3680	1.43	1.10
广 东	Guangdong	47645	9186	3265	35194	31623	3571	2.50	1.15
广 西	Guangxi	43213	5210	567	37436	34072	3364	3.01	1.00
海 南	Hainan	3858	733	329	2796	2494	302	1.50	0.69
重 庆	Chongqing	29112	4668	265	24179	22897	1282	3.39	1.42
四 川	Sichuan	96371	19853	892	75626	71962	3664	2.07	1.46
贵 州	Guizhou	37563	2479	497	34587	26527	8060	2.14	1.06
云 南	Yunnan	38436	2143	621	35672	33178	2494	3.11	1.01
西 藏	Tibet	9278	84	69	9125	6997	2128	1.76	3.71
陕 西	Shaanxi	44354	4762	775	38817	36010	2807	1.64	1.76
甘 肃	Gansu	23906	2337	526	21043	19449	1594	1.52	1.19
青 海	Qinghai	8366	1625	372	6369	5524	845	2.01	2.25
宁 夏	Ningxia	4319	370	39	3910	3277	633	1.88	1.08
新 疆	Xinjiang	13674	1895	902	10877	9834	1043	1.55	1.09

注：本表包括乡镇卫生院在村卫生室工作的执业(助理)医师和注册护士数。
a) Certified (assistant) doctors and registered nurses in this table includes those of township health centers working in village clinics.

7-10 乡村医生和卫生员

Village Doctors, Associates and Midwives

单位：人 (person)

年 份 Year	乡村医生和卫生员 Village Doctors and Associates	乡村医生 Village Doctors	卫生员 Village Associates	平均每村乡村医生和卫生员 Number of Village Doctors and Associates per Village	平均每千农业人口乡村医生和卫生员 Number of Village Doctors and Associates per 1 000 Rural Population
1985	1293094	643022	650072	1.80	1.55
1990	1231510	776859	454651	1.64	1.38
1991	1253324	794507	458817	1.69	1.39
1992	1269061	816557	452504	1.73	1.41
1993	1325106	910664	414442	1.81	1.47
1994	1323701	933386	390387	1.81	1.47
1995	1331017	955933	375084	1.81	1.48
1996	1316095	954630	361465	1.79	1.46
1997	1317786	972288	345498	1.80	1.45
1998	1327633	990217	337416	1.81	1.46
1999	1324937	1009665	315272	1.82	1.45
2000	1319357	1019845	299512	1.81	1.44
2001	1290595	1021542	269053	1.82	1.41
2003	867778	791956	75822	1.31	0.98
2004	883075	825672	57403	1.37	1.00
2005	916532	864168	52364	1.46	1.05
2006	957459	906320	51139	1.53	1.10
2007	931761	882218	49543	1.52	1.06
2008	938313	893535	44778	1.55	1.06
2009	1050991	995449	55542	1.75	1.19
2010	1091863	1031828	60035	1.68	1.23
2011	1126443	1060548	65895	1.91	1.27

注：1985年以前的乡村医生系赤脚医生。

a) Village doctors before 1985 referred to barefoot doctors.

7-11 每千人口卫生技术人员

Number of Medical and Technical Personnel per 1 000 Population

单位：人 (person)

年 份 Year	卫生技术人员 Medical & Technical Personnel	城市 City	农村 County	执业(助理)医师 Certified (Assistant) Doctors	城市 City	农村 County	#执业医师 Certified Doctors	注册护士(士) Registered Nurses	城市 City	农村 County
1949	0.93	1.87	0.73	0.67	0.70	0.66	0.58	0.06	0.25	0.02
1955	1.42	3.49	1.01	0.81	1.24	0.74	0.70	0.14	0.64	0.04
1960	2.37	5.67	1.85	1.04	1.97	0.90	0.79	0.23	1.04	0.07
1965	2.11	5.37	1.46	1.05	2.22	0.82	0.70	0.32	1.45	0.10
1970	1.76	4.88	1.22	0.85	1.97	0.66	0.43	0.29	1.10	0.14
1975	2.24	6.92	1.41	0.95	2.66	0.65	0.57	0.41	1.74	0.18
1980	2.85	8.03	1.81	1.17	3.22	0.76	0.72	0.47	1.83	0.20
1985	3.28	7.92	2.09	1.36	3.35	0.85	0.70	0.61	1.85	0.30
1990	3.45	6.59	2.15	1.56	2.95	0.98	1.15	0.86	1.91	0.43
1995	3.59	5.36	2.32	1.62	2.39	1.07	1.23	0.95	1.59	0.49
1998	3.64	5.30	2.35	1.65	2.34	1.11	1.25	1.00	1.64	0.51
1999	3.64	5.24	2.38	1.67	2.33	1.14	1.27	1.02	1.64	0.52
2000	3.63	5.17	2.41	1.68	2.31	1.17	1.30	1.02	1.64	0.54
2001	3.62	5.15	2.38	1.69	2.32	1.17	1.32	1.03	1.65	0.54
2002	3.41			1.47			1.17	1.00		
2003	3.48	4.88	2.26	1.54	2.13	1.04	1.22	1.00	1.59	0.50
2004	3.53	4.99	2.24	1.57	2.18	1.04	1.25	1.03	1.63	0.50
2005	3.57	5.82	2.69	1.60	2.46	1.26	1.27	1.06	2.10	0.65
2006	3.66	6.09	2.70	1.63	2.56	1.26	1.30	1.10	2.22	0.66
2007	3.76	6.44	2.69	1.62	2.61	1.23	1.31	1.19	2.42	0.70
2008	3.92	6.68	2.80	1.67	2.68	1.26	1.36	1.27	2.54	0.76
2009	4.15	7.15	2.94	1.75	2.83	1.31	1.43	1.39	2.82	0.81
2010	4.37	7.62	3.04	1.79	2.97	1.32	1.47	1.52	3.09	0.89
2011	4.58	7.90	3.19	1.82	3.00	1.33	1.49	1.66	3.29	0.98

7-12 医疗卫生机构床位

Beds in Health Care Institutions

单位: 万张 (10 000 units)

年 份 Year	合 计 Total	#医院 Hospital	#综合医院 General Hospital	#中医医院 Hospital Specialized in Traditional Chinese Medicine	#专科医院 Specialized Hospital	#基层卫生机构 Basic Medical Institutions	#社区卫生服务中心(站) Community Health Service Centers (Stations)	#乡镇卫生院 Rural Health Centers	#专业公共卫生机构 Specialized Public Health Institutions	#妇幼保健院(所/站) Women and Children Care Agencies	#专科疾病防治院(所/站) Specialized Disease Prevention & Treatment Institution
1949	8.46	8.00									
1950	11.91	9.71	8.46	0.01	0.74					0.27	
1955	36.28	21.53	17.08	0.14	2.80					0.57	
1960	97.68	59.14	44.74	1.42	7.95			4.63		0.88	1.74
1965	103.33	61.20	48.04	1.04	7.49			13.25		0.92	
1970	126.15	70.50	57.21	1.01	7.79			36.80		0.70	
1975	176.43	94.02	76.33	1.37	11.11			62.03		0.97	2.88
1978	204.17	110.00	87.33	3.40	12.10			74.73		1.16	2.63
1980	218.44	119.58	94.11	5.00	12.87			77.54		1.64	2.73
1981	223.38	124.09	96.80	5.79	13.49			76.31		1.97	2.71
1982	228.03	128.52	99.83	6.40	13.90			75.32		2.33	2.73
1983	234.16	134.53	103.99	7.24	14.58			74.62		2.75	2.85
1984	241.24	141.24	108.00	8.65	15.29			73.14		3.18	2.96
1985	248.71	150.86	112.77	11.23	16.56			72.06		3.46	2.95
1986	256.25	155.98	117.52	12.52	17.71			71.12		3.67	3.06
1987	268.50	165.34	123.71	14.21	19.03			72.30		4.00	3.07
1988	279.49	174.70	129.06	15.55	20.23			72.61		4.35	3.00
1989	286.70	181.46	133.60	16.60	20.93			72.30		4.50	3.10
1990	292.54	186.89	136.90	17.57	21.95			72.29		4.66	3.10
1991	299.19	192.61	140.55	18.82	22.26			72.92		4.80	3.17
1992	304.94	197.66	144.10	20.04	22.71			73.28		5.00	3.22
1993	309.90	203.64	156.63	21.35	24.37			73.08		4.50	3.03
1994	313.40	207.04	158.70	22.18	24.85			73.24		4.80	2.98
1995	314.06	206.33	158.72	22.72	24.51			73.31		5.13	3.07
1996	309.96	209.65	159.73	23.75	24.86			73.47		5.60	2.83
1997	313.45	211.92	161.21	24.46	24.97			74.24		6.02	3.06
1998	314.30	213.41	162.00	24.95	25.01			73.77		6.30	2.90
1999	315.90	215.07	163.25	25.33	25.03			73.40		6.63	2.93
2000	317.70	216.67	164.09	25.93	25.08	76.65		73.48	11.86	7.12	2.84
2001	320.12	215.56	150.50	24.60	25.65	77.14		74.00	12.02	7.40	2.70
2002	313.61	222.18	168.38	24.67	26.21	71.05	1.20	67.13	12.37	7.98	3.18
2003	316.40	226.95	171.34	26.02	26.72	71.05	1.21	67.27	12.61	8.09	3.38
2004	326.84	236.35	177.68	27.55	28.26	71.44	1.81	66.89	12.73	8.70	3.12
2005	336.75	244.50	183.47	28.77	29.21	72.58	2.50	67.82	13.58	9.41	3.34
2006	351.18	256.04	190.29	30.32	32.05	76.19	4.12	69.62	13.50	9.93	2.80
2007	370.11	267.51	197.16	32.16	34.37	85.03	7.66	74.72	13.29	10.62	2.59
2008	403.87	288.29	211.28	35.03	37.77	97.10	9.80	84.69	14.66	11.73	2.64
2009	441.66	312.08	227.11	38.56	41.67	109.98	13.13	93.34	15.40	12.61	2.71
2010	478.68	338.74	244.95	42.42	45.95	119.22	16.88	99.43	16.45	13.44	2.93
2011	515.99	370.51	267.07	47.71	49.65	123.37	18.71	102.63	17.81	14.59	3.14

7-13 各地区医疗卫生机构床位(2011年)

Number of Beds in Health Institutions by Region (2011)

单位：张 (bed)

地区	Province	合计 Total	医院 Hospitals	综合医院 General Hospitals	中医医院 Hospitals Specialized in Traditional Chinese Medicine	中西医结合医院 Hospitals of Traditional Chinese Medicine and Western Medicine	民族医院 Minority Hospitals	专科医院 Specialized Hospitals
总计	**Total**	**5159889**	**3705118**	**2670729**	**477078**	**38787**	**13484**	**496475**
北京	Beijing	94735	87596	56312	10608	1099	117	19440
天津	Tianjin	49423	40787	23320	4353	1197		11917
河北	Hebei	266479	187504	141006	23203	4483		18812
山西	Shanxi	157132	110741	77940	12879	482		19440
内蒙古	Inner Mongolia	100633	72871	54794	7246	791	2578	7462
辽宁	Liaoning	215815	171032	119186	16784	268	180	34614
吉林	Jilin	121240	94636	67509	11497	1298	80	14072
黑龙江	Heilongjiang	165255	129449	95957	14277	612	165	18438
上海	Shanghai	107130	87548	53910	5199	1916		23018
江苏	Jiangsu	296390	221674	149049	27187	2446		38967
浙江	Zhejiang	194759	162905	112954	23699	2622		23481
安徽	Anhui	204210	140997	107434	15733	1237		16407
福建	Fujian	124232	89947	64603	11596	2219	70	11439
江西	Jiangxi	135570	87184	62603	14276	743		9562
山东	Shandong	416148	280385	205041	39047	1599		34538
河南	Henan	349612	239793	177661	36167	858		25087
湖北	Hubei	223980	152062	114013	20289	2602	269	14889
湖南	Hunan	257687	168428	113815	32275	1123	30	21185
广东	Guangdong	325038	246050	181693	30345	915		32857
广西	Guangxi	152039	95752	66828	15180	2605	233	10906
海南	Hainan	28465	21367	16845	2554	85		1883
重庆	Chongqing	115627	74827	52318	9460	935		12114
四川	Sichuan	334663	211524	147052	30173	3087	438	30774
贵州	Guizhou	117534	78368	62005	9406	430	306	6161
云南	Yunnan	173434	126318	95776	14716	1144	296	14386
西藏	Tibet	9592	6314	5280			929	105
陕西	Shaanxi	153847	114339	88081	16985	876		8397
甘肃	Gansu	94907	66661	50719	11220	430	503	3789
青海	Qinghai	23117	18586	14123	1808	30	1202	1423
宁夏	Ningxia	25805	22037	17738	2774	86	20	1419
新疆	Xinjiang	125391	97436	75164	6142	569	6068	9493

7-13 续表 1 continued

单位：张 (bed)

地 区	Province	护理院 Nursing Homes	基层医疗卫生机构 Basic Medical Institutions	社区卫生服务中心 Health Service Centers for Community	社区卫生服务站 Health Service stations for Community	街道卫生院 Sub-district Health Centers	乡镇卫生院 Township Health Centers	门诊部 Outpatient Departments
总 计	**Total**	**8565**	**1233721**	**157322**	**29810**	**10961**	**1026251**	**9258**
北 京	Beijing	20	4423	4423				
天 津	Tianjin		6883	2851			3874	158
河 北	Hebei		67942	4952	3527		58777	686
山 西	Shanxi		40348	4268	994	5907	28518	661
内蒙古	Inner Mongolia		23992	3914	2886	17	16892	279
辽 宁	Liaoning		34236	4673	1292	550	26995	726
吉 林	Jilin	180	21040	2791	520	17	17548	155
黑龙江	Heilongjiang		27081	6541	1421	28	18732	359
上 海	Shanghai	3505	17955	17932				23
江 苏	Jiangsu	4025	68097	15703	728	85	51247	228
浙 江	Zhejiang	149	23967	9262	163	115	14159	268
安 徽	Anhui	186	56291	7145	1529	128	47189	300
福 建	Fujian	20	27626	2430	37		25096	63
江 西	Jiangxi		38211	2369	1197	55	34287	303
山 东	Shandong	160	112951	11058	3856		97391	646
河 南	Henan	20	94056	7185	832		84963	1076
湖 北	Hubei		62330	9722	713	1273	50467	155
湖 南	Hunan		77251	6214	697	100	69832	408
广 东	Guangdong	240	59128	6946	26	1649	50371	136
广 西	Guangxi		46534	806	67		45526	135
海 南	Hainan		5831	110	79	50	5536	56
重 庆	Chongqing		37196	4488	98	677	31638	295
四 川	Sichuan		113909	8497	2083	36	102586	707
贵 州	Guizhou	60	34259	1915	1985	120	29541	698
云 南	Yunnan		40488	3015	1134		36116	223
西 藏	Tibet		2861				2861	
陕 西	Shaanxi		31260	3119	1235	15	26797	94
甘 肃	Gansu		25154	1860	939	79	22176	100
青 海	Qinghai		4325	478	501		3314	32
宁 夏	Ningxia		2781	40	195		2537	9
新 疆	Xinjiang		25315	2615	1076	60	21285	279

7-13 续表 2 continued

单位：张 (bed)

地 区	Province	护理站 Nursing Station	专业公共卫生机构 Specialized Public Health Institutions	专科疾病防治院(所.站) Specialized Prevention & Treatment Centers (Institutions, Stations)	妇幼保健院(所、站) Maternity and Child Care Centers (Institutions, Stations)	急救中心(站) First-aid Centers (Stations)	其他卫生机构 Others
总 计	**Total**	**119**	**178132**	**31431**	**145866**	**835**	**42918**
北 京	Beijing		2239	568	1671		477
天 津	Tianjin		1352	686	666		401
河 北	Hebei		9618	700	8819	99	1415
山 西	Shanxi		3831	258	3541	32	2212
内蒙古	Inner Mongolia	4	3130	227	2903		640
辽 宁	Liaoning		2735	1423	1212	100	7812
吉 林	Jilin	9	2836	985	1851		2728
黑龙江	Heilongjiang		6076	2941	3131	4	2649
上 海	Shanghai		1362	160	1202		265
江 苏	Jiangsu	106	4026	1067	2956	3	2593
浙 江	Zhejiang		6474	610	5845	19	1413
安 徽	Anhui		5704	2150	3551	3	1218
福 建	Fujian		4674	995	3648	31	1985
江 西	Jiangxi		8365	1940	6425		1810
山 东	Shandong		17412	3791	13273	348	5400
河 南	Henan		14918	1078	13790	50	845
湖 北	Hubei		9588	1980	7608		
湖 南	Hunan		11839	3229	8610		169
广 东	Guangdong		18093	3376	14717		1767
广 西	Guangxi		8762	397	8365		991
海 南	Hainan		1067	76	991		200
重 庆	Chongqing		2684	127	2557		920
四 川	Sichuan		8775	1001	7749	25	455
贵 州	Guizhou		4678	280	4398		229
云 南	Yunnan		5409	423	4927	59	1219
西 藏	Tibet		377		377		40
陕 西	Shaanxi		6486	860	5626		1762
甘 肃	Gansu		2402	28	2362	12	690
青 海	Qinghai		206	35	171		
宁 夏	Ningxia		887		887		100
新 疆	Xinjiang		2127	40	2037	50	513

7-14 各地区每千人口医疗卫生机构床位(2011年)

Number of Beds in Health Institutions per 1 000 Population by Region (2011)

单位：张 (bed)

地 区	Region	医疗卫生机构床位 Number of Beds in Health Institutions	城市 City	农村 County	每千人口医疗卫生机构床位 Beds of Health Institutions per 1 000 Population	城市 City	农村 County	医院和卫生院床位 Numberof Beds in Hospitals and Health Centers	每千人口医院和卫生院床位 Beds of Hospitals and Health Centers per 1 000 Population	每千农业人口乡镇卫生院床位 Number of Township Health Centers' Beds per 1 000 Rural Population
	2007	3701076	1831308	1869768	2.83	4.90	2.00	3438260	2.63	0.85
	2008	4038707	1963581	2075126	3.06	5.17	2.20	3748245	2.84	0.96
	2009	4416612	2126302	2290310	3.31	5.54	2.41	4080662	3.06	1.05
	2010	4786831	2302297	2484534	3.56	5.94	2.60	4401512	3.27	1.12
	2011	5159889	2475222	2684667	3.81	6.24	2.80	4742330	3.50	1.16
北 京	Beijing	94735	92247	2488	7.40	7.62	3.51	87596	6.84	
天 津	Tianjin	49423	42866	6557	4.94	5.23	3.64	44661	4.46	1.01
河 北	Hebei	266479	101484	164995	3.63	7.78	2.73	246281	3.35	1.18
山 西	Shanxi	157132	73993	83139	4.49	7.57	3.30	145166	4.15	1.22
内蒙古	Inner Mongolia	100633	48344	52289	4.08	7.25	2.91	89780	3.64	1.16
辽 宁	Liaoning	215815	141951	73864	5.07	7.49	3.13	198577	4.67	1.30
吉 林	Jilin	121240	59572	61668	4.45	6.84	3.32	112201	4.12	1.23
黑龙江	Heilongjiang	165255	100702	64553	4.31	7.46	2.60	148209	3.87	0.95
上 海	Shanghai	107130	103697	3433	7.55	7.68	4.99	87548	6.17	
江 苏	Jiangsu	296390	147016	149374	3.94	5.32	3.14	273006	3.63	1.49
浙 江	Zhejiang	194759	100046	94713	4.07	6.61	2.90	177179	3.71	0.43
安 徽	Anhui	204210	95700	108510	2.97	5.04	2.17	188314	2.73	0.89
福 建	Fujian	124232	55021	69211	3.50	5.96	2.63	115043	3.24	1.07
江 西	Jiangxi	135570	51097	84473	2.85	5.62	2.20	121526	2.56	0.99
山 东	Shandong	416148	165555	250593	4.34	5.89	3.69	377776	3.94	1.72
河 南	Henan	349612	144958	204654	3.20	7.03	2.31	324756	2.97	1.00
湖 北	Hubei	223980	117440	106540	3.63	6.05	2.52	203802	3.31	1.25
湖 南	Hunan	257687	98475	159212	3.61	7.28	2.75	238360	3.34	1.26
广 东	Guangdong	325038	211456	113582	3.76	6.24	2.16	298070	3.45	1.22
广 西	Guangxi	152039	60781	91258	2.83	4.41	2.29	141278	2.63	1.05
海 南	Hainan	28465	11760	16705	3.14	5.33	2.43	26953	2.97	0.99
重 庆	Chongqing	115627	59659	55968	3.47	3.78	3.19	107142	3.22	1.54
四 川	Sichuan	334663	127144	207519	3.69	5.26	3.12	314146	3.47	1.56
贵 州	Guizhou	117534	34774	82760	2.77	6.24	2.25	108029	2.55	0.83
云 南	Yunnan	173434	48730	124704	3.80	7.97	3.16	162434	3.56	0.95
西 藏	Tibet	9592	1741	7851	3.17	9.27	2.77	9175	3.04	1.15
陕 西	Shaanxi	153847	76976	76871	3.94	5.88	2.96	141151	3.61	1.06
甘 肃	Gansu	94907	41048	53859	3.48	5.13	2.79	88916	3.26	1.10
青 海	Qinghai	23117	10315	12802	4.15	11.34	2.74	21900	3.93	0.89
宁 夏	Ningxia	25805	16852	8953	3.96	5.92	2.44	24574	3.77	0.64
新 疆	Xinjiang	125391	33822	91569	5.69	8.94	5.02	118781	5.39	1.69

7-15 卫生总费用

Total Health Expenditure

本表按当年价格计算。
Data in this table are calculated at current prices.

年份 Year	卫生总费用(亿元) Total Health Expenditure (100 million yuan)	政府卫生支出 Government Health Expenditure		社会卫生支出 Social Health Expenditure		个人现金卫生支出 Out-of-pocket Health Expenditure		人均卫生费用(元) Per Capita Health Expenditure (yuan)			卫生总费用占GDP比重(%) Health Expenditure as Percentage of GDP (%)
		绝对数(亿元) Level (100 million yuan)	占卫生总费用比重(%) As Percentage of Health Expenditure	绝对数(亿元) Level (100 million yuan)	占卫生总费用比重(%) As Percentage of Health Expenditure	绝对数(亿元) Level (100 million yuan)	占卫生总费用比重(%) As Percentage of Health Expenditure	合计 Total	城市 Urban	农村 Rural	
1978	110.21	35.44	32.16	52.25	47.41	22.52	20.43	11.45			3.02
1979	126.19	40.64	32.21	59.88	47.45	25.67	20.34	12.94			3.11
1980	143.23	51.91	36.24	60.97	42.57	30.35	21.19	14.51			3.15
1981	160.12	59.67	37.27	62.43	38.99	38.02	23.74	16.00			3.27
1982	177.53	68.99	38.86	70.11	39.49	38.43	21.65	17.46			3.33
1983	207.42	77.63	37.43	64.55	31.12	65.24	31.45	20.14			3.48
1984	242.07	89.46	36.96	73.61	30.41	79.00	32.64	23.20			3.36
1985	279.00	107.65	38.58	91.96	32.96	79.39	28.46	26.36			3.09
1986	315.90	122.23	38.69	110.35	34.93	83.32	26.37	29.38			3.07
1987	379.58	127.28	33.53	137.25	36.16	115.05	30.31	34.73			3.15
1988	488.04	145.39	29.79	189.99	38.93	152.66	31.28	43.96			3.24
1989	615.50	167.83	27.27	237.84	38.64	209.83	34.09	54.61			3.62
1990	747.39	187.28	25.06	293.10	39.22	267.01	35.73	65.37	158.80	38.80	4.00
1991	893.49	204.05	22.84	354.41	39.67	335.02	37.50	77.14	187.60	45.10	4.10
1992	1096.86	228.61	20.84	431.55	39.34	436.70	39.81	93.61	222.00	54.70	4.07
1993	1377.78	272.06	19.75	524.75	38.09	580.97	42.17	116.25	268.60	67.60	3.90
1994	1761.24	342.28	19.43	644.91	36.62	774.06	43.95	146.95	332.60	86.30	3.65
1995	2155.13	387.34	17.97	767.81	35.63	999.98	46.40	177.93	401.30	112.90	3.54
1996	2709.42	461.61	17.04	875.66	32.32	1372.15	50.64	221.38	467.40	150.70	3.81
1997	3196.71	523.56	16.38	984.06	30.78	1689.09	52.84	258.58	537.80	177.90	4.05
1998	3678.72	590.06	16.04	1071.03	29.11	2017.63	54.85	294.86	625.90	194.60	4.36
1999	4047.50	640.96	15.84	1145.99	28.31	2260.56	55.85	321.78	702.00	203.20	4.51
2000	4586.63	709.52	15.47	1171.94	25.55	2705.17	58.98	361.88	813.74	214.65	4.62
2001	5025.93	800.61	15.93	1211.43	24.10	3013.88	59.97	393.80	841.20	244.77	4.58
2002	5790.03	908.51	15.69	1539.38	26.59	3342.14	57.72	450.75	987.07	259.33	4.81
2003	6584.10	1116.94	16.96	1788.50	27.16	3678.67	55.87	509.50	1108.91	274.67	4.85
2004	7590.29	1293.58	17.04	2225.35	29.32	4071.35	53.64	583.92	1261.93	301.61	4.75
2005	8659.91	1552.53	17.93	2586.41	29.87	4520.98	52.21	662.30	1126.36	315.83	4.68
2006	9843.34	1778.86	18.07	3210.92	32.62	4853.56	49.31	748.84	1248.30	361.89	4.55
2007	11573.97	2581.58	22.31	3893.72	33.64	5098.66	44.05	875.96	1516.29	358.11	4.35
2008	14535.40	3593.94	24.73	5065.60	34.85	5875.86	40.42	1094.52	1861.76	455.19	4.63
2009	17541.90	4816.30	27.50	6154.50	35.10	6571.20	37.50	1314.30	2176.63	561.99	5.15
2010	19980.39	5732.49	28.69	7196.61	36.02	7051.29	35.29	1490.06	2315.48	666.30	4.98
2011	24268.78	7378.95	30.40	8424.55	34.70	8465.28	34.90	1801.22	2695.10	871.60	5.15

7-16 医院诊疗人次数
Number of Visits in Hospitals

单位：亿人次 (100 million person-times)

年份 Year	诊疗人次 Number of Visits	#卫生部门 Health Sector	#综合医院 General Hospitals	#中医医院 Hospitals Specialized in Traditional Chinese Medicine	诊疗人次中门急诊 Number of Outpatients and Emergency Cases	#卫生部门 Health Sector	#综合医院 General Hospitals	#中医医院 Hospitals Specialized in Traditional Chinese Medicine
1980	10.53	6.33	4.91	0.47	9.54	6.19	4.79	0.46
1985	12.55	7.21	5.08	0.87	11.37	7.00	4.93	0.83
1986	13.02	7.76	5.36	1.04	12.18	7.54	5.22	0.99
1987	14.80	8.50	5.61	1.38	14.00	8.30	5.49	1.33
1988	14.63	8.38	5.48	1.44	13.76	8.18	5.36	1.41
1989	14.43	8.16	5.25	1.46	13.52	7.96	5.13	1.43
1990	14.94	8.58	5.47	1.60	14.05	8.32	5.30	1.55
1991	15.33	8.88	5.54	1.78	14.40	8.64	5.42	1.70
1992	15.35	8.84	5.50	1.78	14.31	8.60	5.35	1.74
1993	13.07	7.98	4.95	1.61	12.19	7.70	4.77	1.55
1994	12.69	7.75	4.81	1.58	11.86	7.47	4.62	1.53
1995	12.52	7.76	4.78	1.58	11.65	7.49	4.59	1.53
1996	12.81	8.08	4.78	1.70	11.61	7.55	4.54	1.58
1997	12.27	7.95	4.76	1.65	11.38	7.61	4.57	1.56
1998	12.39	8.17	4.88	1.62	11.51	7.84	4.69	1.57
1999	12.31	8.19	4.93	1.56	11.51	7.90	4.73	1.51
2000	12.86	8.76	5.27	1.64	11.83	8.32	5.00	1.54
2001	12.50	8.74	5.18	1.64	11.74	8.39	4.96	1.57
2002	13.08	9.89	6.69	1.79	12.17	8.86	6.35	1.70
2003	12.82	9.99	6.69	1.85	12.13	9.57	6.44	1.78
2004	13.81	11.05	7.44	1.97	13.16	10.64	7.18	1.90
2005	14.74	11.95	8.12	2.06	14.19	11.57	7.86	1.99
2006	15.64	12.74	8.60	2.19	15.12	12.36	8.35	2.14
2007	17.46	14.07	9.55	2.29	16.85	13.65	9.30	2.21
2008	19.08	15.68	10.54	2.64	18.58	15.31	10.30	2.57
2009	20.60	16.88	11.27	2.87	20.08	16.49	11.02	2.81
2010	21.88	18.06	11.98	3.12	21.35	17.64	11.73	3.03
2011	24.22	19.95	13.28	3.43	23.68	19.54	13.03	3.36

注：1.1993年以前的入院人数系推算数。
2.为统一口径，医院含妇幼保健院、专科疾病防治院数字。
3.2002年以前综合医院不含高等院校附属医院。

a) Number of inpatients before 1993 is estimated.
b) Hospitals include maternity and child care centers and specialized prevention & treatment centers.
c) General hospitals before 2002 excluded hospitals attached to colleges and universities.

7-17 医院入院人数
Number of Inpatients

年 份 Year	入院人数 (万人) Number of Inpatients (10 000 persons)	#卫生部门医院 Health Sector Hospitals	#综合医院 General Hospitals	#中医医院 Hospitals Specialized in Traditional Chinese Medicine	每百门急诊入院人数 (人) Number of Inpatients Per 100 Outpatients and Emergency Cases (person)
1980	2247	1667	1383	41	2.4
1985	2560	1862	1485	79	2.3
1986	2685	1960	1547	96	2.2
1987	2926	2155	1670	133	2.1
1988	3128	2292	1752	157	2.3
1989	3157	2304	1750	174	2.3
1990	3182	2341	1769	195	2.3
1991	3276	2433	1825	223	2.3
1992	3262	2428	1799	232	2.3
1993	3066	2325	1723	231	2.5
1994	3079	2344	1728	241	2.6
1995	3073	2358	1710	251	2.6
1996	3100	2379	1704	267	2.7
1997	3121	2425	1725	274	2.7
1998	3238	2538	1794	287	2.8
1999	3379	2676	1884	298	2.9
2000	3584	2862	1996	321	3.0
2001	3759	3030	2100	349	3.2
2002	4224	3429	2577	394	3.5
2003	4394	3661	2727	438	3.6
2004	4955	4184	3108	498	3.8
2005	5434	4569	3394	544	3.8
2006	5915	4966	3656	610	3.9
2007	6913	5784	4257	693	4.1
2008	7392	6193	4874	847	4.3
2009	9039	7589	5525	986	4.5
2010	10125	8482	6172	1113	4.7
2011	11418	9501	6896	1285	4.8

注：1.1993年以前的入院人数系推算数。
2.为统一口径，医院含妇幼保健院、专科疾病防治院数字。
3.2002年以前综合医院不含高等院校附属医院。

a) Number of inpatients before 1993 is estimated.
b) Hospitals include maternity and child care centers and specialized prevention & treatment centers.
c) General hospitals before 2002 excluded hospitals attached to colleges and universities.

7-18 医院病床使用情况
Utilization of Beds in Hospitals

年 份 Year	病 床 使用率 (%) Utilization Rate (%)	#卫生部门 Health Sector Hospitals	#综合医院 General Hospitals	#中医医院 Hospitals Specialized in Traditional Chinese Medicine	出院者平均住院日 (日) Average Duration of Hospitalization for Patients Discharged from Hospitals (day)	#卫生部门 Health Sector Hospitals	#综合医院 General Hospitals	#中医医院 Hospitals Specialized in Traditional Chinese Medicine
1980	82.5	85.7	84.2	86.9	14.0	13.7	11.7	23.7
1985	82.7	87.9	87.0	83.9	15.8	15.4	13.3	23.3
1986	82.7	87.8	87.3	82.3	15.9	15.6	13.4	23.3
1987	84.3	89.8	89.5	81.9	16.0	15.6	13.4	21.9
1988	84.4	89.9	89.7	79.6	15.8	15.6	13.5	20.2
1989	81.5	86.2	86.1	73.7	15.8	15.4	13.4	19.0
1990	80.7	85.6	85.7	73.6	15.9	15.5	13.5	18.0
1991	81.2	85.8	86.2	74.0	16.0	15.5	13.4	17.4
1992	78.4	83.1	83.7	69.2	16.2	15.8	13.7	17.5
1993	70.9	75.7	76.3	62.5	15.6	15.2	13.3	15.4
1994	68.8	72.1	72.6	58.9	15.0	14.5	12.9	14.4
1995	66.9	70.2	70.8	57.4	14.8	14.2	12.6	13.9
1996	64.4	67.9	69.1	54.5	14.3	13.7	12.3	13.4
1997	61.5	65.0	65.4	52.1	13.8	13.3	11.9	13.1
1998	60.0	63.1	63.3	49.8	13.1	12.6	11.3	12.4
1999	59.6	63.1	63.2	50.5	12.7	12.1	11.0	12.0
2000	60.6	64.5	65.0	50.7	12.2	11.6	10.5	11.4
2001	61.1	65.3	65.6	51.5	11.8	11.3	10.3	10.9
2002	64.6	68.6	70.5	57.7	10.9	10.6	9.6	10.8
2003	65.3	69.3	70.6	59.4	11.0	10.8	10.0	10.9
2004	68.4	73.2	74.4	63.0	10.8	10.5	9.8	10.4
2005	70.3	75.3	76.6	65.7	10.9	10.6	9.8	10.8
2006	72.4	77.9	79.2	67.7	10.9	10.5	9.8	10.4
2007	78.2	84.3	85.6	73.2	10.8	10.5	9.8	10.4
2008	81.5	88.1	89.6	78.6	10.7	10.6	9.9	10.5
2009	84.7	91.5	93.0	83.1	10.5	10.4	9.7	10.4
2010	86.7	93.4	94.9	85.7	10.5	10.4	9.7	10.7
2011	88.5	95.2	96.6	88.1	10.3	10.2	9.6	10.5

注：2002年以前医院含妇幼保健院、专科疾病防治院数字，综合医院不含高等院校附属医院。

a) Hospitals before 2002 included maternity and child care centers and specialized prevention & treatment centers, and general hospitals before 2002 excluded hospitals attached to colleges and universities

7-19 农村乡镇卫生院医疗服务情况

Medical Services in Township Health Centers

年份 Year	诊疗人次 (亿次) Number of Visits (100 million times)	入院人数 (万人) Number of Inpatients (10 000 persons)	病床周转次数 (次) Turnover of Beds (time)	病床使用率 (%) Utilization Rate of Beds (%)	平均住院日 (日) Average Duration of Hospitalization (day)
1981	14.38	2123	29.5	53.5	6.3
1982	14.19	2228	31.0	54.2	6.0
1983	13.65	2373	33.4	56.6	5.9
1984	12.65	1893	27.9	49.1	6.0
1985	11.00	1771	26.4	46.0	5.9
1986	11.18	1782	26.9	46.0	5.9
1987	11.30	1959	28.5	47.4	5.6
1988	11.36	2031	29.2	47.3	5.6
1989	10.60	1935	28.3	44.6	5.4
1990	10.65	1958	28.6	43.4	5.2
1991	10.82	2016	29.1	43.5	5.1
1992	10.34	1960	28.7	42.9	5.1
1993	8.98	1855	27.9	38.4	4.6
1994	9.73	1913	29.4	40.5	4.6
1995	9.38	1960	29.9	40.2	4.6
1996	9.44	1916	28.6	37.0	4.4
1997	9.16	1918	26.0	34.5	4.5
1998	8.74	1751	24.4	33.3	4.6
1999	8.38	1688	24.2	32.8	4.6
2000	8.24	1708	24.8	33.2	4.6
2001	8.24	1700	23.7	31.3	4.5
2002	7.10	1625	28.0	34.7	4.0
2003	6.91	1608	28.1	36.2	4.2
2004	6.81	1599	27.0	37.1	4.4
2005	6.79	1622	25.8	37.7	4.6
2006	7.01	1836	28.8	39.4	4.6
2007	7.59	2662	36.7	48.4	4.8
2008	8.27	3313	42.0	55.8	4.4
2009	8.77	3808	42.9	60.7	4.8
2010	8.74	3630	38.4	59.0	5.2
2011	8.66	3449	35.2	58.1	5.6
中心卫生院	3.56	1571	36.7	60.8	5.6
乡卫生院	5.10	1878	34.1	56.1	5.5

注:1993年以前的诊疗人次及入院人数系推算数字。

a) Number of visits and inpatients before 1993 is estimated.

7-20 各地区社区卫生服务中心(站)医疗服务情况

Medical Services of Community Health Service Centers (Stations)

年份 Year 地区 Region	社区卫生服务中心 Community Health Service Centers						社区卫生服务站 Community Health Service Stations	
	诊疗人次 (人次) Visits (person-time)	入院人数 (人) Inpatients (person)	病床使用率 (%) Utilization Rate (%)	出院者平均住院日 (日) Average Stay Days in Hospital (day)	医师日均担负诊疗人次 (日) Daily Visits Per Doctor (day)	医师日均担负住院床日 (日) Daily Inpatients Per Doctor (day)	诊疗人次 (人次) Visits (person-time)	医师人均每日负担诊疗人次 (人次) Daily Visits Per Doctor (person-time)
2004	46155902	151965	61.2	21.0	13.0	0.7	50955234	11.1
2005	59385194	266215	60.7	17.2	13.7	0.8	62814512	11.0
2006	82854794	436288	57.9	15.5	13.0	0.8	93789368	13.1
2007	127124460	743186	59.6	13.1	13.1	0.8	98749683	14.6
2008	172473026	1032788	58.7	13.4	12.9	0.8	84250889	12.5
2009	260802371	1642427	59.8	10.6	14.0	0.7	116172536	13.7
2010	347404131	2180577	56.1	10.4	13.6	0.7	137111392	13.6
2011	409499505	2473426	54.4	10.2	14.0	0.7	137037903	13.7
北京 Beijing	31196355	36832	34.2	12.3	13.7	0.2	3676705	16.9
天津 Tianjin	13134291	11219	19.9	13.3	25.2	0.3	85995	68.5
河北 Hebei	4677540	65723	52.9	7.6	7.0	0.8	8691764	10.2
山西 Shanxi	3232727	38706	46.5	13.0	4.7	0.6	3785544	7.6
内蒙古 Inner Mongolia	3146825	47603	45.1	6.8	4.7	0.5	4394054	8.4
辽宁 Liaoning	5472059	58532	48.1	10.6	7.2	0.7	4466068	10.1
吉林 Jilin	2160732	30035	36.5	8.4	4.8	0.5	867213	13.3
黑龙江 Heilongjiang	4755409	57807	47.3	13.2	4.2	0.5	1987209	7.4
上海 Shanghai	74494037	110764	86.5	48.3	26.1	1.3		
江苏 Jiangsu	42572476	268399	49.9	9.4	16.1	0.7	11922960	23.3
浙江 Zhejiang	72226368	102019	40.0	11.9	21.5	0.3	6431982	18.4
安徽 Anhui	7181265	97404	39.8	7.4	8.5	0.7	8235639	10.9
福建 Fujian	8950655	67844	46.3	5.2	14.0	0.4	2809979	13.8
江西 Jiangxi	2790399	36365	42.4	6.0	7.5	0.6	3471827	11.4
山东 Shandong	11524640	190483	50.5	8.2	7.7	0.8	11911221	12.3
河南 Henan	6271688	105581	47.2	9.1	6.7	0.9	6542573	12.8
湖北 Hubei	12647113	210064	68.9	8.8	10.4	1.2	5843191	16.7
湖南 Hunan	5133379	139493	59.4	8.4	6.1	0.9	1918283	7.2
广东 Guangdong	64410788	155802	50.7	7.5	21.8	0.3	26849785	33.9
广西 Guangxi	3609915	13201	52.7	10.5	9.5	0.3	1410666	10.1
海南 Hainan	191445	2413	85.0	8.4	9.0	1.0	1349643	14.0
重庆 Chongqing	4621650	141637	66.0	6.5	8.2	1.3	1076552	14.9
四川 Sichuan	11627854	195842	60.7	8.2	9.9	1.0	3888585	10.9
贵州 Guizhou	1206432	108273	56.2	2.5	6.5	1.2	2200073	9.6
云南 Yunnan	2479092	57647	58.5	7.4	9.5	1.3	2177339	11.5
西藏 Tibet	220				0.2		34976	8.7
陕西 Shaanxi	3693116	45257	38.1	9.4	7.5	0.6	2413750	11.6
甘肃 Gansu	2023260	28581	57.4	6.1	6.3	0.6	3175476	10.5
青海 Qinghai	690391	5957	60.7	10.0	14.6	1.1	1249302	12.8
宁夏 Ningxia	138121	235	41.2	9.6	8.1	0.2	656713	11.1
新疆 Xinjiang	3239263	43708	53.5	9.8	9.1	0.9	3512836	10.6

7-21 综合医院工作效率
Efficiency of Medical Services in General Hospitals of Health Sector

项　目 Item	医师日均担负 Per Doctor 诊疗人次 (人次) Daily Visits (person-time)	住院床日 (日) Daily Inpatients (day)	医师人均年业务收入 (万元) Annual Business Income (10 000 yuan)	病床使用率 (%) Utilization Rate of Beds (%)	平均住院日 (日) Average Duration of Hospitalization (day)
医院合计 Total					
1990	5.5	2.1	4.7	88.2	14.1
1995	4.4	1.5	12.7	72.7	13.3
2000	4.8	1.4	27.1	67.3	11.0
2005	5.3	1.6	44.7	76.9	9.9
2009	6.7	2.3	77.4	93.2	9.7
2010	6.8	2.4	88.1	95.0	9.7
2011	7.2	2.5	101.8	96.7	9.6
部(管)属 Hospitals of MOH					
1990	6.4	2.0	9.8	100.3	22.1
1995	5.2	1.6	29.0	94.6	20.4
2000	8.5	1.8	72.8	95.5	14.6
2005	7.8	2.3	129.7	100.2	13.1
2009	9.1	2.4	187.3	104.0	11.4
2010	9.8	2.5	219.7	105.5	10.9
2011	10.0	2.5	240.0	106.7	10.5
省　属 Provincial Hospitals					
1990	5.4	2.0	6.5	97.2	21.5
1995	4.5	1.6	20.5	87.3	21.5
2000	6.2	1.8	54.0	84.9	15.8
2005	6.6	2.1	90.1	91.3	12.8
2009	7.3	2.5	133.4	103.3	12.3
2010	7.4	2.5	148.0	103.5	11.9
2011	7.9	2.6	169.4	105.2	11.5
地级市(区)属 Hospitals of Cities at Prefecture Level					
1990	5.5	2.2	5.2	94.7	17.4
1995	4.7	1.7	14.6	80.2	16.5
2000	5.0	1.5	30.4	74.0	13.1
2005	5.7	1.9	49.7	84.1	11.9
2009	6.8	2.4	82.2	97.8	11.6
2010	7.0	2.5	95.2	99.3	11.6
2011	7.3	2.6	109.0	100.6	11.4
县级市(区)属 Hospitals of Cities at County Level					
1990	6.2	1.8	4.2	82.1	13.6
1995	4.5	1.4	10.6	68.3	11.4
2000	4.7	1.2	20.6	61.3	9.6
2005	5.0	1.4	32.6	70.3	8.8
2009	7.1	2.0	59.1	86.8	8.7
2010	6.9	2.1	66.7	89.9	8.9
2011	7.5	2.3	77.7	91.7	9.0
县　属 Hospitals of Counties					
1990	5.2	2.1	3.7	83.0	11.2
1995	4.1	1.5	7.8	63.4	10.1
2000	3.9	1.2	15.2	56.3	8.4
2005	4.3	1.4	23.9	65.3	7.5
2009	5.6	2.2	47.1	86.7	7.7
2010	5.6	2.4	54.3	89.4	7.6
2011	6.1	2.6	64.5	91.7	7.7

注：本表系卫生部门医院数字。

a) General hospitals in this table include hospitals attached to colleges and universities.

7-22 甲乙类法定报告传染病发病率、死亡率及病死率排序(2011年) List of Incidence, Death and Mortality Rates of Class A and B Infectious Diseases Reported (2011)

顺位 No.	发病 Disease Incidence		死亡 Death		病死 Mortality Rate	
	疾病名称 Diseases	发病率 (1/10万) Incidence (1/100 000)	疾病名称 Diseases	死亡率 (1/10万) Death Rate (1/100 000)	疾病名称 Diseases	病死率 (%) Mortality Rate(%)
1	病毒性肝炎 Viral Hepatitis	102.34	艾滋病 AIDS	0.6879	鼠疫 The Plague	100.00
2	肺结核 Pulmonary Tuberculosis	71.09	新生儿破伤风 Newborn Tetanus	0.0031	人感染高致病性禽流感 HpAI	100.00
3	梅毒 Syphilis	29.47	肺结核 Pulmonary Tuberculosis	0.2118	狂犬病 Hydrophobia	98.02
4	细菌性和阿米巴性痢疾 Dysentery	17.74	狂犬病 Hydrophobia	0.1401	艾滋病 AIDS	45.11
5	淋病 Gonorrhea	7.31	病毒性肝炎 Viral Hepatitis	0.0619	流行性脑脊髓膜炎 Epidemic Encephalitis	10.96
6	猩红热 Scarlet Fever	4.76	流行性出血热 Hemorrhage Fever	0.0089	新生儿破伤风 Newborn Tetanus	6.62
7	新生儿破伤风 Newborn Tetanus	0.05	梅毒 Syphilis	0.0056	脊髓灰质炎 Poliomyelitis	5.00
8	布鲁氏菌病 Brucellosis	2.85	甲型H1N1流感 H1N1 influenza A	0.0056	流行性乙型脑炎 Encephalitis B	3.88
9	艾滋病 AIDS	1.53	流行性乙型脑炎 Encephalitis B	0.0047	钩端螺旋体病 Leptospirosis	1.26
10	伤寒和副伤寒 Typhoid and Paratyphoid Fever	0.88	疟疾 Malaria	0.0022	流行性出血热 Hemorrhage Fever	1.10
11	流行性出血热 Hemorrhage Fever	0.80	流行性脑脊髓膜炎 Epidemic Encephalitis	0.0019	炭疽 Anthrax	0.97
12	麻疹 Measles	0.74	细菌性和阿米巴性痢疾 Dysentery	0.0018	甲型H1N1流感 H1N1 influenza A	0.80
13	甲型H1N1流感 H1N1 influenza A	0.70	麻疹 Measles	0.0007	疟疾 Malaria	0.73
14	血吸虫病 Schistosomiasis	0.33	钩端螺旋体病 Leptospirosis	0.0004	病毒性肝炎 Viral Hepatitis	0.34
15	疟疾 Malaria	0.30	炭疽 Anthrax	0.0002	肺结核 Pulmonary Tuberculosis	0.30
16	百日咳 Pertussis	0.19	百日咳 Pertussis	0.0001	麻疹 Measles	0.10
17	狂犬病 Hydrophobia	0.14	血吸虫病 Schistosomiasis	0.0001	百日咳 Pertussis	0.08
18	流行性乙型脑炎 Encephalitis B	0.12	鼠疫 The Plague	0.0001	血吸虫病 Schistosomiasis	0.04
19	钩端螺旋体病 Leptospirosis	0.03	淋病 Gonorrhea	0.0001	梅毒 Syphilis	0.02
20	炭疽 Anthrax	0.02	脊髓灰质炎 Poliomyelitis	0.0001	细菌性和阿米巴性痢疾 Dysentery	0.01
21	流行性脑脊髓膜炎 Epidemic Encephalitis	0.02	猩红热 Scarlet Fever	0.0001	伤寒和副伤寒 Typhoid and Paratyphoid Fever	0.01
22	登革热 Dengue Fever	0.01	人感染高致病性禽流感 HpAI	0.0001	猩红热 Scarlet Fever	0.00
23	霍乱 Cholera	0.00	伤寒和副伤寒 Typhoid and Paratyphoid Fever	0.0001	淋病 Gonorrhea	0.00
24	脊髓灰质炎 Poliomyelitis	0.00	霍乱 Cholera		霍乱 Cholera	
25	鼠疫 The Plague	0.00	布鲁氏菌病 Brucellosis		布鲁氏菌病 Brucellosis	
26	人感染高致病性禽流感 HpAI	0.00	登革热 Dengue Fever		登革热 Dengue Fever	
27	传染性非典型肺炎 SARS		传染性非典型肺炎 SARS		传染性非典 SARS	
28	白喉 Diphtheria		白 喉 Diphtheria		白喉 Diphtheria	

注：新生儿破伤风发病率和死亡率单位为‰。

7-23 城市居民主要疾病死亡率及死因构成(2011年)
Death Rate of Major Diseases in Urban Areas (2011)

疾病名称	Category of Diseases	合计 Total 粗死亡率(1/10万) Crude Mortality Rate (1/100 000)	合计 Total 构成(%) Percentage (%)	合计 Total 位次 Rank	男 Male 粗死亡率(1/10万) Crude Mortality Rate (1/100 000)	男 Male 构成(%) Percentage (%)	男 Male 位次 Rank	女 Female 粗死亡率(1/10万) Crude Mortality Rate (1/100 000)	女 Female 构成(%) Percentage (%)	女 Female 位次 Rank
传染病(不含呼吸道结核)	Infectious Disease(not including Respiratory Tuberculosis)	3.15	0.51	11	4.22	0.60	11	2.06	0.38	13
呼吸道结核	Respiratory Tuberculosis	2.14	0.35	14	3.43	0.49	13	0.83	0.15	18
寄生虫病	Parasitic Disease	0.23	0.04	19	0.24	0.03	19	0.22	0.04	19
恶性肿瘤	Malignant Tumour	172.33	27.79	1	215.19	30.70	1	128.86	23.95	1
血液,造血器官及免疫疾病	Diseases of the Blood and Blood-forming Organs and Immunodeficiency	1.44	0.23	18	1.46	0.21	17	1.42	0.26	17
内分泌,营养和代谢疾病	Endocrine, Nutritional & Metabolic Diseases	18.64	3.01	6	17.16	2.45	7	20.15	3.74	6
精神障碍	Mental Disorders	2.47	0.40	13	2.31	0.33	14	2.63	0.49	11
神经系统疾病	Diseases of the Nervous System	7.63	1.23	9	8.01	1.14	8	7.25	1.35	9
心脏病	Heart Diseases	132.04	21.30	2	136.72	19.51	2	127.29	23.66	2
脑血管病	Cerebrovascular Disease	125.37	20.22	3	135.74	19.37	3	114.85	21.35	3
呼吸系统疾病	Diseases of the Respiratory System	65.47	10.56	4	74.62	10.65	4	56.19	10.44	4
消化系统疾病	Diseases of the Digestive System	16.35	2.64	7	19.73	2.82	6	12.92	2.40	7
肌肉骨骼和结缔组织疾病	Diseases of the Musculoskeletal System and Connective Tissue	1.51	0.24	17	1.10	0.16	18	1.92	0.36	14
泌尿生殖系统疾病	Diseases of the Genitourinary System	6.60	1.06	10	6.98	1.00	10	6.21	1.16	10
妊娠,分娩产褥期并发症	Pregnancy, Childbirth and the Puerperium	0.07	0.01	20				0.14	0.03	20
围生期疾病	Perinatal Diseases	1.89	0.30	15	2.19	0.31	15	1.58	0.29	16
先天畸形,变形和染色体异常	Congenital Malformations, Deformations and Chromosomal Abnormalities	1.79	0.29	16	1.93	0.28	16	1.64	0.31	15
诊断不明	Undiagnosed Diseases	2.81	0.45	12	3.55	0.51	12	2.06	0.38	12
其他疾病	Other Diseases	9.93	1.60	8	7.90	1.13	9	11.98	2.23	8
损伤和中毒外部原因	External Causes of Injury and Poison	33.93	5.47	5	43.42	6.19	5	24.31	4.52	5

7-24 农村居民主要疾病死亡率及死因构成(2011年)
Death Rate of Major Diseases in Rural Areas (2011)

疾病名称	Category of Diseases	合计 Total			男 Male			女 Female		
		粗死亡率(1/10万) Crude Mortality Rate (1/100 000)	构成(%) Percentage (%)	位次 Rank	粗死亡率(1/10万) Crude Mortality Rate (1/100 000)	构成(%) Percentage (%)	位次 Rank	粗死亡率(1/10万) Crude Mortality Rate (1/100 000)	构成(%) Percentage (%)	位次 Rank
传染病(不含呼吸道结核)	Infectious Disease(not Including Respiratory Tuberculosis)	4.53	0.71	11	5.95	0.81	10	3.04	0.56	12
呼吸道结核	Respiratory Tuberculosis	2.09	0.33	15	3.01	0.41	12	1.13	0.21	17
寄生虫病	Parasitic Disease	0.13	0.02	20	0.18	0.02	19	0.08	0.01	20
恶性肿瘤	Malignant Tumour	150.83	23.62	1	196.39	26.75	1	103.12	19.15	3
血液,造血器官及免疫疾病	Diseases of the Blood and Blood-forming Organs and Immunodeficiency	0.88	0.14	18	0.91	0.12	18	0.85	0.16	18
内分泌营养和代谢疾病	Endocrine, Nutritional & Metabolic Diseases	10.56	1.65	7	9.29	1.27	7	11.88	2.21	6
精神障碍	Mental Disorders	3.15	0.49	12	2.91	0.40	13	3.41	0.63	11
神经系统疾病	Diseases of the Nervous System	4.85	0.76	10	4.93	0.67	11	4.76	0.88	10
心脏病	Heart Diseases	123.69	19.37	3	128.13	17.45	3	119.04	22.10	2
脑血管病	Cerebrovascular Disease	138.68	21.72	2	150.69	20.52	2	126.11	23.42	1
呼吸系统疾病	Diseases of the Respiratory System	84.97	13.31	4	92.18	12.56	4	77.43	14.38	4
消化系统疾病	Diseases of the Digestive System	13.84	2.17	6	17.86	2.43	6	9.63	1.79	8
肌肉骨骼和结缔组织疾病	Diseases of the Musculoskeletal System and Connective Tissue	1.32	0.21	17	1.08	0.15	17	1.58	0.29	16
泌尿生殖系统疾病	Diseases of the Genitourinary System	6.50	1.02	9	7.69	1.05	8	5.26	0.98	9
妊娠分娩产褥期并发症	Pregnancy, Childbirth and the Puerperium	0.18	0.03	19				0.36	0.07	19
围生期疾病	Perinatal Diseases	2.27	0.36	13	2.79	0.38	14	1.73	0.32	14
先天畸形,变性和染色体异常	Congenital Malformations, Deformations and Chromosomal Abnormalities	1.89	0.30	16	2.15	0.29	16	1.62	0.30	15
诊断不明	Undiagnosed Diseases	2.17	0.34	14	2.48	0.34	15	1.84	0.34	13
其他疾病	Other Diseases	8.83	1.38	8	7.04	0.96	9	10.69	1.99	7
损伤和中毒外部原因	External Causes of Injury and Poison	56.50	8.85	5	75.39	10.27	5	36.73	6.82	5

7-25 监测地区5岁以下儿童和孕产妇死亡率

Mortality Rate of the Maternal and Children Aged under 5 in Surveillance Areas

年 份 Year	新生儿死亡率(‰) Newborn Mortality Rate(‰)			婴儿死亡率(‰) Infant Mortality Rate(‰)			5岁以下儿童死亡率(‰) Mortality Rate of Children under 5(‰)			孕产妇死亡率(1/10万) Maternal Mortality Rate (1/100 000)		
	合计 Total	城市 Urban	农村 Rural	合计 Total	城市 Urban	农村 Rural	合计 Total	城市 Urban	农村 Rural	合计 Total	城市 Urban	农村 Rural
1991	33.1	12.5	37.9	50.2	17.3	58.0	61.0	20.9	71.1	80.0	46.3	100.0
1992	32.5	13.9	36.8	46.7	18.4	53.2	57.4	20.7	65.6	76.5	42.7	97.9
1993	31.2	12.9	35.4	43.6	15.9	50.0	53.1	18.3	61.6	67.3	38.5	85.1
1994	28.5	12.2	32.3	39.9	15.5	45.6	49.6	18.0	56.9	64.8	44.1	77.5
1995	27.3	10.6	31.1	36.4	14.2	41.6	44.5	16.4	51.1	61.9	39.2	76.0
1996	24.0	12.2	26.7	36.0	14.8	40.9	45.0	16.9	51.4	63.9	29.2	86.4
1997	24.2	10.3	27.5	33.1	13.1	37.7	42.3	15.5	48.5	63.6	38.3	80.4
1998	22.3	10.0	25.1	33.2	13.5	37.7	42.0	16.2	47.9	56.2	28.6	74.1
1999	22.2	9.5	25.1	33.3	11.9	38.2	41.4	14.3	47.7	58.7	26.2	79.7
2000	22.8	9.5	25.8	32.2	11.8	37.0	39.7	13.8	45.7	53.0	29.3	69.6
2001	21.4	10.6	23.9	30.0	13.6	33.8	35.9	16.3	40.4	50.2	33.1	61.9
2002	20.7	9.7	23.2	29.2	12.2	33.1	34.9	14.6	39.6	43.2	22.3	58.2
2003	18.0	8.9	20.1	25.5	11.3	28.7	29.9	14.8	33.4	51.3	27.6	65.4
2004	15.4	8.4	17.3	21.5	10.1	24.5	25.0	12.0	28.5	48.3	26.1	63.0
2005	13.2	7.5	14.7	19.0	9.1	21.6	22.5	10.7	25.7	47.7	25.0	53.8
2006	12.0	6.8	13.4	17.2	8.0	19.7	20.6	9.6	23.6	41.1	24.8	45.5
2007	10.7	5.5	12.8	15.3	7.7	18.6	18.1	9.0	21.8	36.6	25.2	41.3
2008	10.2	5.0	12.3	14.9	6.5	18.4	18.5	7.9	22.7	34.2	29.2	36.1
2009	9.0	4.5	10.8	13.8	6.2	17.0	17.2	7.6	21.1	31.9	26.6	34.0
2010	8.3	4.1	10.0	13.1	5.8	16.1	16.4	7.3	20.1	30.0	29.7	30.1
2011	7.8	4.0	9.4	12.1	5.8	14.7	15.6	7.1	19.1	26.1	25.2	26.5

7-26 孕产妇保健情况
Maternal Health

单位：% (%)

年 份 Year	活产数（人） Number of Live Births (person)	高危产妇比重 Percentage of High Risk Lying-in Women	建卡率 Rate of Establishing Card	系统管理率 Systematic Management Rate	产前检查率 Prenatal Examination Rate	产后访视率 Postpartum Visiting Rate	住院分娩率 Percentage of Hospitalized Delivery			新法接生率 Percentage of New-method Delivery		
							合计 Total	市 City	县 County	合计 Total	市 City	县 County
1980										91.4	98.7	90.3
1985							43.7	73.6	36.4	94.5	98.7	93.5
1990	14517207						50.6	74.2	45.1	94.0	98.6	93.9
1991	15293237						50.6	72.8	45.5	93.7	98.1	93.2
1992	11746275		76.6		69.7	69.7	52.7	71.7	41.2	84.1	91.2	82.0
1993	10170690		75.7		72.2	71.0	56.5	68.3	51.0	83.6	81.1	84.7
1994	11044607		79.1		76.3	74.5	65.6	76.4	50.4			87.4
1995	11539613		81.4		78.7	78.8	58.0	70.7	50.2			87.6
1996	11412028	7.3	82.4	65.5	83.7	80.1	60.7	76.5	51.7			95.5
1997	11286021	8.1	84.5	68.3	85.9	82.3	61.7	76.4	53.0			91.8
1998	10961516	8.6	86.2	72.3	87.1	83.9	66.2	79.0	58.1			92.6
1999	10698467	9.2	87.9	75.4	89.3	85.9	70.0	83.3	61.5	96.8	98.9	95.4
2000	10987691	10.0	88.6	77.2	89.4	86.2	72.9	84.9	65.2	96.6	98.8	95.2
2001	10690630	11.1	89.4	78.6	90.3	87.2	76.0	87.0	69.0	97.3	99.0	96.1
2002	10591949	11.9	89.2	78.2	90.1	86.7	78.7	89.4	71.6	96.7	98.6	95.4
2003	10188005	11.8	87.6	75.5	88.9	85.4	79.4	89.9	72.6	95.9	98.5	94.1
2004	10892614	12.4	88.3	76.4	89.7	85.9	82.8	91.4	77.1	97.3	98.9	96.2
2005	11415809	12.8	88.5	76.7	89.8	86.0	85.9	93.2	81.0	97.5	98.7	96.7
2006	11770056	13.0	88.2	76.5	89.7	85.7	88.4	94.1	84.6	97.8	98.7	97.2
2007	12506498	13.7	89.3	77.3	90.9	86.7	91.7	95.8	88.8	98.4	99.1	97.9
2008	13307045	15.7	89.3	78.1	91.0	87.0	94.5	97.5	92.3	99.1	99.6	98.7
2009	13825431	16.4	90.9	80.9	92.2	88.7	96.3	98.5	94.7	99.3	99.8	99.0
2010	14218657	17.1	92.9	84.1	94.1	90.8	97.8	99.2	96.7	99.6	99.9	99.4
2011	14507141	17.7	93.8	85.2	93.7	91.0	98.7	99.6	98.1	99.7	99.9	99.6

7-27 饮用水经常性卫生监督监测情况(2011年)
Hygienic Supervision and Surveillance of Drinking Water (2011)

项目	Item	总计 Total	集中式供水单位 Central Water Supply Units	市政 Civil Water Supply	乡镇 Township Water Supply	二次供水单位 Secondary Water Supply Units	涉水产品生产企业 Enterprises Producing Products Related to Drinking Water
卫生监督	**Hygienic Supervision**						
监督户次数(次)	Number of Outlets under Supervision (outlet-time)	72640	26960	10515	16445	43497	2183
合格率(%)	Qualified Rate (%)	98.84	97.23	99.88	95.53	99.83	99.2
卫生监测	**Hygienic Surveillance**						
样品数(件)	Number of Samples (piece)	31504	23941	15449	8492	7410	153
合格率(%)	Qualified Rate (%)	92.07	91.09	92.79	88.01	95.1	98.7

7-28 新型农村合作医疗情况
Conditions of New Cooperative Medical System

指标	Indicator	2005	2006	2007	2008	2009	2010	2011
开展新农合县(区、市)数 (个)	Number of Counties Implementing of NCMS (unit)	678	1451	2451	2729	2716	2678	2637
参加新农合人数(亿人)	Number of Enrollees (100 million persons)	1.79	4.10	7.26	8.15	8.33	8.36	8.32
参合率 (%)	Enrollment Rate (%)	75.7	80.7	86.2	91.5	94.2	96.0	97.48
人均筹资 (元)	Per Capita Premiums (yuan)	42.1	52.1	58.9	96.3	113.4	156.6	246.21
当年基金支出 (亿元)	Payout at Current Year (100 million yuan)	61.8	155.8	346.6	662.3	922.9	1187.8	1710.2
补偿受益人次(亿人次)	Number of Beneficiaries from Reimbursement (100 million person-times)	1.22	2.72	4.53	5.85	7.59	10.87	13.15

7-29 各地区新型农村合作医疗情况(2011年)
Conditions of New Cooperative Medical System by Region (2011)

地 区	Region	县(市、区)数(个) Number of Counties (unit)	开展新农合县(市、区)(个) Number of Counties Implementing of NCMS(unit)	参加新农合人数(万人) Number of Enrollees (10 000 persons)	人均筹资(元) Per Capita Premiums (yuan)	本年度筹资总额(亿元) Premiums This Year (10 000 yuan)	补偿受益人次(万人次) Number of Beneficiaries from Reimbursement (10 000 person-times)
总 计	**Total**	**2853**	**2637**	**83163.1**	**246.2**	**2047.56**	**131504.3**
北 京	Beijing	16	13	276.8	637.2	17.64	672.9
天 津	Tianjin	16					
河 北	Hebei	172	164	5020.0	232.1	116.52	10061.9
山 西	Shanxi	119	115	2185.0	231.9	50.67	3172.8
内蒙古	Inner Mongolia	101	96	1240.2	246.4	30.56	835.0
辽 宁	Liaoning	100	94	1976.2	234.9	46.43	1639.6
吉 林	Jilin	60	61	1302.1	231.1	30.09	709.4
黑龙江	Heilongjiang	128	122	1418.8	230.6	32.71	1573.1
上 海	Shanghai	17	10	147.2	987.0	14.53	1926.8
江 苏	Jiangsu	104	83	4265.5	273.0	116.43	9698.0
浙 江	Zhejiang	90	85	2883.3	408.2	117.70	9451.0
安 徽	Anhui	105	94	4916.9	229.8	112.98	6379.8
福 建	Fujian	85	74	2450.0	235.0	57.58	396.2
江 西	Jiangxi	100	97	3240.4	232.6	75.36	2567.5
山 东	Shandong	140	135	6629.1	256.2	169.85	16711.9
河 南	Henan	159	157	7804.5	231.4	180.57	9829.6
湖 北	Hubei	103	96	3890.0	235.2	91.51	10915.5
湖 南	Hunan	122	113	4655.0	231.1	107.59	3691.5
广 东	Guangdong	121	62	2849.9	243.4	69.37	2806.3
广 西	Guangxi	109	106	3953.5	230.6	91.18	3194.3
海 南	Hainan	20	20	485.5	239.1	11.61	698.8
重 庆	Chongqing	38	38	2224.4	232.0	51.60	3193.8
四 川	Sichuan	181	175	6263.1	234.3	146.77	9886.1
贵 州	Guizhou	88	88	3074.8	225.4	69.29	4408.9
云 南	Yunnan	129	127	3456.3	234.0	80.88	7861.9
西 藏	Tibet	73	73	235.7	282.8	6.67	422.7
陕 西	Shaanxi	107	104	2631.7	241.7	63.62	3641.9
甘 肃	Gansu	86	86	1918.3	232.9	44.68	3068.0
青 海	Qinghai	43	39	347.9	269.1	9.36	208.7
宁 夏	Ningxia	22	21	370.3	237.0	8.78	740.4
新 疆	Xinjiang	99	89	1050.9	238.2	25.03	1140.1

7-30 民政部门医疗救助情况
Medical Aid of Civil Affairs Offices

年 份 Year 地 区 Region	城市医疗救助 Person-times Receiving Medical Aid in Urban Areas		农村医疗救助情况 Person-times Receiving Medical Aid in Rural Areas		城市医疗救助支出（万元）Expenses of Urban Medical Aid (10 000 yuan)	农村医疗救助支出（万元）Expense of Rural Medical Aid (10 000 yuan)
	医疗救助人次 Medical Aid	资助参加医疗保险人数 Aid for Medical Insurance	医疗救助人次 Medical Aid	资助参加合作医疗人数 Aid for Cooperative Medical Care		
2005	1150000				32000.0	57000.0
2006	1872000		2413000	13171000	81240.9	114198.1
2007	4420227		3770970	25173413	144379.2	280508.0
2008	4436000	6426000	7595000	34324000	297000.0	383000.0
2009	4103725	10958912	7299800	40591380	412043.1	646245.8
2010	4600756	14612455	10192429	46154190	495203.0	834810.0
2011	6721549	15498059	14718336	48252969	676408.4	1199610.4
北 京 Beijing	34403	60542	50946	78449	9145.6	2908.7
天 津 Tianjin	62337	57612	24212	228159	4211.4	4621.1
河 北 Hebei	101723	194502	271698	1848292	18233.3	37094.2
山 西 Shanxi	146397	567134	122989	726381	21936.4	26719.8
内蒙古 Inner Mongolia	157526	373986	281386	695192	20795.4	26817.1
辽 宁 Liaoning	368401	476184	248013	645004	15478.7	14253.2
吉 林 Jilin	302429	1596975	282623	1210016	32715.1	30100.8
黑龙江 Heilongjiang	404832	1355396	286875	1253482	58149.2	47040.8
上 海 Shanghai	67168	114258	20435		19552.5	11498.1
江 苏 Jiangsu	280868	429117	945032	1390858	28983.7	52742.0
浙 江 Zhejiang	47533	51978	273464	812194	10182.5	41095.5
安 徽 Anhui	161366	430276	462076	2545808	24670.9	67090.2
福 建 Fujian	47216	114292	153078	819959	4775.7	13842.8
江 西 Jiangxi	365362	983701	632236	1664037	44415.2	64959.6
山 东 Shandong	56175	215981	141922	1942281	18491.8	40409.6
河 南 Henan	120567	926096	549722	3737863	21027.4	62121.5
湖 北 Hubei	163572	1388986	317323	2381807	32109.3	44179.2
湖 南 Hunan	426670	813382	1143548	2330483	37394.7	61571.0
广 东 Guangdong	342146	330245	548759	1638170	21982.2	31078.2
广 西 Guangxi	76350	239185	336141	2238492	9187.5	41749.2
海 南 Hainan	50932	174309	128872	305164	4594.4	10659.0
重 庆 Chongqing	436375	768340	927237	1524323	20734.4	34482.6
四 川 Sichuan	1125069	911143	2981856	4316802	56389.1	113241.9
贵 州 Guizhou	146465	375841	859133	4509552	11790.7	66053.2
云 南 Yunnan	177027	991192	656955	5107334	20768.1	69579.2
西 藏 Tibet	1521	335	19291	6098	680.1	4359.4
陕 西 Shaanxi	110656	110952	448046	1096018	27376.4	56289.4
甘 肃 Gansu	156156	162266	386221	825059	20275.3	60149.5
青 海 Qinghai	250946	221506	475900	428805	14311.3	19907.2
宁 夏 Ningxia	215234	157687	408284	382688	7119.5	12862.8
新 疆 Xinjiang	318127	904660	334063	1564199	38930.6	30133.6

八、社会服务
Social Service

8-1 行政区划

Division of Administrative Areas

单位：个 (unit)

项　目	Item	2010	2011	2011年比2010年增减% Change in 2011 over 2010
地级行政区划合计	**Total Number of Administrative Areas at Prefecture Level**	**333**	**332**	**-0.3**
地级市	Cities at Prefecture Level	283	284	0.4
地区	Prefectures	17	15	-11.8
自治州	Autonomous Prefectures	30	30	
盟	Leagues	3	3	
县级行政区划合计	**Total Number of Administrative Areas at County Level**	**2856**	**2853**	**-0.1**
市辖区	Districts under the Jurisdiction of Cities	853	857	0.5
县级市	Cities at County Level	370	369	-0.3
县	Counties	1461	1456	-0.3
自治县	Autonomous Counties	117	117	
旗	Banners	49	49	
自治旗	Autonomous Banners	3	3	
特区	Special Zones	2	1	-50.0
林区	Forestry Districts	1	1	
乡镇、街道级行政区划合计	**Total Number of Administrative Areas at Townships and Streets Level**	**40906**	**40466**	**-1.1**
镇	Towns	19410	19683	1.4
乡	Townships	13379	12395	-7.4
苏木	Sumu	96	106	10.4
民族乡	Ethnic Townships	1095	1085	-0.9
民族苏木	Ethnic Sumu	1	1	
街道办事处	Street Communities	6923	7194	3.9
区公所	District Communities	2	2	

8-2 县及以上行政区划

Division of Administrative Areas at County Level and Above

单位: 个 (unit)

年份 Year	省级 Provinces, Autonomous Regions and Municipalities	地级(不含地级市) Administrative Areas at Prefecture Level (Excluding Cities at Prefecture Level)	县级(不含县级市、市辖区) Administrative Areas at County Level (Excluding Cities at County level and Districts under the Jurisdiction of Cities)	市 Cities	#地级 Cities at Prefecture Level	#县级 Cities at County Level	市辖区 Districts under the Jurisdiction of Cities
1978	30	212	2153	193	98	92	408
1979	30	211	2153	216	104	109	428
1980	30	211	2151	223	107	113	511
1981	30	208	2144	233	108	122	514
1982	30	210	2140	245	112	130	527
1983	30	178	2091	289	144	142	552
1984	30	175	2069	300	147	150	595
1985	30	165	2046	324	162	159	621
1986	30	159	2017	353	166	184	629
1987	30	156	1986	381	170	208	632
1988	31	151	1936	434	183	248	647
1989	31	151	1919	450	185	262	648
1990	31	151	1903	467	185	279	651
1991	31	151	1894	479	187	289	650
1992	31	148	1848	517	191	323	662
1993	31	139	1795	570	196	371	669
1994	31	127	1735	622	206	413	697
1995	31	124	1716	640	210	427	706
1996	31	117	1696	666	218	445	717
1997	33	110	1693	668	222	442	727
1998	33	104	1689	668	227	437	737
1999	34	95	1682	667	236	427	749
2000	34	74	1674	663	259	400	787
2001	34	67	1660	662	265	393	808
2002	34	57	1649	660	275	381	830
2003	34	51	1642	660	282	374	845
2004	34	50	1636	661	283	374	852
2005	34	50	1636	661	283	374	852
2006	34	50	1635	656	283	369	856
2007	34	50	1635	655	283	368	856
2008	34	50	1635	655	283	368	856
2009	34	50	1636	654	283	367	855
2010	34	50	1633	657	283	370	853
2011	34	48	1627	657	284	369	857

8-3 乡镇级行政区划

Division of Administrative Areas at Townships Level

单位：个 (unit)

年 份 Year	乡镇级合计 Total Number of Administrative Areas at Townships Level	镇 Towns	乡级 Townships Level	#民族乡 Ethnic Townships	区公所 District Communities	街道办事处 Street Communities
1978	6195	2173			4022	
1979	10424	2361			3619	4444
1980						
1981	11434	2678			3791	4965
1982						
1983	49695	2968	35514		5909	5304
1984	106439	7186	85290		8119	5844
1985	104900	9140	82450	3144	7908	5402
1986	83954	10718	61353	2936	6165	5718
1987	81025	11103	58739	3020	5503	5680
1988	65345	11481	45195	1571	3570	5099
1989	65419	11873	44624	1755	3502	5420
1990	65188	12084	44397	1980	3438	5269
1991	63391	12455	42654	1403	3096	5186
1992	54830	14539	33827	1348	1231	5233
1993	54863	15805	32445	1351	1143	5470
1994	54605	16702	31463	1322	1068	5372
1995	53360	17532	29502	1330	730	5596
1996	51336	18171	27056	1383	544	5565
1997	50967	18925	25966	1545	398	5678
1998	50999	19216	25712	1517	339	5732
1999	50750	19756	24745	1222	345	5904
2000	51024	20312	24555	1356	255	5902
2001	46369	20358	20012	1165	27	5972
2002	44822	20600	18640	1162	66	5516
2003	44067	20226	18064	1149	26	5751
2004	43275	19892	17534	1127	20	5829
2005	41636	19522	15951	1093	11	6152
2006	41040	19369	15306	1089	10	6355
2007	40813	19249	15120	1094	10	6434
2008	40828	19234	15067	1097	3	6524
2009	40858	19322	14848	1098	2	6686
2010	40906	19410	14571	1096	2	6923
2011	40466	19683	13587	1086	2	7194

注：民族乡中含1个民族苏木。

a) The data of ethnic townships includes one ethnic sumu.

8-4 "七五"—"十二五"时期社会服务业发展速度
Increase Rate of Key Indicators on Development of Social Service from the 7th Five Year Plan to the 12th Five Year Plan

单位：% (%)

项目	Item	"七五"时期年平均增长速度 Average Annual Increase Rate During the 7th Five Year Plan Period	"八五"时期年平均增长速度 Average Annual Increase Rate During the 8th Five Year Plan Period	"九五"时期年平均增长速度 Average Annual Increase Rate During the 9th Five Year Plan Period
综合	**General**			
行政区划	Division of Administrative Areas			
乡	Townships	-11.6	-7.8	-4.7
镇	Towns	5.7	7.7	3.0
60岁以上老年人口	Population Aged 60 and Over			
民政事业费支出	Operating Costs of Civil Affairs	11.9	14.8	17.3
固定资产	Fixed Assets	20.8	22.5	53.1
社会工作	**Social Work**			
社会服务床位	Number of Beds in Social Service Institutions	9.7	4.6	3.0
#养老床位	Beds for Aged and Disabled			
智障和精神疾病床位	Beds for Mental Retardation and Mental Disease			
儿童床位	Beds for Children			
家庭收养儿童	Children Adopted by Families			
社会福利企业	Social Welfare Enterprises	23.0	7.6	-7.6
福利彩票销售额	Sales of Welfare Lottery		54.5	14.6
城市居民最低生活保障人数	Number of Persons Receiving Subsistence Allowance in Urban Areas			
国家重点优抚对象	Beneficiaries of State Pension or Subsidies with Preferential Treatment	8.5	1.1	-0.3
伤残人员抚恤金	Pension of Disabled Veterans			27.1
烈属和牺牲病故军人家属抚恤金	Pension for Families Members of Martyrs and Veterans Sacrificed or Died of Illness			6.7
社区服务中心	Community Services Centers			8.0
成员组织	**Membership Organizations**			
社会组织	NGOs		75.5	-3.2
社会团体	Social Organizations			
基金会	Foundations			
民办非企业单位	Non-enterprise Units Run by NGO			
自治组织	Autonomy Organizations			
村民委员会	Villagers' Committees	1.1	-6.9	-4.7
社区居委会	Community Neighborhood Committees	4.1	2.5	-0.6
其他社会服务	**Other Social Services**			
婚姻	Marriage			
办理结婚登记	Registered Marriages	2.7	-0.4	-0.2
办理离婚登记	Registered Divorces	11.7	5.7	2.8
殡葬	Funeral and Interment			
处理遗体数	Cremated Remains During the Year	5.3	5.5	7.3

注："十二五"时期年平均增长速度为2011年增长速度。

a) The average annual increase rate during the 12th five year plan period refers to increase rate of 2011 over 2010.

8-4 续表 continued

单位：%　　(%)

项　目	Item	"十五"时期年平均增长速度 Average Annual Increase Rate During the 10th Five Year Plan Period	"十一五"时期年平均增长速度 Average Annual Increase Rate During the 11th Five Year Plan Period	"十二五"时期年平均增长速度 Average Annual Increase Rate During the 12th Five Year Plan Period
综合	**General**			
行政区划	Division of Administrative Areas			
乡	Townships	-7.2	-1.8	-6.8
镇	Towns	-0.8	-0.1	1.4
60岁以上老年人口	Population Aged 60 and Over		4.3	4.1
民政事业费支出	Operating Costs of Civil Affairs	25.6	30.3	19.7
固定资产	Fixed Assets	9.9	16.3	6.1
社会工作	**Social Work**			
社会服务床位	Number of Beds in Social Service Institutions	7.7	13.8	13.4
#养老床位	Beds for Aged and Disabled	5.0	15.3	8.7
智障和精神疾病床位	Beds for Mental Retardation and Mental Disease	10.0	8.8	6.6
儿童床位	Beds for Children	11.7	11.5	23.6
家庭收养儿童	Children Adopted by Families	-2.0	-7.5	-11.4
社会福利企业	Social Welfare Enterprises	-5.2	-6.6	
福利彩票销售额	Sales of Welfare Lottery	29.4	18.7	32
城市居民最低生活保障人数	Number of Persons Receiving Subsistence Allowance in Urban Areas	40.9	0.7	-1.5
国家重点优抚对象	Beneficiaries of State Pension or Subsidies with Preferential Treatment	0.8	6.3	36.4
伤残人员抚恤金	Pension of Disabled Veterans	18.2	18.5	13
烈属和牺牲病故军人家属抚恤金	Pension for Families Members of Martyrs and Veterans Sacrificed or Died of Illness	13.5	14.9	13.1
社区服务中心	Community Services Centers	5.6	8.2	13.1
成员组织	**Membership Organizations**			
社会组织	NGOs	15.8	6.9	3.6
社会团体	Social Organizations	5.6	7.5	4.1
基金会	Foundations		17.7	18.8
民办非企业单位	Non-enterprise Units Run by NGO	45.5	6.1	3
自治组织	Autonomy Organizations			
村民委员会	Villagers' Committees	-3.0	-1.1	-0.8
社区居委会	Community Neighborhood Committees	-5.9	1.7	2.3
其他社会服务	**Other Social Services**			
婚　姻	Marriage			
办理结婚登记	Registered Marriages	-0.6	8.6	4.9
办理离婚登记	Registered Divorces	8.0	8.5	7.3
殡　葬	Funeral and Interment			
处理遗体数	Cremated Remains During the Year	3.8	1	-1.3

8-5 社会服务发展情况
Development of Social Service

项　目	Item	1985	1990	1995	2000	2005	2010	2011
综　合	**General**							
乡级 (个)	Townships Level (unit)	82450	44397	29502	24555	15951	14571	13587
镇 (个)	Towns (unit)	9140	12084	17532	20312	19522	19410	19683
65岁以上老年人口 (万人)	Population Aged 65 and over (10 000 persons)		6368	7510	8821	10055	11894	12288
社会服务经费 (亿元)	Expenditure on Social Service (100 million yuan)	29.6	51.9	103.5	229.7	718.4	2697.5	3229.1
固定资产 (亿元)	Fixed Assets (100 million yuan)	20.1	51.7	142.6	1199.3	3097.8	6589.3	6989.8
社会工作	**Social Work**							
社会服务床位数 (万张)	Number of Beds in Social Service Institutions (10 000 beds)	49.1	78.0	97.6	113.0	180.7	349.6	396.4
#儿童床位	Welfare Homes for Children	0.5	0.8	1.1	1.8	3.2	5.5	6.8
老年及残疾人床位	Beds for Aged and Disabled	45.7	73.5	92.5	104.5	158.1	316.1	353.2
智障和精神疾病床位	Beds for Mental Retardation and Mental Disease	2.9	3.7	4.0	4.1	4.4	6.1	6.5
社区服务中心数 (个)	Number of Community Services Centers (unit)			4380	6444	8479	12720	14391
城镇居民最低生活保障人数 (万人)	Number of Persons Receiving Subsistence Allowance in Urban Areas (10 000 persons)				402.6	2234.2	2310.5	2276.8
家庭收养儿童 (人)	Children Adopted by Families (person)				56191	50921	34473	31329
社会福利企业 (个)	Social Welfare Enterprises (unit)	14872	41827	60237	40670	31211	22226	21507
福利彩票销售额 (亿元)	Sales of Welfare Lottery (100 million yuan)		6.5	57.3	89.9	411.2	968.0	1278
国家重点优抚对象 (万人)	Beneficiaries of State Pension or Subsidies with Preferential Treatment (10 000 persons)	283.3	425.7	448.8	442.4	460.3	625.0	852.5
成员组织	**Membership Organizations**							
社会组织 (个)	NGOs (unit)		10855	180583	153322	319762	445631	461971
村民委员会 (万个)	Villagers' Committees (10 000 units)	94.9	100.1	93.2	73.2	62.9	59.5	59
社区居委会 (万个)	Community Neighbourhood Committees (10 000 units)	8.1	9.9	11.2	10.8	8.0	8.7	8.9
其他社会服务	**Other Social Service**							
办理结婚登记 (万对)	Registered Marriages (10 000 couples)	831.3	951.1	934.1	848.5	823.1	1241.0	1302.4
办理离婚登记 (万对)	Registered Divorces (10 000 couples)	45.8	80.0	105.6	121.3	178.5	267.8	287.4
全年火化遗体 (万具)	Cremated Remains During the Year (10 000 bodies)	155.2	201.3	262.7	373.7	450.2	474.1	468.1

8-6 社会服务发展主要指标比较
Key Statistics on Development of Social Service

项　目	Item	2010	2011	2011年比2010年增减% Change in 2011 over 2010
综　合	**General**			
行政区划　(个)	Division of Administrative Areas　(unit)			
镇	Towns	19410	19683	1.4
乡　级	Townships Level	14571	13587	-6.8
#民族乡	Ethnic Townships	1096	1086	-0.9
街道办事处	Street Communities	6923	7194	3.9
区公所	District Communities	2	2	
老龄人口	Aging Population			
60岁以上老年人口　(万人)	Population Aged 60 and Over　(10 000 persons)	17765	18499.0	4.1
60岁以上老年人口占全国总人口　(%)	Percentage of Population Aged 60 and Over to Total Population　(%)	13.3	13.7	0.4(百分点)
65岁以上老年人口　(万人)	Population Aged 65 and Over　(10 000 persons)	11894	12288.0	3.4
65岁以上老年人口占全国总人口　(%)	Percentage of Population Aged 65 and Over to Total Population　(%)	8.9	9.1	0.2(百分点)
社会服务经费　(亿元)	Expenditure on Social Service　(100 million yuan)	2697.5	3229.1	19.7
抚　恤	Pension for Families of the Disabled Veterans and the Bereaved	362.7	428.3	18.1
退役安置	Pension for Retired Servicemen and Resettlement	269.0	302.3	12.4
社会福利	Social Welfare Expenses	109.9	232.2	111.3
城市最低生活保障	Expenses for Subsistence Allowance in Urban Area	524.7	659.9	25.8
其他城市社会救济	Social Relief Funds in Urban Areas	39.9	51.1	28.1
农村最低生活保障	Expenses for Subsistence Allowance in Rural Area	445	667.7	50.0
其他农村社会救济	Social Relief Funds in Rural Areas	134.6	171.3	27.3
医疗救助	Medical Aid	157.8	216.3	37.1
自然灾害生活救助	Natural Disaster Relief	237.2	128.7	-45.7
离退休人员经费	Pension for Civilian Retired Persons	30.4	35.3	16.1
其　他	Other Civil Affairs Expenditure	386.3	336.0	-13.0
基本建设支出　(亿元)	Expenses for Capital Construction　(100 million yuan)	183.0	218.5	19.4
固定资产　(亿元)	Fixed Assets　(100 million yuan)	6589.3	6989.8	6.1
社会工作	**Social Work**			
提供住宿的社会服务机构	Social Welfare Residential Institutions			
单位数　(万个)	Number of Units　(10 000 units)	4.4	4.6	4.5
床位数　(万张)	Number of Beds　(10 000 beds)	349.6	396.4	13.4
收养人数　(万人)	Number of Persons Adopted　(10 000 persons)	278.2	293.4	5.5
社区服务设施　(个)	Community Service Facilities　(unit)			
社区服务中心	Community Service Centers	12720	14391	13.1
社区服务站	Community Service Stations	44237	56156	26.9
其他社区服务设施	Other Community Service Facilities	95984	89805	-6.4
社区服务设施覆盖率　(%)	Coverage Rate of Community Services Facilities　(%)	22.4	23.6	1.2(百分点)
城市便民、利民网点	Convenience Stores in Urban Areas	539136	452868	-16.0

注：民族乡中含1个民族苏木。
a) The data of ethnic townships includes one ethnic sumu.

8-6 续表 1 continued

项 目	Item	2010	2011	2011年比2010年增减% Change in 2011 over 2010
社会救助	Social Relief			
城 市	Urban Area			
城市居民最低生活保障人数 (万人)	Number of Persons Receiving Subsistence Allowance in Urban Areas (10 000 persons)	2310.5	2276.8	-1.5
城市居民最低生活保障户数 (万户)	Number of Households Receiving Subsistence Allowance in Urban Areas (10 000 households)	1145.0	1145.7	0.1
城市最低生活保障平均标准 (元/人、月)	Average Standard of Subsistence Allowance in Urban Areas (yuan per capita per month)	251.2	287.6	14.5
农 村	Rural Area			
农村居民最低生活保障人数 (万人)	Number of Persons Receiving Subsistence Allowance in Rural Areas (10 000 persons)	5214.0	5305.7	1.8
农村居民最低生活保障户数 (万户)	Number of Households Receiving Subsistence Allowance in Rural Areas (10 000 households)	2528.7	2672.8	5.7
农村最低生活保障平均标准 (元/人、月)	Average Standard of Subsistence Allowance in Rural Areas (yuan per capita per month)	117.0	143.2	22.4
农村集中供养五保户救济人数 (万人)	Number of Persons Entitled to Centralized "Five Guarantees" in Rural Areas (10 000 persons)	177.4	184.5	4.0
农村集中供养五保户救济户数 (万户)	Number of Households Entitled to Centralized "Five Guarantees" in Rural Areas (10 000 households)	172.9	179.9	4.0
农村集中供养五保户平均标准 (元/人、年)	Average Standard of Subsidies to Centralized "Five Guarantees" in Rural Areas (yuan per capita per month)	2951.4	3399.7	15.2
农村分散供养五保户救济人数 (万人)	Number of Persons Entitled to Decentralized "Five Guarantees" in Rural Areas (10 000 persons)	378.9	366.5	-3.3
农村分散供养五保户救济户数 (万户)	Number of Households Entitled to Decentralized "Five Guarantees" in Rural Areas (10 000 households)	361.1	350.4	-3.0
农村分散供养五保户平均标准 (元/人、年)	Average Standard of Subsidies to Decentralized "Five Guarantees" in Rural Areas (yuan per capita per month)	2102.1	2470.5	17.5
医疗救助	Medical Assistance			
城市医疗救助 (万人次)	Urban Medical Assistance (10 000 persons-time)	460.1	672.2	46.1
民政部门资助参加医疗保险人数 (万人)	Number of Persons Participated in Medical Insurance Donated by Civil Affairs Departments (10 000 persons)	1461.2	1549.8	6.1
农村医疗救助 (万人次)	Rural Medical Assistance (10 000 person-times)	1019.2	1471.8	44.4
农村资助参加合作医疗人数 (万人)	Number of Persons Participated in Rural Cooperative Medical System Donated by Civil Affairs Departments (10 000 persons)	4615.4	4825.3	4.5
家庭收养儿童 (万人)	Children Adopted by Families (10 000 persons)	3.4	3.1	-9.1
社会福利企业	Social Welfare Enterprises			
福利企业数 (万个)	Number of Social Welfare Enterprises (10 000 units)	2.2	2.2	
残疾职工 (万人)	Disabled Staff and Workers (10 000 persons)	62.5	62.8	0.5

8-6 续表 2 continued

项　目	Item	2010	2011	2011年比2010年增减% Change in 2011 over 2010
福利彩票　(亿元)	Welfare Lottery　(100 million yuan)			
销售福利彩票	Sales of Welfare Lottery	968.0	1278.0	32.0
筹集社会福利基金	Public Fund Raised from Welfare Lottery	297.1	388.7	30.8
优抚安置　(万人)	Preferential Treatment and Resettlement (10 000 persons)			
国家重点优抚对象	Beneficiaries of State Pension or Subsidies with Preferential Treatment	625.0	852.5	36.4
安置义务兵、士官人数	Number of Resettled Conscripts and Non-commissioned Officers	38.7	39.1	1.0
接收军队离退休人员人数	Number of Resettled Retired Veterans	1.3	1.5	15.4
社会捐赠	Social Donations			
社会捐赠款数　(亿元)	Donated Fund　(100 million yuan)	179.8	96.6	-46.3
捐赠衣被总数　(亿件)	Donated Clothes and Quilts　(100 million pieces)	0.3	0.3	
捐赠其他物资价值　(亿元)	Value of Other Materials Donated　(100 million yuan)	4.9	4.8	-2.0
受益人次数　(万人次)	Total Number of Beneficiaries　(10 000 person-times)	2514.7	1459.7	-42.0
社会捐赠接收站、点数(个)	Number of Work Stations and Spots Receiving Social Donations　(unit)	31878	34106	7.0
成员组织	**Membership Organizations**			
社会组织　(万个)	NGOs　(10 000 uints)	44.6	46.2	3.6
社会团体	Social Organizations	24.5	25.5	4.1
民办非企业单位	Non-enterprise Units Run by NGO	19.8	20.4	3.0
基金会　(个)	Foundations　(unit)	2200	2614	18.8
自治组织　(万个)	Autonomy Organizations　(10 000 units)			
村民委员会	Villagers' Committees	59.5	59.0	-0.8
社区居委会	Community Neighborhood Committees	8.7	8.9	2.3
其他社会服务	**Other Social Service**			
婚　姻	Marriage			
结婚登记　(万对)	Registered Marriages　(10 000 couples)	1241.0	1302.4	4.9
#涉外及港澳台	Registered Marriages with Foreigner and the Citizen of Hong Kong, Macao and Taiwan	4.9	4.9	
每千居民之结婚宗数　(‰)	Crude Marriage Rate　(‰)	9.3	9.7	0.4(千分点)
离婚办理　(万对)	Registered Divorces　(10 000 couples)	267.8	287.4	7.3
每千居民之离婚宗数　(‰)	Crude Divorce Rate　(‰)	2.0	2.1	0.1(千分点)
殡　葬	Funeral and Interment			
处理遗体数　(万具)	Cremated Remains During the Year (10 000 bodies)	474.1	468.1	-1.3
火化率　(%)	Cremated Rate　(%)	49.0	48.8	-0.2(百分点)

8-7 社会服务机构基本情况
Statistics on Social Service Institutions

指标	Item	单位数（个）Number of Enterprises (unit)		职工人数（万人）Number of Staff and Workers (10 000 persons)	
		2010	2011	2010	2011
总计	**Total**	**1268926**	**1297469**	**1138.4**	**1129.7**
行政机关	**Administration**	**3482**	**3483**	**8.9**	**9.0**
民政行政机关	Civil Affairs Administrative Institutions	3482	3483	8.9	9.0
社会工作	**Social Work**	**131833**	**146451**	**225.6**	**235.7**
提供住宿的社会服务机构	Social Welfare Residential Institutions	44482	45973	34.8	37.4
老年人与残疾人服务机构	Institutions for Aged and Disabled	39904	40868	27.4	29.3
城市养老服务机构	Urban Institutions for Aged Persons	5413	5616	7.3	8.1
农村养老服务机构	Rural Institutions for Aged Persons	31472	32140	14.2	15.2
社会福利院	Social Welfare Homes	1572	1597	3.9	3.9
光荣院	Homes for Disabled Veterans	1371	1389	1.2	1.2
荣誉军人康复医院	Convalescent Hospitals for Honorable Serviceman	40	42	0.5	0.5
复员军人疗养院	Sanatoriums for Ex-serviceman	36	40	0.3	0.3
社区养老服务机构	Community Pension Service Institutions		44		0.1
智障与精神疾病服务机构	Mental Retardation and Mental Diseases	251	251	2.3	2.3
复退军人精神病院	Mental Hospitals for Ex-serviceman	94	96	1.0	1.0
社会福利医院	Social Welfare Hospitals	157	155	1.3	1.3
儿童收养救助服务机构	Social Welfare Institutions for Children	480	638	1.0	1.2
儿童福利机构	Welfare Homes for Children	335	397	0.9	1.0
流浪儿童救助保护中心	Centers for Rescuing Street Children	145	241	0.1	0.2
其他提供住宿的服务机构	Other Social Welfare Residential Institutions	3847	4216	4.1	4.6
生活无着人员救助管理站	Salvation Stations	1448	1547	1.5	1.6
军休管理单位	Veteran Management Institutions	1957	1960	1.9	1.9
军供站	Serviceman Supply Stations	330	327	0.6	0.6
其他收养机构	Other Residential Institutions	112	382	0.1	0.5
不提供住宿的社会服务机构	Social Welfare Institutions Without Residential Accommodations	87351	100478	190.8	198.3
社区服务中心(站)	Community Centers(Stations) for Aged Persons	56957	70547	27.9	33.7
救灾储备仓库	Relief Reserve Units	455	553	0.1	0.2
社会福利企业	Social Welfare Enterprises	22226	21507	157.5	158.9
福利彩票发行单位	Welfare Lottery Issuing Institutions	993	974	0.8	0.9
烈士纪念建筑物管理单位	Martyr Memorial Building Management Units	1195	1227	0.9	0.9
捐赠、救助等其他事业单位	Institutions For Donations and Relief Management	3060	3167	2.7	2.7
老龄机构	Senior Citizens' Work Institutions	2465	2503	0.9	1.0
成员组织和其他社会服务机构	**Member Organizations and Other Social Service Institutions**	**1133611**	**1147535**	**903.9**	**885.0**
成员组织	Membership Organizations	1127346	1141104	895.5	876.5
社会组织	Social Organization	445631	461971	618.2	599.3
社会团体	Social Organization	245256	254969	396.1	363.0
基金会	Fund Organization	2200	2614	1.3	1.4
民办非企业单位	Non-enterprise Units Run by NGO	198175	204388	220.8	234.8
自治组织	Autonomy Organizations	681715	679133	277.3	277.3
社区居委会	Neighborhood Committee	87057	89480	43.9	45.4
村民委员会	Village Committee	594658	589653	233.4	231.9
其他社会服务机构	Other Social Service Institutions	6265	6431	8.4	8.5
婚姻	Marriage	2314	2328	0.9	0.9
婚姻登记服务机构	Marriage Registration Institutions	2314	2328	0.9	0.9
殡葬	Funeral and Interment Institutions	3951	4103	7.5	7.6
殡仪馆	Funeral Home	1724	1745	4.5	4.5
公墓	Cemetery	1308	1406	2.2	2.2
殡葬管理机构	Funeral and Interment Management Institutions	919	952	0.8	0.9

8-8 历年社会服务机构情况

Statistics on Social Service Institutions (1978-2011)

单位：万个 (10 000 units)

年 份 Year	合 计 Total	社会工作 Social Work	成员组织 Membership Organizations	社会组织 Social Organizations	自治组织 Autonomy Organizations	其他社会服务机构 Other Social Service Institutions	民政行政机关 Administrative Institutions
1978	1.1	0.8				0.3	
1979	1.3	1.0				0.3	
1980	1.4	1.1				0.3	
1981	1.5	1.2				0.3	
1982	1.7	1.4				0.3	
1983	40.2	2.2	37.7		37.7	0.3	
1984	103.6	3.0	100.3		100.3	0.3	
1985	107.7	4.5	103.0		103.0	0.3	
1986	101.2	5.6	95.3		95.3	0.3	
1987	100.1	6.6	93.2		93.2	0.3	
1988	106.7	8.1	98.3	0.4	97.8	0.3	
1989	111.8	8.3	103.3	0.5	102.8	0.3	
1990	119.8	8.4	111.1	1.1	110.0	0.3	
1991	129.2	8.7	120.2	8.3	111.9	0.3	
1992	136.1	9.5	126.3	15.5	110.8	0.3	
1993	139.7	10.7	128.7	16.8	112.0	0.3	
1994	140.3	10.9	129.1	17.4	111.7	0.3	
1995	133.6	10.9	122.4	18.1	104.4	0.3	
1996	133.9	10.9	122.7	18.5	104.2	0.3	
1997	131.4	10.6	120.5	18.1	102.4	0.3	
1998	122.2	10.2	111.8	16.6	95.2	0.3	
1999	115.7	9.5	105.9	14.3	91.6	0.3	
2000	109.5	9.8	99.3	15.3	84.0	0.3	
2001	110.4	9.2	100.3	21.1	79.2	0.3	0.6
2002	111.0	9.1	101.2	24.5	76.7	0.3	0.5
2003	110.3	8.9	100.7	26.7	74.0	0.3	0.4
2004	111.5	9.6	101.1	28.9	72.2	0.3	0.4
2005	113.0	9.5	102.9	32.0	70.9	0.3	0.4
2006	116.0	9.2	105.9	35.4	70.5	0.5	0.4
2007	118.0	9.0	108.2	38.7	69.5	0.5	0.3
2008	119.6	8.4	110.2	41.4	68.8	0.6	0.4
2009	126.2	13.8	111.5	43.1	68.4	0.6	0.3
2010	126.9	13.2	112.7	44.6	68.2	0.6	0.3
2011	129.7	14.6	114.1	46.2	67.9	0.6	0.3

8-9 历年社会服务机构职工情况
Staff and Workers in Social Service Institutions (1978-2011)

单位：万人 (10 000 units)

年份 Year	合计 Total	社会工作 Social Work	成员组织 Membership Organizations	社会组织 Social Organizations	自治组织 Autonomy Organizations	其他社会服务机构 Other Social Service Institutions	民政行政机关 Administrative Institutions
1978	19.7	19.7					
1979	21.9	21.9					
1980	25.3	25.3					
1981	27.8	27.8					
1982	29.1	29.1					
1983	41.5	41.5					
1984	48.0	48.0					
1985	497.9	83.4	414.5		414.5		
1986	506.2	104.1	402.1		402.1		
1987	529.1	132.2	396.9		396.9		
1988	569.6	166.9	402.7		402.7		
1989	587.5	171.5	416.0		416.0		
1990	631.8	179.3	452.5		452.5		
1991	661.2	192.7	468.5		468.5		
1992	691.3	213.9	477.4		477.4		
1993	733.9	230.0	503.9		503.9		
1994	749.6	243.1	506.5		506.5		
1995	694.2	245.7	448.5		448.5		
1996	676.0	229.2	446.8		446.8		
1997	681.1	238.2	428.6		428.6		14.3
1998	649.2	225.0	409.4		409.4		14.8
1999	629.9	213.7	401.4		401.4		14.8
2000	580.3	203.4	363.4		363.4		13.5
2001	577.3	202.4	362.8		362.8		12.1
2002	537.4	192.4	333.8		333.8		11.2
2003	562.6	193.0	358.8		358.8		10.8
2004	543.7	197.8	334.6		334.6		11.3
2005	509.0	189.5	311.1		311.1		8.4
2006	903.8	183.0	712.5	425.2	287.3		8.3
2007	938.4	190.4	739.6	456.9	282.7		8.4
2008	967.4	206.9	751.8	475.8	276.0		8.7
2009	1038.1	207.5	821.8	544.7	277.1		8.8
2010	1138.4	225.6	895.5	618.2	277.3	8.4	8.9
2011	1129.8	235.7	876.6	599.3	277.3	8.5	9.0

8-10 历年社会服务机构固定资产原值情况

Original Value of Fixed Assets in Civil Affairs Institutions (1983-2011)

单位：亿元 (100 million yuan)

年份 Year	合计 Total	社会工作 Social Work	成员组织 Membership Organizations	社会组织 Social Organizations	自治组织 Autonomy Organizations	其他社会服务机构 Other Social Service Institutions	民政行政机关 Administrative Institutions
1983	13.0	13.0					
1984	14.9	14.9					
1985	20.1	20.1					
1986	24.2	24.2					
1987	28.7	28.7					
1988	40.8	40.8					
1989	44.1	44.1					
1990	51.7	51.7					
1991	63.6	63.6					
1992	75.6	75.6					
1993	100.3	100.3					
1994	119.0	119.0					
1995	142.6	142.6					
1996	168.1	168.1					
1997	211.5	211.5					
1998	962.4	962.4					
1999	1017.3	1017.3					
2000	1199.3	1199.3					
2001	1317.0	1317.0					
2002	1394.9	1394.9					
2003	1644.3	1644.3					
2004	1818.4	1755.6					62.8
2005	3097.8	1858.0	1174.9		1174.9		64.9
2006	4066.7	2103.0	1869.4	423.0	1446.4		94.3
2007	3973.0	1934.3	1905.9	682.0	1223.9		132.8
2008	4592.8	2186.8	2273.1	805.8	1467.3		132.9
2009	5198.0	2326.4	2752.4	1030.0	1722.4		119.2
2010	6589.3	2671.9	3795.6	1864.1	1931.5		121.8
2011	6989.8	2790.4	3684.2	1885.0	1799.2	231.0	284.2

8-11 各项社会服务经费情况
Expenditure on Social Service by Item

单位：亿元 (100 million yuan)

项 目	Item	2010	2011	2011年比2010年增减% Change in 2011 over 2010
社会服务经费合计	**Total Expenditure on Social Service**	**2697.5**	**3229.1**	**19.7**
占国家财政支出比重(%)	Percentage to Total Government Expenditure (%)	3	3	
#中央转移支付的事业费	Central Government Transfer Payment for Local Civil Affairs	1342.4	1808.0	34.7
占社会服务经费的比重(%)	Percentage to Total Expenditure on Social Service (%)	49.8	56.0	6.2(百分点)
#国家基本建设投资	State Capital Construction	89.1	78.5	-11.9
#公益金支出	Expenditure of Public Fund	121.2	127.9	5.5
按项目分	by Item			
抚恤	Pension for Families of the Disabled Veterans and the Bereaved	362.7	428.3	18.1
退役安置	Pension for Retired Servicemen and Resettlement	269	302.3	12.4
社会福利	Social Welfare Expenses	109.9	232.2	111.3
城市最低生活保障	Expenses for Subsistence Allowance in Urban Area	524.7	659.9	25.8
其他城市社会救济	Social Relief Funds in Urban Areas	39.9	51.1	28.1
农村低保	Expenses for Subsistence Allowance in Rural Area	445	667.7	50.0
其他农村社会救济	Social Relief Funds in Rural Areas	134.6	171.3	27.3
医疗救助	Medical Aid	157.8	216.3	37.1
自然灾害生活救助	Natural Disaster Relief	237.2	128.7	-45.7
离退休人员费	Pension for Civilian Retirees	30.4	35.3	16.1
其他	Other Civil Affairs Expenditure	386.3	336.0	-13.0

8-12 历年社会服务经费及财政支出情况

Expenditure on Social Service and Government Expenditure (1978-2011)

单位：亿元 (100 million yuan)

年 份 Year	社会服务经费 Expenditure on Social Service	抚恤费 State Pension	离休费 Retirement Pension Category I	社会福利及其他社会救济费 Social Welfare and Relief Funds	#最低生活保障事业费 Subsistence Allowance and Its Operating Costs	自然灾害救济费 Natural Disaster Relief	退休费 Retirement Pension Category II	其他民政事业费 Other Operating Costs of Civil Affairs
1978	13.7	2.8		4.4		4.2	2.3	
1979	18.4	3.5		5.2		6.8	2.9	
1980	17.5	4.4		5.2		4.5	3.4	
"六五"时期 The 6th Five-year Plan Period	**114.2**	**27.3**	**0.9**	**32.1**		**35.2**	**16.8**	**1.7**
1981	19.2	4.4		5.1		6.3	3.4	
1982	19.6	4.8		5.1		6.0	3.5	
1983	21.6	5.3		6.5		6.4	3.4	
1984	24.2	6.1	0.2	8.0		6.9	3.0	
1985	29.6	6.7	0.7	7.4		9.6	3.5	1.7
"七五"时期 The 7th Five-year Plan Period	**208.4**	**59.2**	**11.4**	**46.7**		**56.4**	**22.0**	**12.8**
1986	34.4	8.4	1.2	8.3		10.7	3.8	1.9
1987	35.9	9.6	1.8	8.6		9.9	4.1	2.0
1988	39.6	11.0	2.3	9.0		10.4	4.3	2.5
1989	46.6	14.0	2.9	10.0		12.3	4.6	2.9
1990	51.9	16.2	3.2	10.8		13.1	5.2	3.5
"八五"时期 The 8th Five-year Plan Period	**386.6**	**107.8**	**23.2**	**75.6**		**94.1**	**45.5**	**40.5**
1991	62.5	16.8	3.6	11.7		20.9	5.4	4.2
1992	63.7	18.0	4.2	12.4		17.1	6.6	5.4
1993	69.9	20.1	3.6	14.5		14.9	8.3	8.4
1994	87.0	24.4	5.5	17.3		17.7	12.1	10.1
1995	103.5	28.5	6.3	19.7		23.5	13.1	12.4
"九五"时期 The 9th Five-year Plan Period	**840.9**	**220.6**	**76.9**	**201.8**	**48.7**	**171.5**	**58.0**	**112.2**
1996	121.2	31.9	6.2	22.8	3.0	30.8	13.9	15.5

注：离休费适用于1949年前参加革命工作的退休人员，退休费适用于其他退休人员。

Note: Retirement pension category Ⅰ applies to retirees who took part in revolutionary work before 1949,while retirement pension category Ⅱ applies to all other retirees.

8-12 续表 1 continued

单位：亿元 (100 million yuan)

年份 Year	社会服务经费 Expendi-ture on Social Service	抚恤费 State Pension	军队离退休、退职费 Pensions for Retired Servicemen	社会福利及其他社会救济费 Social Welfare and Relief Funds	#最低生活保障事业费 Subsistence Allowance and Its Operating Costs	农村及其他社会救济费 Rural and Other Social Relief Funds	自然灾害救济费 Natural Disaster Relief	地方离、退休人员费 Local Retirement Pension Category I & II	其他民政事业费 Other Operating Costs of Civil Affairs
1997	133.5	36.1	12.4	27.1	2.9		28.7	10.3	19.0
1998	161.8	39.4	15.2	34.0	7.1		41.2	10.9	21.3
1999	194.7	49.7	18.4	52.5	13.8		35.6	11.2	27.2
2000	229.7	63.5	24.7	65.4	21.9		35.2	11.7	29.2
"十五"时期 The 10th Five-year Plan Period	**2471.8**	**479.8**	**302.7**	**444.7**	**668.0**	**127.6**	**247.6**	**66.9**	**284.7**
2001	284.8	69.5	31.2	90.6	41.6		41.0	13.0	39.5
2002	392.3	74.7	49.5	167.5	108.7		40.0	13.2	47.3

8-12 续表 2 continued

单位：亿元 (100 million yuan)

年份 Year	社会服务经费 Operating Costs of Civil Affairs	抚恤费 State Pension	军队离退休、退职费 Pensions for Retired Servicemen	社会福利费 Social Welfare Funds	城市低保及其他城市社会救济 Urban Subsistence Allowance and Social Relief	农村低保及其他农村社会救济 Rural Subsistence Allowance and Social Relief	医疗救助 Medical Aid	自然灾害生活救助 Natural Disaster Relief	地方离、退休人员费 Local Retirement Pension Category I & II	其他民政事业费 Other Operating Costs of Civil Affairs
2003	498.9	87.9	59.0	78.9	153.1			52.9	13.1	54.0
2004	577.4	104.1	74.1	52.1	172.7	47.7		51.1	13.9	61.7
2005	718.4	143.6	88.9	55.6	191.9	79.9		62.6	13.7	82.2
"十一五"时期 The 11th Five-year Plan Period	**9156.8**	**1316.2**	**956.0**	**490.0**	**1941.7**	**1731.9**	**157.8**	**1205.0**	**125.7**	**1232.6**
2006	915.4	178.8	115.7	65.3	224.2	147.8		79.0	14.0	90.6
2007	1215.5	210.8	165.0	87.6	277.4	189.8		79.8	24.8	180.3
2008	2146.5	253.6	180.6	103.1	393.4	326.8		609.8	26.5	252.7
2009	2181.9	310.3	225.7	124.1	482.1	487.9		199.2	30.0	322.7
2010	2697.5	362.7	269.0	109.9	564.6	579.6	157.8	237.2	30.4	386.3
"十二五"时期 The 12th Five-year Plan Period	**3229.1**	**428.3**	**302.3**	**232.2**	**711.0**	**839.0**	**216.3**	**128.7**	**35.3**	**336.0**
2011	3229.1	428.3	302.3	232.2	711.0	839.0	216.3	128.7	35.3	336.0

8-13 基本建设投资情况
Investment of Capital Construction

单位：亿元 (100 million yuan)

项目	Item	2010	2011	2011年比2010年增减% Change in 2011 over 2010
计划总投资	**Total Planned Investment**	**460.2**	**566.7**	**23.1**
本年计划投资	**Planned Investment in Reference Year**	**173.2**	**217.3**	**25.5**
优抚安置机构	Social Welfare Institutions for Martyrs and Resettlement	11.4	12.7	11.4
社区服务机构	Community Service Institutions	25.3	44	73.9
收养性机构	Adopting Social Welfare Institutions	79.2	91.2	15.2
殡葬服务机构	Funeral and Interment Institutions	15.3	24.9	62.7
救助类机构	Units Providing Assistance	7.8	8.5	9.0
其　他	Others	34.2	36	5.3
自开始建设至本年底累计完成投资	**Accumulative Investment Actually Made From the Starting of Construction to the End of Reference Year**	**263.3**	**311.2**	**18.2**
本年完成投资	Actual Investment in Reference Year	183.0	218.5	19.4
优抚安置机构	Social Welfare Institutions for Martyrs and Resettlement	12.4	13.3	7.3
社区服务机构	Community Service Institutions	25.4	45	77.2
收养性机构	Adopting Social Welfare Institutions	82.2	92.5	12.5
殡葬服务机构	Funeral and Interment Institutions	14.3	23.4	63.6
救助类机构	Units Providing Assistance	7.9	7.7	-2.5
其　他	Others	40.8	36.6	-10.3
本年施工项目个数(个)	**Number of Projects under Construction in Reference Year (unit)**	**46018**	**4533**	**-90.1**

8-14 历年基本建设投资情况

Investment of Capital Construction (1989-2011)

年 份 Year	本年计划投资(亿元) Planned Investment in Reference Year (100 million yuan)	本年完成投资(亿元) Investment Completed in Reference Year (100 million yuan)	国家投资 State Investment	国内贷款 Domestic Loans	自 筹 Self-raising Fund	#福利彩票公益金 Public Fund from Welfare Lottery	其 他 Others	本年施工项目个数(个) Number of Projects under Construction in Reference Year (unit)
1989	5.8	2.0	0.8	0.1	0.8		0.2	
1990	6.9	2.4	1.0	0.1	1.0		0.3	
“八五”时期 The 8th Five-year Plan Period	**63.4**	**27.6**	**10.1**	**1.2**	**13.4**		**2.8**	
1991	7.0	3.0	1.1	0.1	1.5		0.3	
1992	7.3	3.2	0.8	0.1	1.9		0.4	
1993	12.8	5.6	1.3	0.2	3.4		0.7	
1994	15.5	6.2	2.3	0.5	2.9		0.6	
1995	20.9	9.6	4.6	0.3	3.8		0.9	
“九五”时期 The 9th Five-year Plan Period	**237.9**	**89.8**	**21.3**	**5.9**	**54.3**	**6.8**	**8.3**	**2793**
1996	29.8	10.1	2.1	0.4	6.4		1.1	
1997	35.7	13.8	2.7	0.8	8.6		1.6	
1998	41.0	16.6	2.8	0.8	11.1		1.9	
1999	63.2	24.7	6.0	2.3	14.6	3.5	1.8	1456
2000	68.2	24.7	7.7	1.6	13.6	3.3	1.9	1337
“十五”时期 The 10th Five-year Plan Period	**376.9**	**151.7**	**47.9**	**8.8**	**78.4**	**21.0**	**16.6**	**22117**
2001	77.5	30.8	10.4	2.2	15.1	3.6	3.1	1360
2002	88.7	30.1	9.5	1.4	15.9	3.3	3.3	3659
2003	87.3	30.0	9.9	1.7	15.1	3.5	3.3	3867
2004	89.7	29.2	8.9	2.4	14.4	4.7	3.5	8982
2005	33.8	31.6	9.1	1.0	17.9	5.8	3.5	4249
“十一五”时期 The 11th Five-year Plan Period	**485.6**	**487.8**	**210.7**	**12.4**	**148.8**	**96.8**	**82.3**	**62453**
2006	34.8	33.5	9.9	0.9	19.9	8.4	2.5	3626
2007	47.6	47.7	14.5	3.0	26.9	13.0	2.9	2446
2008	63.5	66.6	26.6	1.9	34.6	16.5	3.2	3906
2009	166.5	157.0	70.6	3.7	67.4	26.6	15.3	6457

年 份 Year	本年计划投资(亿元) Planned Investment in Reference Year (100 million yuan)	本年完成投资(亿元) Investment Completed in Reference Year (100 million yuan)	国家投资 State Investment	国内贷款 Domestic Loans	利用外资 Foreign Investment	福利彩票公益金 Public Fund from Welfare Lottery	其 他 Others	本年施工项目个数(个) Number of Projects under Construction in Reference Year (unit)
2010	173.2	183.0	89.1	2.9	0.2	32.3	58.5	46018
“十二五”时期 The 12th Five-year Plan Period	**217.3**	**218.5**	**78.5**	**6.2**	**0.5**	**53.4**	**79.9**	**4533**
2011	217.3	218.5	78.5	6.2	0.5	53.4	79.9	4533

8-15 历年提供住宿的社会服务机构情况
Social Welfare Residential Institutions (1978-2011)

年 份 Year	单位数 (个) Number of Institutions (unit)	床位数 (万张) Number of Beds (10 000 units)	收养人数 (万人) Inmates (10 000 persons)
1978	8571	16.3	16.3
1979	8988	22.6	18.6
1980	9669	24.2	19.1
1981	10031	25.3	19.7
1982	12275	28.2	22.5
1983	15807	32.4	25.9
1984	22796	42.5	34.1
1985	29100	49.1	40.8
1986	35008	58.7	47.4
1987	37372	64.9	51.8
1988	39030	69.5	54.8
1989	39743	73.8	56.9
1990	40583	78.0	59.9
1991	42264	82.8	64.6
1992	43319	89.8	69.6
1993	43681	92.7	72.4
1994	43240	95.5	73.6
1995	43074	97.6	74.7
1996	42829	100.8	76.9
1997	42385	103.1	78.5
1998	42131	105.8	80.0
1999	40430	108.9	82.7
2000	40491	113.0	85.4
2001	38785	140.7	88.5
2002	38200	141.5	91.6
2003	37294	142.9	96.5
2004	38593	157.2	110.9
2005	42487	180.7	123.6
2006	43187	204.5	147.0
2007	44958	269.6	200.0
2008	41099	300.3	240.0
2009	43944	326.5	256.0
2010	44482	349.6	278.2
2011	45973	396.4	293.4

8-16 社会服务床位和收养人员情况
Social Welfare Institutions with Accommodation by Type

项 目	Item	床位数(万张) Number of Beds (10 000 beds) 2010	2011	2011年比2010年增减% Change in 2011 over 2010	收养救助人数(万人) Inmates (10 000 persons) 2010	2011	2011年比2010年增减% Change in 2011 over 2010	年末床位利用率(%) Bed Utilization Rate (year-end) (%)
合 计	**Total**	**349.6**	**396.4**	**13.4**	**278.2**	**293.4**	**5.5**	**74.0**
老年人与残疾人服务机构	**Institutions for Aged and Disabled**	**316.1**	**353.2**	**11.7**	**247.0**	**260.4**	**5.4**	**73.7**
城市养老服务机构	Urban Institutions for the Aged	56.7	63.0	11.1	36.3	38.8	6.8	61.5
农村养老服务机构	Rural Institutions for the Aged	224.9	242.1	7.6	182.5	192.5	5.5	79.5
社会福利院	Social Welfare Homes	24.5	27.2	11.0	17.9	19.0	6.1	69.9
光荣院	Homes for Disabled Veterans	7.3	8.1	11.0	5.0	5.3	6.0	65.4
荣誉军人康复医院	Convalescent Hospitals for Honorable Serveiceman	0.9	0.8	-11.1	0.5	0.5		62.5
复员军人疗养院	Sanatoriums for Ex-serviceman	0.6	0.7	16.7	0.4	0.5	25.0	71.4
社区养老服务机构	Community Institutions for the Aged		0.4			0.3		62.5
社区服务设施提供的养老服务	Care Service for the Aged Provided by Community Services Facilities	1.2	10.9	808.3	4.4	3.6	-18.2	33.0
智障与精神疾病服务机构	**Mental Retardation and Mental Disease Institutions**	**6.1**	**6.5**	**6.6**	**5.3**	**5.5**	**3.8**	**84.6**
复退军人精神病院	Mental Hospitals for Ex-serviceman	2.3	2.5	8.7	1.9	2.0	5.3	80.0
社会福利医院	Social Welfare Hospitals	3.8	4.0	5.3	3.4	3.5	2.9	87.5
儿童收养救助服务机构	**Social Welfare Institutions for Children**	**5.5**	**6.8**	**23.6**	**4.2**	**4.6**	**9.5**	**67.6**
儿童福利院	Welfare Homes for Children	5.0	6.0	20.0	4.1	4.5	9.8	75.0
流浪儿童救助保护中心	Centers for Rescuing Street Children	0.5	0.8	60.0	0.1	0.1		12.5
其他提供住宿的服务机构	**Other Social Welfare Residential Institutions**	**21.9**	**29.9**	**36.5**	**21.7**	**22.9**	**5.5**	**76.6**
生活无着人员救助管理站	Salvation Stations	5.0	7.1	42.0	3.3	1.9	-42.4	26.8
军休管理单位 (万户)	Serviceman Recreation Habitation (10 000 households)	12.9	16.0	24.0	17.8	19.3	8.4	120.6
军供站	Serviceman Supply Stations	3.0	3.8	26.7				
其他	Other Residential Institutions	1.0	3.0	200.0	0.6	1.7	183.3	56.7

8-17 历年家庭收养儿童登记情况
Registration of Children Adopted by Families (1996-2011)

年 份 Year	收养登记总数(件) Total Number of Registered Adoption (case)	中国公民收养登记 Adoption Registered by Chinese Citizens	外国公民收养登记 Adoption Registered by Foreigners	被收养人合计(人) Total Number of Adopted Children (person)	#福利机构抚养的孤儿 Orphans Fostered by Welfare Institutions	被中国公民收养 Children Adopted by Chinese Citizens	被外国人收养 Children Adopted by Foreigners
1996	18896	14804	4092	20389	2201		
1997	21548	17193	4355	21548	975		
1998	26498	20611	5887	26498	677		
1999	38074	31916	6158	38019	1670	31882	6137
2000	55802	49037	6765	56191	1847	49500	6691
2001	44706	36089	8617	45844	1908	37200	8644
2002	45336	35372	9964	47860	2404	37642	10218
2003	54159	44884	9275	54159	3427	44884	9275
2004	52603	40084	12519	55572	3189	44708	10864
2005	49506	35470	14036	50921	3564	38057	12864
2006	48178	38393	9785	49148	2867	39424	9724
2007	45192	36893	8299	46047	1146	37790	8257
2008	42550	37009	5541	44115	1846	38617	5498
2009	44260	39801	4459	44359	1605	39964	4395
2010	34529	29618	4911	34473	1878	29978	4495
2011	31424	27579	3845	31329	1679	28117	3212

8-18 历年社区服务机构情况

Basic Statistics on Community Services Facilities(1988-2011)

单位：个 (unit)

年份 Year	社区服务机构数 Number of Community Service Facilities	社区服务中心 Community Service Centers	社区服务站 Community Service Stations	其他社区服务机构 Other Community Service Facilities	便民、利民网点 Number of Convenience Stores	社区服务机构覆盖率(%) Coverage Rate of Community Service Facilities (%)
1988	69699			69699		7.1
1989	71357			71357		6.9
1990	84757			84757		7.7
1991	89918			89918		8.0
1992	112171			112171		10.1
1993	92946	3711		89235	169503	8.3
1994	98679	4034		94645	204229	8.8
1995	115175	4380		110795	234024	11.0
1996	132309	5055		127254	259201	12.7
1997	138366	5113		133253	307226	13.5
1998	154196	6154		148042	345075	16.2
1999	164962	7623		157339	405740	18.0
2000	187888	6444		181444	451567	22.4
2001	201758	6179		195579	539544	25.5
2002	206743	7898		198845	622986	26.9
2003	203945	7520		196425	668418	27.5
2004	205926	7804		198122	703760	28.5
2005	203275	8479		194796	664764	28.7
2006	160007	8565		151442	457896	22.7
2007	172002	9319	50116	112567	892656	24.7
2008	162976	9873	30021	123082	748684	23.7
2009	174976	10003	53170	111803	692625	25.6
2010	152941	12720	44237	95984	539136	22.4
2011	160352	14391	56156	89805	452868	23.6

8-19 各地区城市最低生活保障支出水平

Expenditure on Urban Subsistence Security by Province

单位：元/人、月 (yuan per capita per month)

地 区	Province	2010	2011	2011年比2010年增减% Change in 2011 over 2010
全 国	**National Average**	**189.0**	**240.3**	**27.1**
北 京	Beijing	361.0	457.03	26.6
天 津	Tianjin	422.7	537.4	27.1
河 北	Hebei	164.1	208.2	26.9
山 西	Shanxi	164.0	247.2	50.7
内蒙古	Inner Mongolia	263.8	325.4	23.3
辽 宁	Liaoning	189.7	255.7	34.8
吉 林	Jilin	201.0	249.0	23.9
黑龙江	Heilongjiang	200.4	250.4	25.0
上 海	Shanghai	303.4	347.3	14.5
江 苏	Jiangsu	200.8	261.7	30.3
浙 江	Zhejiang	312.8	391.5	25.2
安 徽	Anhui	181.5	261.4	44.0
福 建	Fujian	154.9	207.0	33.7
江 西	Jiangxi	178.4	219.1	22.8
山 东	Shandong	195.1	209.8	7.5
河 南	Henan	152.6	199.4	30.7
湖 北	Hubei	188.2	247.9	31.8
湖 南	Hunan	170.9	220.7	29.1
广 东	Guangdong	163.9	203.4	24.1
广 西	Guangxi	152.4	204.0	33.9
海 南	Hainan	190.0	234.5	23.5
重 庆	Chongqing	173.9	237.1	36.4
四 川	Sichuan	179.2	202.2	12.8
贵 州	Guizhou	155.4	220.6	42.0
云 南	Yunnan	150.0	194.3	29.5
西 藏	Tibet	253.5	327.7	29.3
陕 西	Shaanxi	226.2	276.0	22.0
甘 肃	Gansu	185.4	233.2	25.8
青 海	Qinghai	207.3	263.3	27.0
宁 夏	Ningxia	153.7	209.6	36.3
新 疆	Xinjiang	204.2	250.3	22.6

8-20 各地区城市最低生活保障平均标准
Average Standard of Subsistence Allowance in Urban Areas by Province

单位：元/人、月 (yuan per capita per month)

地 区	Province	2010	2011	2011年比2010年增减% Change in 2011 over 2010
全 国	**National Average**	**251.2**	**287.6**	**14.5**
北 京	Beijing	430.0	500	16.3
天 津	Tianjin	450.0	480.0	6.7
河 北	Hebei	265.3	310.0	16.8
山 西	Shanxi	231.3	268.6	16.1
内蒙古	Inner Mongolia	299.0	343.5	14.9
辽 宁	Liaoning	296.1	311.7	5.3
吉 林	Jilin	227.9	254.2	11.5
黑龙江	Heilongjiang	240.1	277.8	15.7
上 海	Shanghai	450.0	505.0	12.2
江 苏	Jiangsu	342.3	385.8	12.7
浙 江	Zhejiang	367.0	429.2	17.0
安 徽	Anhui	254.1	296.7	16.8
福 建	Fujian	218.3	274.4	25.7
江 西	Jiangxi	243.9	308.1	26.3
山 东	Shandong	285.7	314.2	10.0
河 南	Henan	202.5	233.2	15.2
湖 北	Hubei	252.2	293.8	16.5
湖 南	Hunan	213.9	243.2	13.7
广 东	Guangdong	254.4	285.9	12.4
广 西	Guangxi	228.0	241.3	5.8
海 南	Hainan	250.2	299.9	19.8
重 庆	Chongqing	255.9	298.3	16.6
四 川	Sichuan	210.0	242.1	15.3
贵 州	Guizhou	211.6	270.9	28.0
云 南	Yunnan	206.4	248.3	20.3
西 藏	Tibet	305.8	355.8	16.4
陕 西	Shaanxi	283.6	306.2	8.0
甘 肃	Gansu	189.2	207.4	9.6
青 海	Qinghai	232.0	235.8	1.7
宁 夏	Ningxia	211.9	244.3	15.3
新 疆	Xinjiang	183.2	200.4	9.4

8-21 城市传统救济和居民最低生活保障情况

Traditional Relief and Subsistence Allowance for Urban Residents

单位：万人 (10 000 persons)

年 份 Year	城市居民传统救济总人数 Total Number of Urban Residents Receiving Traditional Relief	城市居民传统定救人数 Number of Urban Residents Receiving Traditional Regular and Fixed Relief	城市精简退职老职工人数 Number of Laid-off, Retired and Disabled Staff and Workers in Urban Areas	享受40%人数 Number of Persons Receiving 40% of Their Original Wages	定量救济人数 Number of Persons Receiving Fixed Relief
1978					
1979	33.6	23.7	9.9		
1980	32.9	22.9	10.0		
1981	31.5	21.5	10.0		
1982	34.7	21.4	13.3		
1983	47.1	22.6	24.5		
1984	207.4	160.6	46.8	25.3	
1985	30.0	18.2	11.8	6.4	5.4
1986	49.0	35.6	13.4	7.1	6.3
1987	29.8	16.2	13.6	7.2	6.4
1988	32.9	17.6	15.3	7.7	7.6
1989	30.5	16.2	14.3	7.1	7.2
1990	41.8	16.4	25.4	16.4	9.0
1991	33.7	16.1	17.6	8.5	9.0
1992	39.5	19.2	20.3	9.7	10.6
1993	24.6	13.8	10.8	5.0	5.8
1994	23.0	12.4	10.6	4.9	5.7
1995	109.0	55.2	53.8	23.9	29.9
1996	120.1	66.5	53.6	23.6	30.0

注：1984年的精简退职老职工人数含农村的数据。

a) Number of laid-off,retired and disabled staff and workers in 1984 included those in rural areas.

8-21 续表 1 continued

单位：万人 (10 000 persons)

年 份 Year	城市最低生活保障人数 Number of Persons Receiving Subsistence Allowance in Urban Areas	在职人员 Staff and Workers	下岗人员 Laid-off Workers	退休人员 Retirees	失业人员 Unemployed Persons	"三无"人员 "Three-without" Persons	其他人员 Others
1996	84.9						
1997	87.9						
1998	184.1						
1999	256.9						
2000	402.6						
2001	1170.7						
2002	2064.7	186.8	554.5	90.8	358.3	91.9	783.1
2003	2246.8	179.3	518.4	90.7	409.0	99.9	949.3
2004	2205.0	141.0	468.9	73.1	423.1	95.4	1003.5
2005	2234.2	114.1	430.7	61.3	410.1	95.8	1122.1
2006	2240.1	97.6	350.0	53.2	420.8	93.1	1225.3

8-21 续表 2 continued

单位：万人 (10 000 persons)

年 份 Year	城市最低生活保障人数 Number of Persons Receiving Subsistence Allowance in Urban Areas	#残疾人 Disabled Persons	#"三无"人员 "Three-without" Persons	老年人 Aged Persons	在职人员 On-job Persons	灵活就业 Flexibly Employed Persons	登记失业 Unemployed Persons with Registration	未登记失业 Unemployed Persons without Registration	在校生 Students	其 他 Others
2007	2272.1	161.0	125.8	298.4	93.9	343.8	627.2	364.3	321.6	223.0
2008	2334.8	169.1	106.9	316.7	82.2	381.7	564.3	402.2	358.1	229.6
2009	2345.6	181.0	94.1	333.5	79.0	432.2	510.2	410.9	369.1	210.7
2010	2310.5	180.7	89.3	338.6	68.2	432.4	492.8	420.0	357.3	201.2
2011	2276.8	184.1	80.3	346.9	61.5	429.7	472.5	426.7	348.5	191.0

8-22 农村社会救济情况
Social Relief for Rural Residents

单位：万人 (10 000 persons)

年 份 Year	农村社会救济总人数 Total Number of Rural Residents Receiving Social Relief	农村定期定量救济人数 Number of Rural Residents Receiving Regular and Fixed Relief	农村精简退职老职工人数 Number of Laid-off, Retired and Disabled Workers in Rural Areas	享受40%人数 Number of Persons Receiving 40% of Their Original Wages	定量救济人数 Number of Persons Receiving Fixed Relief
1978					
1979	6847.6	6837.7	9.9		
1980	4651.8	4641.8	10.0		
1981	4265.1	4255.1	10.0		
1982	4270.7	4257.4	13.3		
1983	3526.7	3502.2	24.5		
1984	3842.7	3795.9	46.8	25.3	
1985	116.7	75.1	41.6	18.1	23.5
1986	103.0	63.1	39.9	18.1	21.7
1987	92.2	53.2	39.0	17.7	21.3
1988	93.0	54.1	38.9	17.6	21.4
1989	75.7	35.0	40.7	18.3	22.3
1990	100.2	46.7	53.5	23.6	29.9
1991	97.0	43.8	53.2	23.5	29.8
1992	97.5	45.6	51.9	23.3	28.6
1993	80.1	36.3	43.8	19.5	24.3
1994	82.1	38.5	43.6	19.2	24.3
1995	98.3	55.2	43.1	19.0	24.1
1996	109.2	66.5	42.7	18.6	24.1
1997	104.5	51.4	53.1	23.2	29.8
1998	120.5	65.6	54.9	24.9	30.0
1999	107.1	55.6	51.5	22.5	28.7
2000	112.2	62.5	49.7	22.1	27.6
2001	130.5	80.7	49.8	21.3	27.8
2002	138.7	90.0	48.7	20.9	27.8

8-22 续表 1 continued

单位：万人 (10 000 persons)

年份 Year	农村困难群众救助总人数 Total Number of Rural Poor Residents Receiving Subsidies	农村居民最低生活保障人数 Number of Rural Residents Receiving Subsistence Allowance	农村特困户救助人数 Number of Persons in Rural Destitute Households Receiving Subsidies	农村困难群众救助总户数 Number of Rural Poor Households Receiving Subsidies	农村居民最低生活保障户数 Number of Rural Households Receiving Subsistence Allowance	困难户 Poor Households	其他 Others	农村特困户救助户数 Number of Destitute Households Receiving Subsidies	困难户 Poor Households	其他 Others	五保户供养户数 Number of Households Entitled to the "Five Guarantees"
2001	385.3	304.6	80.7								
2002	497.8	407.8	90.0	156.7	156.7						
2003	1160.5	367.1	793.4	632.8	146.5	114.5	32.0	282.1	192.7	89.3	204.2
2004	1402.1	488.0	914.1	780.8	197.9	165.2	33.6	317.1	260.4	56.6	265.8
2005	1891.8	825.0	1066.8	1061.0	356.5	298.8	57.7	354.8	290.4	64.4	349.7

8-22 续表 2 continued

单位：万人 (10 000 persons)

年份 Year	农村救助总人数 Total Number of Rural Residents Receiving Relief	农村居民最低生活保障人数 Number of Rural Residents Receiving Subsistence Allowance	农村五保供养人数 Number of Rural Residents Entitled to "Five Guarantees"	农村特困救济人数 Number of Rural Residents Receiving Destitute Relief	农村传统救济人数 Number of Rural Residents Receiving Traditional Relief	农村临时救济人次数（万人次） Number of Rural Residents Receiving Temporary Relief (10 000 person-times)
2006	2987.8	1593.1	503.3	775.8	115.6	963.8
2007	4172.6	3566.3	531.3		75.0	646.0
2008	4926.3	4305.5	548.6		72.2	831.0
2009	5375.6	4760.0	553.4		62.2	546.4
2010	5829.8	5214.0	556.3		59.5	613.7
2011	5925.4	5305.7	551		68.7	596.8

8-23 历年社会福利企业情况

Social Welfare Enterprises (1978-2011)

年 份 Year	单位数 (个) Number of Social Welfare Enterprises (unit)	残疾职工人数 (万人) Number of Disabled Persons Employed (10 000 persons)	利润额 (亿元) Profits (100 million yuan)
1978	920	3.5	0.8
1979	1106	4.8	0.8
1980	1309	5.5	0.9
1981	1574	6.1	0.7
1982	1704	6.4	0.8
1983	5930	9.6	0.9
1984	6710	11.6	1.3
1985	14872	23.2	5.1
1986	19865	31.4	4.2
1987	27793	43.3	8.8
1988	40496	55.9	16.5
1989	41565	60.5	16.1
1990	41827	63.8	17.8
1991	43805	70.1	21.3
1992	49836	77.8	32.6
1993	56881	84.5	44.7
1994	60233	90.9	44.1
1995	60237	93.9	49.1
1996	59397	93.6	45.1
1997	55509	91.0	66.3
1998	50514	85.6	63.9
1999	44628	79.0	76.7
2000	40670	72.5	99.0
2001	37980	69.9	119.5
2002	35758	68.3	148.3
2003	33976	67.9	189.9
2004	32410	66.2	219.0
2005	31211	63.7	225.2
2006	30199	55.9	237.8
2007	24974	56.3	169.3
2008	23780	61.9	119.2
2009	22783	62.7	125.4
2010	22226	62.5	150.8
2011	21507	62.8	140.1

8-24 中国福利彩票销售情况
China Welfare Lottery

年　份 Year	福利彩票发行单位 (个) Welfare Lottery Issuing Units (unit)	福利彩票销售额 (亿元) Sales of Welfare Lottery (100 million yuan)	提取公益金 (亿元) Public Fund from Welfare Lottery (100 million yuan)	公益金支出 (亿元) Expenditure of Public Fund from Welfare Lottery (100 million yuan)
"七五"时期 The 7th Five-year Plan Period		**14.2**	**4.6**	
1986				
1987		0.2	0.1	
1988		3.8	1.2	
1989		3.8	1.3	
1990		6.5	2.0	
"八五"时期 The 8th Five-year Plan Period		**115.2**	**34.3**	
1991		7.7	2.5	
1992		13.8	4.1	
1993		18.4	5.5	
1994		18.0	5.3	
1995		57.3	16.9	
"九五"时期 The 9th Five-year Plan Period		**358.7**	**103.5**	**72.7**
1996		64.8	19.1	
1997		36.4	10.1	
1998		63.2	19.6	14.1
1999	1169	104.4	30.5	19.9
2000	1253	89.9	24.2	38.7
"十五"时期 The 10th Five-year Plan Period		**1145.2**	**393.6**	**161.9**
2001	1185	139.6	41.9	19.7
2002	1121	168.0	58.8	25.5
2003	1145	200.1	70.0	30.6
2004	1128	226.4	79.2	33.8
2005	1113	411.2	143.7	52.3
"十一五"时期 The 11th Five-year Plan Period		**3455.3**	**1145.1**	**484.0**
2006	989	495.7	171.6	52.6
2007	985	631.6	217.0	77.6
2008	999	604.0	211.4	119.2
2009	988	756.0	248.0	113.4
2010	993	968.0	297.1	121.2
"十二五"时期 The 12th Five-year Plan Period		**1278.0**	**388.7**	**127.9**
2011	974	1278.0	388.7	127.9

8-25 社会捐赠情况
Social Donations

单位: 亿元 (100 million yuan)

项 目	Item	2010	2011	2011年比2010年增减% Change in 2011 over 2010
社会捐赠合计	Total Social Donations	601.7	494.9	-17.7
民政部门直接接收的捐赠	Social Donations Received by Civil Affairs Department Directly	184.7	101.5	-45.0
直接接收捐赠情况	Social Donations Received Directly			
捐赠款数额	Donated Fund	179.8	96.6	-46.3
捐赠衣被合计 (万件)	Donated Clothes and Quilts (10 000 pieces)	2750.4	2918.5	6.1
#棉衣被	Cotton-padding Clothes and Quilts	956.8	1647.1	72.1
捐赠其他物资价值	Value of Other Materials Donated	4.9	4.8	-2.0
间接接收捐赠情况	Social Donations Received Indirectly			
捐赠款数额	Donated Fund	10.5	3.8	-63.8
捐赠衣被合计 (万件)	Donated Clothes and Quilts (10 000 pieces)	538.8	588.4	9.2
#棉衣被	Cotton-padding Clothes and Quilts	33.8	410.2	1113.6
捐赠其他物资价值	Value of Other Materials Donated	0.3	0.3	
受益人次数 (万人次)	Number of Beneficiaries (10 000 person-times)	2514.7	1459.7	-42.0
社会捐赠接收工作站、点数(个)	Number of Work Stations and Spots Receiving Social Donations (unit)	31878	34106	7.0
#社会捐赠接收工作站数	Number of Work Stations Receiving Social Donations	16863	16736	-0.8
慈善超市数	Number of Charity Supermarkets	8640	8802	1.9
各类社会组织接收捐赠	Social Donations Received by Foundations	417.0	393.5	-5.6

注: 2007年起, 社会捐赠统计口径扩大, 增加了在民政部门登记的基金会的捐赠数据(以下各表同)。

a) Social donations have included that received by foundations registered in civil affairs department since 2007 (the same applies to the tables following).

8-26 历年社会捐赠情况
Social Donations (1997-2011)

单位：亿元、亿件 (100 million yuan, 100 million pieces)

年份 Year	社会捐赠款物金额合计 Total Value of Social Donations in Cash and Kind	社会捐赠款 Donated Fund	民政部门 Civil Affairs Departments	社会组织 Social Organization	社会捐赠衣被物资折款 Total Value of Clothes and Quilts Donated (cash equivalent)	接收社会捐赠衣被数量 Donated Clothes and Quilts
1997	14.0	4.2			9.9	0.9
1998	113.2	50.2	50.2		63.0	2.9
1999	17.8	6.9	5.0	2.0	10.8	0.6
2000	16.3	9.3	5.4	3.9	7.0	0.8
2001	20.0	11.7	7.6	4.1	8.3	1.3
2002	20.8	19.0	11.1	7.9	1.8	2.3
2003	43.4	41.0	29.2	11.9	2.4	2.0
2004	35.1	34.0	17.1	16.9	1.2	0.9
2005	61.9	60.3	31.3	29.0	1.6	1.0
2006	89.5	83.1	43.0	40.1	6.4	0.7
2007	148.4	132.8	50.9	81.9	15.6	0.9
2008	764.0	744.5	479.3	265.2	19.6	11.6
2009	485.9	483.7	66.5	417.2	2.2	1.2
2010	601.7	596.8	179.8	417.0	4.9	0.3
2011	494.9	490.1	96.6	393.5	4.8	0.3

注：社会捐赠衣被物资折款指民政部门接收的捐赠衣被和物资。
a)Total value of clothes and quilts donated (cash equivalent) only refers to those received by civil affairs departments.

8-27 人口受灾和救灾情况
Population Affected by Disasters and Disaster Relief

年 份 Year	受灾人口 (万人次) Population Affected by Disasters (10 000 person-times)	因灾死亡人口 (人) Number of Persons Died in Disasters (person)	紧急转移人口 (万人) Population Evacuated in Emergency (10 000 persons)
1978		4965	
1979		6962	
1980		6821	
1981	26710.0	7422	
1982	22900.7	7935	
1983	22439.0	10952	
1984	20894.0	6927	
1985	26446.0	4394	290.5
1986	29928.0	5410	345.8
1987	23512.0	5495	348.0
1988	36169.0	7306	582.9
1989	34569.0	5952	365.3
1990	29348.0	7338	579.2
1991	41941.0	7315	1308.5
1992	37174.0	5741	303.6
1993	37541.0	6125	307.7
1994	43799.0	8549	1054.0
1995	24215.0	5561	1064.0
1996	32305.0	7273	1216.0
1997	47886.0	3212	511.3
1998	35216.0	5511	2082.4
1999	35319.0	2966	664.8
2000	45652.3	3014	467.1
2001	37255.9	2583	211.1
2002	37841.8	2840	471.8
2003	49745.9	2259	707.3
2004	33920.6	2250	563.2
2005	40653.7	2475	1570.3
2006	43453.3	3186	1384.5
2007	39777.9	2325	1499.1
2008	47795.0	88928	2682.2
2009	47933.5	1528	709.9
2010	42610.2	7844	1858.4
2011	43290.0	1126	939.4

8-28 因灾造成物资损失情况
Loss of Materials Caused by Disasters

年 份 Year	直接经济损失 (亿元) Direct Economic Loss (100 million yuan)	倒塌房屋 (万间) Collapsed Houses (10 000 rooms)	农作物受灾面积 (万公顷) Crops Areas Affected by Disaster (10 000 hectares)	死亡大牲畜 (万头) Number of Livestock Died in Disasters (10 000 heads)
1978		73.1	4844	226
1979		152.1	3937	
1980		137.3	5003	73
1981		261.5	3979	171
1982		320.3	3313	199
1983	260.9	345.4	3471	115
1984		274.7	3189	37
1985	410.4	224.9	4437	323
1986		209.7	4714	79
1987	326.3	180.0	4207	100
1988		258.0	5087	249
1989	525.0	194.1	4699	450
1990	616.0	247.4	3847	166
1991	1215.1	581.5	5547	98
1992	853.9	196.6	5133	171
1993	933.2	271.6	4867	151
1994	1876.0	512.1	5504	238
1995	1863.0	439.3	4587	245
1996	2882.0	809.0	5975	619
1997	1975.0	288.0	5343	34
1998	3007.4	821.4	2229	689
1999	1962.4	174.5	4998	82
2000	2045.3	147.3	5469	162
2001	1942.0	92.2	5215	63
2002	1717.4	175.7	4712	75
2003	1884.2	343.0	5439	81
2004	1602.3	155.0	3711	170
2005	2042.1	226.4	3882	113
2006	2528.1	193.3	4109	126
2007	2363.0	146.7	4899	_
2008	11752.4	1097.8	3999	_
2009	2523.7	83.8	4721	1099
2010	5339.9	273.3	3743	_
2011	3096.4	93.5	3247	_

8-29 国家优抚安置情况
Beneficiaries of Preferential Treatment and Resettlement of Demobilized Veterans

单位：人 (person)

项目	Item	2010	2011	2011年比2010年增减% Change in 2011 over 2010
重点优抚对象人数	**Total Number of Beneficiaries Enjoying State Pension or Subsidies with Preferential Treatment**	**6250325**	**8525358**	**36.4**
抚　恤	Beneficiaries of State Pension	1314926	1281652	-2.5
烈士家属抚恤	Family Members of Martyrs	307587	286449	-6.9
因公牺牲抚恤	Family Members of Veterans Sacrificed	62338	60534	-2.9
病故军人家属抚恤	Family Members of Veterans Died of Illness	77899	75456	-3.1
伤残人员抚恤	Disabled Veterans	867102	859213	-0.9
补　助	Beneficiaries of Subsidies	4935399	7243706	46.8
在乡复员军人	Demobilized Soldiers in the Countryside	1703396	1587006	-6.8
带病回乡退伍军人	Veterans in the Countryside	1265664	1321786	4.4
60岁以上农村籍退伍军人	Rural Veterans over 60		2373772	
在乡红军老战士	Red Army Soldiers in the Countryside	1226	911	-25.7
在乡西路军红军老战士	West Road Army of the Red Army in the Countryside	273	190	-30.4
红军失散人员	Scattered Red Army Soldiers	37131	29208	-21.3
其他补助人数	Other Regular Beneficiaries of Subsidies	1927709	1930833	0.2
接收离退休人员数	**Number of Retired and Resigned Servicemen**	**13451**	**14530**	**8.0**
军队干部(含地方)	Cadres of the Army (Including Local)	11958	12496	4.5
军队退休士官	Retired Non-commissioned Officers	1112	1405	26.3
军队无军籍职工	Employees without Military Status from the Army	381	629	65.1
安　置	**Resettlement**			
退伍士兵	Demobilized Conscripts	322259	325289	0.9
转业、复员士官	Demobilized Non-commissioned Officers	63374	65483	3.3
复员干部	Demobilized Officers	1375	646	-53.0
当年批准的烈士	**Martyrs Approved During the Year**	**173**	**233**	**34.7**
零散烈士纪念建筑物 (个)	**Scattered Martyr Memorial Buildings (unit)**	**9729**	**50699**	**421.1**
优　待	**Preferential Treatment of Martyrs**			
优待优抚对象 (万户)	Number of Households with Preferential Treatment (10 000 households)	331	333	0.7
#军属	Families of Servicemen	117	105	-10.2
优待金 (亿元)	Total Pension of Preferential Treatment (100 million yuan)	67	97	44.1
#军属	Family members of Servicemen	34	56	63.1

8-30 定期抚恤优抚对象情况

Regular Beneficiaries of State Pension with Preferential Treatment

年 份 Year	定期抚恤人数（人） Regular Beneficiaries of State Pension (person)	烈 属 Family Members of Martyrs	牺牲、病故军人家属 Family Members of Veterans Sacrificed or Died of Illness	伤残人员（万人） Disabled Veterans (10 000 persons)
1978				73.4
1979				75.6
1980				78.6
1981				79.6
1982	590104	541516	48588	81.6
1983	577791	526826	50965	83.0
1984	585403	536523	48880	84.4
1985	518566	440000	78566	85.3
1986	533245	446209	87036	86.5
1987	548063	453480	94583	88.0
1988	537472	429271	108201	88.7
1989	525134	422656	102478	89.1
1990	516638	407276	109362	87.4
1991	614945	504462	110483	87.5
1992	602163	492457	109706	87.6
1993	495994	383924	112070	88.3
1994	487256	372850	114406	88.5
1995	486250	370685	115565	88.8
1996	484270	366216	118054	89.3
1997	480464	362086	118378	89.5
1998	473901	357492	116409	89.2
1999	458079	336587	121492	88.7
2000	448276	325116	123160	88.1

8-30 续表 continued

年 份 Year	定期抚恤人数（人） Regular Beneficiaries of State Pension (person)	烈 属 Family Members of Martyrs	牺牲军人家属 Family Members of Sacrificed Veterans	病故军人家属 Family Members of Veterans Sacrificed or Died of Illness	伤残人员（万人） Disabled Veterans (10 000 persons)
2001	480852	348521	60081	72250	85.5
2002	480466	341109	63953	75404	85.8
2003	488820	345141	65303	78376	86.0
2004	485733	339817	65695	80221	85.6
2005	492517	349253	63603	79661	84.5
2006	491320	346089	64248	80983	86.0
2007	488675	342101	64478	82096	86.5
2008	478880	332390	65001	81489	87.2
2009	458578	317675	62304	78599	87.2
2010	447824	307587	62338	77899	86.7
2011	422439	286449	60534	75456	85.9

8-31 定期补助优抚对象情况

Regular Beneficiaries of Subsidies with Preferential Treatment

单位：人 (person)

年 份 Year	定期补助总人数 Regular Beneficiaries of Subsidies	在乡红军老战士 Red Army Soldiers in the Countryside	西路军 West Road Army of the Red Army	红军失散人员 Scattered Red Army Soldiers	在乡复员军人 Demobilized Soldiers in the Countryside	在乡退伍军人 Veterans in the Countryside	60岁以上农村籍退伍军人 Rural Veterans over 60	其 他 Others
1978	9251	9251						
1979	7872	7872						
1980	6922	6922						
1981	6567	6567						
1982	1002181	6383			859055	136743		
1983	1104586	6142			952993	145451		
1984	1243633	6159			1081350	156124		
1985	1461180	6329			1185502	183129		86220
1986	1999872	6315			1673990	210445		109122
1987	2230873	7466			1833402	241290		148715
1988	2360462	7415			1950641	247009		155397
1989	2715258	6628			2272639	283075		152916
1990	2866579	7514			2373873	305045		180147
1991	2939074	7015			2419453	346021		166585
1992	2975175	6599			2402869	373989		191718
1993	2947209	5531	2997	105200	2424984	408497		
1994	2963965	5058	2430	104566	2424435	427476		
1995	2987751	4659	2318	101507	2423191	456076		
1996	3018047	4480	2303	108534	2421517	481213		
1997	3037367	4195	2214	115706	2396017	519235		
1998	3033826	3996	2157	112092	2367266	548315		
1999	3056727	3687	2106	105303	2363466	582165		
2000	3057257	3326	1997	100309	2320739	630886		
2001	3170877	3325	1889	93131	2246954	782802		42776
2002	3251971	3136	1691	90021	2274657	882090		376
2003	3300232	2893	1610	86264	2262264	919349		27852
2004	3277914	2701	1454	83366	2214467	950428		25498
2005	3265797	2681	1370	75588	2145421	977424		63313
2006	3274059	2417	1220	68070	2064713	1072684		64955
2007	4870800	2049	966	63205	1988977	1134414		1681189
2008	4981893	1622	440	47136	1920235	1193622		1818838
2009	4976839	1351	322	41272	1809019	1219752		1905123
2010	4935399	1226	273	37131	1703396	1265664		1927709
2011	7243706	911	190	29208	1587006	1321786	2373772	1930833

8-32 烈士褒扬和优待情况

Commendation and Preferential Treatment of Martyrs

年 份 Year	本年批准烈士人数（人） Number of Martyrs Approved During the Year (person)	零散烈士纪念建筑物（个） Scattered Martyr Memorial Buildings (unit)	优待优抚对象户数（户） Number of Households with Preferential Treatment (household)	#优待军属 Families of Servicemen Entitled to Preferential Treatment	优待总金额（万元） Total Pension of Preferential Treatment (10 000 yuan)	#固 定优待军属 Fixed Pensions for Family Members of Servicemen
1978		5347				
1979		3779			20393	
1980		2825			31459	
1981		2915			47255	
1982	8601	3592	4730756		58750	
1983	11024	3826	4387292		59588	
1984	8478	3953	4102419		62263	
1985	5887	3716	3567165	2884906	71655	577018
1986	11758	3871	3355694	2710272	75243	62205
1987	10644	4121	3223550	2562036	80915	66321
1988	9035	4236	3225253	2477699	87160	71735
1989	3960	4466	3086285	2423418	92169	77764
1990	3067	6065	2941486	2522476	99535	86739
1991	1556	6474	2967881	2540714	106354	93069
1992	1338	6957	2967002	2535037	116573	102008
1993	1467	6956	3009163	2470099	131555	113330
1994	1215	7279	3027420	2462671	155627	133070
1995	1277	7067	3051322	2476261	194379	166414
1996	1187	7020	3040439	2449077	251798	217527
1997	888	7048	3334000	2427586	321741	261865
1998	749	7322	3250395	2415838	356413	292305
1999	616	7252	3818210	2380675	402998	305386
2000	468	7427	3855797	2282584	469054	363675
2001	460	7802	3973085	2086464	385859	275456
2002	403	8051	4130817	1929011	374819	251854
2003	461	7781	3962425	1672205	391581	239410
2004	316	7425	3632630	1430630	418499	267458
2005	314	7483	3393218	1224036	379631	213968
2006	265	7414	3220933	1183674	421010	224354
2007	168	7186	3277318	1145223	454090	233479
2008	297	7569	3301682	1108878	666011	267750
2009	213	7622	3280522	1190816	751065	297448
2010	173	9729	3308766	1169833	671536	340382
2011	233	50699	3330859	1050918	968175	555402

8-33 社会组织发展情况
Development of NGOs

单位：个 (unit)

项　目	Item	2010	2011	2011年比2010年增减% Change in 2011 over 2010
社会组织合计	**Total Number of NGOs**	**445631**	**461971**	**3.7**
社会团体	**Social Organizations**	**245256**	**254969**	**4.0**
按活动区域分	by Range of Activity			
中央级	Central Government Level	1810	1834	1.3
省级	Provincial Level	24149	24963	3.4
地级	Prefecture Level	64169	66163	3.1
县级	County Level	155128	162009	4.4
民办非企业单位	**Non-enterprise Units Run by NGO**	**198175**	**204388**	**3.1**
按性质分类	by Character			
法人	Legal Entity	140362	147202	4.9
合伙	Partnership	6756	7265	7.5
个体	Individual	51057	49921	-2.2
基金会	**Foundations**	**2200**	**2614**	**18.8**
按性质分类	by Character			
公募性	Public Foundations	1101	1218	10.6
非公募性	Non-public Foundations	1088	1370	25.9
境外代表机构	Representative Offices of Foreign Foundations	11	26	136.4

8-34 历年社会组织情况
Number of NGOs (1988-2011)

单位：个 (unit)

年　份 Year	社会组织合计 Total Number of NGOs	社会团体 Social Organizations	民办非企业 Non-enterprise Units Run by NGO	基金会 Foundations
1988	4446	4446		
1989	4544	4544		
1990	10855	10855		
1991	82814	82814		
1992	154502	154502		
1993	167506	167506		
1994	174060	174060		
1995	180583	180583		
1996	184821	184821		
1997	181318	181318		
1998	165600	165600		
1999	142665	136764	5901	
2000	153322	130668	22654	
2001	210939	128805	82134	
2002	244509	133297	111212	
2003	266612	141167	124491	954
2004	289432	153359	135181	892
2005	319762	171150	147637	975
2006	354393	191946	161303	1144
2007	386916	211661	173915	1340
2008	413660	229681	182382	1597
2009	431069	238747	190479	1843
2010	445631	245256	198175	2200
2011	461971	254969	204388	2614

注：2001年以前的基金会含在社会团体内。
a)Data of social organizations included foundations before 2001.

8-35 自治组织发展情况
Development of Autonomy Organizations

单位：个、人 (unit, person)

项　目	Item	2010	2011	2011年比2010年增减% Change in 2011 over 2010
城　市	**Urban Areas**			
社区居委会	Community Neighbourhood Committees	87057	89480	2.8
居民小组	Neighbourhood Groups	1307337	1340414	2.5
居民委员会成员人数	Members of Neighbourhood Committees	439084	453914	3.4
#女　性	Female	217553	224337	3.1
#中共党员	Members of CPC	241536	246295	2.0
居委会选举情况	Election of Neighbourhood Committees			
当年进行选举的居委会	Number of Neighbourhood Committees Conducting Election During the Year	14878	26790	80.1
当年参选人口数	Total Population Participating in Election During the Year	39428845	65395650	65.9
#登记选民数	Number of Registered Voters	32886240	53938125	64.0
参选人数	Actual Number of Voters Participating in Election	24162275	40986263	69.6
农　村	**Rural Areas**			
村民委员会	Villagers' Committees	594658	589653	-0.8
村民小组	Villagers' Groups	4791296	4763680	-0.6
村民委员会成员人数	Members of Villagers' Committees	2333904	2319406	-0.6
#女　性	Female	498621	509487	2.2
#中共党员	Members of CPC	1378602	1338531	-2.9
村委会选举情况	Election of Villagers' Committees			
当年进行选举的村委会	Number of Villagers' Committees Conducting Election During the Year	87040	331007	280.3
当年参选村人口数	Total Population of Villages Participating in Election During the Year	132173974	387427082	193.1
#登记选民数	Number of Registered Voters	123436800	347942238	181.9
参选人数	Actual Number of Voters Participating in Election	107199811	314740486	193.6

8-36 历年自治组织发展情况
Number of Autonomy Organizations (1979-2011)

年 份 Year	社区居委会 (个) Number of Neighbourhood Committees (unit)	居民小组 (万个) Number of Neighbourhood Groups (10 000 units)	社区居委会成员 (万人) Membership of Neighbourhood Committees (10 000 persons)	村民委员会 (万个) Number of Villagers' Committees (10 000 units)	村民小组 (万个) Number of Villagers' Groups (10 000 units)	村民委员会成员 (万人) Membership of Villagers' Committees (10 000 persons)
1979	46810					
1980						
1981	57169					
1982						
1983	65519			31.2		
1984	75609			92.7		
1985	80943		34.9	94.9		379.6
1986	86824		36.2	86.6		365.9
1987	86799		37.0	84.5		359.9
1988	95684		36.1	88.3		366.6
1989	93691		36.6	93.4		379.4
1990	98814		43.1	100.1		409.4
1991	100347		44.1	101.9		424.4
1992	104136		46.5	100.4		430.9
1993	107173		47.9	101.3		456.0
1994	110112		48.0	100.7		458.5
1995	111860		48.0	93.2		400.5
1996	113690		49.3	92.8		397.5
1997	117915	108.3	49.8	90.6	535.8	378.8
1998	119042	117.2	50.8	83.3	537.1	358.6
1999	114815	124.7	50.1	80.1	555.7	351.3
2000	108424	127.2	48.4	73.2	553.4	315.0
2001	91893	125.9	46.4	70.0	541.9	316.4
2002	86087	124.4	39.6	68.1	528.6	294.2
2003	77431	122.2	39.7	66.3	519.2	319.1
2004	77884	129.6	42.5	64.4	507.9	292.1
2005	79947	123.3	45.4	62.9	490.5	265.7
2006	80717	123.5	44.3	62.4	453.3	243.0
2007	82006	122.3	41.6	61.3	466.9	241.1
2008	83413	128.7	42.2	60.4	480.9	233.9
2009	84689	129.5	43.1	59.9	480.5	234.0
2010	87057	130.7	43.9	59.5	479.1	233.4
2011	89480	134	45.4	59.0	476.4	231.9

8-37 历年结婚登记情况
Registered Marriages (1978-2011)

年 份 Year	结婚登记总数 (万对) Total Number of Registered Marriages (10 000 couples)	内地居民登记结婚数 Registered Marriages of the Mainland	涉外华侨港澳台登记结婚数 Registered Marriages with Foreigners, Overseas Chinese and Citizens of Hong Kong, Macao and Taiwan	每千居民结婚宗数 (粗结婚率) (‰) Number of Marriages per 1000 Population (Crude Marriage Rate) (‰)
1978	597.8	597.8		6.2
1979	637.1	636.3	0.8	6.7
1980	720.9	719.8	1.1	7.3
1981	1041.7	1040.3	1.4	10.4
1982	836.9	835.5	1.4	8.3
1983	765.4	764.2	1.3	7.5
1984	784.8	783.4	1.4	7.5
1985	831.3	829.1	2.2	7.9
1986	884.0	882.3	1.7	8.2
1987	926.7	924.7	2.0	8.6
1988	899.2	897.2	2.0	8.3
1989	937.2	935.2	2.0	8.4
1990	951.1	948.7	2.4	8.2
1991	953.6	951.0	2.6	8.3
1992	957.5	954.5	3.0	8.3
1993	915.4	912.2	3.3	7.8
1994	932.4	929.0	3.4	7.8
1995	934.1	929.7	4.4	7.7
1996	938.7	934.0	4.7	7.7
1997	914.1	909.1	5.1	7.4
1998	891.7	886.7	5.0	7.2
1999	885.3	879.9	5.4	7.1
2000	848.5	842.0	6.5	6.7
2001	805.0	797.1	7.9	6.3
2002	786.0	778.8	7.3	6.1
2003	811.4	803.5	7.8	6.3
2004	867.2	860.8	6.4	6.7
2005	823.1	816.6	6.4	6.3
2006	945.0	938.2	6.8	7.2
2007	991.4	986.3	5.1	7.5
2008	1098.3	1093.2	5.1	8.3
2009	1212.4	1207.5	4.9	9.1
2010	1241.0	1236.1	4.9	9.3
2011	1302.4	1297.5	4.9	9.7

注：1.每千居民结婚宗数(粗结婚率)计算方法：

$$每千居民结婚宗数=\frac{结婚宗数}{(当年期初人口数+当年期末人口数)/2}\times 1000‰$$

Note: a) Method to compile number of marriages per 1 000 population (crude marriage rate):

$$\text{Number of marriages per 1000 population}=\frac{\text{Number of marriages}}{(\text{Beginning population + Ending population})/2}\times 1000‰$$

8-38 历年离婚办理情况
Registration of Divorces (1978-2011)

年 份 Year	离婚总数(万对) Total Number of Divorces (10 000 couples)	民政部门登记离婚数 Number of Divorces Registered in Civil Affairs Departments	内地居民登记离婚数 Registered Divorces of the Mainland	涉外华侨港澳台登记离婚数(对) Registered Divorces with Foreigners, Oversesa Chinese and Citizens of Hong Kong, Macao and Taiwan (couple)	法院部门办理离婚数 Number of Divorces Registered in Courts	每千居民离婚宗数(粗离婚率)(‰) Number of Divorces per 1000 Population (Crude Divorce Rate) (‰)
1978	28.5	17.0	17.0		11.5	0.18
1979	31.9	19.3	19.3	82	12.6	0.33
1980	34.1	18.0	18.0	330	16.1	0.35
1981	38.9	18.7	18.7	46	20.2	0.39
1982	42.8	21.1	21.1	116	21.7	0.42
1983	41.8	19.7	19.7	126	22.1	0.42
1984	45.4	19.9	19.9	110	25.5	0.40
1985	45.8	19.6	19.6	108	26.2	0.44
1986	50.6	21.4	21.4	205	29.2	0.47
1987	58.1	23.6	23.6	220	34.5	0.55
1988	65.5	26.4	26.4	310	39.1	0.60
1989	75.3	28.8	28.7	518	46.5	0.68
1990	80.0	30.1	30.0	602	49.9	0.69
1991	83.1	30.1	30.0	588	53.0	0.72
1992	85.0	31.6	31.5	833	53.4	0.74
1993	91.0	33.6	33.5	968	57.4	0.77
1994	98.2	35.5	35.4	737	62.7	0.82
1995	105.6	36.8	36.7	813	68.8	0.88
1996	113.4	39.4	39.3	1175	74.0	0.93
1997	119.9	44.0	43.9	1385	75.9	0.97
1998	119.2	46.6	46.5	948	72.6	0.96
1999	120.2	47.8	47.7	975	72.4	0.96
2000	121.3	48.9	48.8	1075	72.4	0.96
2001	125.0	52.8	52.5	2856	72.2	0.98
2002	117.7	57.3	56.8	5221	60.4	0.90
2003	133.0	69.0	68.7	3333	64.0	1.05
2004	166.5	104.6	104.0	5830	61.9	1.28
2005	178.5	118.4	117.5	8267	60.1	1.37
2006	191.3	129.1	128.3	8414	62.2	1.46
2007	209.8	145.7	144.8	8852	64.1	1.59
2008	226.9	161.0	160.0	9470	65.9	1.71
2009	246.8	180.2	179.6	5747	66.6	1.85
2010	267.8	201.0	200.4	5783	66.8	2.00
2011	287.4	220.7	220.2	5761	66.7	2.13

注：1.每千居民离婚宗数(粗离婚率)计算方法：

$$每千居民离婚宗数=\frac{离婚宗数}{(当年期初人口数+当年期末人口数)/2}\times1000‰$$

Note: a) Method to compile number of divorces per 1 000 population (crude divorce rate):

$$\text{Number of divorces per 1000 population}=\frac{\text{Number of divorces}}{(\text{Beginning population}+\text{Ending population})/2}\times1000‰$$

8-39 历年殡葬服务情况
Statistics on Funeral Services (1978-2011)

年 份 Year	殡仪馆 (个) Funeral Homes (unit)	公墓 (个) Public Cemeteries (unit)	殡葬管理单位 (个) Funeral Management Units (unit)	火化炉数 (台) Number of Cremators (set)	全年处理遗体数 (万具) Cremated Remains During the Year (10 000 bodies)	火化率 (%) Cremation Rate (%)
1978				1712	117.5	
1979				2300	102.1	
1980				2510	98.7	
1981				2586	85.4	
1982				2622	96.2	
1983				2622	108.0	
1984				2686	128.2	
1985	9	24	122	2729	155.2	
1986	5	25	143	2745	155.5	26.2
1987	6	29	195	2752	162.0	27.0
1988	14	37	219	2729	180.9	29.5
1989	17	50	217	2768	182.3	30.1
1990	1260	73	211	2795	201.3	31.5
1991	1283	84	234	2714	215.6	34.0
1992	1288	88	228	2852	242.6	31.2
1993	1264	136	296	2891	247.6	31.6
1994	1272	163	284	2882	257.1	33.4
1995	1281	209	302	2927	262.7	33.2
1996	1283	256	313	3005	282.7	35.2
1997	1289	359	340	2959	295.0	36.8
1998	1310	425	374	3157	319.7	39.6
1999	1318	624	402	3340	336.4	41.5
2000	1363	692	466	3565	373.7	46.0
2001	1415	757	540	4299	386.7	47.3
2002	1486	854	542	3945	415.2	50.6
2003	1515	855	599	4159	434.9	52.7
2004	1549	937	633	4792	436.9	52.5
2005	1594	1009	681	5037	450.2	53
2006	1635	1109	805	5649	430.2	48.2
2007	1708	1162	799	4838	442.1	48.4
2008	1692	1209	853	4789	453.4	48.5
2009	1729	1266	901	5123	454.2	48.2
2010	1724	1308	919	5229	474.1	49.0
2011	1745	1406	952	5209	468.1	48.8

九、残疾人事业
Undertaking for Disabled Persons

9-1 社区康复服务情况（2011年）
Community-based Rehabilitation (2011)

单位：个 (unit)

地区	Province	开展社区康复服务工作的市辖区 Districts under Cities Where Community-based Rehabilitation Has Been Conducted		开展社区康复服务工作的县（市）Counties(Cities)Where Community-based Rehabilitation Has Been Conducted	
		本年新开展 Newly Introduced In the Year	累计数 Accumulative Number	本年新开展 Newly Introduced In the Year	累计数 Accumulative Number
总　计	**Total**	**52**	**874**	**170**	**1823**
北　京	Beijing		14		2
天　津	Tianjin	1	13		3
河　北	Hebei		36	12	128
山　西	Shanxi		23	1	83
内蒙古	Inner Mongolia	3	22	7	69
辽　宁	Liaoning	7	62		44
吉　林	Jilin		23		40
黑龙江	Heilongjiang		56	6	62
上　海	Shanghai		17		1
江　苏	Jiangsu		56	1	49
浙　江	Zhejiang		32		57
安　徽	Anhui	1	44	2	54
福　建	Fujian	2	25		58
江　西	Jiangxi		23	5	77
山　东	Shandong		55	1	90
河　南	Henan	7	57		103
湖　北	Hubei		39		59
湖　南	Hunan	1	37	3	86
广　东	Guangdong	4	58		67
广　西	Guangxi	12	36	35	75
海　南	Hainan		4		8
重　庆	Chongqing	1	20		21
四　川	Sichuan	2	28	33	118
贵　州	Guizhou		10	2	39
云　南	Yunnan		11	5	90
西　藏	Tibet		1		3
陕　西	Shaanxi	1	22		50
甘　肃	Gansu	9	18	41	69
青　海	Qinghai		4		42
宁　夏	Ningxia		9		13
新　疆	Xinjiang		10	1	77
新疆兵团	Xinjiang Corps	1	9	14	65
黑龙江农垦	Heilongjiang Land Reclamation			1	21

9-2 视力残疾康复（2011年）

Rehabilitation of Persons with Visual Disability (2011)

单位：例、人 (case,person)

地 区	Province	白内障复明 Sight-Restoring Surgeries for Cataract Patients		低视力康复 Rehabilitation of Persons with Low-vision		盲人定向行走训练 Blind Persons Who Have Gtten Orientation Skills Training
		白内障复明手术 Sight-Restoring Surgeries for Cataract Patients	#贫困白内障患者免费手术 Free Surgeries for Poor Cataract Patients	低视力配用助视器 Persons Fitted with Vision-aids	培训低视力儿童家长 Trained Parents of Children with Low Vison	
总 计	**Total**	**757517**	**309682**	**35737**	**6997**	**24871**
北 京	Beijing	10122	723	129	152	241
天 津	Tianjin	6038	1307	513	77	22
河 北	Hebei	36099	10396	1308	356	474
山 西	Shanxi	10974	6596	324	79	95
内蒙古	Inner Mongolia	10519	4965	650	119	308
辽 宁	Liaoning	24954	6094	1152	348	532
吉 林	Jilin	18083	3543	745	230	297
黑龙江	Heilongjiang	9003	2830	569	144	249
上 海	Shanghai	42872	3257	740	115	244
江 苏	Jiangsu	56506	16407	1857	824	930
浙 江	Zhejiang	40466	15507	2524	276	436
安 徽	Anhui	23101	13512	500	178	435
福 建	Fujian	17967	13665	465	149	742
江 西	Jiangxi	10461	4009	445	83	
山 东	Shandong	73827	34168	1598	453	2585
河 南	Henan	49697	28781	9999	671	10171
湖 北	Hubei	14528	6723	915	279	774
湖 南	Hunan	35381	14978	2978	681	813
广 东	Guangdong	94771	24797	1243	238	555
广 西	Guangxi	23371	11717	746	55	437
海 南	Hainan	2199	1799	4	91	76
重 庆	Chongqing	22041	9030	708	161	478
四 川	Sichuan	35557	15950	1096	381	1009
贵 州	Guizhou	10862	5679	397	124	213
云 南	Yunnan	31831	23749	795	214	1309
西 藏	Tibet	3401	268	54		
陕 西	Shaanxi	15444	10042	355	100	388
甘 肃	Gansu	12293	7528	1082	154	430
青 海	Qinghai	3201	3155	755	114	125
宁 夏	Ningxia	2768	2124	237	52	232
新 疆	Xinjiang	6961	5733	807	89	271
新疆兵团	Xinjiang Corps	1775	590	46	10	
黑龙江农垦	Heilongjiang Land Reclamation	444	60	1		

9-3 听力语言残疾康复（2011年）
Rehabilitation of Persons with Hearing and Speech Disabilities (2011)

单位：人 (person)

地 区	Province	新收训聋儿 Newly Trained Deaf Children	培训聋儿家长 Parents Trained	培训专业人员 Professionals Trained	在岗专业人员 On-job Professionals		
					教师 Teachers	医技人员 Doctors and Technicians	管理人员 Managerial Personnel
总 计	**Total**	**17730**	**29497**	**5222**	**5937**	**770**	**1502**
中央级	Central Level	108					
北 京	Beijing	239	247	130	193	55	66
天 津	Tianjin	46	84	4	26	6	4
河 北	Hebei	896	991	144	506	49	162
山 西	Shanxi	500	942	226	320	18	72
内蒙古	Inner Mongolia	312	432	35	141	18	19
辽 宁	Liaoning	587	996	169	198	24	40
吉 林	Jilin	343	875	257	136	14	46
黑龙江	Heilongjiang	412	496	42	295	34	54
上 海	Shanghai	165	457	97	100	18	19
江 苏	Jiangsu	1396	1940	471	492	59	114
浙 江	Zhejiang	670	949	32	180	37	42
安 徽	Anhui	518	1059	664	317	33	33
福 建	Fujian	649	932	89	179	14	62
江 西	Jiangxi	422	499	62	107	17	28
山 东	Shandong	1097	1819	226	421	92	111
河 南	Henan	2457	3291	213	350	32	83
湖 北	Hubei	803	900	90	209	33	65
湖 南	Hunan	918	1277	66	195	34	65
广 东	Guangdong	1269	3640	963	572	74	113
广 西	Guangxi	487	863	54	196	20	57
海 南	Hainan	33	708	3	19	7	9
重 庆	Chongqing	277	599	644	45	6	12
四 川	Sichuan	631	1057	127	161	16	64
贵 州	Guizhou	356	463	32	96	6	29
云 南	Yunnan	584	746	35	79	18	45
西 藏	Tibet	5	5		3	1	1
陕 西	Shaanxi	610	1157	22	252	20	57
甘 肃	Gansu	447	495	3	59	3	11
青 海	Qinghai	158	200	44	6		1
宁 夏	Ningxia	112	191	34	20	3	2
新 疆	Xinjiang	198	1152	244	64	8	16
新疆兵团	Xinjiang Corps	25	35				
黑龙江农垦	Heilongjiang Land Reclamation					1	

9-4 肢体残疾康复（2011年）
Rehabilitation of Persons with Physical Disability (2011)

单位：人 (person)

地 区	Province	肢体残疾康复训练 Persons with Physical Disability Receiving Rehabilitation Training	脑瘫儿童系统康复训练 Systematic Rehabilitation Training for Children with Cerebral Palsy	肢体残疾儿童社区、家庭康复训练 Children with Physical Disability Receiving Rehabilitation Training in Communities and Families	肢体残疾人社区、家庭康复训练 Persons with Physical Disability Receiving Rehabilitation Training in Communities and Families	贫困肢体残疾儿童矫治手术 Orthopedic Surgeries Conducted for Poor Children with Physical Disability	麻风畸残矫治手术(例) Orthopedic Surgeries Conducted for Persons with Leprosy-induced Disability (case)
总 计	**Total**	**166216**	**17558**	**11792**	**136866**	**1311**	**159**
北 京	Beijing	6057	184	229	5644		
天 津	Tianjin	1081	66	60	955	1	
河 北	Hebei	1414	164	465	785		
山 西	Shanxi	743	535	83	125	140	
内蒙古	Inner Mongolia	2858	175	177	2506	45	
辽 宁	Liaoning	6907	469	707	5731		
吉 林	Jilin	1115	288	82	745	33	
黑龙江	Heilongjiang	1423	236	172	1015	3	
上 海	Shanghai	1725	509	196	1020	13	2
江 苏	Jiangsu	23460	3314	1116	19030		
浙 江	Zhejiang	6607	172	518	5917	103	
安 徽	Anhui	9680	157	255	9268	5	
福 建	Fujian	3167	812	250	2105	21	
江 西	Jiangxi	5810	286	349	5175		
山 东	Shandong	21990	1818	653	19519	8	
河 南	Henan	7296	1279	1240	4777	167	
湖 北	Hubei	5453	1156	378	3919	83	
湖 南	Hunan	3732	549	356	2827	24	21
广 东	Guangdong	27560	2104	1344	24112	55	41
广 西	Guangxi	2948	634	610	1704		
海 南	Hainan	80	52	14	14	14	
重 庆	Chongqing	2667	127	183	2357		
四 川	Sichuan	8325	569	492	7264	42	3
贵 州	Guizhou	638	254	155	229	163	6
云 南	Yunnan	3218	162	345	2711	39	86
西 藏	Tibet	110	20	34	56		
陕 西	Shaanxi	4303	379	432	3492	285	
甘 肃	Gansu	1452	373	170	909	19	
青 海	Qinghai	887	87	165	635	33	
宁 夏	Ningxia	451	87	281	83	13	
新 疆	Xinjiang	2360	529	241	1590	2	
新疆兵团	Xinjiang Corps	684		37	647		
黑龙江农垦	Heilongjiang Land Reclamation	15	12	3			

9-5 智力残疾康复（2011年）

Rehabilitation of Persons with Intellectual Disability (2011)

地 区	Province	智力残疾儿童训练（人）Poor Children with Intellectual Disability Receiving Rehabilitation Training (person)			康复、管理技术人员培训（人次）Training for Managerial and Technical Personnel (person-time)
			机构康复训练 Trained in Institutions	社区、家庭康复训练 Trained in Communities and Families	
总 计	**Total**	**28037**	**15564**	**12473**	**18867**
北 京	Beijing	609	291	318	1480
天 津	Tianjin	284	222	62	244
河 北	Hebei	1100	428	672	1090
山 西	Shanxi	517	437	80	270
内蒙古	Inner Mongolia	475	227	248	140
辽 宁	Liaoning	1530	529	1001	2256
吉 林	Jilin	477	265	212	547
黑龙江	Heilongjiang	413	242	171	142
上 海	Shanghai	1254	755	499	452
江 苏	Jiangsu	2232	1622	610	2535
浙 江	Zhejiang	1367	961	406	781
安 徽	Anhui	586	276	310	303
福 建	Fujian	841	597	244	88
江 西	Jiangxi	399	192	207	158
山 东	Shandong	3167	1642	1525	1223
河 南	Henan	2635	1337	1298	421
湖 北	Hubei	1006	565	441	512
湖 南	Hunan	896	535	361	531
广 东	Guangdong	2990	1897	1093	1866
广 西	Guangxi	1212	565	647	313
海 南	Hainan	25	17	8	28
重 庆	Chongqing	406	201	205	628
四 川	Sichuan	910	443	467	1305
贵 州	Guizhou	394	216	178	194
云 南	Yunnan	685	219	466	458
西 藏	Tibet	20	20		2
陕 西	Shaanxi	676	341	335	320
甘 肃	Gansu	375	220	155	56
青 海	Qinghai	147	65	82	198
宁 夏	Ningxia	156	82	74	99
新 疆	Xinjiang	217	153	64	227
新疆兵团	Xinjiang Corps	34		34	
黑龙江农垦	Heilongjiang Land Reclamation	2	2		

9-6 精神病防治康复情况（2011年）
Prevention and Rehabilitation of Mental Illness(2011)

地 区	Province	开展精防康复工作县(市、区)(个) Counties/cities/Districts Where Prevention and Rehabilitation of Mental Illness Have Been Conducted (unit)	精神病人数(万人) People with Mental Illness In These Counties/cities/Districts (10 000 persons)	监护病人数(万人) People with Mental Illnes sunder Guardianship (10 000 persons)	显好病人数(万人) People with Mental Illness Who Have Gotten Effective Treatment (10 000 persons)	参与社会总人数(万人) People with Mental IllnessWho Have Participated into Social Life after Rehabilitation (10 000 persons)	肇事率(%) Violent Events Rate (%)
总 计	**Total**	**2423**	**522.9**	**421.2**	**287.9**	**226.7**	**0.22**
北 京	Beijing	16	5.2	4.6	3.7	2.8	0.07
天 津	Tianjin	16	6.2	5.9	4.7	4.1	0.01
河 北	Hebei	93	14.7	12.8	9.5	7.7	0.05
山 西	Shanxi	62	10.0	8.0	5.6	4.3	0.09
内蒙古	Inner Mongolia	67	7.0	5.6	3.9	3.3	0.14
辽 宁	Liaoning	107	26.9	25.1	15.8	12.9	0.05
吉 林	Jilin	56	14.5	14.1	10.2	8.4	0.15
黑龙江	Heilongjiang	111	19.1	16.2	10.5	7.1	0.06
上 海	Shanghai	18	11.2	10.8	9.3	8.9	0.01
江 苏	Jiangsu	109	44.9	42.1	31.6	26.2	0.03
浙 江	Zhejiang	71	19.8	17.7	13.0	10.8	0.35
安 徽	Anhui	82	15.1	11.6	7.5	5.8	0.07
福 建	Fujian	67	11.9	10.7	7.8	6.2	0.10
江 西	Jiangxi	101	18.4	14.3	8.4	6.5	1.64
山 东	Shandong	133	39.8	33.8	25.2	20.8	0.05
河 南	Henan	147	29.6	20.2	11.6	8.8	0.87
湖 北	Hubei	87	35.9	25.6	17.1	12.9	0.16
湖 南	Hunan	118	32.1	23.2	14.6	10.9	0.14
广 东	Guangdong	122	40.3	27.7	17.8	13.5	0.22
广 西	Guangxi	89	9.5	7.9	5.2	4.1	0.26
海 南	Hainan	14	0.9	0.7	0.4	0.2	0.42
重 庆	Chongqing	33	15.8	13.3	10.7	8.4	0.30
四 川	Sichuan	143	40.8	32.1	19.8	11.6	0.26
贵 州	Guizhou	63	7.5	6.4	4.2	4.6	0.05
云 南	Yunnan	118	9.9	7.9	5.0	4.0	0.30
西 藏	Tibet	26	0.0	0.0			
陕 西	Shaanxi	110	21.7	11.8	7.9	6.6	0.19
甘 肃	Gansu	31	6.3	5.3	3.5	2.8	0.11
青 海	Qinghai	34	0.4	0.3	0.1	0.1	
宁 夏	Ningxia	21	2.8	2.5	1.9	1.6	0.22
新 疆	Xinjiang	68	2.2	1.5	0.8	0.5	0.08
新疆兵团	Xinjiang Corps	8	1.0	0.7	0.4	0.3	0.63
黑龙江农垦	Heilongjiang Land Reclamation	82	1.4	0.6	0.2	0.1	

9-7 孤独症儿童康复训练(2011年)
Rehabilitation Training for Children with Autism(2011)

地 区	Province	孤独症儿童康复训练机构(个) Rehabilitation Institutions for Children with Autism (unit)	机构内教师(人) Teachers Working in Those Institutions (person)	机构内在训儿童(人) Children with Autism Trained in Those Institutions (person)	贫困孤独症儿童救助(人) Poor Children with Autism Supported (person)	儿童训练后走向 Directions in which Children have gone After Rehabilitation: 普幼及普小 Ordinary Kindergartens or Primary Schools (person)	特殊教育学校 Special Education Schools (person)	其他 Other directions (person)
总 计	**Total**	**839**	**3633**	**6910**	**5116**	**632**	**467**	**693**
北 京	Beijing	14	148	229	36	24	9	44
天 津	Tianjin	3	23	62	60	8	4	2
河 北	Hebei	10	46	36	36	4	8	5
山 西	Shanxi	12	66	137	137	11		21
内蒙古	Inner Mongolia	12	59	78	33	14	9	9
辽 宁	Liaoning	51	199	375	272	63	94	40
吉 林	Jilin	32	181	350	294	8	24	29
黑龙江	Heilongjiang	12	62	148	47	16	4	16
上 海	Shanghai	25	143	120	74	11	56	8
江 苏	Jiangsu	94	409	668	505	45	34	57
浙 江	Zhejiang	31	153	237	63	36	17	90
安 徽	Anhui	14	28	58	44	12	7	12
福 建	Fujian	111	225	615	532	23	15	63
江 西	Jiangxi	28	43	125	96	26	3	8
山 东	Shandong	102	426	855	775	73	57	73
河 南	Henan	23	49	169	66	14	3	40
湖 北	Hubei	22	166	263	165	30	9	18
湖 南	Hunan	29	120	160	148	34	16	23
广 东	Guangdong	93	786	1507	1010	138	78	87
广 西	Guangxi	54	89	265	194	10	13	13
海 南	Hainan	4	26	14	51	2		8
重 庆	Chongqing	8	16	71	71	3	2	
四 川	Sichuan	21	59	64	48	9	4	7
贵 州	Guizhou	16	40	46	61	10	1	12
云 南	Yunnan	2		13	13			
西 藏	Tibet							
陕 西	Shaanxi	7	41	87	114	4		7
甘 肃	Gansu	4	8	8	21	2		1
青 海	Qinghai	1	2	6	2	1		
宁 夏	Ningxia	1	7	20	26			
新 疆	Xinjiang	3	13	124	122	1		
新疆兵团	Xinjiang Corps							
黑龙江农垦	Heilongjiang Land Reclamation							

9-8 辅助器具供应服务（2011年）

Provision of Assistive Devices (2011)

地 区	Province	辅助器具供应（件）Assistive Devices Provided (piece)	矫形器装配（例）Orthotic Devices Fitted (case)	#贫困残疾人矫形器装配 Orthoses Fittied for Poor PWDs	普及型假肢装配（例）Cost-effective Artificial Limbs Fitted (case)	#贫困残疾人假肢装配 Cost-effective Artificial Limbs Fittied for Poor PWDs	其他辅助器具供应（件）Other Assistive Devices Provided (piece)	#贫困残疾人免费发放 Assistive Devices Provided to PWDs by State Project
总 计	**Total**	**743033**	**15169**	**8352**	**30539**	**21244**	**697325**	**382526**
北 京	Beijing	4936	87	58	379	156	4470	2874
天 津	Tianjin	38153	101		151		37901	19893
河 北	Hebei	21009	70	58	872	790	20067	11642
山 西	Shanxi	34288			854	398	33434	3910
内蒙古	Inner Mongolia	10956	86	22	500	231	10370	5256
辽 宁	Liaoning	22869	180	93	784	666	21905	14274
吉 林	Jilin	9689	3		371	354	9315	6913
黑龙江	Heilongjiang	7130	137	50	517	365	6476	4508
上 海	Shanghai	120845	7021	4310	332	241	113492	104349
江 苏	Jiangsu	79022	1324	30	1529		76169	110
浙 江	Zhejiang	25753	1435	1145	3291	3001	21027	20249
安 徽	Anhui	6749	40	36	531	289	6178	4359
福 建	Fujian	14559	301	75	513	228	13745	1628
江 西	Jiangxi	8304	86	61	1129	1015	7089	4358
山 东	Shandong	50299	207	41	1130	688	48962	12956
河 南	Henan	80061	287	53	3587	2844	76187	40116
湖 北	Hubei	17010	375	245	1775	1449	14860	7847
湖 南	Hunan	35950	233	85	2294	1512	33423	19096
广 东	Guangdong	18729	1314	819	1524	675	15891	10564
广 西	Guangxi	11331	217	163	1089	912	10025	7074
海 南	Hainan	572	5	5	184	84	383	332
重 庆	Chongqing	7498	70	44	371	282	7057	3545
四 川	Sichuan	25047	346	102	1272	654	23429	15617
贵 州	Guizhou	5871	135	104	549	444	5187	3139
云 南	Yunnan	17033	192	156	1240	725	15601	11830
西 藏	Tibet	512	37	37	136	136	339	269
陕 西	Shaanxi	16628	130	48	1897	1710	14601	11048
甘 肃	Gansu	13730	71	36	525	438	13134	7451
青 海	Qinghai	16971	105	57	299	201	16567	13687
宁 夏	Ningxia	6561	106	106	373	348	6082	5720
新 疆	Xinjiang	14197	454	313	446	313	13297	7506
新疆兵团	Xinjiang Corps	628	14		92	92	522	266
黑龙江农垦	Heilongjiang Land Reclamation	143			3	3	140	140

9-9 未入学学龄残疾儿童少年情况（2011年）

School-age Children with Disabilities Unable to Enter Schools (2011)

单位：人 (person)

地区	Province	未入学学龄残疾儿童少年合计 Total School-age Children with Disabilities Unable to Enter Schools	视力残疾 Visual Disability	听力残疾 Hearing Disability	言语残疾 Speech Disability	肢体残疾 Physical Disability	智力残疾 Mental Disability	精神残疾 Psychiatric Disability	多重残疾 Multiple Disability
总计	**Total**	**126464**	**12228**	**11673**	**8966**	**35215**	**35352**	**5809**	**17221**
北京	Beijing	651	11	13	8	148	283	72	116
天津	Tianjin	487	11	22	17	172	237	2	26
河北	Hebei	1837	127	178	118	624	528	46	216
山西	Shanxi	2519	133	173	148	783	943	49	290
内蒙古	Inner Mongolia	3125	588	354	229	772	768	69	345
辽宁	Liaoning	3295	139	179	128	1190	1126	168	365
吉林	Jilin	1868	64	82	102	620	698	115	187
黑龙江	Heilongjiang	993	43	51	26	253	424	69	127
上海	Shanghai	112	3	2	1	40	55	4	7
江苏	Jiangsu	1535	62	113	28	480	667	56	129
浙江	Zhejiang	948	57	82	26	313	372	29	69
安徽	Anhui	8767	866	874	646	1789	2429	601	1562
福建	Fujian	3311	241	267	146	535	1633	120	369
江西	Jiangxi	12091	2023	1325	1014	3029	2691	805	1204
山东	Shandong	4838	360	450	305	1446	1456	256	565
河南	Henan	9789	646	958	817	3316	2788	325	939
湖北	Hubei	3086	286	177	238	956	916	92	421
湖南	Hunan	7087	665	593	530	2242	1710	198	1149
广东	Guangdong	5102	268	336	288	1332	1622	355	901
广西	Guangxi	8534	809	796	619	2262	2177	351	1520
海南	Hainan	855	55	61	64	275	209	48	143
重庆	Chongqing	2031	192	286	132	459	688	86	188
四川	Sichuan	8390	936	897	624	2490	2207	323	913
贵州	Guizhou	8225	1232	1164	809	1751	1753	404	1112
云南	Yunnan	6383	505	477	492	2041	1597	191	1080
西藏	Tibet	1505	175	240	151	395	327	54	163
陕西	Shaanxi	8166	859	759	470	2349	2020	381	1328
甘肃	Gansu	4301	358	358	300	1376	1021	177	711
青海	Qinghai	903	61	62	60	345	216	17	142
宁夏	Ningxia	1105	66	47	85	300	435	59	113
新疆	Xinjiang	4186	357	278	319	1017	1155	269	791
新疆兵团	Xinjiang Corps	257	27	12	13	57	116	13	19
黑龙江农垦	Heilongjiang Land Reclamation	182	3	7	13	58	85	5	11

9-10 特殊教育普通高中情况（2011年）
Special Education Senior High Schools (2011)

单位：个、人 (unit,person)

地 区	Province	盲普通高中 Senior High Schools for Students with Visual Disability	聋普通高中 Senior High Schools for Students with Hearing Disability	招生数 Newly Enrolled Students		在校生数 Students at Schools		毕业生数 Graduates	
				盲 Visual Disability	聋 Hearing Disability	盲 Visual Disability	聋 Hearing Disability	盲 Visual Disability	聋 Hearing Disability
总 计	**Total**	**19**	**145**	**450**	**2740**	**1009**	**6198**	**190**	**1293**
北 京	Beijing	1	1	7	27	12	98	2	30
天 津	Tianjin	1	1	9	30	94	112	11	17
河 北	Hebei	1	11	38	257	38	396		124
山 西	Shanxi	1	4	16	146		303	14	154
内蒙古	Inner Mongolia		2	27	259	20	246	7	18
辽 宁	Liaoning		7		97		131		
吉 林	Jilin		4		25		37		10
黑龙江	Heilongjiang		1				24		
上 海	Shanghai	1						4	
江 苏	Jiangsu		3		124		381		116
浙 江	Zhejiang	1	5	17	81	38	380	15	82
安 徽	Anhui		2	9	100	10	307		52
福 建	Fujian	4	13	13	153	110	452	34	109
江 西	Jiangxi		4		59		136		20
山 东	Shandong	2	16	77	380	181	943	64	207
河 南	Henan	1	4	29	105	9	144	5	58
湖 北	Hubei		8		137	5	333		68
湖 南	Hunan	1	36	31	209	15	259	4	52
广 东	Guangdong		4	1	57	46	62		23
广 西	Guangxi	1	2	38	90	46	289	3	8
海 南	Hainan								
重 庆	Chongqing	1	1	75	16	188	46	18	14
四 川	Sichuan		6	8	127	13	140		10
贵 州	Guizhou		5	4	75	4	198		12
云 南	Yunnan								
西 藏	Tibet								
陕 西	Shaanxi	1	2		53	98	198		47
甘 肃	Gansu	1	1	37	90	46	127	9	27
青 海	Qinghai		1	14			54		
宁 夏	Ningxia	1			11	36	248		11
新 疆	Xinjiang		1		32		154		24
新疆兵团	Xinjiang Corps								
黑龙江农垦	Heilongjiang Land Reclamation								

9-11 残疾人中等职业教育情况（2011年）
Secondary Vocational Schools for PWDs (2011)

单位：个、人 (unit,person)

地区	Province	残疾人中等职业学校（班） Secondary Vocational Schools/classes for PWDs	招生数 Newly Enrolled Students			在校生数 Students at Schools			毕业生数 Graduates		
			盲 Visual Disability	聋 Hearing Disability	肢残 Physical Disability	盲 Visual Disability	聋 Hearing Disability	肢残 Physical Disability	盲 Visual Disability	聋 Hearing Disability	肢残 Physical Disability
总　计	**Total**	**131**	**1251**	**2316**	**1175**	**2995**	**5319**	**3258**	**1934**	**1411**	**3104**
北　京	Beijing	11	48	49	15	98	131	33	32	40	10
天　津	Tianjin	1			6			21			
河　北	Hebei	3	24	9	42	23	103	37	2	5	34
山　西	Shanxi	1	8	27	2	29	76	5	8	27	
内蒙古	Inner Mongolia	3	20	9	14	60	9	19	40		4
辽　宁	Liaoning	8	64	94	38	183	301	80	40	52	52
吉　林	Jilin	5	118	122	2	197	286		59	72	1
黑龙江	Heilongjiang	7		57	3	105	98	61	4	9	
上　海	Shanghai	3	7	46		7	184		7	47	
江　苏	Jiangsu	15	51	327	69	148	621	220	21	156	78
浙　江	Zhejiang	1		150			469			150	
安　徽	Anhui	7	168	274	103	306	430	307	122	112	57
福　建	Fujian	3	7	69		7	95	3	7	12	
江　西	Jiangxi	1		34			44			12	
山　东	Shandong	10	170	262	86	596	917	370	194	295	128
河　南	Henan	5	158	85	1	443	110	5	112	57	2
湖　北	Hubei	7	35	30	151	35	30	139	50	8	82
湖　南	Hunan	8	13	116	47	14	149	64	20	45	7
广　东	Guangdong	5	61	44	122	163	124	411	63	32	126
广　西	Guangxi	1			34		2	97			10
海　南	Hainan	1		17			17				6
重　庆	Chongqing	4	57	5	88	60	48	128	950	11	2170
四　川	Sichuan	7	26	50	14	44	115	154	10		26
贵　州	Guizhou	1			13			10			15
云　南	Yunnan	4	62	86	51	61	262	228	63	102	82
西　藏	Tibet										
陕　西	Shaanxi	3	74	278	203	104	453	615	32	116	162
甘　肃	Gansu			30	15	17	34	39	14	25	13
青　海	Qinghai	2				32	50	5			
宁　夏	Ningxia	2		1	4		1	4			
新　疆	Xinjiang	2	80	45	52	263	160	203	84	26	39
新疆兵团	Xinjiang Corps										
黑龙江农垦	Heilongjiang Land Reclamation										

9-12 高等教育录取残疾学生情况（2011年）

Admission of Students with Disabilities of Higher Education Institutions (2011)

单位：人 (person)

地 区	Province	残疾考生达到普通高等院校录取分数线 Disabled Students Who Passed the Admission Line of Ordinary Higher Education Institutions	#录取人数 Students Enrolled	本科 Undergraduates	专科(高职) Postsecondary Specialised College (Vocational College)	高等特殊教育院校录取人数 Disabled Students Admitted into Higher Special Education Institutions	本科 Undergraduates	专科(高职) Postsecondary Specialised College (Vocational College)
总 计	**Total**	**7503**	**7150**	**3505**	**3645**	**877**	**271**	**606**
北 京	Beijing	97	91	39	52	9	8	1
天 津	Tianjin	90	89	47	42	10	9	1
河 北	Hebei	390	339	165	174	27	11	16
山 西	Shanxi	161	161	78	83	40	15	25
内蒙古	Inner Mongolia	316	307	151	156	2	2	
辽 宁	Liaoning	239	239	123	116	30	11	19
吉 林	Jilin	127	127	87	40	20	15	5
黑龙江	Heilongjiang	186	186	121	65	8	6	2
上 海	Shanghai	92	92	45	47			
江 苏	Jiangsu	414	414	198	216	149	78	71
浙 江	Zhejiang	126	119	35	84	41	12	29
安 徽	Anhui	263	210	104	106	45	16	29
福 建	Fujian	297	285	134	151	17	6	11
江 西	Jiangxi	263	237	107	130	14	6	8
山 东	Shandong	411	395	185	210	230	27	203
河 南	Henan	401	401	198	203	42	1	41
湖 北	Hubei	249	247	83	164	20	2	18
湖 南	Hunan	378	358	192	166	13	4	9
广 东	Guangdong	308	285	100	185	62		62
广 西	Guangxi	196	189	88	101	6	1	5
海 南	Hainan	87	80	41	39			
重 庆	Chongqing	230	208	123	85	24	24	
四 川	Sichuan	469	437	205	232	6	3	3
贵 州	Guizhou	332	331	140	191	7	2	5
云 南	Yunnan	420	387	186	201	13	3	10
西 藏	Tibet	3	3	2	1			
陕 西	Shaanxi	313	313	195	118			
甘 肃	Gansu	200	196	111	85	10	4	6
青 海	Qinghai	77	77	37	40			
宁 夏	Ningxia	96	92	60	32	27	4	23
新 疆	Xinjiang	242	225	114	111	3	1	2
新疆兵团	Xinjiang Corps	29	29	11	18	1		1
黑龙江农垦	Heilongjiang Land Reclamation	1	1		1	1		1

9-13 残疾人就业情况（2011年）
Employment of PWDs in Urban and Rural Areas (2011)

单位：万人 (10 000 persons)

地区	Province	城镇残疾人就业状况 Employment of PWDs in Urban Areas		农村残疾人就业状况 Employment of PWDs in Rural Areas		
		就业人数合计 PWDs Employed	#本年度安排 Newly Employed During the Year	实际就业人数 PWDs Employed	#从事农业生产劳动 Engaged in Farming	#从事其他形式就业 Engaged in Other Forms of mployment
总计	**Total**	**440.5**	**31.8**	**1748.8**	**1367.7**	**381.1**
北京	Beijing	6.9	0.4	5.3	2.9	2.4
天津	Tianjin	3.5	0.3	6.7	4.7	2.0
河北	Hebei	19.7	1.2	80.8	62.8	17.9
山西	Shanxi	12.4	0.6	41.2	29.3	11.8
内蒙古	Inner Mongolia	10.7	0.8	28.3	23.3	5.0
辽宁	Liaoning	31.3	1.1	39.0	28.3	10.7
吉林	Jilin	15.5	1.2	30.5	25.2	5.3
黑龙江	Heilongjiang	12.7	1.4	24.0	19.6	4.4
上海	Shanghai	7.0	0.3	3.2	1.0	2.2
江苏	Jiangsu	28.2	1.7	73.8	56.8	17.0
浙江	Zhejiang	19.0	1.2	31.1	20.2	10.9
安徽	Anhui	18.4	1.4	106.1	83.8	22.3
福建	Fujian	11.8	1.3	35.9	27.1	8.8
江西	Jiangxi	14.6	1.6	55.7	41.9	13.7
山东	Shandong	23.3	1.9	139.8	110.0	29.8
河南	Henan	29.9	3.4	168.0	130.3	37.7
湖北	Hubei	23.8	1.3	89.1	65.9	23.2
湖南	Hunan	27.9	1.8	89.2	64.8	24.3
广东	Guangdong	18.4	1.4	69.3	55.8	13.5
广西	Guangxi	7.7	0.5	60.2	47.6	12.6
海南	Hainan	1.5	0.2	6.8	5.6	1.1
重庆	Chongqing	14.0	0.7	54.2	44.3	9.9
四川	Sichuan	30.7	2.5	163.9	134.0	29.9
贵州	Guizhou	9.3	0.6	86.6	69.8	16.8
云南	Yunnan	7.3	0.5	99.7	86.6	13.0
西藏	Tibet	0.1	0.0	5.4	5.2	0.2
陕西	Shaanxi	10.5	0.8	69.4	50.9	18.5
甘肃	Gansu	11.6	1.0	50.0	39.4	10.6
青海	Qinghai	0.9	0.1	4.8	4.3	0.5
宁夏	Ningxia	2.4	0.1	9.9	8.2	1.7
新疆	Xinjiang	6.7	0.5	21.0	18.0	3.1
新疆兵团	Xinjiang Corps	1.5	0.1			
黑龙江农垦	Heilongjiang Land Reclamation	1.6	0.1			

9-14 残疾人职业培训
Vocational Training for PWDs Training

地 区	Province	职业培训基地（个） Vocational Training Base (unit)	残联兴办 Established byDisabled Persons' Federations	依托社会机构兴办 Established by Social Organizations	本年度城镇职业培训（人） PWDs in Urban Areas Receiving Vocational Training in 2011 (person)
总 计	**Total**	**5254**	**2368**	**2886**	**298834**
北 京	Beijing	55	18	37	5271
天 津	Tianjin	22	15	7	901
河 北	Hebei	506	428	78	14418
山 西	Shanxi	190	20	170	6837
内蒙古	Inner Mongolia	134	22	112	9793
辽 宁	Liaoning	105	47	58	14228
吉 林	Jilin	176	57	119	11556
黑龙江	Heilongjiang	53	18	35	14196
上 海	Shanghai	32	12	20	13314
江 苏	Jiangsu	458	146	312	20517
浙 江	Zhejiang	139	85	54	9109
安 徽	Anhui	159	20	139	5734
福 建	Fujian	302	187	115	11802
江 西	Jiangxi	202	37	165	6358
山 东	Shandong	670	66	604	16239
河 南	Henan	863	733	130	25932
湖 北	Hubei	74	26	48	13611
湖 南	Hunan	168	84	84	6349
广 东	Guangdong	103	40	63	9960
广 西	Guangxi	26	9	17	4493
海 南	Hainan	4	1	3	1770
重 庆	Chongqing	13	5	8	4073
四 川	Sichuan	106	43	63	25706
贵 州	Guizhou	22	10	12	3810
云 南	Yunnan	170	16	154	7711
西 藏	Tibet	1	1		142
陕 西	Shaanxi	42	7	35	13422
甘 肃	Gansu	24	10	14	9255
青 海	Qinghai	277	155	122	2771
宁 夏	Ningxia	29	5	24	3072
新 疆	Xinjiang	127	44	83	6133
新疆兵团	Xinjiang Corps	2	1	1	351
黑龙江农垦	Heilongjiang Land Reclamation				

9-15 城镇残疾人参加社会保险情况（2011年）

PWDs Covered by Social Insurance in Urban Areas (2011)

单位：万人 (10 000 persons)

		城镇残疾职工参加社会保险合计 Urban Workers with Disabilities Covered by Social Insurance	残疾居民参加城镇居民医疗保险 PWDs Covered by Medical Insurance for Urban Residents	残疾居民参加城镇居民养老保险试点 PWDs Covered by New Types of Pension Insurance Pilot for Urban Residents				
				试点地区参保情况 PWDs in Pilot Sites		参保扶助情况 PWDs Got Subsidies		享受养老保金 PWDs Covered by the Insurance Pension
				实际参保残疾人 People Who Actually have the Endowment Insurance	#重度残疾人 Persons with Severe Disability Covered by the Insurance	全部代缴 Paid by Subsidy Totally	部分代缴 Paid by Subsidy Partially	
总　计	**Total**	**299.3**	**433.1**	**260.0**	**70.5**	**75.4**	**46.6**	**69.3**
北　京	Beijing	5.9	3.2	2.2	1.6	1.6	0.7	0.1
天　津	Tianjin	3.6	5.0	2.0	0.8	0.7	0.2	1.0
河　北	Hebei	9.1	14.9	10.8	2.2	1.2	2.1	4.1
山　西	Shanxi	7.4	9.4	9.8	2.3	1.0	0.5	2.7
内蒙古	Inner Mongolia	6.1	8.8	2.0	0.8	0.8	0.4	0.5
辽　宁	Liaoning	19.0	13.8	14.2	4.0	1.2	4.5	3.8
吉　林	Jilin	7.1	20.4	3.5	0.4	0.2	0.6	0.2
黑龙江	Heilongjiang	5.7	12.3	2.2	0.6	0.4	0.3	0.3
上　海	Shanghai	8.1	1.9					
江　苏	Jiangsu	25.4	37.3	20.6	4.6	3.9	5.2	8.4
浙　江	Zhejiang	14.4	10.3	4.9	3.4	4.2	0.7	2.3
安　徽	Anhui	9.0	18.3	20.4	7.3	8.5	2.1	4.5
福　建	Fujian	4.6	7.3	4.1	1.2	1.5	0.5	1.9
江　西	Jiangxi	10.6	21.7	11.1	2.8	3.4	1.3	1.9
山　东	Shandong	18.4	12.4	22.4	5.7	5.4	3.0	7.1
河　南	Henan	23.4	33.8	31.9	4.6	8.3	1.8	5.8
湖　北	Hubei	28.8	23.2	10.6	2.5	3.2	2.0	2.6
湖　南	Hunan	27.5	20.9	22.7	7.2	8.2	9.4	3.9
广　东	Guangdong	12.0	27.5	8.6	5.0	5.6	0.8	4.9
广　西	Guangxi	4.0	11.7	1.1	0.5	0.5	0.1	0.4
海　南	Hainan	0.6	2.1	3.3	0.5	0.5	0.1	0.0
重　庆	Chongqing	10.6	13.8	3.8	1.2	0.2	1.3	2.3
四　川	Sichuan	11.8	19.4	10.3	3.8	3.9	0.1	1.9
贵　州	Guizhou	3.1	13.3	3.8	0.5	0.3	0.3	0.1
云　南	Yunnan	5.2	8.4	6.4	1.6	2.2	1.3	1.1
西　藏	Tibet	0.2	0.1	0.1	0.0	0.0		
陕　西	Shaanxi	6.6	22.3	13.3	2.2	5.5	6.1	5.0
甘　肃	Gansu	2.8	18.3	4.4	1.2	1.2	0.5	0.7
青　海	Qinghai	0.4	0.8	0.9	0.4	0.4	0.0	0.1
宁　夏	Ningxia	0.9	3.6	1.6	0.5	0.5	0.2	0.4
新　疆	Xinjiang	4.0	9.1	7.0	1.1	1.1	0.6	1.6
新疆兵团	Xinjiang Corps	2.2	2.4					
黑龙江农垦	Heilongjiang Land Reclamation	0.8	5.6					

9-16 农村残疾人参加社会保险情况(2011年)
PWDs Covered by Social Insurance in Rural Areas(2011)

单位：万人 (10 000 persons)

地 区	Province	残疾居民参加新型农村合作医疗保险 PWDs Covered by New Types of Coorperative Medical Insurance	残疾人参加新农保试点 PWDs Covered by New Types of Rural Pension Insurance Pilot				
			试点地区参保情况 PWDs in Pilot Sites		参保扶助情况 PWDs Got Subsidies		享受养老保 金 PWDs Covered by the Insurance Pension
			实际参保残疾人 People Who Actually have the Endowment Insurance	#重度残疾人 Persons with Severe Disability	全部代缴 Paid by Subsidy Totally	部分代缴 Paid by Subsidy Partially	
总 计	**Total**	**1474.3**	**1232.5**	**294.9**	**299.1**	**219.6**	**290.7**
北 京	Beijing	4.8	7.2	3.5	3.5	3.7	0.5
天 津	Tianjin	7.4	3.6	0.9	0.5	0.8	2.3
河 北	Hebei	109.8	79.3	16.7	5.2	18.5	25.8
山 西	Shanxi	65.9	50.1	10.4	11.7	6.7	13.4
内蒙古	Inner Mongolia	38.0	6.9	2.1	2.3	1.4	2.0
辽 宁	Liaoning	33.9	27.7	7.0	2.1	10.7	5.9
吉 林	Jilin	23.1	4.8	1.9	2.0	2.3	1.2
黑龙江	Heilongjiang	22.0	8.1	2.7	2.1	2.5	2.6
上 海	Shanghai	3.4	2.0	1.0	1.0	0.5	0.9
江 苏	Jiangsu	113.1	101.1	19.4	15.7	31.3	24.1
浙 江	Zhejiang	3.7	20.1	14.1	16.5	3.6	11.0
安 徽	Anhui	82.7	76.0	26.6	26.4	10.8	16.6
福 建	Fujian	29.8	19.8	8.1	7.9	4.3	8.4
江 西	Jiangxi	50.0	41.2	7.4	11.7	6.8	7.6
山 东	Shandong	90.8	114.4	27.3	24.7	12.3	25.2
河 南	Henan	162.1	141.5	24.0	29.1	9.2	35.0
湖 北	Hubei	84.2	74.8	19.9	20.4	17.8	22.5
湖 南	Hunan	83.9	81.3	21.7	27.1	19.0	9.9
广 东	Guangdong	64.2	31.3	9.9	11.4	2.8	7.4
广 西	Guangxi	41.2	28.6	6.5	6.6	4.8	6.7
海 南	Hainan	2.4	10.0	1.5	2.0	0.5	2.3
重 庆	Chongqing	27.3	16.0	3.7	1.4	4.5	7.2
四 川	Sichuan	74.7	103.3	18.9	19.7	2.3	12.8
贵 州	Guizhou	23.6	31.9	3.7	2.7	4.6	6.1
云 南	Yunnan	38.6	37.1	9.7	12.2	7.1	7.9
西 藏	Tibet	1.4	1.3	0.3	0.5	0.1	0.1
陕 西	Shaanxi	59.6	52.1	10.6	15.5	22.9	11.0
甘 肃	Gansu	89.0	31.8	7.3	8.4	5.3	8.4
青 海	Qinghai	4.3	2.8	1.3	1.4	0.0	0.7
宁 夏	Ningxia	14.3	9.6	3.1	3.1	1.3	1.2
新 疆	Xinjiang	25.0	16.8	3.8	4.1	1.4	4.1
新疆兵团	Xinjiang Corps						
黑龙江农垦	Heilongjiang Land Reclamation						

9-17 残疾人社会救助与社会福利（2011年）
Social Relief and Welfare for PWDs (2011)

单位：万人 (10 000 person)

地区	Province	社会救助 Social Relief						社会福利 Social Welfare	
		城镇 in Urban Areas			农村 in Rural Areas			享受生活补贴 PWDs with Living Allowance	享受护理补贴 PWDs with Personal Care Allowance
		已纳入最低生活保障范围 PWDs who Should be Covered by Basic Living Allowance System	集中供养 PWDs Living in Welfare Institutions	其他救助救济 Other Assistance and Relief	已纳入最低生活保障范围 PWDs who Should be Covered by Basic Living Allowance System	五保供养 PWDs Living in Welfare Institutions	其他救助救济 Other Assistance and Relief		
总计	**Total**	**257.8**	**12.0**	**59.7**	**773.6**	**68.5**	**172.5**	**136.2**	**14.0**
北京	Beijing	2.1	0.0	1.6	1.8	0.1	1.9	7.6	0.0
天津	Tianjin	3.2	0.0	2.8	1.9	0.2	2.1		
河北	Hebei	7.0	0.4	1.0	36.3	2.4	4.5	0.2	0.1
山西	Shanxi	6.3	0.1	1.5	18.7	2.5	4.9	0.0	
内蒙古	Inner Mongolia	8.9	0.4	3.8	20.3	1.1	7.9	1.0	0.0
辽宁	Liaoning	17.7	0.5	3.3	22.5	2.5	2.7	0.4	0.2
吉林	Jilin	13.2	0.8	1.9	15.4	0.7	1.9	0.1	0.0
黑龙江	Heilongjiang	14.5	0.4	2.2	11.4	1.2	3.1	0.8	0.0
上海	Shanghai	2.2	0.7	4.6	1.2	0.0	1.1	1.5	0.3
江苏	Jiangsu	9.0	0.7	3.5	23.5	2.2	10.3	15.0	5.4
浙江	Zhejiang	3.0	0.3	0.1	14.5	0.9	8.2	4.2	2.0
安徽	Anhui	9.0	0.6	1.1	35.2	3.4	5.8	11.1	0.3
福建	Fujian	4.2	0.2	1.0	19.2	1.1	2.8	8.4	0.5
江西	Jiangxi	10.7	1.1	1.5	25.7	2.6	3.9	0.2	0.0
山东	Shandong	6.4	0.7	0.9	26.8	2.8	3.8	8.9	1.1
河南	Henan	17.0	0.7	4.0	57.6	6.1	10.7	0.9	0.3
湖北	Hubei	19.8	1.1	2.1	46.5	4.0	4.3	5.6	0.1
湖南	Hunan	19.7	0.7	3.0	52.8	8.2	8.9	4.3	0.6
广东	Guangdong	9.1	0.5	1.0	24.8	2.4	3.6	3.1	0.7
广西	Guangxi	8.4	0.3	0.6	43.0	6.6	2.9	0.3	0.1
海南	Hainan	1.0	0.0	0.1	3.2	0.2	0.3	0.2	0.0
重庆	Chongqing	6.8	0.2	1.8	15.2	1.9	4.9	1.2	0.3
四川	Sichuan	15.9	0.6	3.5	56.2	5.6	10.5	3.1	1.3
贵州	Guizhou	7.4	0.3	1.0	41.0	1.3	5.3		
云南	Yunnan	8.0	0.3	1.7	60.3	4.4	8.3	1.2	0.1
西藏	Tibet	0.4		0.1	1.7	0.0	0.3	0.0	
陕西	Shaanxi	5.5	0.1	5.4	29.2	1.9	36.3	55.0	0.1
甘肃	Gansu	8.8	0.1	1.2	42.3	1.4	7.7	0.2	0.0
青海	Qinghai	0.6	0.0	0.1	2.8	0.2	0.8	0.4	0.1
宁夏	Ningxia	1.9	0.0	0.5	8.8	0.2	0.9	0.8	0.3
新疆	Xinjiang	5.0	0.1	1.7	14.0	0.5	1.9	0.5	0.2
新疆兵团	Xinjiang Corps	2.0	0.0	0.7				0.1	
黑龙江农垦	Heilongjiang Land Reclamation	3.1	0.0	0.4					

9-18 托养服务机构建设情况（2011年）
Development of Fostering Service Institutions (2011)

地区	Province	寄宿制托养服务 Boarding Fostering Services					
		寄宿制托养服务机构合计（个）Boarding Fostering Institutions (unit)	托养残疾人（人）PWDs in the Boarding Fostering Institutions (person)	智力残疾人 Persons with Intellectual Disability	精神残疾人 Persons with Psychiatric Disability	其他类别残疾人 Persons with Other Disabilities	#重度残疾人 Persons with Severe Disabilities
总计	**Total**	**3921**	**119265**	**38934**	**31548**	**48783**	**31761**
北京	Beijing	93	2230	1159	647	424	163
天津	Tianjin	23	822	358	58	406	377
河北	Hebei	115	3384	842	1528	1014	319
山西	Shanxi	31	1117	566	476	75	38
内蒙古	Inner Mongolia	153	3467	886	480	2101	1219
辽宁	Liaoning	156	6317	2440	1722	2155	1242
吉林	Jilin	150	2327	856	635	836	614
黑龙江	Heilongjiang	84	3833	968	828	2037	1975
上海	Shanghai	328	11929	5205	2380	4344	3967
江苏	Jiangsu	606	15402	6418	3062	5922	3076
浙江	Zhejiang	780	9933	1386	2340	6207	5184
安徽	Anhui	99	1760	462	539	759	416
福建	Fujian	86	2651	936	1182	533	373
江西	Jiangxi	17	828	289	230	309	148
山东	Shandong	452	17146	5650	4284	7212	3772
河南	Henan	41	3732	1281	741	1710	770
湖北	Hubei	119	3834	1500	908	1426	899
湖南	Hunan	116	3900	1237	1250	1413	689
广东	Guangdong	108	3734	1555	1385	794	316
广西	Guangxi	25	1155	344	442	369	298
海南	Hainan	4	1040	201	369	470	270
重庆	Chongqing	57	1866	455	1078	333	250
四川	Sichuan	61	2965	703	832	1430	839
贵州	Guizhou	16	765	125	462	178	116
云南	Yunnan	37	1213	251	654	308	156
西藏	Tibet						
陕西	Shaanxi	60	2979	774	907	1298	516
甘肃	Gansu	37	1820	532	352	936	447
青海	Qinghai	31	5130	1199	1068	2863	2730
宁夏	Ningxia	8	445	92	109	244	219
新疆	Xinjiang	18	937	181	112	644	342
新疆兵团	Xinjiang Corps	4	234	45	162	27	19
黑龙江农垦	Heilongjiang Land Reclamation	6	370	38	326	6	2

9-18 续表 continued

地 区	Province	日间照料托养服务 Day-Care Fostering Service						本年度享受居家托养服务残疾人(人) PWDs Enjoying Fostering Service at Home in 2011 (person)
		日间照料托养服务机构(个) Day-Care Fostering Institutions (unit)	托养残疾人(人) PWDs in the Institutions (person)	智力残疾人 Persons with Intellectual Disability	精神残疾人 Persons with Psychiatric Disability	其他类别残疾人 Persons with Other Disabilities	#重度残疾人 Persons with Severe Disabilities	
总 计	**Total**	**2368**	**45907**	**22828**	**10801**	**12278**	**6094**	**441816**
北 京	Beijing	78	1036	791	167	78	70	17190
天 津	Tianjin	79	1057	719	133	205	202	8935
河 北	Hebei	3	84	28	35	21	21	12107
山 西	Shanxi	3	54	28	17	9	1	5034
内蒙古	Inner Mongolia	46	602	162	27	413	175	17975
辽 宁	Liaoning	110	1844	1080	215	549	329	17491
吉 林	Jilin	11	500	189	167	144	115	10806
黑龙江	Heilongjiang	4	192	118	57	17	5	5323
上 海	Shanghai	268	8450	5763	2119	568	3	23082
江 苏	Jiangsu	629	10928	5177	2645	3106	1945	53453
浙 江	Zhejiang	295	1868	550	520	798	559	13709
安 徽	Anhui	31	762	217	271	274	70	10002
福 建	Fujian	9	509	254	94	161	145	10131
江 西	Jiangxi	1	88	51	17	20		6107
山 东	Shandong	101	1341	519	254	568	291	26538
河 南	Henan	1	56	12	21	23		8784
湖 北	Hubei	133	1747	825	395	527	291	13748
湖 南	Hunan	67	1242	472	299	471	202	9669
广 东	Guangdong	269	7501	3414	1954	2133	465	13873
广 西	Guangxi	10	571	290	134	147	126	14439
海 南	Hainan	1	90	2	88			3950
重 庆	Chongqing	28	388	171	118	99	68	6644
四 川	Sichuan	124	3042	1171	547	1324	528	38402
贵 州	Guizhou	2	46	32		14	14	8200
云 南	Yunnan	8	188	94	68	26	6	11474
西 藏	Tibet							3010
陕 西	Shaanxi	15	736	416	84	236	185	12170
甘 肃	Gansu	6	118	6	5	107	91	15904
青 海	Qinghai	1	28	5	5	18	18	22561
宁 夏	Ningxia	18	619	190	303	126	118	7884
新 疆	Xinjiang	17	220	82	42	96	51	8779
新疆兵团	Xinjiang Corps							4109
黑龙江农垦	Heilongjiang Land Reclamation							333

9-19 农村残疾人扶贫开发（2011年）
Poverty Alleviation for PWDs in Rural Areas (2011)

地 区	Province	贫困残疾人扶持效果 Results of Assisting PWDs to Get Rid of Poverty			
		本年扶持贫困残疾人户（万户）Poor Households with Disabled Member Assisted in 2011 (10 000 households)	本年扶持贫困残疾人（万人）PWDs Assisted in 2011 (10 000 persons)	本年实际脱 贫（万人）Rural PWDs who Got Rid of Poverty in 2011 (10 000 persons)	本年返贫（万人）Reimpoverished PWDs in 2011 (10 000 persons)
总 计	**Total**	**112.5**	**211.8**	**122.2**	**25.3**
北 京	Beijing	0.0	0.6		
天 津	Tianjin	0.8	0.9	0.0	
河 北	Hebei	18.6	21.1	14.1	1.1
山 西	Shanxi	4.6	9.0	5.2	1.8
内蒙古	Inner Mongolia	3.2	6.4	4.3	0.8
辽 宁	Liaoning	4.0	7.7	4.3	0.7
吉 林	Jilin	1.4	2.6	2.2	0.3
黑龙江	Heilongjiang	1.8	1.9	1.4	0.2
上 海	Shanghai	0.5	0.8	0.1	0.0
江 苏	Jiangsu	3.0	4.5	1.5	0.2
浙 江	Zhejiang	8.9	14.1	2.8	0.5
安 徽	Anhui	3.9	13.8	3.5	1.0
福 建	Fujian	2.7	3.2	1.7	0.3
江 西	Jiangxi	2.6	4.0	6.4	0.5
山 东	Shandong	4.9	8.9	5.0	0.4
河 南	Henan	4.5	13.9	5.5	0.8
湖 北	Hubei	3.6	10.8	6.0	0.9
湖 南	Hunan	2.7	7.4	3.5	1.4
广 东	Guangdong	2.8	7.9	3.5	0.3
广 西	Guangxi	1.5	2.8	2.7	0.6
海 南	Hainan	0.5	0.6	0.3	0.2
重 庆	Chongqing	4.5	4.9	3.2	0.6
四 川	Sichuan	5.6	13.5	10.7	2.4
贵 州	Guizhou	6.9	11.1	5.8	3.2
云 南	Yunnan	4.8	7.1	4.5	1.9
西 藏	Tibet	0.0	0.0		
陕 西	Shaanxi	3.0	13.8	10.8	1.8
甘 肃	Gansu	5.7	10.5	10.3	2.8
青 海	Qinghai	1.4	1.5	0.7	0.2
宁 夏	Ningxia	0.8	1.5	1.1	0.1
新 疆	Xinjiang	2.4	2.7	1.0	0.2
新疆兵团	Xinjiang Corps	0.7	1.5	0.2	0.1
黑龙江农垦	Heilongjiang Land Reclamation	0.3	0.5	0.1	

9-19 续表 continued

地 区	Province	残疾人扶贫基地建设 Poverty Alleviation bases for PWDs 残疾人扶贫基地（个）Poverty Alleviation Bases for PWDs (unit)	安置残疾人就业（人）Providing Employment for Disabled Persons (person)	扶持带动贫困残疾人（人）Supporting and Leading Disabled Persons (person)	本年度危房改造实际完成（户）Houses Reconstructed for PWDs in 2011 (household)	本年度危房改造项目受益贫困残疾人（人）Poor PWDs who Benefited by House Renovation Project in 2011 (person)
总 计	**Total**	**3985**	**86513**	**156267**	**93581**	**115238**
北 京	Beijing	58	1398	2434	655	750
天 津	Tianjin	144	1752	2517	133	167
河 北	Hebei	92	1294	5644	3097	4222
山 西	Shanxi	189	4756	5465	1695	2231
内蒙古	Inner Mongolia	34	980	1975	3149	4287
辽 宁	Liaoning	45	606	1431	1483	1434
吉 林	Jilin	62	846	1703		
黑龙江	Heilongjiang	92	3015	2260	3286	4020
上 海	Shanghai	65	1456	1262	419	408
江 苏	Jiangsu	331	6277	11898	542	630
浙 江	Zhejiang	824	11302	15167	4997	5812
安 徽	Anhui	24	659	1220	987	1482
福 建	Fujian	128	4777	5512	2485	3380
江 西	Jiangxi	100	1244	1084	2361	2660
山 东	Shandong	609	12497	22881	2659	3949
河 南	Henan	160	7099	8855	1566	2107
湖 北	Hubei	68	2038	8003	670	829
湖 南	Hunan	133	3185	6968	3363	4289
广 东	Guangdong	80	4157	5479	3101	4993
广 西	Guangxi	63	528	3558	13660	15686
海 南	Hainan	6	90	347	1380	1166
重 庆	Chongqing	45	813	1274	3351	4534
四 川	Sichuan	227	6853	16126	2610	2911
贵 州	Guizhou	43	1888	2444	1083	1223
云 南	Yunnan	57	786	1968	5589	6651
西 藏	Tibet				24	74
陕 西	Shaanxi	134	1605	7632	3125	4536
甘 肃	Gansu	43	2031	4861	7264	8635
青 海	Qinghai	16	105	209	5156	6342
宁 夏	Ningxia	14	514	1781	1689	2244
新 疆	Xinjiang	94	1886	4093	9328	10835
新疆兵团	Xinjiang Corps	5	76	216	2187	2257
黑龙江农垦	Heilongjiang Land Reclamation				487	494

9-20 市和市辖区(不含直辖市、县级市)专门协会数 (2011年)

Special Associations in Cities and Districts (Excluding Municipalities and Cities at County Level) (2011)

单位: 个 (unit)

地 区	Province	盲人协会 Associations of Persons with Visual Disability	聋人协会 Associations of Persons with Hearing Disability	肢残人协会 Associations of Persons with Physical Disability	智力残疾人及亲友协会 Associations of Persons with Intellectual Disability and Their Relatives and Friends	精神残疾人及亲友协会 Associations of Persons with Psychiatric Disability and Their Relatives and Friends
总 计	**Total**	**1125**	**1121**	**1126**	**1073**	**1076**
北 京	Beijing	14	14	14	14	14
天 津	Tianjin	16	16	16	16	16
河 北	Hebei	46	46	46	45	45
山 西	Shanxi	26	26	27	22	22
内蒙古	Inner Mongolia	27	27	27	25	25
辽 宁	Liaoning	74	74	74	74	74
吉 林	Jilin	31	31	31	31	31
黑龙江	Heilongjiang	80	80	80	80	80
上 海	Shanghai	17	17	17	17	17
江 苏	Jiangsu	70	70	70	69	70
浙 江	Zhejiang	43	43	43	28	28
安 徽	Anhui	51	49	51	45	46
福 建	Fujian	34	34	34	26	27
江 西	Jiangxi	25	25	25	24	24
山 东	Shandong	68	68	68	65	65
河 南	Henan	68	68	68	68	68
湖 北	Hubei	46	46	46	41	41
湖 南	Hunan	47	47	47	47	47
广 东	Guangdong	75	75	75	75	75
广 西	Guangxi	48	48	48	48	48
海 南	Hainan	6	6	6	6	6
重 庆	Chongqing	18	17	18	14	14
四 川	Sichuan	52	52	52	51	51
贵 州	Guizhou	14	14	14	14	14
云 南	Yunnan	20	20	20	20	20
西 藏	Tibet					
陕 西	Shaanxi	35	35	35	35	35
甘 肃	Gansu	29	29	29	29	29
青 海	Qinghai	5	5	5	5	5
宁 夏	Ningxia	12	12	12	12	12
新 疆	Xinjiang	14	14	14	14	14
新疆兵团	Xinjiang Corps	4	3	4	3	3
黑龙江农垦	Heilongjiang Land Reclamation	10	10	10	10	10

9-21 县(含县级市)专门协会数（2011年）

Special Associations in Counties (Inc. Cities at County Level) (2011)

单位：个 (unit)

地 区	Province	盲人协会 Associations of Persons with Visual Disability	聋人协会 Associations of Persons with Hearing Disability	肢残人协会 Associations of Persons with Physical Disability	智力残疾人及亲友协会 Associations of Persons with Intellectual Disability and Their Relatives and Friends	精神残疾人及亲友协会 Associations of Persons with Psychiatric Disability and Their Relatives and Friends
总 计	**Total**	**1910**	**1897**	**1937**	**1843**	**1840**
北 京	Beijing	17	17	17	17	17
天 津	Tianjin	3	3	3	3	3
河 北	Hebei	137	137	137	136	136
山 西	Shanxi	76	75	76	75	74
内蒙古	Inner Mongolia	80	80	80	75	74
辽 宁	Liaoning	44	44	44	44	44
吉 林	Jilin	41	40	41	40	40
黑龙江	Heilongjiang	64	64	64	64	64
上 海	Shanghai	1	1	1	1	1
江 苏	Jiangsu	50	50	50	50	50
浙 江	Zhejiang	55	55	57	48	47
安 徽	Anhui	38	36	44	32	34
福 建	Fujian	56	57	58	46	44
江 西	Jiangxi	70	70	70	69	67
山 东	Shandong	88	83	86	79	79
河 南	Henan	108	108	108	108	108
湖 北	Hubei	61	58	61	54	54
湖 南	Hunan	83	82	83	80	80
广 东	Guangdong	67	67	67	66	66
广 西	Guangxi	75	75	75	75	75
海 南	Hainan	16	15	16	16	15
重 庆	Chongqing	20	20	20	17	18
四 川	Sichuan	110	110	112	109	108
贵 州	Guizhou	69	68	69	69	69
云 南	Yunnan	109	109	114	105	105
西 藏	Tibet	1	1	1	1	1
陕 西	Shaanxi	83	83	83	73	75
甘 肃	Gansu	69	69	69	69	69
青 海	Qinghai	42	42	42	42	41
宁 夏	Ningxia	13	13	13	12	12
新 疆	Xinjiang	83	83	83	80	80
新疆兵团	Xinjiang Corps	6	5	7	5	5
黑龙江农垦	Heilongjiang Land Reclamation	75	77	86	83	85

9-22 盲人按摩(2011年)
Blind Massage(2011)

单位：人 (person)

地 区	Province	保健按摩人员培训 Blind Health-care Masseurs Trained in 2011	医疗按摩人员培训 Blind Therapeutical Masseurs Trained in 2011	按摩机构 Institutions of Blind Massage	
				医疗按摩机构 Therapeutical Blind Massage Clinics	保健按摩机构 Health-care Blind Massage Houses
总 计	**Total**	**14067**	**3736**	**1031**	**12170**
北 京	Beijing	314	98	2	916
天 津	Tianjin	61	19	3	156
河 北	Hebei	508	504	76	367
山 西	Shanxi	520	198	52	265
内蒙古	Inner Mongolia	59	22	46	291
辽 宁	Liaoning	736	225	29	1115
吉 林	Jilin	896	195	37	305
黑龙江	Heilongjiang	357	171	32	193
上 海	Shanghai	341	55		122
江 苏	Jiangsu	809	95	17	858
浙 江	Zhejiang	231	137	15	687
安 徽	Anhui	409	139	93	177
福 建	Fujian	686	104	4	299
江 西	Jiangxi	284	46	64	307
山 东	Shandong	319	283	78	936
河 南	Henan	1469	120	84	430
湖 北	Hubei	427	92	38	851
湖 南	Hunan	733	243	32	273
广 东	Guangdong	661	85	6	640
广 西	Guangxi	462	221	7	126
海 南	Hainan	195	45	117	7
重 庆	Chongqing	221	7	9	223
四 川	Sichuan	1267	80	52	980
贵 州	Guizhou	265	115	11	320
云 南	Yunnan	573	91	12	602
西 藏	Tibet	9			16
陕 西	Shaanxi	407	265	66	250
甘 肃	Gansu	254	35	24	121
青 海	Qinghai	243	10		132
宁 夏	Ningxia	265	3	2	80
新 疆	Xinjiang	80	31	16	97
新疆兵团	Xinjiang Corps	6	2	6	26
黑龙江农垦	Heilongjiang Land Reclamation			1	2

9-23 省级文化体育情况（2011年）

Culture and Sports Activities at Provincial Level (2011)

地 区	Province	盲文及盲人有声读物阅览室（个）Reading Rooms with Braille and Audio Reading Materials (unit)	体 育 Sports						
			残疾人群众体育健身活动（次）Massive Sports and Fitness Activities for PWDs (time)	群体活动参加人数（人）Participants in Mass Activities (person)	残疾人体育比赛（次）Sports Events for PWDs (time)	参赛残疾运动员（人次）Disabled Athletes Participating in the Sports Events (person-time)	残疾人体育基地（个）Sports Training Bases for PWDs (unit)	残疾人体育训练基地在编人员（人）Full-time Staff at Sports Training Bases for PWDs (person)	聘任教练员（人）Stable Coaches (person)
总 计	**Total**	**44**	**171**	**36310**	**100**	**12155**	**220**	**462**	**826**
北 京	Beijing	5	12	5000	7	213	7	40	30
天 津	Tianjin	2	8	3200	6	700	3	42	13
河 北	Hebei	1	10	460	4	430	15	50	50
山 西	Shanxi	2	2	300					18
内蒙古	Inner Mongolia	1			1	400	3	18	6
辽 宁	Liaoning	1					28	50	35
吉 林	Jilin	5	3	580	6	550	14	49	55
黑龙江	Heilongjiang		3	450	4	590	3		30
上 海	Shanghai	1	20	3800	16	3500	23	17	160
江 苏	Jiangsu	1	10	2500	5	363	1	20	31
浙 江	Zhejiang	1	5	1500	2	800	4	50	20
安 徽	Anhui	2					8		15
福 建	Fujian	2	17	1650	6	450	13	38	46
江 西	Jiangxi	1	2	150	5	120	2	5	13
山 东	Shandong	2	4	1000	10	1200	5	5	23
河 南	Henan	3	3	900	1	125	6	6	25
湖 北	Hubei	1	1	300	1	200	10	12	24
湖 南	Hunan		1	88	5	158	8		16
广 东	Guangdong	2					9		27
广 西	Guangxi	1	1	300	1	50	1		23
海 南	Hainan	1	2	96			10	10	28
重 庆	Chongqing	1	2	1500	1	500	5	5	15
四 川	Sichuan		2	5000	2	300			
贵 州	Guizhou		4	350	4	365	4	8	11
云 南	Yunnan	1	2	850			1		18
西 藏	Tibet				1	16			2
陕 西	Shaanxi	1	40	3000	5	263	23	23	10
甘 肃	Gansu	1	4	1500	2	80	9	9	37
青 海	Qinghai	1	3	1200	4	282	1	1	4
宁 夏	Ningxia	1	2	300					10
新 疆	Xinjiang	3	6	300	1	500	4	4	28
新疆兵团	Xinjiang Corps		2	36					3
黑龙江农垦	Heilongjiang Land Reclamation								

9-24 地市级文化体育情况（2011年）

Culture and Sports Activities at Prefecture Level (2011)

地 区	Province	盲文及盲人有声读物阅览室（个）Reading Rooms with Braille and Audio Reading Materials (unit)	残疾人体育活动（次）Sports Activity of PWDs (time)	残疾人体育活动参加残疾人（人次）Participants with Disabilities in Sports Activity of PWDs (person-time)	残疾人群众体育活动示范点（个）Sports Activity Demonstration Sites for PWDs (unit)	残疾人体育健身指导员（人）Coaches for Fitness Activity for PWDs (person)
总 计	**Total**	**394**	**3922**	**483670**	**598**	**3265**
北 京	Beijing	15	1263	60533	56	306
天 津	Tianjin	20	159	5683	19	392
河 北	Hebei	14	60	5912	15	39
山 西	Shanxi	9	12	650	4	4
内蒙古	InnerMongolia	16	100	3711	4	13
辽 宁	Liaoning	15	95	31298	28	167
吉 林	Jilin	11	45	4611	37	74
黑龙江	Heilongjiang	25	45	4695	3	20
上 海	Shanghai	25	868	278813	94	258
江 苏	Jiangsu	16	52	3648	90	53
浙 江	Zhejiang	12	109	5098	68	105
安 徽	Anhui	13	75	2869		2
福 建	Fujian	14	59	2185	18	39
江 西	Jiangxi	9	6	210		1
山 东	Shandong	25	36	2056	9	38
河 南	Henan	12	48	6830	13	
湖 北	Hubei	39	210	6336	10	29
湖 南	Hunan	19	77	2892	25	35
广 东	Guangdong	16	91	9703	14	123
广 西	Guangxi	5	25	862	3	10
海 南	Hainan		10	305		
重 庆	Chongqing	10	288	26632	18	69
四 川	Sichuan	9	38	3169	25	1370
贵 州	Guizhou	4	6	1135	2	
云 南	Yunnan	10	35	2877	7	24
西 藏	Tibet					
陕 西	Shaanxi	9	53	2418	23	31
甘 肃	Gansu	11	20	2004	4	31
青 海	Qinghai	2	4	48		1
宁 夏	Ningxia	4	5	177	6	15
新 疆	Xinjiang	5	11	5410	3	12
新疆兵团	Xinjiang Corps		17	900		4
黑龙江农垦	Heilongjiang Land Reclamation					

9-25 法规体系和政策文件(2011年)
Policy Laws and Regulations (2011)

单位：个 (unit)

地 区	Province	制定或修改关于残疾人的专门法规、规章 Laws and Regulations Enacted or Reviewed Specially for PWDs	省级 at Provincial Level	地市级 at Prefectural/ City Level	制定或修改保障残疾人权益的规范性文件 Regulations Enacted Or Reviewed Directly Related to PWDs	省级 at Provincial Level	地市级 at Prefectural/ City Level
总 计	**Total**	**40**	**5**	**35**	**205**	**36**	**169**
北 京	Beijing	1	1				
天 津	Tianjin				4	4	
河 北	Hebei	5	1	4	23	5	18
山 西	Shanxi	2		2	4		4
内蒙古	Inner Mongolia						
辽 宁	Liaoning	3		3	4		4
吉 林	Jilin				5		5
黑龙江	Heilongjiang	1		1	3		3
上 海	Shanghai						
江 苏	Jiangsu				9	1	8
浙 江	Zhejiang	2		2	6	2	4
安 徽	Anhui	2		2	11	6	5
福 建	Fujian	1	1		8	1	7
江 西	Jiangxi	2		2	6		6
山 东	Shandong	2		2	20		20
河 南	Henan	4		4	8		8
湖 北	Hubei	2		2	19		19
湖 南	Hunan	1	1		6		6
广 东	Guangdong				11	1	10
广 西	Guangxi				2		2
海 南	Hainan						
重 庆	Chongqing				2	2	
四 川	Sichuan	1		1	9	5	4
贵 州	Guizhou						
云 南	Yunnan				4	1	3
西 藏	Tibet	1	1		2		2
陕 西	Shaanxi	1		1			
甘 肃	Gansu	6		6	26	3	23
青 海	Qinghai				6	5	1
宁 夏	Ningxia	2		2	5		5
新 疆	Xinjiang	1		1	1		1
新疆兵团	Xinjiang Corps				1		1
黑龙江农垦	Heilongjiang Land Reclamation						

9-26 执法检查情况（2011年）
Inspection on Law Enforcement (2011)

单位：次 (time)

地区	Province	人大执法检查或专题调研 Inspections and Investigations by Officials of People's Congresses				政协视察或专题调研 Inspection and Investigations by People's Political Consultative Conferences			
		合计 Total	省级 Provincial Level	地市级 Prefecture/City Level	县级 County Level	合计 Total	省级 Provincial Level	地市级 Prefecture/City Level	县级 County Level
总计	**Total**	**824**	**21**	**114**	**689**	**845**	**11**	**143**	**691**
北京	Beijing	8	1		7	6			6
天津	Tianjin	6	2		4	3			3
河北	Hebei	77	1	10	66	77		12	65
山西	Shanxi	46	1	6	39	38		5	33
内蒙古	Inner Mongolia	14			14	10			10
辽宁	Liaoning	35		7	28	45		13	32
吉林	Jilin	13		1	12	22		9	13
黑龙江	Heilongjiang	19	1	2	16	15	1	3	11
上海	Shanghai	1			1				
江苏	Jiangsu	49		9	40	55		13	42
浙江	Zhejiang	59	1	8	50	46		6	40
安徽	Anhui	30	1	6	23	46	2	14	30
福建	Fujian	37	5	4	28	31		4	27
江西	Jiangxi	33	1	2	30	28	2	3	23
山东	Shandong	81	1	10	70	67		6	61
河南	Henan	24		6	18	27		4	23
湖北	Hubei	31		5	26	36		8	28
湖南	Hunan	42		7	35	49		7	42
广东	Guangdong	18	1	9	8	22		12	10
广西	Guangxi	11		3	8	6		2	4
海南	Hainan	4		2	2	7	1	3	3
重庆	Chongqing	16	1		15	28	1		27
四川	Sichuan	43	1	5	37	55	1	5	49
贵州	Guizhou	14		1	13	5			5
云南	Yunnan	27			27	28		2	26
西藏	Tibet								
陕西	Shaanxi	18		1	17	18		1	17
甘肃	Gansu	38	1	6	31	45	1	7	37
青海	Qinghai	6	1		5	3	1		2
宁夏	Ningxia	7		1	6	10		2	8
新疆	Xinjiang	15	1	2	12	17	1	2	14
新疆兵团	Xinjiang Corps	2		1	1				
黑龙江农垦	Heilongjiang Land Reclamation								

9-27 法律服务和法律援助（2011年）
Legal Service and Legal Aid (2011)

地 区	Province	残疾人法律援助中心(工作站)（个） Legal Aid Centers (Station) for PWDs (unit)				残疾人法律援助中心(工作站)办理的案件（件） Cases Handled by Legal Aid Centers(Stations) (case)			
		合 计 Total	省 级 Provincial Level	地市级 Prefecture/City Level	县 级 County Level	合 计 Total	省 级 Provincial Level	地市级 Prefecture/City Level	县 级 County Level
总 计	**Total**	**2933**	**29**	**320**	**2584**	**21306**	**600**	**4582**	**16124**
北 京	Beijing	16	1		15	307	10		297
天 津	Tianjin								
河 北	Hebei	186	1	11	174	2392	35	924	1433
山 西	Shanxi	120		10	110	535		291	244
内蒙古	Inner Mongolia	101	1	12	88	321	26	48	247
辽 宁	Liaoning	113	1	14	98	904	2	250	652
吉 林	Jilin	65	1	8	56	362	12	74	276
黑龙江	Heilongjiang	116	1	13	102	336	4	44	288
上 海	Shanghai	19	1		18	238	16		222
江 苏	Jiangsu	112	1	11	100	577		54	523
浙 江	Zhejiang	97	1	11	85	993		140	853
安 徽	Anhui	114	1	15	98	527	12	145	370
福 建	Fujian	92	1	9	82	1095	6	201	888
江 西	Jiangxi	93	1	9	83	862	30	28	804
山 东	Shandong	151	1	17	133	1460		696	764
河 南	Henan	154	1	17	136	685		303	382
湖 北	Hubei	90	1	9	80	1459	308	170	981
湖 南	Hunan	116	1	14	101	825		92	733
广 东	Guangdong	122	1	21	100	310	15	103	192
广 西	Guangxi	118	1	14	103	563	6	52	505
海 南	Hainan	16		2	14	52		14	38
重 庆	Chongqing	42	1		41	1477			1477
四 川	Sichuan	132	1	15	116	1128		293	835
贵 州	Guizhou	86	1	8	77	167		5	162
云 南	Yunnan	133	1	14	118	768	6	130	632
西 藏	Tibet	9	1	7	1				
陕 西	Shaanxi	105	1	8	96	237	12	15	210
甘 肃	Gansu	95	1	15	79	1045	11	72	962
青 海	Qinghai	53	1	8	44	141	6	7	128
宁 夏	Ningxia	24	1	5	18	399	78	204	117
新 疆	Xinjiang	82	1	8	73	830	2	94	734
新疆兵团	Xinjiang Corps	159	1	14	144	272	3	132	137
黑龙江农垦	Heilongjiang Land Reclamation	2		1	1	39		1	38

9-28 无障碍建设情况（2011年）
Accessibility Environment Building (2011)

单位：个 (unit)

地 区	Province	无障碍建设与管理法规、政府令 Regulations and Decrees on Accessible Environment Building and Management				系统开展无障碍建设市、县 Cities (Prefectures) and Counties That Systematic Accessibility Construction Has Been Carried out		
		合 计 Total	省 级 Provincial Level	地市级 Prefecture/City Level	县 级 County Level	合 计 Total	地市级 Prefecture/City Level	县 级 County Level
总 计	**Total**	**426**	**6**	**92**	**328**	**845**	**130**	**715**
北 京	Beijing	2			2			
天 津	Tianjin	9	1		8	16	16	
河 北	Hebei	46	1	7	38	183	11	172
山 西	Shanxi	14		4	10	60	11	49
内蒙古	Inner Mongolia	2			2			
辽 宁	Liaoning	7		4	3	5	4	1
吉 林	Jilin	12		5	7	12	4	8
黑龙江	Heilongjiang	3			3			
上 海	Shanghai	4	1		3	17		17
江 苏	Jiangsu	23		10	13	55	7	48
浙 江	Zhejiang	13		3	10			
安 徽	Anhui	8		1	7	34	3	31
福 建	Fujian	23		5	18			
江 西	Jiangxi	15		2	13			
山 东	Shandong	33	1	6	26	6	5	1
河 南	Henan	17		5	12	46	4	42
湖 北	Hubei	11		3	8			
湖 南	Hunan	19		3	16			
广 东	Guangdong	28	1	9	18	6	6	
广 西	Guangxi	9		1	8	123	14	109
海 南	Hainan	6		6		2	2	
重 庆	Chongqing	6			6	39		39
四 川	Sichuan	19			19	35	7	28
贵 州	Guizhou	13		2	11	26	2	24
云 南	Yunnan	17		3	14	74	5	69
西 藏	Tibet					1	1	
陕 西	Shaanxi	13		2	11	43	3	40
甘 肃	Gansu	39	1	8	30	44	15	29
青 海	Qinghai					11	3	8
宁 夏	Ningxia	4		1	3	4	4	
新 疆	Xinjiang	9			9	3	3	
新疆兵团	Xinjiang Corps							
黑龙江农垦	Heilongjiang Land Reclamation	2		2				

9-29 基层残疾人组织建设情况（2011年）
Disabled Persons' Federations at Grassroots Level (2011)

地　区	Province	乡、镇、街道残联 Disabled Persons' Federations in Township (Town, Street)		村、社区残疾人组织 Disabled Persons' Organizations in Villages and Communities		
		残联数（个） Disabled Persons' Federations (unit)	助残志愿者登记在册数（万人） Registered Volunteers Assisting the Disabled (10 000 person)	村委会残疾人协会(小组)数（个） Disabled Persons' Associations in Villages (unit)	社区残疾人协会数（个） Disabled Persons' Associations in Communities (unit)	助残志愿者登记在册数（万人） Registered Volunteers Assisting the Disabled (10 000 person)
总　计	**Total**	**36718**	**208.3**	**538605**	**72769**	**208.2**
北　京	Beijing	209	2.1	3272	2045	3.4
天　津	Tianjin	241	10.2	3535	1279	9.5
河　北	Hebei	2264	11.2	48438	2995	9.7
山　西	Shanxi	1455	2.1	24284	1744	1.8
内蒙古	Inner Mongolia	1012	3.7	12000	2317	4.4
辽　宁	Liaoning	1514	6.1	11404	4002	17.7
吉　林	Jilin	903	6.8	9173	1525	8.3
黑龙江	Heilongjiang	1280	14.8	7993	2187	9.9
上　海	Shanghai	214	0.8	1725	3554	1.4
江　苏	Jiangsu	1350	8.7	16045	5192	17.3
浙　江	Zhejiang	1517	10.6	26550	3019	9.4
安　徽	Anhui	884	1.2	10446	2170	1.3
福　建	Fujian	1003	5.6	14290	2099	3.2
江　西	Jiangxi	1469	2.5	15585	2208	7.2
山　东	Shandong	1633	14.0	65903	4862	15.8
河　南	Henan	2293	8.5	45512	3279	9.9
湖　北	Hubei	1234	4.1	21351	3018	4.2
湖　南	Hunan	2372	8.8	36257	3110	11.2
广　东	Guangdong	1600	31.7	18164	5168	14.7
广　西	Guangxi	1216	6.4	13868	1557	6.4
海　南	Hainan	113	0.3	1880	335	0.4
重　庆	Chongqing	1002	1.4	9108	2020	3.9
四　川	Sichuan	3396	14.8	39599	4827	11.5
贵　州	Guizhou	1031	3.4	15135	1281	1.5
云　南	Yunnan	1344	6.8	12049	1501	1.7
西　藏	Tibet					
陕　西	Shaanxi	1266	13.7	25840	1691	15.7
甘　肃	Gansu	1377	4.3	15864	1160	4.0
青　海	Qinghai	404	0.2	4259	331	0.3
宁　夏	Ningxia	228	2.2	1681	701	1.2
新　疆	Xinjiang	886	0.8	7379	1490	1.4
新疆兵团	Xinjiang Corps	6	0.8	15	99	0.1
黑龙江农垦	Heilongjiang Land Reclamation	2		1	3	

十、公共管理和社会组织

Public Administration and Membership Organization

10-1 历届全国人民代表大会代表人数
Number of Deputies to National People's Congresses

单位：人 (person)

届别	Congress	年份 Year	代表总数 Total Number of Deputies	#女代表 Female Deputies	#少数民族代表 Minority Deputies	占代表总数比重(%) As Percentage to Total Deputies(%) #女代表 Female Deputies	#少数民族代表 Minority Deputies
一 届	First Congress	1954	1226	147	177	12.0	14.4
二 届	Second Congress	1959	1226	150	180	12.2	14.7
三 届	Third Congress	1964	3040	542	373	17.8	12.3
四 届	Fourth Congress	1975	2885	653	270	22.6	9.4
五 届	Fifth Congress	1978	3497	740	381	21.2	10.9
六 届	Sixth Congress	1983	2978	632	404	21.2	13.6
七 届	Seventh Congress	1988	2970	634	445	21.3	15.0
八 届	Eighth Congress	1993	2978	626	439	21.0	14.7
九 届	Ninth Congress	1998	2979	650	428	21.8	14.4
十 届	Tenth Congress	2003	2984	604	415	20.2	13.9
十一届	Eleventh Congress	2008	2987	637	411	21.3	13.8

10-2 历届全国政治协商会议委员人数
Number of Deputies to All the Previous Chinese People's Political Consultative Conferences

单位：人 (person)

届别	Congress	年份 Year	委员总数 Total Number of Deputies	#中国共产党委员 Deputies from the Communist Party of China	#少数民族委员 Ethnic Minority Deputies	占委员总数比重(%) As Percentage to Total Deputies (%) 中国共产党委员 Deputies from the Communist Party of China	少数民族委员 Ethnic Minority Deputies
六 届	Sixth Congress	1983	2042	811	179	39.7	8.8
七 届	Seventh Congress	1988	2038	832	221	40.8	10.8
八 届	Eighth Congress	1993	2093	831	241	39.7	11.5
九 届	Ninth Congress	1998	2195	875	258	39.9	11.8
十 届	Tenth Congress	2003	2238	895	262	40.0	11.7
十一届	Eleventh Congress	2008	2237	892	250	39.9	11.2

10-3 公安机关立案的刑事案件及构成

Criminal Cases Registered in Public Security Organs and Composition

案件类别	Category of Cases	立案（起） Number of Cases Registered (case)		构成（%） Composition (%)	
		2010	2011	2010	2011
合 计	**Total**	**5969892**	**6005037**	**100.00**	**100.00**
杀 人	Homicide	13410	12013	0.22	0.20
伤 害	Injury	174990	165098	2.93	2.75
抢 劫	Robbery	237258	202647	3.97	3.37
强 奸	Rape	33696	33336	0.56	0.56
拐卖妇女儿童	Trafficking Women or Children	10082	13964	0.17	0.23
盗 窃	Theft	4228369	4259482	70.83	70.93
诈 骗	Fraud	457350	484813	7.66	8.07
走 私	Smuggling	1105	1350	0.02	0.02
伪造、变造货币,出售、购买、运输、持有、使用假币	Counterfeiting the Currency and Selling,Buying Transporting, Holding and Using Counterfeit Currencies	1565	688	0.03	0.01
其 他	Others	812067	831646	13.60	13.85

注：2011年共破获刑事案件2312832起。

a) The solved criminal cases in 2011 are 2312832 cases.

10-4 公安机关受理、查处治安案件数（2011年）

Offense Cases Against Public Order Handled by Public Security Organs (2011)

案件类别	Category of Cases	受理（起） Number of Cases Accepted (case)	查处（起） Number of Cases Investigated (case)	每万人口受理案件数（起/万人） Number of Cases Accepted (case/10 000 persons)
合 计	**Total**	**13165583**	**12563823**	**97.1**
扰乱单位秩序	Disturbing Business Orders	151437	149787	1.1
扰乱公共场所秩序	Disturbing the Orders in Public Places	478102	477873	3.5
寻衅滋事	Creating Disturbances	123708	117617	0.9
阻碍执行职务	Obstructing State Functionaries from Performing Duty	31521	30785	0.2
非法携带枪支、弹药、管制工具	Violation of Firearms Control Regulations	73422	72657	0.5
违反危险物质管理规定	Violation of Explosives Control Regulations	24605	24200	0.2
殴打他人	Beating Others	4416863	4264526	32.6
故意伤害	Wilfully Injuring Others	278482	261037	2.1
盗 窃	Stealing Property	2081986	1814719	15.4
敲诈勒索	Extertion and Blackmail	22734	20231	0.2
抢 夺	Robbery and Snatch	46685	38236	0.3
盗窃、损毁公共设施	Stealing and Damaging Public Facilities	17828	15993	0.1
伪造、变造、倒卖有价票证、凭证	Forge/Alter/Scalp Valuable Coupons or Certificates	18441	18411	0.1
违反旅馆业管理	Violating the Hotel Management Regulations	151077	149933	1.1
违反房屋出租管理	Violating the Rent Control Regulations	226765	225829	1.7
诈 骗	Swindling, Seizing and Extorting Property	204572	171513	1.5
卖淫、嫖娼	Prostitution or Visiting Prostitutes	96162	95294	0.7
赌 博	Gambling	367442	363999	2.7
毒品违法活动	Illegal Drug Related Action	365252	363522	2.7
其 他	Others	3988499	3887661	29.4

10-5 交通事故情况（2011年）
Basic Statistics on Traffic Accidents (2011)

项 目	Item	发生数（起）Number of Traffic Accidents (case)	死亡人数（人）Number of Deaths (person)	受伤人数（人）Number of Injuries (person)	直接财产损失（万元）Direct Property Losses (10 000 yuan)
总 计	**Total**	**210812**	**62387**	**237421**	**107873**
#重大事故	Serious Accidents	54704	62387	31420	52383
#特大事故	Extraordinarily Serious Accidents	1201	5047	4198	8025
机动车	Vehicles	198113	59673	224619	104788
#汽 车	Motor Vehicles	145338	46100	159195	94912
摩托车	Motorcycles	46749	11070	59455	7445
拖拉机	Tractors	3951	1546	3891	847
非机动车	Non-motor-driven Vehicles	10347	1551	11381	1724
#自行车	Bicycles	1522	315	1428	441
行人乘车人	Pedestrians and Passengers	2277	1134	1348	1346
其 他	Others	75	29	73	15

10-6 火灾事故情况（2011年）
Basic Statistics on Fire Accidents (2011)

项 目	Item	合 计 Total	特 大 Extraordinarily Serious	重 大 Serious	较 大 Big	一 般 Ordinary
发生（起）	Fire Accidents (case)	125417		7	80	125330
死亡（人）	Deaths (person)	1108		82	287	739
受伤（人）	Injuries (person)	571		32	54	485
直接经济损失（万元）	Direct Economic Losses (10 000 yuan)	205743.4		11560.2	15775.3	178407.9
平均每起事故损失（元）	Average Loss per Fire Accident (yuan)	16405		16514571	1971913	14235

10-7 各地区交通事故情况（2011年）

Basic Statistics on Traffic Accidents by Province (2011)

地 区	Province	发生数（起）Number of Traffic Accidents (case)	死亡人数（人）Number of Deaths (person)	受伤人数（人）Number of Injuries (person)	直接财产损失（万元）Direct Property Losses (10 000 yuan)
全 国	**National Total**	**210812**	**62387**	**237421**	**107873.0**
北 京	Beijing	3934	924	4503	1946.8
天 津	Tianjin	2600	908	2875	2170.8
河 北	Hebei	5197	2602	4661	3372.3
山 西	Shanxi	6239	2308	7212	3113.0
内蒙古	Inner Mongolia	4591	1270	4866	2335.7
辽 宁	Liaoning	6446	2090	6184	2745.2
吉 林	Jilin	3639	1424	4034	5971.5
黑龙江	Heilongjiang	3435	1302	3595	4560.2
上 海	Shanghai	2085	944	1749	1295.8
江 苏	Jiangsu	13436	4899	12460	6012.7
浙 江	Zhejiang	20178	5235	21263	8453.8
安 徽	Anhui	14005	2758	16493	4837.4
福 建	Fujian	11517	2680	13705	4691.3
江 西	Jiangxi	3354	1507	3910	4857.1
山 东	Shandong	13375	3974	12902	5050.7
河 南	Henan	6877	1670	7398	3617.3
湖 北	Hubei	6490	1909	7609	4030.0
湖 南	Hunan	8118	2039	11037	5170.5
广 东	Guangdong	26586	5873	31015	9358.7
广 西	Guangxi	4290	2287	4885	1622.6
海 南	Hainan	1737	473	2421	554.9
重 庆	Chongqing	5729	985	8528	1363.5
四 川	Sichuan	11860	2805	14982	7330.9
贵 州	Guizhou	1566	1020	2270	1611.4
云 南	Yunnan	5022	1806	6467	2688.6
西 藏	Tibet	943	317	1013	689.3
陕 西	Shaanxi	6362	1893	6087	3331.9
甘 肃	Gansu	3027	1505	3578	2839.5
青 海	Qinghai	1163	559	1420	455.0
宁 夏	Ningxia	1829	428	2404	763.6
新 疆	Xinjiang	5182	1993	5895	1031.0

10-8 各地区火灾事故情况（2011年）
Basic Statistics on Fire Accidents by Province (2011)

地 区	Province	发生数（起）Number of Fire Accidents (case)	死亡人数（人）Number of Deaths (person)	受伤人数（人）Number of Injuries (person)	直接经济损失（万元）Direct Economic Losses (10 000 yuan)	人口火灾发生率（1/10万人）Average Number of Fire Accidents Per 10 0000 Persons
全 国	National Total	**125417**	**1108**	**571**	**205743.4**	**9.25**
北 京	Beijing	4044	30	41	5035.0	31.57
天 津	Tianjin	842	17	10	842.4	8.42
河 北	Hebei	4557	16	27	6731.5	6.20
山 西	Shanxi	4679	14	9	4643.5	13.37
内蒙古	Inner Mongolia	10365	49	17	6217.7	42.03
辽 宁	Liaoning	4088	32	4	16105.9	9.61
吉 林	Jilin	7587	29	10	3717.6	27.83
黑龙江	Heilongjiang	2359	16	18	3789.4	6.15
上 海	Shanghai	5813	43	46	11000.4	40.96
江 苏	Jiangsu	4715	75	46	10761.5	6.27
浙 江	Zhejiang	3565	87	54	6086.8	7.46
安 徽	Anhui	5870	35	13	6290.2	8.52
福 建	Fujian	4116	47	10	6965.9	11.59
江 西	Jiangxi	4647	29	14	8385.7	9.78
山 东	Shandong	3818	19	11	7768.8	3.98
河 南	Henan	3437	20	6	3488.8	3.15
湖 北	Hubei	8292	46	4	6287.8	13.45
湖 南	Hunan	3781	45	14	7450.3	5.30
广 东	Guangdong	8159	132	65	21613.9	9.45
广 西	Guangxi	1889	45	12	5802.1	3.52
海 南	Hainan	710	6	1	1424.3	7.82
重 庆	Chongqing	3777	49	22	4345.6	11.34
四 川	Sichuan	5591	42	17	10193.0	6.17
贵 州	Guizhou	1170	55	10	6625.4	2.76
云 南	Yunnan	1350	53	33	7365.8	2.96
西 藏	Tibet	248	10	7	529.9	8.20
陕 西	Shaanxi	5006	22	6	9417.8	12.81
甘 肃	Gansu	909	5	5	5395.7	3.33
青 海	Qinghai	1685	6	17	6044.4	30.22
宁 夏	Ningxia	3255	1	1	237.7	49.95
新 疆	Xinjiang	5093	33	21	5178.5	23.12

10-9 人民检察院直接立案侦查案件情况（2011年）

Cases Directly Investigated by People's Procuratorate (2011)

案件类别	Category of Cases	受案（件）Cases Accepted (case)	立案件数（件）Number of Cases Registered (case)	#大案 Major Case	立案人数（人）Person of Cases Registered (person)	#要案 Key Case	结案件数（件）Number of Cases Settled (case)	结案人数（人）Person of Cases Settled (person)
合计	**Total**	**46833**	**32567**	**22131**	**44506**	**2524**	**32006**	**43718**
贪污贿赂案件	Sub-total of Cases on Embezzlement and Bribery	35852	25212	18464	33921	2216	24749	33314
贪污	Embezzlement	14579	8475	5508	14366	343	8412	14149
贿赂	Bribery	18023	13915	10927	15685	1682	13356	15136
挪用公款	Misappropriation of Public Funds	2813	2607	2029	3365	109	2733	3456
集体私分	Collective Illegal Possession of Public Funds	290	196		480	77	223	536
巨额财产来源不明	Unstated Source of Large Properties	136	16		17	5	14	15
其他	Others	11	3		8		11	22
渎职侵权案件	Sub-total of Cases on Dereliction of Duty and Infringement of Citizens' Right	10981	7355	3667	10585	308	7257	10404
滥用职权	Abuse of Power	3815	2493	1404	3398	157	2452	3317
玩忽职守	Dereliction of Duty	4825	3615	1738	4879	80	3568	4796
徇私舞弊	Malpractice	1390	718	305	1033	49	692	1000
其他	Others	951	529	220	1275	22	545	1291

注：结案中含上年旧存(以下各表同)。

a) Data of cases settled include cases turned over from previous year. The same as in the following tables.

10-10 人民检察院审查批准、决定逮捕犯罪嫌疑人和提起公诉被告人情况（2011年）

Arrests of Criminal Suspects Approved and Decided by People's Procuratorate and Defendants Prosecuted by People's Procuratorate (2011)

案件类别	Category of Cases	批捕、决定逮捕 Total of Arrests Approved and Decided 件 case	人 person	提起公诉 Total of Initiating Public Prosecutions 件 case	人 person
合计	**Total**	**640567**	**923510**	**824052**	**1238861**
公安、安全、监狱管理机关提请	Sub-total of Requests by Departments of State Security and Public Security and Prisons	627570	908756	796774	1201032
危害国家安全案	Cases of Endangering State Security	405	930	377	974
危害公共安全案	Cases of Endangering Public Security	54227	59004	123206	130278
破坏社会主义市场经济秩序案	Cases of Disrupting the Order of the Socialist Market Economy	26559	40604	33860	54891
侵犯公民人身、民主权利案	Cases of Infringing upon Citizens' Right of the Person and Democratic Right	142270	186441	173501	238013
侵犯财产案	Cases of Property Voilation	264910	394706	296692	461706
妨害社会管理秩序案	Cases of Obstructing the Adiminstration of the Public Order	139006	226834	168936	314881
危害国防利益案	Cases of Impairing the Interests of National Defense	190	234	200	287
军人违反职责案	Cases of Servicemen's Transgression of Duties	3	3	2	2
检察机关直接立案侦查案件	Sub-total of Cases Directly Investigated by Procuratorates	12997	14754	27278	37829
贪污贿赂案	Cases of Embazzlement and Bribery	11604	13102	21722	29657
渎职侵权案	Cases of Abuse and Dereliction of Duty	1393	1652	5556	8172

10-11 人民检察院出庭公诉情况（2011年）
Public Prosecutions Appearing in Court by People's Procuratorate (2011)

单位：件 (case)

案件类别	Category of Cases	适用简易程序 Summary Procedure Applied	出庭公诉 Public Prosecutions Appearing in Court	一审 First Instance	二审 Second Instance	上诉案 Appeal Cases	抗诉案 Procuratoral Appeal Cases	再审 Retrial
合　计	**Total**	**328209**	**480739**	**466795**	**13185**	**10360**	**2825**	**759**
贪污贿赂	Embazzlement and Bribery	1599	21217	19855	1229	770	459	133
渎职侵权	Dereliction of Duty and Infringement of Citizens' Right	627	4695	4527	146	76	70	22
刑事案件	Criminal Cases	325983	454827	442413	11810	9514	2296	604
军人违反职责	Servicemen's Transgression of Duties							

10-12 人民检察院办理刑事抗诉案件情况（2011年）
Criminal Appeals Handled by People's Procuratorate (2011)

案件类别	Category of Cases	提出抗诉（件） Presenting Procuratoral Appeal (case)	撤回抗诉（件） Withdrawing Procuratoral Appeal (case)	审判结果合计（件） Total Retrial of Procuratoral Appeal (case)	改判 Revising Judgment 件 case	改判 Revising Judgment 人 person	维持原判（件） Affirming Original Judgment (case)	发回重审（件） Remanding for Retrial (case)
合　计	**Total**	**5346**	**534**	**3847**	**1678**	**2429**	**936**	**1233**
二审小计	Sub-total of Second Instance	4457	510	3064	1419	2089	812	833
贪污贿赂案件	Embazzlement and Bribery Cases	612	56	473	157	194	131	185
渎职侵权案件	Dereliction of Duty and Infingement of Citizens' Right Cases	100	8	71	15	16	26	30
刑事案件	Criminal Cases	3745	446	2520	1247	1879	655	618
再审小计	Sub-total of Retrial	889	24	783	259	340	124	400
贪污贿赂案件	Embazzlement and Bribery Cases	142	2	103	31	41	22	50
渎职侵权案件	Dereliction of Duty and Infingement of Citizens' Right Cases	19	1	14	3	4	6	5
刑事案件	Criminal Cases	728	21	666	225	295	96	345

10-13 人民检察院办理民事、行政抗诉案件情况（2011年）
Civil and Administrative Appeals Handled by People's Procuratorate (2011)

单位:件 (case)

案件类别	Category of Cases	合计 Total	民事案件 Civil Cases	行政案件 Administrative Cases
立案	Filing Cases	66363	62497	3866
提请抗诉	Submitting Procuratoral Appeal	13489	12978	511
抗诉	Procuratoral Appeal	10332	10022	310
撤回抗诉	Withdrawing Procuratoral Appeal	35	33	2
抗诉案件再审	Retrial of Procuratoral Appeal	8239	8074	165
改判	Revising Judgment	3124	3069	55
发回重审	Remanding for Retrial	960	940	20
调解	Mediation	2305	2284	21
维持原判	Affirming Original Judgment	1509	1452	57
其他	Others	341	329	12

10-14 人民检察院纠正违法情况（2011年）
Law-breaking Cases Rectified by People's Procuratorate (2011)

项目	Item	书面提出纠正 Written Rectification		已纠正 Rectified	
		件次 case-time	人次 person-time	件次 case-time	人次 person-time
合计	**Total**	**81634**	**36482**	**78030**	**35929**
立案监督小计	Sub-total of Supervision of Cases Filing	33167		31653	
监督立案	Supervision of Cases Filing	21201		19786	
监督撤案	Supervision of Cases Withdrawed	11966		11867	
侦查监督小计	Sub-total of Supervision of Investigation	39812		38217	
审查批捕环节	Supervision of Investigation in the Process of Arrests Approved	20801		20450	
审查起诉环节	Supervision of Investigation in the Process of Prosecution	19011		17767	
刑事审判监督	Supervision of Criminal Trial	8655		8160	
刑罚执行监督小计	Sub-total of Supervision of Punishment Execution		36482		35929
监管活动	Administration of Prison and Costody		24075		23888
超期羁押	Excessive Custody		243		242
减刑、假释、保外就医	Commutation of Sentence,Parole and Released on Parole for Medical Treatment		12164		11799

10-15 人民检察院处理申诉案件情况（2011年）
Petitions Handled by People's Procuratorate (2011)

单位：件 (case)

案件分类	Category of Cases	受案 Cases Accepted	立案复查 Cases Registered for Reinvestigation	结案 Cases Settled	#改变原决定 Original Decision Changed
合　计	**Total**	**11391**	**8395**	**8260**	**928**
不服检察机关处理决定	Petitions against Decision of Procuratorate's Offices	4224	3458	3440	928
不服不批捕	Petitions against Disapproval of Arrest	1048	890	876	154
不服不起诉	Petitions against Not-initiating Prosecution	1822	1599	1586	203
不服撤案	Petitions against Dismissing the Cases	52	38	40	3
不服原免予起诉	Petitions against Original Exemption of Prosecution	56	44	43	6
其　他	Others	1246	887	895	562
不服法院刑事判决裁定	Petitions against Judgment or Orders of Criminal Cases	7167	4937	4820	
刑罚执行中被害人申诉	Petitions of the Victim at the Punishment	2671	1913	1865	
刑罚执行中被告人申诉	Petitions of the Defendant at the Punishment	2298	1631	1599	
刑罚执行完毕后被害人申诉	Petitions of the Victim after the Punishment	669	470	455	
刑罚执行完毕后被告人申诉	Petitions of the Defendant after the Punishment	1529	923	901	

10-16 人民检察院受理举报、控告、申诉案件情况（2011年）
Offences Reporting, Accusation and Petition Handled by People's Procuratorate (2011)

单位：件 (case)

案件类别	Category of Cases	受理 Cases Accepted	处理 Cases Handled	#分送检察机关 Handled by General Office of People's Procuratorate	#转其他机关 Transfering to Other Organs
合　计	**Total**	**382165**	**379509**	**231191**	**75720**
首次举报	First Report of an Offence	192461	192135	140934	24907
首次控告	First Accusation	70655	70476	25771	27291
首次申诉	First Petition	119049	116898	64486	23522

10-17 人民法院审理一审案件情况

First Trial Cases by Courts

单位：件 (case)

年 份 Year	收 案 Cases Accepted	刑 事 Criminal	民 事 Civil	经济纠纷 Economic Disputes	行 政 Administrative	海事海商 Maritime and Marine
1978	447755	146968	300787			
1979	513789	123846	389943			
1980	763535	197856	565679			
1981	906051	232125	673926			
1982	1024160	245219	778941			
1983	1343164	542648	756436	43553	527	
1984	1355460	431357	838307	84813	983	
1985	1319741	246655	846391	225541	916	238
1986	1611282	299720	989409	321220	632	301
1987	1875229	289614	1213219	366110	5940	346
1988	2290624	313306	1455130	513046	8573	569
1989	2913515	392564	1815385	694907	9934	725
1990	2916774	459656	1851897	591462	13006	753
1991	2901685	427840	1880635	566592	25667	951
1992	3051157	422991	1948786	650601	27125	1654
1993	3414845	403267	2089257	892580	27911	1830
1994	3955475	482927	2383764	1051742	35083	1959
1995	4545676	495741	2718533	1275959	52596	2847
1996	5312580	618826	3093995	1515848	79966	3945
1997	5288379	436894	3277572	1478822	90557	4534
1998	5410798	482164	3375069	1450049	98350	5166
1999	5692434	540008	3519244	1529877	97569	5736
2000	5356294	560432	3412259	1290867	85760	6976
2001	5344934	628996	3459025	1149101	100921	6891
2002	5132199	631348	4420123		80728	
2003	5130760	632605	4410236		87919	
2004	5072881	647541	4332727		92613	
2005	5161170	684897	4380095		96178	
2006	5183794	702445	4385732		95617	
2007	5550062	724112	4724440		101510	
2008	6288831	767842	5412591		108398	
2009	6688963	768507	5800144		120312	
2010	6999350	779595	6090622		129133	
2011	7596116	845714	6614049		136353	

注：1.一审案件指人民法院按照诉讼级别管辖按第一审程序审理的案件。
2.2002年起经济纠纷和海事海商并入民事案件中。

a) First trial cases refer to the cases accepted by people's courts in accordance with the grade jurisdiction and the first trial proceedings.

b) Data of civil cases includes cases of economic disputes and maritime and marine since 2002.

10-18 人民法院审理刑事一审案件收结案情况（2011年）
First Trial Criminal Cases Accepted and Concluded by Courts (2011)

单位：件 (case)

项　目	Item	收 案 Cases Accepted	结 案 Cases Concluded
合　计	**Total**	**845714**	**839973**
危害公共安全罪	Crimes of Endangering Public Security	119659	118403
破坏社会主义市场经济秩序罪	Crimes of Disrupting the Order of the Socialist Market Economy	34577	34103
侵犯公民人身权利民主权利罪	Crimes of Infringing upon Citizens' Right of the Person and Democratic Rights	188147	187256
侵犯财产罪	Crimes of Property Violation	302157	300423
妨害社会管理秩序罪	Crimes of Obstructing Administration of Public Order	171840	170903
危害国防利益罪	Crimes of Impairing the Interests of National Defence	180	177
贪污贿赂罪	Crimes of Embezzlement and Bribery	23232	22868
渎职罪	Crimes of Dereliction of Duty	4611	4526
其　他	Others	1311	1314
合计中含自诉案件	Private Prosecution of Total	10716	10995

注：结案中含上年旧存(以下各表同)。
a) Data of cases settled include cases turned over from previous year.The same applies to the tables following.

10-19 人民法院审理刑事案件罪犯情况
Criminal Offenders Heard by Courts

单位：人 (person)

年 份 Year	刑事罪犯总数 Number of Offenders	#青少年罪犯 Juvenile Offenders	不满18岁 Age 18 and Below	18岁至25岁 Age 18-25	青少年罪犯占刑事罪犯比重(%) Proportion of Juvenile Offenders to Total (%)
1997	526312	199212	30446	168766	37.9
1998	528301	208076	33612	174464	39.4
1999	602380	221153	40014	181139	36.7
2000	639814	220981	41709	179272	34.5
2001	746328	253465	49883	203582	34.0
2002	701858	217907	50030	167879	31.0
2003	742261	231715	58870	172845	31.2
2004	764441	248834	70086	178748	32.6
2005	842545	285801	82692	203109	33.9
2006	889042	303631	83697	219934	34.2
2007	931745	316298	87506	228792	33.9
2008	1007304	322061	88891	233170	32.0
2009	996666	302023	77604	224419	30.3
2010	1006420	287978	68193	219785	28.6
2011	1050747	282429	67280	215149	26.9

10-20 人民法院审理婚姻家庭、继承一审案件收结案情况（2011年）
First Trial Civil Cases of Marriages, Family Affairs and Inheritance Accepted and Concluded by Courts (2011)

单位：件 (case)

项目	Item	收案 Cases Accepted	结案 Cases Concluded	调解 Mediation	判决 Judgement	驳回 Reject	撤诉 Withdrawal	其他 Others
合计	Total	**1593743**	**1609801**	**768238**	**416136**	**7018**	**407248**	**11161**
婚姻家庭	Marriages and Family Affairs	1471843	1477961	715698	381118	5671	365791	9683
离婚	Divorce	1206476	1202007	588035	313119	3867	289946	7040
赡养纠纷	Support Disputes	24840	24710	10697	5877	99	7693	344
抚养、扶养关系纠纷	Upbringing and Maintenance Relationship Disputes	48042	47832	30246	8271	164	8845	306
抚育费纠纷	Upbringing Fee Disputes	25494	25295	12152	6958	114	5783	288
其他	Others	166991	178117	74568	46893	1427	53524	1705
继承	Inheritance	121900	131840	52540	35018	1347	41457	1478
法定继承	Legal Inheritance	33876	33229	20253	6989	210	5548	229
遗嘱继承	Testament Inheritance	4834	4703	2030	1700	38	887	48
其他	Others	83190	93908	30257	26329	1099	35022	1201

10-21 人民法院审理合同纠纷一审案件收结案情况（2011年）
First Trial Cases of Contract Disputes Accepted and Concluded by Courts (2011)

单位：件 (case)

项目	Item	收案 Cases Accepted	结案 Cases Concluded	调解 Mediation	判决 Judgement	驳回 Reject	撤诉 Withdrawal	其他 Others
合计	Total	**3333595**	**3286997**	**1199000**	**965626**	**43684**	**1031361**	**47326**
借款合同	Loan Contracts	1065056	1048011	382084	353284	12383	287983	12277
买卖合同	Trade Contracts	533401	526367	206013	155226	5106	152330	7692
电信合同	Telecom Contracts	139120	138711	45788	4151	274	86904	1594
租赁合同	Lease Contracts	137303	134826	40149	46087	1698	45471	1421
劳动争议	Labour Disputes	308622	304228	141289	92258	7194	57896	5591
房地产合同	Real Estate Contracts	130860	128050	46979	44534	1667	31974	2896
供用动力合同	Labor Contracts	68711	69081	19806	7030	412	41002	831
建设工程合同	Construction Contracts	78808	77490	24134	28789	1430	21194	1943
农村承包合同	Rural Contracts	34781	34652	13221	8047	544	12561	279
承揽合同	Contracts for Work	64469	64325	23209	19711	647	19441	1317
其他	Others	772464	761256	256328	206509	12329	274605	11485

10-22 人民法院审理知识产权一审案件收结案情况（2011年）
First Trial Cases of Intellectual Property Rights Accepted and Concluded by Courts (2011)

单位：件 (case)

项　目	Item	收案 Cases Accepted	结案 Cases Concluded	调解 Mediation	判决 Judgement	驳回 Reject	撤诉 Withdrawal	其他 Others
合　计	**Total**	**59882**	**58201**	**11571**	**14862**	**597**	**29792**	**1379**
著作权	Copyright	35185	34300	6870	7733	363	18557	777
商标权	Trademark Right	12991	12627	2748	3636	130	5955	158
专利权	Patent Right	7819	7413	1318	2109	47	3736	203
技术合同	Technical Contracts	557	573	119	211	9	194	40
植物新品种纠纷	Plant Variety Disputes	211	211	18	48	3	133	9
不正当竞争	Unfair Competition	1137	1133	238	404	16	423	52
其　他	Others	1982	1944	260	721	29	794	140

10-23 人民法院审理海事海商一审案件收结案情况（2011年）
First Trial Cases of Maritime and Marine Accepted and Concluded by Courts (2011)

单位：件 (case)

项　目	Item	收案 Cases Accepted	结案 Cases Concluded	调解 Mediation	判决 Judgement	驳回 Reject	撤诉 Withdrawal	其他 Others
合　计	**Total**	**8692**	**8286**	**2303**	**2828**	**95**	**2933**	**127**
海事侵权纠纷	Maritime Tort Disputes	1155	1048	315	459	22	219	33
海上人身损害赔偿	Compensation for Maritime Personal Harm	505	472	179	144	17	120	12
其　他	Others	650	576	136	315	5	99	21
海商合同	Marine Contracts	7451	7160	1965	2346	72	2683	94
海上货物运输合同	Contracts of Carriage of Goods by Sea	1716	1705	442	436	11	797	19
海员劳务合同	Contrats of Employment with Mariners	1649	1596	613	495	17	451	20
船舶建造买卖合同	Contracts of Ship Building and Sale	343	330	82	126	9	103	10
船舶租用合同	Charter Party	357	373	82	141	6	137	7
海上保险合同	Marine Insurance Contracts	254	207	67	82	3	52	3
其　他	Others	3132	2949	679	1066	26	1143	35
其他海事海商纠纷	Other Maritime and Marine Disputes	86	78	23	23	1	31	

10-24 人民法院审理权属、侵权纠纷及其他民事一审案件收结案情况(2011年)

First Trial Cases of Disputes of Right, Infringement of Right and Other Civil Affairs Accepted and Concluded by Courts (2011)

单位：件 (case)

项　目	Item	收　案	结　案					
		Cases Accepted	Cases Concluded	调　解 Mediation	判　决 Judgement	驳　回 Reject	撤　诉 Withdrawal	其　他 Others
合　计	**Total**	**1686711**	**1661823**	**697940**	**508823**	**17993**	**307516**	**129551**
所有权及其相关权利	Ownership and Related Rights	318055	314260	110502	100452	6979	92121	4206
特别程序	Special Proceedings	171426	168950	14463	25667	5265	10745	112810
人身权纠纷	Personal Rights Disputes	950984	939627	478925	316465	2914	133496	7827
#人身损害赔偿	Compensation for Personal Harm	914240	903394	463115	304472	2597	125799	7411
特殊侵权纠纷	Disputes of Special Infringement	81850	77639	31277	26663	807	18063	829
不当得利	Unjustified Enrichment	22670	22248	6099	7488	480	7778	403
票据、证券、股票纠纷	Disputes of Bills, Securities and Stocks	26484	25343	10085	8383	555	5260	1060
其　他	Others	115242	113756	46589	23705	993	40053	2416

10-25 人民法院审理行政一审案件收结案情况（2011年）

First Trial Administrative Cases Accepted and Concluded by Courts (2011)

单位：件 (case)

项　目	Item	收　案	结　案						
		Cases Accepted	Cases Concluded	维　持 Affirmation of Original Judgement	撤　销 Cancel Lation	驳　回 Reject	撤　诉 With-drawal	单独赔偿 Separate Compen-sation	其　他 Others
合　计	**Total**	**136353**	**136361**	**13384**	**6944**	**8849**	**65389**	**291**	**41504**
土地等资源	Land and Other Resources	24928	24927	2103	2037	2165	11140	33	7449
公　安	Public Security	10153	10137	2152	428	451	4847	50	2209
城　建	City Construction	24574	24898	1522	1559	2295	11199	91	8232
交通运输	Traffic and Transportation	2445	2447	123	49	61	1796	4	414
工　商	Industry and Commerce	3191	3156	211	168	268	1649	2	858
环　保	Environmental Protection	2227	2220	47	14	37	1194	4	924
计划生育	Family Planning	8428	8429	66	24	119	5228	1	2991
税　务	Taxation	405	399	21	9	25	225		119
卫　生	Health	1808	1835	38	24	61	876		836
乡政府	Township Government	3247	3249	262	163	236	2042	8	538
劳动和社会保障	Labour and Social Security	11121	11090	2267	698	329	5214	3	2579
其　他	Others	43826	43574	4572	1771	2802	19979	95	14355

10-26 律师工作基本情况

Basic Statistics on Lawyers

项 目	Item	2007	2008	2009	2010	2011	2011年比2010年增减% Change in 2011 over 2010
律师事务所 (个)	Number of Law Firms (unit)	13593	14467	15888	17230	18235	5.8
#国资所	State-owned Law Firms	1475	1409	1518	1456	1325	-9.0
合作所	Cooperative Law Firms	1906	765	30	26	20	-23.1
合伙所	Partnership Law Firms	9922	11672	12625	13036	13521	3.7
律师工作人员 (人)	Number of Lawyers (person)	143967	156710	173327	195170	214968	10.1
#专职律师	Full-time Lawyers	128172	140135	155457	176219	192546	9.3
兼职律师	Part-time Lawyers	7842	8116	8764	9294	9740	4.8
律师业务	Legal Affairs						
担任常年法律顾问(处)	Permanent Legal Advisor (unit)	295990	314876	338179	369129	392456	6.3
民事诉讼代理 (件)	Agent of Civil Cases (case)	1247877	1401147	1499105	1569043	1693635	7.9
刑事诉讼辩护及代理 (件)	Defence and Agent of Criminal Cases (case)	495824	511971	564204	530800	569330	7.3
行政诉讼代理 (件)	Agent of Administrative Action (case)	56342	54666	57286	51011	52136	2.2
非诉讼法律事务 (件)	Agent of Non-litigious Legal Affairs (case)	607049	729218	569304	549453	625229	13.8
法律咨询 (万人次)	Legal Advisory Services (10 000 person-times)	381.83	350.86	383.08	474.51	513.55	8.2
代书 (万件)	Agent of Legal Documents Written on Behalf of Clients (10 000 cases)	715.37	720.99	684.22	723.72	787.36	8.8

10-27 律师人员构成情况

Basic Statistics on Composition of Lawyers

单位：人 (person)

项 目	Item	2006	2007	2008	2009	2010	2011	2011年比2010年增减% Change in 2011 over 2010
律师数	Total Number	**164516**	**143967**	**156710**	**173327**	**195170**	**214968**	**10.14**
#博 士	With Doctor's Degree	1395	1673	1903	2092	2340	3242	38.55
硕士、双学士	With Master's Degree and Dual Bachlors' Degree	16378	18554	21046	24435	27081	31885	17.74
法律专业本科	Undergraduates Majoring in Law	88594	86416	94167	108657	124835	141230	13.13
其他专业本科	Undergraduates Majoring in Other Subjects	16930	16290	17699	19857	19634	19419	-1.10
女律师	Female	27540	31768	33755	39018	47210	52262	10.70
中共党员	Communist Party Members	41753	44162	45033	50062	53991	62881	16.47

10-28 律师代理刑事案件工作

Basic Statistics on Agents of Criminal Cases

单位：件 (case)

项 目	Item	2007	2008	2009	2010	2011	2011年比2010年增减% Change in 2011 over 2010
律师代理刑事案件数	Total Agents of Criminal Cases	495824	511971	564204	530800	569330	7.26
#提供法律咨询代为申诉控告	Providing Legal Advisory Service, Agents of Appeals and Complaints	71923	65462	93243	68025	99296	45.97
被告人委托辩护	Defence Commissioned by the Accused	139148	143935	150234	140876	134812	-4.30
法律援助辩护	Legal-aid Defence	59277	54766	66417	57504	63047	9.64
法庭指定辩护	Court-Appointed Defence						
自诉案件代理	Agents of Private Prosecution	23794	26611	22275	25464	24556	-3.57
公诉案件代理	Agents of Public Prosecution	25722	29586	31276	31411	31100	-0.99

注：自2006年起，刑事法律援助案件的律师由法律援助机构统一指定，不再由法院直接指定。

a) Lawyers of legal-aid criminal cases have been appointed by legal-aid institutions instead of courts since 2006.

10-29 律师代理民事诉讼工作

Basic Statistics on Agents of Civil Cases

单位：件 (case)

项 目	Item	2007	2008	2009	2010	2011	2011年比2010年增减% Change in 2011 over 2010
律师代理民事案件数	Total Agents of Civil Cases	1247877	1401147	1499105	1569043	1693635	7.94
#婚姻家庭	Marriages and Family Affairs	185603	190405	192007	206734	234513	13.44
继 承	Inheritance	49864	49628	46439	52625	54665	3.88
房地产	Real Estate						
著作、商标、专利	Copyright, Trademark Right and Patent						
涉外及港澳台	Foreign-related , Hong Kong, Macao and Taiwan						
合同纠纷	Contract Disputes	429455	540415	578538	594479	644233	8.37
侵权纠纷	Disputes of Infringement of Right	167800	190405	208506	250182	279411	11.68
劳动争议	Labour Disputes	97615	131981	156787	139002	154733	11.32
涉及农民工案件	Cases Related to Peasant-workers	22377	34551	34980	32269	32800	1.65

10-30 法律援助工作情况
Basic Statistics on Legal Aid

项　目	Item	2007	2008	2009	2010	2011	2011年比2010年增减% Change in 2011 over 2010
法律援助机构(个)	Legal Aid Institutions (unit)	3259	3268	3274	3592	3672	2.23
工作人员　(人)	Legal Aid Staff (person)	12519	12778	13081	13830	14150	2.31
#法律专业	Persons Majoring in Law	9971	10250	10337	10939	10880	-0.54
受理案件　(件)	Cases Handled (case)	420104	546859	640673	727401	844624	16.12
民事法律援助	Civil Legal Aid Cases	297388	418419	515107	610198	726826	19.11
刑事法律援助	Criminal Legal Aid Cases	118946	124217	121785	112264	113717	1.29
行政法律援助	Administrative Legal Aid Cases	3770	4223	3781	4939	4081	-17.37
咨询　(人次)	Legal Advisory Services (person-time)	4069972	4322329	4946108	4874083	5334383	9.44

10-31 公证工作基本情况
Basic Statistics on Notarization

项　目	Item	2007	2008	2009	2010	2011	2011年比2010年增减% Change in 2011 over 2010
公证处　(个)	Notary Offices (unit)	3031	3035	3023	3026	3006	-0.66
#涉外公证处	Foreign-related Notary Offices	1017	1247	1255	1317	1254	-4.78
公证人员 (人)	Notarial Personnel (person)	21060	33462	23077	24185	25609	5.89
#公证员	Notaries	11616	22284	11282	11457	12163	6.16
公证员助理	Assistant Notaries	4966	5469	5895	6678	7089	6.15
行政人员及合同工 (人)	Administrative Staff and Contracted Employees (person)	4889	5709	5900	6050	6357	5.07
办理公证文件 (万件)	Number of Notarized Documents (10 000 cases)	971.4	949.0	1075.1	1104.8	1076.6	-2.55

10-32 国内经济公证文书分类

单位：件、%

项　目	Item	2006 数 值 Number	2006 比 重 Percentage	2007 数 值 Number	2007 比 重 Percentage
合　计	**Total**	**3096350**	**100.00**	**3009390**	**100.00**
购　销	Purchases and Sales of Products	59058	1.91	41240	1.37
联　营	Joint Business	6389	0.21	4418	0.15
拍　卖	Auctions	45645	1.47	21994	0.73
贷　款	Loans	1489700	48.11	1506527	50.06
担　保	Guarantees	84810	2.74	82825	2.75
招标、投标	Bidding and Bidding Invitation	77500	2.50	78109	2.60
技术合作	Scientific and Technological Contracts	1120	0.04	961	0.03
供用电	Contracts on Supply and Consumption of Electric Power	9646	0.31	11400	0.38
劳　务	Labor Contracts	69321	2.24	58406	1.94
建筑工程承包	Construction Project Contracts	12836	0.41	9790	0.33
工商服务业承包	Industrial and Commercial Service Contracts	4674	0.15	4470	0.15
农林牧副渔业承包	Farming, Forestry, Animal Husbandry and Fishing Contracts	95027	3.07	76822	2.55
乡镇企业承包	Township Enterprise Contracts	3548	0.11	1473	0.05
财产租赁	Property Leases	10690	0.35	7887	0.26
企业租赁	Leases of Enterprises	4325	0.14	1760	0.06
资产经营协议	Asset Business Contracts	1419	0.05	1882	0.06
还款协议	Repayment Contracts	86442	2.79	90245	3.00
土地使用权出(转)让	Selling or Transfer of Right of Land Utilization	31975	1.03	29013	0.96
其他经济合同	Other Business Contracts	226736	7.32	209622	6.97
法人(代表人)资格	Legal Person (Agent) Identification	98984	3.20	14121	0.47
法人委托书	Legal Person Trust Deeds	135015	4.36	168578	5.60
公司章程	Articles of Association	3292	0.11	2934	0.10
执行许可证明	Operating Permits	14791	0.48	18179	0.60
提　存	Deposit	8424	0.27	6748	0.22
抵押登记	Mortgage Registration	62093	2.01	57053	1.90
公司会议记录	Minutes of Corporation Meetings	10927	0.35	6926	0.23
其　他	Others	441963	14.27	496007	16.48

Categories of Domestic Notarized Documents on Economic Affairs

(case,%)

2008		2009		2010		2011	
数 值 Number	比 重 Percentage	数 值 Number	比 重 Percentage	数 值 Number	比 重 Percentage	数 值 Number	比 重 Percentage
2579595	**100.00**	**3055445**	**100.00**	**3137515**	**100.00**	**2974332**	**100.00**
34826	1.35	35534	1.16	55820	1.78	33968	1.14
4663	0.18	13558	0.44	8903	0.28	3248	0.11
19727	0.76	40545	1.33	27104	0.86	47274	1.59
1176795	45.62	1389379	45.47	1532057	48.83	1376410	46.28
67292	2.61	84128	2.75	83410	2.66	98754	3.32
76582	2.97	96451	3.16	99307	3.17	102597	3.45
1279	0.05	712	0.02	1123	0.04	765	0.03
119235	4.62	8568	0.28	4591	0.15	4101	0.14
50380	1.95	46984	1.54	36143	1.15	41421	1.39
10198	0.40	16292	0.53	13514	0.43	11258	0.38
5552	0.22	4832	0.16	3084	0.10	1724	0.06
71543	2.77	45069	1.48	72342	2.31	28330	0.95
4525	0.18	2116	0.07	1244	0.04	823	0.03
7522	0.29	8201	0.27	11502	0.37	7856	0.26
1482	0.06	5534	0.18	2116	0.07	2497	0.08
4376	0.17	7702	0.25	9033	0.29	27109	0.91
73730	2.86	104794	3.43	102966	3.28	86240	2.90
23494	0.91	39761	1.30	25418	0.81	22265	0.75
175995	6.82	182793	5.98	214996	6.85	191896	6.45
14423	0.56	30639	1.00	17397	0.55	16338	0.55
109101	4.23	122821	4.02	146072	4.66	209156	7.03
2683	0.10	8434	0.28	3841	0.12	3657	0.12
10368	0.40	12732	0.42	8691	0.28	9996	0.34
8742	0.34	7808	0.26	5108	0.16	4359	0.15
54384	2.11	73635	2.41	88724	2.83	84390	2.84
8025	0.31	11060	0.36	3936	0.13	13176	0.44
442673	17.16	655363	21.45	559073	17.82	544724	18.31

10-33 国内民事公证文书分类

单位：件、%

项　目	Item	2006 数值 Number	2006 比重 Percentage	2007 数值 Number	2007 比重 Percentage
合 计	**Total**	**3505770**	**100.00**	**3716372**	**100.00**
收　养	Child Adoption	4988	0.14	4253	0.11
解除收养	Adoption Termination	3203	0.09	2285	0.06
继承权	Rights to Inheritance	319966	9.13	396328	10.66
遗　嘱	Testaments	81240	2.32	90689	2.44
产　权	Property Rights	27323	0.78	45327	1.22
亲属关系	Kinship Confirmation	44704	1.28	48454	1.30
死　亡	Death Certificates	10348	0.30	14852	0.40
房屋买卖	Purchases and Sales of Houses	351763	10.03	300506	8.09
房屋租赁	House Leases	15199	0.43	17596	0.47
留学协议	Foreign Study Contracts	8186	0.23	11685	0.31
遗赠扶养协议	Donations and Family Fostering Aggrements	11488	0.33	7994	0.22
委托书	Trust Deeds	699551	19.95	942776	25.37
赠与书	Deeds of Gift	147183	4.20	158377	4.26
声明书	Declarations	255506	7.29	288493	7.76
现场监督	Field Supervision	96575	2.75	100472	2.70
签名印鉴属实	Confirmation of Signatures and Seals	56209	1.60	61063	1.64
副本等与原本相符	Confirmation of Copies and Photo-offset Copies to Originals	49582	1.41	61500	1.65
宅基地使用权	Usufruct of Premise	9143	0.26	7091	0.19
证据保全	Evidence Preservation	110930	3.16	120696	3.25
拆迁协议	Housing Demolition Agreements	86367	2.46	94459	2.54
计划生育	Family Planning	63416	1.81	35717	0.96
赡养协议	Agreements on Supporting Parents	12179	0.35	11232	0.30
合伙协议	Partnership Agreements	12998	0.37	10241	0.28
夫妻财产协议	Property Agreements Between Husband and Wife	62559	1.78	50413	1.36
其他民事协议	Other Civil Agreements	363434	10.37	266351	7.17
其　他	Others	601730	17.16	567522	15.27

Categories of Domestic Notarized Documents on Civil Affairs

(case,%)

2008		2009		2010		2011	
数 值 Number	比 重 Percentage	数 值 Number	比 重 Percentage	数 值 Number	比 重 Percentage	数 值 Number	比 重 Percentage
3556872	**100.00**	**4386266**	**100.00**	**4550897**	**100.00**	**4498533**	**100.00**
4379	0.12	4371	0.10	4450	0.10	3312	0.07
5437	0.15	5909	0.13	3227	0.07	3340	0.07
406923	11.44	518995	11.83	559626	12.30	604971	13.45
93169	2.62	94813	2.16	90917	2.00	94724	2.11
27395	0.77	24788	0.57	17898	0.39	18852	0.42
41005	1.15	50971	1.16	65035	1.43	75645	1.68
14838	0.42	10197	0.23	10860	0.24	16711	0.37
266516	7.49	358674	8.18	318810	7.01	262135	5.83
13928	0.39	14722	0.34	11948	0.26	12247	0.27
10420	0.29	12469	0.28	10017	0.22	10546	0.23
13257	0.37	13228	0.30	16083	0.35	14004	0.31
766925	21.56	1272431	29.01	1426942	31.36	1385059	30.79
145840	4.10	156738	3.57	165773	3.64	174666	3.88
304734	8.57	408656	9.32	425099	9.34	401733	8.93
119218	3.35	75751	1.73	100459	2.21	118238	2.63
58837	1.65	72805	1.66	74381	1.63	103034	2.29
70110	1.97	99444	2.27	115865	2.55	113933	2.53
9369	0.26	10963	0.25	8546	0.19	15640	0.35
168412	4.73	148985	3.40	162472	3.57	135725	3.02
70855	1.99	63383	1.45	64188	1.41	51197	1.14
22516	0.63	18831	0.43	9662	0.21	12122	0.27
10877	0.31	16143	0.37	11928	0.26	10196	0.23
10471	0.29	9676	0.22	10497	0.23	8362	0.19
48971	1.38	47266	1.08	52521	1.15	48831	1.09
263040	7.40	237535	5.42	223035	4.90	211739	4.71
589430	16.57	638522	14.56	590658	12.98	591571	13.15

10-34 涉外公证文书分类
Categories of Foreign-Related Notarized Documents

单位：件、% (case,%)

项　目	Item	2008		2009		2010		2011	
		办证件数 Number of Notarial Documents Issued	比　重 Percentage	办证件数 Number of Notarial Documents Issued	比　重 Percentage	办证件数 Number of Notarial Documents Issued	比　重 Percentage	办证件数 Number of Notarial Documents Issued	比　重 Percentage
合　计	**Total**	**3111631**	**100.00**	**3082560**	**100.00**	**3099102**	**100.00**	**3073979**	**100.00**
收　养	Child Adoption	7743	0.25	12138	0.39	10195	0.33	8911	0.29
遗　嘱	Testaments	1520	0.05	611	0.02	1793	0.06	1244	0.04
出　生	Births	437755	14.07	444828	14.43	436985	14.10	444349	14.46
死　亡	Deaths	10711	0.34	10221	0.33	11377	0.37	13770	0.45
生存、居住	Survival and Residence	14606	0.47	19237	0.62	17444	0.56	15950	0.52
学　历	Education	298023	9.58	264292	8.57	256296	8.27	216028	7.03
经　历	Personal Histories	34088	1.10	25555	0.83	27138	0.88	25968	0.84
国　籍	Nationality	47269	1.52	41935	1.36	32072	1.03	27244	0.89
婚姻状况	Marital Status	187438	6.02	175394	5.69	172279	5.56	174406	5.67
亲属关系	Kinship Confirmation	329447	10.59	311480	10.10	336600	10.86	321082	10.45
继承权	Rights of Inheritance	5738	0.18	9757	0.32	5166	0.17	4831	0.16
受、未受刑事处分	Criminal Records	324046	10.41	345678	11.21	345164	11.14	338292	11.01
声明书	Declarations	67712	2.18	59395	1.93	69336	2.24	66207	2.15
委托书	Trust Deeds	31691	1.02	28527	0.93	35304	1.14	41386	1.35
营业证书	Business Certificate	17692	0.57	16092	0.52	19471	0.63	19270	0.63
公司章程	Articles of Association	3410	0.11	3367	0.11	3198	0.10	6487	0.21
其他法律文书	Other Legal Documents	32378	1.04	33908	1.10	43187	1.39	32064	1.04
职　称	Professional Qualifications	13236	0.43	10379	0.34	8662	0.28	8939	0.29
法人资格	Legal Person Identification	5477	0.18	3313	0.11	3657	0.12	6292	0.20
商标注册	Trademark Registrations	225	0.01	148		472	0.02	896	0.03
贷　款	Loans	2672	0.09	1030	0.03	826	0.03	750	0.02
担　保	Guarantees	1840	0.06	1058	0.03	803	0.03	2952	0.10
其他经济合同	Other Business Contracts	9962	0.32	4909	0.16	4427	0.14	5383	0.18
副本等与原本相符	Confirmation of Copies and Photo-offset Copies to Originals	524422	16.85	550533	17.86	544695	17.58	555216	18.06
签名印鉴属实	Confirmation of Signatures and Seals	244500	7.86	213853	6.94	209498	6.76	187624	6.10
其　他	Others	458030	14.72	494922	16.06	503057	16.23	548438	17.84

10-35 人民调解工作基本情况
Basic Statistics on the People's Mediation

项　目	Item	2007	2008	2009	2010	2011	2011年比2010年增减% Change in 2011 over 2010
专职司法助理员（人）	Full-time Judicial Assistants (person)	60824	74147	72704	72698	95430	31.27
人民调解委员会(万个)	People's Mediation Committees (10 000 units)	83.66	82.74	82.37	81.81	81.10	-0.87
调解人员（万人）	Mediators (10 000 persons)	486.87	479.29	493.89	466.90	433.55	-7.14
调解民间纠纷（万件）	Number of Civil Disputes Mediated (10 000 cases)	480.02	498.14	579.73	841.84	893.53	6.14
防止可能发生的非正常死亡（万人）	Preventing Possible Abnormal Deaths (10 000 persons)	1.89	1.84	1.90	2.72	2.29	-15.81

注：2011年起，专职司法助理员统计口径有所调整，地方司法所事业编制专职司法助理员纳入统计。
a) Since 2011, statistical scope of full-time judicial assistants was adjusted, full-time judicial assistants of local office of justice was included in.

10-36 调解民间纠纷分类
Categories of Civil Disputes Mediated

项　目	Item	调解纠纷（件） Civil Disputes Mediated (cases) 2010	2011	各类纠纷所占比重（%） Percentage (%) 2010	2011
合　计	**Total**	**8418393**	**8935341**	**100.00**	**100.00**
#婚姻家庭	Marriage and Family Disputes	1596880	1761612	18.97	19.72
房屋、宅基地	Housing and Premise	590628	614109	7.02	6.87
邻　里	Neighbor Disputes	1791702	2043793	21.28	22.87
损害赔偿	Compensation for Damages	643448	727803	7.64	8.15

10-37　在押服刑人员基本情况
Basic Statistics of Inmates in Custody

单位：人　　(person)

项　　目	Item	2008	2009	2010	2011
年初在押服刑人数	Number of Inmates at the Beginning of the Year	1589222	1623394	1646593	1656773
#女性	Females	80951	85167	90322	93051
#未成年	Juveniles	20772	20662	18450	16701
释放人数	Released	378493	387172	391380	403106
年末在押服刑人数	Number of Inmates at the End of the Year	1623394	1646593	1656773	1641931

注：1.本表未成年是指14-18岁服刑人员。
　　2.释放人员是指减刑释放、假释和刑满释放人员。
a) Juveniles in this table refers to inmates aged between 14 and 18.
b) The released refers to inmates whose sentence has been commuted, who are on parole, or released after serving the full term.

10-38　中国共产党及各民主党派成员情况
Basic Statistics on Membership of the Communist Party of China and Democratic Parties

单位：千人　　(1 000 persons)

党派名称	Name of Party	1980	1985	1990	1995	2000	2005	2009	2010
中共党员	Communist Party of China	38920	44260	50320	57030	64520	70800	80269	82602
民　革	Revolutionary Committee of the Chinese Kuomintang	9	24	40	50	62	77	92	95
民　盟	China Democratic League	22	54	102	123	148	175	204	214
民　建	China Democratic National Construction Association	19	31	52	65	81	100	123	129
民　进	China Association for Promoting Democracy	7	23	47	60	77	99	117	122
农　工	Chinese Peasants and Workers Democratic Party	5	20	46	59	77	95	113	118
致　公	China Zhi Gong Party	0.4	4	10	14	18	26	33	35
九　三	Jiu San Society	5	19	47	62	81	100	119	125
台　盟	Taiwan Democratic Self-government League	0.3	0.8	1	1	1	2	2	3

注：中共党员为2011年最新数据。
a) Members of Communist Party of China reach thousand persons till the end of 2011.

10-39 工会组织情况

Basic Statistics on Trade Unions

单位：万个、万人　　(10 000 units,10 000 persons)

年 份 Year	工会基层组织数 Number of Grassroot Trade Unions	全国已建工会组织的基层单位的职工与会员人数 Staff and Workers in Grassroot Units with Trade Unions				工会专职工作人员人数 Number of Full-time Personnel of Trade Unions
		职工人数 Staff and Workers	#女职工 Female	会员人数 Members	#女会员 Female	
1952	20.7	1393.2		1002.3		5.3
1957	16.5	2158.3		1746.7		
1962	16.5	2667.1		1922.0		8.6
1979	32.9	6897.2	2171.7	5147.3		17.9
1980	37.6	7448.2	2518.6	6116.5		24.3
1981	41.1	8183.0	2902.0	6843.9	2412.8	29.1
1982	43.3	8586.6	3065.9	7331.6	2629.3	32.2
1983	44.7	8845.7	3191.8	7693.4	2771.4	33.7
1984	46.6	9243.9	3370.3	8029.1	2950.3	41.9
1985	46.5	9643.0	3596.7	8525.8	3149.2	38.1
1986	50.2	9949.6	3664.3	8908.5	3309.2	45.9
1987	53.6	10411.8	3900.4	9336.5	3486.9	47.0
1988	56.4	10747.4	4434.9	9628.9	3647.0	47.4
1989	58.9	10998.6	4178.7	9909.2	3777.7	48.8
1990	60.6	11156.9	4291.0	10135.6	3897.7	55.6
1991	61.4	11351.4	4394.8	10389.1	3991.6	58.0
1992	61.7	11223.9	4377.1	10322.5	3974	58.0
1993	62.7	11103.8	4359.9	10176.1	3949.6	55.4
1994	58.3	11269.6	4483.2	10202.5	4018.1	56.0
1995	59.3	11321.4	4515.3	10399.6	4116.5	46.8
1996	58.6	11181.4	4500.0	10211.9	4093.1	60.5
1997	51.0	10111.5	4004.8	9131.0	3579.4	57.7
1998	50.4	9716.5	3882.0	8913.4	3546.7	48.4
1999	50.9	9683.0	3797.9	8689.9	3406.2	49.7
2000	85.9	11472.1	4534.5	10361.5	3917.3	48.2
2001	153.8	12997.0	5087.9	12152.3	4696.6	
2002	171.3	14461.5	5157.6	13397.8	4665.2	47.2
2003	90.6	13301.6	5079.3	12340.5	4601.2	46.5
2004	102.0	14436.7	5502.6	13694.9	5135.3	45.6
2005	117.4	15985.3	6016.3	15029.4	5574.8	47.7
2006	132.4	18143.6	6719.3	16994.2	6177.8	54.3
2007	150.8	20452.4	7494.5	19329.0	7042.2	60.2
2008	172.5	22487.5	8168.8	21217.1	7773.8	70.5
2009	184.5	24535.3	8652.6	22634.4	8248.4	74.6
2010	197.6	25345.4	9288.1	23996.5	8871.5	86.4
2011	232.0	27304.7	10211.2	25885.1	9763.6	99.8

注：2003年起工会基层组织数统计口径有所调整。

a) Number of grassroot trade unions since 2003 has been adjusted due to change in coverage.

10-40 各地区按登记注册类型分基层工会组织情况（2011年）

单位：个

地 区	Province	总 计 Total	国有企业 State-owned Enterprises	集体企业 Collective-owned Enterprises	股份合作企业 Share-holding Enterprises	联营企业 Joint-owned Enterprises	有限责任公司 Limited Liability Corporations
全 国	**National**	**2319546**	**80130**	**75382**	**38878**	**7152**	**140321**
北 京	Beijing	29190	1861	1597	780	41	6833
天 津	Tianjin	31005	1759	1086	405	107	1719
河 北	Hebei	119670	3785	5459	1166	391	3276
山 西	Shanxi	57564	4120	4116	527	109	2569
内蒙古	Inner Mongolia	56074	1669	621	476	151	2779
辽 宁	Liaoning	86152	2549	1935	753	119	5089
吉 林	Jilin	37417	1623	626	364	41	2448
黑龙江	Heilongjiang	59092	5470	1585	766	63	2748
上 海	Shanghai	54571	2260	2340	1321	73	3173
江 苏	Jiangsu	125683	2366	2781	3681	560	8668
浙 江	Zhejiang	132213	1870	1376	6097	244	13571
安 徽	Anhui	81569	3483	5808	1602	412	4017
福 建	Fujian	101640	3032	2370	1224	485	2648
江 西	Jiangxi	64810	3122	1480	1531	375	2769
山 东	Shandong	185577	4787	6768	2931	308	13479
河 南	Henan	148692	4959	7114	2091	359	6032
湖 北	Hubei	107995	2771	5058	1800	561	5878
湖 南	Hunan	100977	3802	5553	3467	370	4030
广 东	Guangdong	213389	5644	5871	1781	332	11827
广 西	Guangxi	65794	3471	2085	361	908	1816
海 南	Hainan	14675	1059	634	194	64	4392
重 庆	Chongqing	45828	869	981	934	270	3705
四 川	Sichuan	124902	2557	1349	1398	151	9041
贵 州	Guizhou	50935	2161	1178	518	194	2657
云 南	Yunnan	66416	1363	1006	570	85	4303
西 藏	Tibet	2297	229	74	11	6	37
陕 西	Shaanxi	78994	3590	3442	1120	264	7027
甘 肃	Gansu	30411	1266	583	609	58	934
青 海	Qinghai	13088	399	130	114	28	429
宁 夏	Ningxia	11903	390	115	72	5	709
新 疆	Xinjiang	21023	1844	261	214	18	1718

注：北京市的各项数据中包括国家机关工委和中直机关工委的数据。
a) Data for Beijing include figures of Work Committee for Offices Directly under the CCCPC and State Organs Work Committee of the CPC.

Number of Grassroot Trade Unions by Province and Status of Registration (2011)

(unit)

股份有限公司 Share-holding Corporations Ltd.	私营企业 Private Enterprises	其他内资企业 Other Domestic Enterprises	个体经营户 Selfemployed Business	港澳台商投资企业 Hong Kong, Macao and Taiwan Funded Enterprises	外商投资企业 Foreign Funded Enterprises	事业 Institutions	机关 Government Agencies	其他 Others
53472	**1109124**	**12919**	**99466**	**34583**	**54518**	**298252**	**172585**	**142764**
1351	6421	115	644	319	751	4626	1404	2447
810	15315	129	1476	320	1787	3075	1122	1895
1816	55334	4344	4812	237	654	12543	10456	15397
1526	21130	22	2325	125	358	11304	5622	3711
777	30442	60	2997	37	175	8455	6578	857
1838	44544	199	4967	345	1883	10587	5167	6177
1051	21897	18	379	36	193	5727	1997	1017
1184	25724	70	2632	80	382	8512	5670	4206
1493	26831	492	727	2752	5974	5664	1471	
3527	66389	241	2820	3644	7218	11847	5691	6250
4884	72932	237	1366	2194	3366	11855	6457	5764
2348	37595	134	4869	171	402	10610	5771	4347
1564	64330	1706	2063	3251	2951	8642	5166	2208
1001	29634	133	2354	285	1245	11847	7027	2007
6028	98236	750	10559	906	6981	16715	9575	7554
2957	73940	262	11298	139	282	23214	10097	5948
1904	50533	507	6023	606	880	15269	6978	9227
2898	48378	667	5090	124	234	13269	9027	4068
2643	113998	1129	11399	17956	15753	17168	7888	
979	32541	282	2298	238	501	10572	6587	3155
580	3079	16	479	89	182	2097	1281	529
1444	21500	34	1791	76	236	6373	3650	3965
3554	36853	1096	5797	360	863	22393	14367	25123
892	15587	110	1437	30	69	8678	5555	11869
1023	38077	45	1143	128	343	8300	8172	1858
32	114	1	35			264	1197	297
1769	31473	69	4191	75	683	12433	6333	6525
630	11223	32	851	29	55	7037	5211	1893
189	4641	4	1183	5	26	2087	1904	1949
246	5558	2	716	6	34	1687	1145	1218
534	4875	13	745	20	57	5402	4019	1303

10-41 各地区各级工会劳动法律监督工作情况（2011年）

Legal Supervision on Labor Laws by Trade Unions at All Levels by Province (2011)

单位：个、件 (unit,case)

地区	Province	基层工会劳动法律监督组织 Supervision Organizations in Grassroot Trade Unions		基层以上工会劳动法律监督组织 Supervision Organizations in Trade Unions above Grassroot Level	
		组织个数 Number of Organizations	提请劳动监察部门处理的违反劳动法律行为、事件件数 Cases Delivered to Labor Supervision Departments	受理职工举报件数 Number of Cases Accepted	提请劳动监察部门处理的违反劳动法律行为、事件件数 Cases Delivered to Labor Supervision Departments
全国	**National**	**532482**	**15638**	**45765**	**8098**
北京	Beijing	3616	41	715	120
天津	Tianjin	6646	60	180	18
河北	Hebei	45004	706	3275	347
山西	Shanxi	13851	62	723	110
内蒙古	Inner Mongolia	8559	125	289	72
辽宁	Liaoning	13697	432	5003	624
吉林	Jilin	4130	51	358	47
黑龙江	Heilongjiang	8854	217	638	297
上海	Shanghai	8579	51	829	128
江苏	Jiangsu	45645	903	5191	907
浙江	Zhejiang	51365	835	8375	990
安徽	Anhui	4080	1145	1397	561
福建	Fujian	15300	870	1424	456
江西	Jiangxi	24387	249	537	79
山东	Shandong	74592	2860	2490	334
河南	Henan	15724	332	1301	327
湖北	Hubei	10834	259	836	185
湖南	Hunan	7481	120	763	254
广东	Guangdong	43259	1285	3802	543
广西	Guangxi	17077	250	420	106
海南	Hainan	740	15	135	38
重庆	Chongqing	8150	123	615	157
四川	Sichuan	55625	1959	3875	454
贵州	Guizhou	10095	55	308	113
云南	Yunnan	10052	511	299	179
西藏	Tibet	54	1	2	
陕西	Shaanxi	12355	1798	417	99
甘肃	Gansu	4888	143	239	73
青海	Qinghai	449	2	137	75
宁夏	Ningxia	4178	43	682	260
新疆	Xinjiang	3216	135	510	145

注：北京市的各项数据中包括国家机关工委和中直机关工委的数据。

a) Data for Beijing include figures of Work Committee for Offices Directly under the CCCPC and State Organs Work Committee of the CPC.

10-42 妇联干部情况

Cadres of the Women's Federation

单位：人　　(person)

项　目	Item	1990	1995	2010	2011
干部总数	**Total Number of Cadres**	**97566**	**82834**	**78122**	**89951**
按行政级别分	By Administration Level				
司局级	Department/Bureau Level	132	321	355	342
县处级	County Level	1013	2739	4013	4342
科以下	Section Chief and Below	96421	79774	73754	85267
按年龄分	By Age Group				
35岁以下	35 and Below	56761	24570	31617	33976
36-45岁	36-45	30332	47197	33682	39148
46-55岁	46-55	9512	10349	11871	15233
56岁以上	56 and Over	961	718	952	1594
按政治面貌分	By Political Status				
共产党员	Chinese Communist Party	59097	54038	63322	71782
共青团员	Communist Youth League	21549	13271	3624	5186
民主党派	Democratic Parties	1136	1281	385	521
群众	Mass	15784	14244	10791	12462
按文化程度分	By Education Attainments				
博士研究生	Doctorate Degree			23	51
硕士研究生	Master Degree		698	2937	3184
大学本科、大专学历	University / College	17615	30146	67057	76447
高中、中专及以下	Senior Middle School and Below	79951	51990	8105	10269
按行政编制分	By Organization Types				
行政编制	Administration	69158	65336	54088	58247
事业编制	Institution	7217	4944	18132	24809
招聘干部	Recruitment	21191	12554	5902	6895
#少数民族干部	Number of Ethnic Minority Cadres	14638	10834	12118	14260
干部参加学历教育情况	**Cadres Attending the Formal Education**				
博士研究生	Doctorate Degree			8	8
硕士研究生	Master Degree		149	841	954
大学、大专学历	University / College	6676	4025	7064	8291
干部参加非学历教育情况	**Cadres Attending the Non-formal Education**				
党校培训	Training at Party School			24022	10372
参照公务员管理培训	Training for Civil Servant			17056	20977
岗位培训	Vocational Training	37542	9391	16041	24790
干部流动情况	**Movement of Cadres**				
调入	In	1273	2010	6151	8023
调出	Out	8262	1629	5644	7479
省（区、市）妇联领导进同级	**Cadres at Provincial Level to the Same Grade**				
党委	CCP Committee	22	13	14	16
人大	People's Congress	24	88	25	24
政协	CPPCC	24	33	25	19

注：妇联干部指在妇联系统工作的专职干部。

a) Cadres of the Women's Federation refer to the full-time cadres who are working in the system of the Women's Federation.

十一、主要统计指标解释
Explanatory Notes on Main Statistical Indicators

主要统计指标解释

教育

普通高等学校 指按国家规定的设置标准和审批程序批准举办的，通过全国普通高等教育统一招生考试，招收高中毕业生为主要培养对象，实施高等学历教育的全日制大学、独立设置的学院和高等专科学校、高等职业学校和其他机构。

大学、独立设置的学院主要实施本科层次以上教育，高等专科学校、高等职业学校实施专科层次教育，其他机构是承担国家普通招生计划任务不计校数的机构。 包括普通高等学校分校和批准筹建的普通高等学校等。

独立学院 指由普通本科高校按新机制、新模式举办的本科层次的二级学院。一些普通本科高校按公办机制和模式建立的二级学院、“分校”或其他类似的二级办学机构不属此范畴。

成人高等学校 指按国家规定的设置标准和审批程序批准举办的，通过全国成人高等教育统一招生考试,招收具有高中毕业或同等学历的人员为主要培养对象，利用函授、业余、脱产的多种形式对其实施高等学历教育的学校。包括职工高等学校、农民高等学校、管理干部学院、教育学院、独立函授学院、广播电视大学、其他机构等。其他机构是承担国家成人招生计划任务不计校数的机构。

民办的其他高等教育机构 指经省、自治区、直辖市教育行政部门审批并颁发办学许可证，不具有颁发普通本专科和成人本专科学历文凭资格的实施高等教育的单位。

中等职业教育 调整后的中等职业学校是指将普通中等专业学校（中等技术学校、中等师范学校）、成人中等专业学校、职业高中学校、其他机构等各种实施中等职业教育的办学类型，通过合并、共建、联办、划转等形式调整为统一的办学类型。

其他机构 指承担中等职业教育不计校数的教育机构（包括停办的学校和高等学校附设的中等职业教育机构）。

职业初中 指经县或县以上教育行政部门批准设立，招收小学毕业生实施初级中等职业技术教育的教学机构。

初等教育 指由县或县以上教育行政部门批准，招收学龄儿童实施初等教育的教学机构。

工读学校 指由教育部门和公安部门联合举办的，对有轻微违法行为的中学生进行挽救教育的教学机构。

特殊教育 指独立设置的招收盲聋哑和智残儿童，以及其他特殊需要的儿童、青少年进行普通或职业初、中等教育的教学机构。

学前教育 包括幼儿园和学前班。学前班是指在部分不能满足学龄前幼儿三年入园的地区，组织学龄前儿童进行学前一年教育的一种组织形式。学前班是农村发展学前教育的重要形式，也是城市弥补幼儿园数量不足的一种辅助形式。

完全中学 指普通初、高中合设的教育机构。

在职人员攻读博士、硕士学位 指经国务院学位委员会批准的，为提高在职人员业务水平，通过攻读博士、硕士学位入学全国联考所招收的学生。培养的学生只有学位没有学历。

自考助学班学生 指为参加高等教育自学考试的学生举办的全日制教学辅导班所招收的学生。

学历文凭考试学生 指民办的其他高等教育机构中所招收参加高等教育学历文凭考试的全日制专科学

生。

普通预科生 指经教育部和国家民委批准下达预科招生计划，招收的少数民族和港澳、华侨、台籍学生，经过一年的文化补习，合格者升入普通高等学校有关专业学习。

进修及培训 指在高等教育学校（机构）进行的各类非学历教育。

高等教育资格证书培训 指由各类高等教育机构举办的，招收具有高中毕业文化程度，从事专业技术工作或专业性较强的管理工作人员，经过学习及考试合格，取得达到岗位要求的专业知识水平的非学历教育。证书教育形式包括单科班和专业证书班。

高等教育岗位证书培训 指由各类高等教育机构举办的，以提高本职工作能力为目的的非学历教育和培训活动。接受培训的各类人员按要求经考核合格，颁发岗位合格证书和上岗任职聘任书。岗位培训形式包括资格性培训和适应性培训。

中等教育资格证书培训 指接受培训的各类人员经过学习及考试合格，取得达到岗位要求的职业资格证书。

中等教育岗位证书培训 指接受培训的各类人员经过学习及考试合格，颁发岗位合格证书和上岗任职聘任书。

小学学龄儿童净入学率 指调查范围内已入小学学习的学龄儿童占校内外学龄儿童总数的比重。

教职工（基础教育） 指编制在学校，并从事教学、管理和后勤保障工作的固定人员（不包括临时工和聘任教师）。

教职工按工作性质可分为教师、行政人员、教辅人员和工勤人员。

教职工（高等和中职教育） 指在学校（机构）工作并由学校（机构）支付工资的教职工人数，人员包括①在编人员，即根据原人事管理制度，人事关系和档案均在学校的人员；②聘任制人员，即人事制度改革后，高校（机构）招聘录用的长期、全时工作人员。聘任制人员的人事关系在学校但档案不在学校。

教职工数包括校本部教职工、科研机构人员、校办企业职工、其他附设机构人员。

专任教师 是指具有教师资格，专门从事教学工作的人员。

国家财政性教育经费 包括国家财政预算内教育经费，各级政府征收用于教育的税费，企业办学校教育经费，校办产业、勤工俭学和社会服务收入用于教育的经费。

财政预算内教育经费 指中央、地方各级财政或上级主管部门在年度内安排，并计划拨到教育部门和其他部门主办的各级各类学校、教育事业单位，列入国家预算支出科目的教育经费，包括教育事业拨款、科研经费拨款、基建拨款和其他经费拨款。

文化

文化及相关产业 指为社会公众提供文化、娱乐产品和服务的活动以及与这些活动有关联的活动的集合。根据提供文化、娱乐产品和服务活动的属性特点，划分为公益性文化活动和经营性文化活动两大类。

艺术表演团体 指由文化部门主办或实行行业管理（经文化市场行政部门审批或已申报登记并领取相关许可证），专门从事表演艺术等活动的各类专业艺术表演团体，含民间职业剧团。不包括群众业余文艺表演团体。

艺术表演场馆 指由文化部门主办或实行行业管理（经文化市场行政部门审批或已申报登记并领取相关许可证），有观众席、舞台、灯光设备，公开售票、专供文艺团体演出的文化活动场所。

文物及文化保护 指对具有历史、文化、艺术、科学价值，并经有关部门鉴定，列入文物保护范围的不可移动文物的保护和管理活动；对我国语言、文字、民间文化艺术、民俗等非物质遗产的文化保护和管理活动。包括近现代重要史迹及具有代表性、纪念性的建筑物的保护（含革命遗址、纪念碑、名人故居）；寺庙、清真寺、教学及各种祠、堂、碑遗址的保护；古文化遗址、古墓地、古建筑、石窟寺、石记得等的保护；民族语言、文字遗产保护；民间艺术（民间传说、神话、歌谣、故事、音乐、舞蹈、戏曲、曲艺皮影、绘画、剪纸等）遗产保护；民间、民俗传统活动（传统节日、庆典、民族艺术活动、民族体育活动等）遗产保护；民族制作（建筑风格、服饰、家具、木器、陶器、铜器等）遗产保护；其他未列明的文物与文化保护。

博物馆　指为了研究、教育、欣赏的目的，收藏、保护、展示人类活动和自然环境的见证物，向公众开放，非营利性、永久性社会服务机构，包括以博物馆（院）、纪念馆（舍）、美术（艺术）馆、科技馆、陈列馆等专有名称开展活动的单位。

总藏量　指图书馆已编目的古籍、图书、期刊和报纸的合订本、小册子、手稿，以及缩微制品、录像带、录音带、光盘等视听文献资料数量之和。

藏品　指文博机构根据收藏品的文化属性、自然属性等情况，所划分的文物藏品、标本藏品、模型藏品（含具有收藏、展示价值的雕塑、绘画等艺术作品）和复制品藏品的总和。本指标所统计的藏品是指报告期末，该机构已经整理并登记入账的藏品数。

广播电视

公共广播节目套数　指经国家广电总局批准的、广播电视播出机构开办的不向听众收取收听费用，以为大众提供公共广播服务为主要目的，用固定频率播出，并编有整套自办节目时间表的广播节目套数。

全年制作广播节目时间　指广播电视节目制作机构全年自采、自编、自录的及合作制作、加工制作的各类广播节目，包括直播广播节目。

全年公共广播节目播出时间　指广播电视播出机构自办节目频率内公共节目全年播出的时间（含节目重复播出时间）。

公共电视节目套数　指经国家广电总局批准的、广播电视播出机构开办的不向观众收取收看费用，以为大众提供公共电视服务为主要目的，用固定频率播出的自办电视节目套数。

付费电视节目套数/时间　指经国家广电总局批准的、广播电视播出机构开办的向观众收取收看费用，以个性化、对象化、专业化为主的电视节目套数以及全年播出时间（含重复播出时间）。

全年制作电视节目时间　指广播电视节目制作机构全年自采、自编、自录的及合作制作、加工制作的各类电视节目，包括直播电视节目。

全年公共电视节目播出时间　指广播电视播出机构自办节目频道内全年播出公共电视节目的时间（含重复播出时间）。

中、短波转播发射台　指经省以上广电行政部门批准的有固定人员编制，固定频率和播出时间的中、短波发射台和转播台。

调频转播发射台　指经省以上广电行政部门批准的有固定人员编制，固定频率和播出时间的调频发射台和转播台。

电视转播发射台　指经省以上广电部门批准的有固定人员编制，固定频率和播出时间的电视发射台和转播台。

有线广播电视用户数　指通过广播电视有线传输网收看电视节目的家庭用户数，包括接收模拟信号和接收数字信号的有线电视用户数。

数字电视用户数　指通过广播电视有线传输网收看数字信号电视节目的家庭用户数。

广播综合人口覆盖率　指根据国家广电总局制定的《广播电视人口覆盖率统计技术标准和方法》进行统计调查的，在对象区内能接收到中央、省、地市、或县通过无线、有线或卫星等各种技术方式转播的各级广播节目的人口数占全部总人口的比重。

电视发射转播台　经省以上广电部门批准的有固定人员编制，固定频率和播出时间的电视发射台和转播台。

电视节目综合人口覆盖率 根据国家广电总局制定的《广播电视人口覆盖率统计技术标准和方法》进行统计调查的，在对象区内能接收到中央、省、地市、或县通过无线、有线或卫星等各种技术方式转播的中央电视节目的人口数占全部总人口的比重。

有线广播电视入户率 计算公式为:（有线广播电视用户数/全国总户数）×100%

新闻出版

使用“中国标准书号”合计 使用统一书号的主要有两类：1.各级技术标准文献；2.年画、年历画、台历、无书名页的单张美术印刷品或折页美术印刷品，不另加封面的出版物（如活页文选、活页歌篇、小件印品）等。

不使用“中国标准书号”部分合计 指图片、图标（GB）、部标（BB）等标准类文件印品、活页文选、活页歌篇、小件印品等。

少年儿童读物类图书和课本出版种数 少年儿童读物指供初中及初中以下少年儿童阅读的书籍，课本指供大、中、小学生及业余教育使用的书籍。

档案

国家综合档案馆 指归口中央或地方各级档案行政管理部门直接管理的，按行政区划或历史时期设置的，收集和管理所辖范围内多种门类档案的档案馆。

体育

一线运动员 指在国家队、国家集训队、中青队和各省市自治区优秀运动队中的训练的运动员。

二线运动员 指在体育运动学校运动班中训练的运动员。

三线运动员 指在各类少年儿童业余体校中的训练的运动员。

等级运动员 指经考核正式批准授予运动员称号的运动员，等级称号由高到低依次为国际级运动健将、运动健将、一级运动员、二级运动员、三级运动员。

等级教练员 指经考核正式批准授予等级教练员职称的教练员，等级职称由高到低依次为国家级教练员、高级教练员、中级教练员、初级教练员。

卫生

医疗卫生机构 指从卫生行政部门取得《医疗机构执业许可证》，或从民政、工商行政、机构编制管理部门取得法人单位登记证书，为社会提供医疗保健、疾病控制、卫生监督服务或从事医学科研和医学在职培训等工作的单位。医疗卫生机构包括医院、基层医疗卫生机构、专业公共卫生机构、其他医疗卫生机构。

医院 包括综合医院、中医医院、中西医结合医院、民族医院、各类专科医院和护理院。

基层医疗卫生机构 包括社区卫生服务中心(站)、街道卫生院、乡镇卫生院、村卫生室、门诊部、诊所(医务室)。

专业公共卫生机构 包括疾病预防控制中心、专科疾病防治机构、妇幼保健机构、健康教育机构、急救中心(站)、采供血机构、 卫生监督机构、卫生部门主管的计划生育技术服务中心。

其他医疗卫生机构 包括疗养院、临床检验中心、医学科研机构、医学在职教育机构、医学考试中心、农村改水中心、人才交流中心、统计信息中心等卫生事业单位。

卫生人员 指在医院、基层医疗卫生机构、专业公共卫生机构及其他医疗卫生机构工作的职工，包括卫生技术人员、乡村医生和卫生员、其他技术人员、管理人员和工勤人员。

卫生技术人员 包括执业医师、执业助理医师、注册护士、药师（士）、检验技师（士）、影像技师、卫生监督员和见习医（药、护、技）师（士）等卫生专业人员。不包括从事管理工作的卫生技术人员。

执业医师 指《医师执业证》“级别”为“执业医师”且实际从事医疗、预防保健工作的人员，不包括实际从事管理工作的执业医师。执业医师类别分为临床、中医、口腔和公共卫生四类。

执业助理医师 指《医师执业证》“级别”为“执业助理医师”且实际从事医疗、预防保健工作的人员，不包括实际从事管理工作的执业助理医师。执业助理医师类别分为临床、中医、口腔和公共卫生四类。

每万人口执业(助理)医师 计算公式为:

每万人口执业(助理)医师=（执业医师数+执业助理医师数)/人口数×10000。人口数系公安部户籍人口。

每万人口卫生技术人员 计算公式为:

每万人口卫生技术人员=卫生技术人员数/人口数×10000。人口数系公安部户籍人口。

每万人口医疗卫生机构床位 计算公式为:

每万人口医疗卫生机构床位=医疗卫生机构床位/人口数×10000。人口数系公安部户籍人口。

甲乙类法定报告传染病发病率 指某年某地区每 10 万人口中甲、乙类法定报告传染病发病情况。即甲乙类法定报告传染病发病率=甲、乙类法定报告传染病发病人数/人口数×100000。

甲乙类法定报告传染病死亡率 指某年某地区每 10 万人口中甲、乙类法定报告传染病死亡情况。即甲乙类法定报告传染病死亡率=甲、乙类法定报告传染病死亡人数/人口数×100000。

甲乙类法定报告传染病病死率 指某年某地区甲、乙类法定报告传染病死亡人数与发病人数之比。即甲乙类法定报告传染病病死率=甲、乙类法定报告传染病死亡人数/发病人数×100%。

粗死亡率 指年内一定地区的死亡人数与同期平均人数之比，一般以‰表示。

病死率 指一定时期内(通常为一年),患某种疾病的死亡人数与发病人数之比，一般以%表示。

孕产妇死亡率 指年内每 10 万名孕产妇的死亡人数。孕产妇死亡指从妊娠开始至产后 42 天内，由于任何妊娠或妊娠处理有关的原因导致的死亡，但不包括意外原因死亡者。按国际通用计算方法，“孕产妇总数”以“活产数”代替计算。

活产数 指妊娠满 28 周及以上（如孕周不清楚，可参考出生体重 1000 克及以上)，分娩出后有心跳、呼吸、脐带搏动、随意肌收缩 4 项生命指标之一的新生儿数。

5 岁以下儿童死亡率 指年内未满 5 岁儿童死亡人数与 活产数之比，一般以‰表示。

新生儿死亡率 指年内新生儿死亡人数与活产数之比。一般以‰表示。新生儿死亡人数指出生至 28 天以内(即 0-27 天)死亡人数。

参加新农合人数 指根据本地新农合实施方案到年内新农合筹资截止时已缴纳新农合资金的人口数。

新农合当年基金支出 指本年度实际从新农合基金帐户中支出用于新农合补偿的资金。

新农合补偿支出受益人次 指年内新农合参合人员因病就医获得补偿的人次数，包括住院、家庭帐户形式、门诊、特殊病种大额门诊、住院正常分娩、体检和其他补偿人次之和。

新农合本年度筹资总额 指为本年度筹集的、实际进入新农合专用帐户的基金数额。包括本年度中央及地方财政配套资金、农民个人交纳资金（含民政部门及其他相关部门代缴的救助资金)、新农合基金本年度产生的全部利息收入及其他渠道实际筹集到的新农合基金额。筹资数额以进入新农合专用帐户的基金数额为准，不含上年结转额资金。

卫生总费用 指以货币形式作为综合计量手段，全面反映一个国家或地区在一定时期内（通常指一年)，全社会在医疗卫生服务上所消耗的资金总额。卫生费用核算结果及其基础数据，不仅为政府调整和制定卫生经济政策提供宏观经济信息，同时也是评价全社会对人类健康的重视程度，分析卫生保健体制公平与效率的重要依据。

政府卫生支出 指各级政府用于医疗卫生服务、医疗保障补助、卫生和医疗保险行政管理、人口与计划生育事务支出等各项事业的经费。

社会卫生支出 指政府支出外的社会各界对卫生事业的资金投入。包括社会医疗保障支出、商业健康保险费、社会办医支出、社会捐赠援助、行政事业性收费收入等。

个人现金卫生支出 指城乡居民在接受各类医疗卫生服务时的现金支付，包括享受各种医疗保险制度的居民就医时自付的费用。

人均卫生费用 指某年卫生总费用与同期平均人口数之比。

卫生总费用占 GDP 比重 指某年卫生总费用与同期国内生产总值（GDP）之比。是用来反映一定时期，一定经济条件下，国家对卫生工作的支持程度，全社会对卫生事业的资金投入力度以及全社会对居民卫生保健的重视程度。

社会服务

民办非企业 指企业事业单位、社会团体和其他社会力量以及公民个人利用非国有资产举办的，从事非营利性社会服务活动的社会组织。

定期抚恤人数 指报告期末革命烈士家属、因公牺牲、病故军人家属中符合抚恤条件，国家给予定期发放抚恤金的人数。

定期补助人数 指报告期末由国家定期发放给带病回乡不能参加生产劳动、生活特别困难的复员、退伍军人，完全丧失劳动能力、生活困难的复员军人，红军失散人员，以及用抚恤费开支的其他享受定期发放的人员总和。

在乡红军老战士（红军失散人员、西路军）等 指 1937 年 7 月 6 日以前入伍参加中国工农红军（包括西路军、抗日联军和中国共产党领导的脱产游击队）；有退伍手续或确切的证明；没有投敌叛变行为，回到地方以后，继续保持革命传统的人员及因伤、因病、因战斗失利或组织动员分散隐蔽离队失散的红军失散人员，并在离队后表现较好，经当地群众公认，乡、镇人民政府审查，县、市人民政府批准的人员。

在乡复员军人 指在 1954 年 11 月 1 日以前自愿参军并复员的军士、兵，或虽系义务兵入伍，但后改志愿兵或干部按复员处理的人员。

零散烈士纪念建筑物数 指报告期末不设有烈士纪念建筑物管理单位的烈士纪念建筑物的总数。包括褒扬革命烈士的纪念碑、塔、馆、亭、祠和烈士陵园数。

社会福利企业 指以集中安置有一定劳动能力的残疾人就业为目的（残疾职工占生产人员 10%以上）、带有社会福利性质的企业总称。社会福利企业分类为：社会福利工厂、假肢厂、其他福利企业。

城镇定期定量救济费 按规定由民政部门发给尚未实行最低生活保障制度城镇中无依无靠、无生活来源的孤、老、残、幼和无固定职业、无固定收入、生活困难居民的定期定量救济费。

农村定期定量救济 指由民政部门发给农村收入水平很低、生活确有困难的五保户、贫困户的生活救济。

精简退职老职工 指 1957 年底以前参加工作，在 1961 年到 1965 年 6 月 9 日期间被精简的老职工。

40%救济 指由民政部门对精简退职老职工中的老弱病残者给予本人原标准工资 40%的救济。

精简退职职工定救 指对不符合 40%救济条件而生活确有困难的精简退职职工由民政部门给予半年以上的生活救济。

农村临时救济 指报告期内由国家或集体给予生活发生临时困难者发放半年以下的生活救济。

福利彩票公益金 指根据国家有关规定发行中国福利彩票筹集的专项用于发展社会福利事业的预算外资金。社会福利基金收入包括：销售中国福利彩票总额扣除兑奖和管理费用后的净收入；彩票销售中的不设奖池的弃奖收入；社会福利基金的银行存款利息。

五保户 指无法定抚养义务人，或者虽有法定抚养义务人，但是抚养人无抚养能力的；无劳动能力的；无生活来源的老年人、残疾人和未成年人。

“三无”对象 是指无法定赡养（抚养、扶养）义务人、无劳动能力和无生活来源的居民。

慈善超市数 指以经常性社会捐助站（点）为依托，以解决城市特困居民生活困难为主的，以有针对性的募集和发放为主要形式，借鉴商业超市管理模式，救助对象按需领取捐助物资的社会捐助机构数。

城市老年收养性福利机构 指提供食宿的、不以盈利为目的、城市中主要收养社会“三无”对象和家庭无力照顾的老年人的社会福利事业单位的总称。

农村老年收养性福利机构（农村五保供养福利机构） 指提供食宿的、不以盈利为目的、农村（乡、镇）中主要收养“五保户”和家庭无力照顾的老年人的社会福利单位的总称。

社区服务中心 指不以盈利为目的为老年人、残疾人、烈军属等社区居民提供多功能综合性服务（服务内容两项以上）的福利事业单位。称为社区服务中心的基本条件：（1）有一定的场所（建筑面积在100平方米以上）；（2）有固定的管理人员；（3）所提供的社会福利服务项目必须在两项以上；（4）是独立核算单位。

社会福利医院 指提供食宿的、不以盈利为目的、主要收治无家可归、无依无靠、无生活来源的困难人群和低保对象、优抚对象等民政对象为主的社会福利医院（含精神病福利医院）。

其他款项 用于民政支出指财政从预算内经费中安排的用于民政事业的经费支出。如军队供应站经费、医疗救助、民政部门举办的中等专业学校经费等。

残疾人事业

开展社区康复服务 指截止到本年12月31日开展规范化的社区康复服务，使各类残疾人得到基本康复服务的市辖区、县累计数。

新收训聋儿 指本年度（上年9月1日-本年8月31日）康复机构新收训聋儿数量。包括机构内康复和社区家庭指导聋儿数。

培训家长数 指本年内由各级康复机构、家长学校组织举办家长培训班培训的聋儿家长数。

专业人员培训数 指本年内由各级康复机构组织举办专业人员培训班培训的专业人员数。

肢体残疾康复 指本年度内肢体残疾儿童（脑瘫儿童）在机构系统训练、肢体残疾儿童在社区和家庭进行康复、成年肢体残疾人在社区和家庭康复任务完成数之和。

智力残疾康复 指年度内智力残疾儿童在机构进行系统康复训练、在社区家庭进行康复和成年智力残疾人社区家庭康复的任务完成数之和。

康复管理、技术人员培训 指本年度内按照《智力残疾康复“十二五”实施方案》，国家级、省、地（市）、县（市、区）培训智力残疾康复管理和技术人员的人次数。

开展精防康复工作县（市、区） 指“十二五”国家方案确定的开展精防康复工作的县（市、区）总数。

覆盖总人口 指开展精防康复工作县（市、区）覆盖人口的总和。

精神病人数 指经过摸底调查，已登记在册的精神病人总数，而不是根据发病率推算或估计得来的数字。

监护病人数 指通过各种方式得到有效监护的精神病人总数。

显好病人数 指经过采取有效的治疗康复措施，病情稳定，症状缓解的精神病人数。

参与社会总人数 指生活能自理、参加家务劳动、社会生产和社会活动的精神病人数。

孤独症儿童康复训练机构 指开展孤独症儿童康复训练的机构总数。

贫困孤独症儿童康复救助数 指本地区本年度贫困孤独症儿童康复救助总数，包括国家孤独症儿童抢救性康复项目和其他康复项目。

儿童训练后进入普幼普小 指机构本年度内经过康复训练后，进入普通小学或普通幼儿园的孤独症儿童数。

儿童训练后进入特教学校 指机构本年度内经过康复训练后，进入培智学校接受九年义务教育的孤独症儿童数。

儿童训练后进入其他康复机构 指机构本年度内经过康复训练后，其它走向的孤独症儿童数。

未入学学龄残疾儿童少年 指截止到本年度 12 月 31 日，《义务教育法》规定的入学年龄段（6-14 周岁或 7-15 周岁）内的，因各种原因未能入学的各类残疾儿童少年人数。

视力残疾、听力残疾、言语残疾、肢体残疾、智力残疾、精神残疾 指一人只患一类残疾的人员。残疾类别的判定标准使用2011年5月1日正式实施的《残疾人分类和分级》推荐性国家标准(GB/T26341-2010)。

多重残疾 指一人患两种及两种以上类别的残疾人员。

特殊教育普通高中机构 指截止到本年度 12 月 31 日，按国家规定的设置标准和审批程序批准成立的，专门招收盲、聋初中毕业生实施普通高级中等教育的全日制学校（部、班）。

其他 指招收盲、聋两类以上残疾学生的特殊教育普通高中。

残疾人中等职业教育机构 指截止到本年度 12 月 31 日，按国家规定的设置标准和审批程序批准成立的，专门招收各类残疾初中毕业生实施全日制中等职业学历教育的教育机构。即，教育部门所属特教学校举办的中等职业教育班（部），残联系统或其他部门举办的独立建制的中等职业学校。

高等特殊教育学院录取人数 指本年度被高等特殊教育学院（系、专业、班）录取的盲、聋新生人数。

达到录取分数线人数 指本年度各类残疾人高中毕业生参加全国普通高等教育统一招生考试，并达到当地录取分数线的实际学生人数。

普通高等院校录取人数 指本年度各类残疾人高中毕业生参加全国普通高等教育统一招生考试，并达到当地录取分数线且被普通高等院（校）录取的实际学生人数。

城镇残疾人就业人数合计 指城镇（非农业户口）残疾人集中就业、分散按比例就业（包括实施按比例就业前已在社会各单位就业的残疾人）、个体及其他形式就业，截止到本年度 12 月 31 日实际在业的残疾人数。

农村残疾人就业实际就业人数 指截止到本年度 12 月 31 日农村残疾人（农业户口）从事各种生产劳动，包括种植业、养殖业、家庭手工业及在各种类型企事业、服务业、商业及个体从业的实际人数。

其他形式就业 指在“农村残疾人就业实际就业人数”中，从事家庭手工业及在各种类型企事业、服务业、商业及个体从业的残疾人数。

职业培训基地数 指承担着残疾人就业前培训，在职培训、下岗失业人员转岗转业培训、农村务工人员培训等项职能的实体的个数。

残联兴办职业培训基地数 指残联系统创办或主要由残联系统投资的承担残疾人就业前培训，在职培训、下岗失业人员转岗转业培训、农村务工人员培训等项职能的实体的个数。

依托社会机构兴办职业培训基地数 指由非残联系统的社会机构主办或创办投资的承担着残疾人就业前培训，在职培训、下岗失业人员转岗转业培训、农村务工人员培训等项职能的实体的个数。

本年度城镇职业培训人数 指本年度城镇残疾人中在各类职业培训机构（基地）接受培训（含统计时正在接受培训）的实际人次数。

医疗按摩人员培训本年培训 指经过中专及中专以上学历培养并取得毕业证书的医疗按摩人员的本年培养人数。

医疗按摩机构 指截止到本年度 12 月 31 日，经卫生部门批准各级残联及同级卫生部门开设的以医疗按摩为主体的盲人按摩诊所、盲人按摩门诊部、盲人按摩医院及在社会医疗机构中的按摩（推拿）科室的实际达到数。

保健按摩机构 指截止到本年度 12 月 31 日，经当地工商行政部门注册登记领取营业执照，以保健按摩为主体的按摩院、所、中心等各种形式按摩机构的实际达到数。未经当地残联和工商部门批准取得营业执照者不统计。

实际参保的残疾居民人数 指在“符合参保条件的残疾居民人数”中实际缴费参加城镇居民社会养老保险并已建立缴费记录档案的残疾居民人数。包括城镇居民养老保险制度实施时，已年满 60 周岁、未享受城镇职工基本养老保险待遇，直接按月领取城镇居民社会养老保险基础养老金的残疾居民，不包括只登记未建立缴费记录档案的人数。

实际参保的残疾居民人数 指在“符合参保条件的残疾居民人数”中实际缴费参加新型农村社会养老保险并已建立缴费记录档案的农村残疾居民人数。包括新型农村社会养老保险制度实施时，已年满 60 周岁、未享受城镇职工基本养老保险待遇，直接按月领取新型农村社会养老保险基础养老金的农村残疾居民，不包括只登记未建立缴费记录档案的人数。

已纳入最低生活保障范围 指具有城镇户口的残疾人家庭人均收入低于当地城市居民最低生活保障标准，并已经纳入最低生活保障的残疾人数。

集中供养 指城镇“三无”残疾人员在社会福利院等社会福利机构集中供养的人数。

其他救助救济 指本年度具有城镇户口，定期或不定期享受政府、残联或社会捐助的资金和实物救助救济的残疾人数。

已纳入最低生活保障范围 指具有农村户口的残疾人家庭人均收入低于当地城市居民最低生活保障标准，并已经纳入最低生活保障的残疾人数。

五保供养 指符合农村“五保供养”条件，并实际享受“五保供养”的农村残疾人数。

其他救助救济 指本年度具有农村户口，定期或不定期享受政府、残联或社会捐助的资金和实物救助救济的残疾人数。

托养服务机构 指为有托养服务需求的智力、精神、无生活自理能力、长期需要专人照料或护理的残疾人提供基本生活照料和护理、生活自理能力训练、心理及行为辅导、康复训练及医疗保健、社会适应辅导、休闲生活辅导、劳动技能训练和职业康复等方面服务的场所。包括各级各类寄宿制集中托养机构和日间照料机构。

寄宿制托养服务机构合计 指截止本年度末，实际建立的可以对残疾人进行寄宿托养服务的托养服务机构总数。

日间照料托养服务机构合计 指截止本年度末，实际建立的可以对残疾人进行日间照料的托养服务的机构总数。

居家托养服务 指以社区（村）为依托，以社会服务组织、志愿服务人员、家庭邻里等为载体，采取派人包户、定期上门、临时陪护、发放服务券等多种形式，为居住在家。

享受居家托养服务残疾人 指居住在家并符合托养条件，获得政府和残联组织提供的多种形式的生活照料、康复护理、精神慰藉、安全保护的等上门服务的残疾人。

本年度危房改造实际完成 指本年度实际完成农村贫困残疾人危房改造数量（包括国家农村危房改造工程、地方政府农村危房改造项目中残疾人危房改造及彩票公益金专项、自筹资金自行开展的贫困残疾人危房改造数量）。

残疾人群众体育健身活动 指本年度内省级残疾人群众体育健身活动次数，主要指为推广普及群众体育健身活动而举办的健身展示交流、比赛和培训活动，不包括以选拔运动员参加全国残疾人运动会和单项赛事为主要目的的残疾人体育比赛。

残疾人体育比赛 指本年度内组织的以选拔运动员参加全国残疾人运动会（包括全国特奥运动会）和单项赛事（包括特奥比赛）为主要目的的省级残疾人运动会（选拔赛）次数。

参赛残疾人运动员 指本年度内本省、直辖市、自治区举办的省级“残疾人体育比赛”中参赛残疾人运动员人次。

制定或修改关于残疾人的专门法规、规章 指省、地市级人大或政府本年度制定或修改的关于残疾人的综合性或专项法规、规章有多少件。市指《中华人民共和国立法法》第63条第3款规定的较大的市。

制定或修改保障残疾人权益的规范性文件 指省、地市、县级政府本年度制定或修改的保障残疾人权益的规范性文件各是多少件。

人大执法检查或专题调研 指本年度省、市、县级人大对《残疾人保障法》及其他保障残疾人权益的法律、法规、规章、规范性文件进行执法检查或专题调研的次数各是多少次。

政协视察或专题调研 指本年度省、市、县级政协对《残疾人保障法》及其他保障残疾人权益对的法律、法规、规章、规范性文件开展视察或专题调研的次数各是多少次。

残疾人法律援助中心（工作站） 指省、市、县级司法行政部门和残联联合建立的残疾人法律援助中心（工作站）的数量各是多少个。

无障碍建设与管理法规、政府令 指促进本地区无障碍建设和管理的地方性法规或规章个数。

系统开展无障碍建设市、县 指省、地市、县级残联与同级建设等部门联合确定的依据中国残疾人事业“十二五”计划纲要及其配套实施方案和创建“十二五”全国无障碍建设市、县工作标准、无障碍建设有关技术规范要求，制定规划，系统开展无障碍建设的地市、县的累计数。

公共管理和社会组织

人民检察院直接立案侦查案件 指按照管辖的规定，由人民检察院直接立案侦查的贪污贿赂犯罪、渎职侵权犯罪、国家机关工作人员利用职权实施的侵犯公民人身权利和民主权利的犯罪以及经省级人民检察院决定立案侦查的国家机关工作人员利用职权实施的其他重大犯罪案件。

受案 指本年新受理的案件。

立案 指人民检察院对受理的案件进行初步调查后，认为存在职务犯罪事实，应追究刑事责任，并决定作为刑事案件进行侦查的诉讼活动，是追究犯罪的开始。该指标主要反映人民检察院依法将职务犯罪线索作为刑事案件进行侦查的诉讼活动。

结案 指侦查程序的结束。

大案 指贪污贿赂案件数额在五万元以上，挪用公款数额在十万元以上，以及按照《人民检察院直接受理立案侦查的渎职侵权重特大案件标准（试行）》认定的案件。该指标主要反映人民检察院立案查办的职务犯罪案件中经济损失大、社会危害严重的案件。

要案 指县、处级以上的干部犯罪案件。该指标主要反映职务犯罪案件中县、处级以上干部被人民检察院依法立案侦查的情况。

批准逮捕 指人民检察院对公安、国家安全机关、监狱管理机关提请逮捕的犯罪嫌疑人进行审查，根据事实，依法作出逮捕的决定。该指标主要反映人民检察院对提请逮捕的犯罪嫌疑人进行审查后依法作出批准逮捕决定的情况。

决定逮捕 指人民检察院对直接立案侦查的案件，认为需要逮捕犯罪嫌疑人时，依据法律作出的逮捕决定。该指标主要反映人民检察院对直接受理的案件行使决定逮捕权的情况。

提起公诉 指人民检察院对公安、国家安全机关、监狱管理机关和检察机关侦查部门移送起诉的案件进行审查，根据事实，作出提起公诉的案件。该指标主要反映人民检察院对各类刑事案件向人民法院提起公诉情况。

刑事案件 指按照管辖的规定由公安机关、国家安全机关、监狱管理机关侦查的案件。

适用简易程序 指人民法院对依法可能判处三年以下有期徒刑、拘役、管制、单处罚金的公诉案件，事实清楚，证据充分，人民检察院建议或者同意适用简易程序的；告诉才处理的案件；被害人起诉的有证据证明的轻微刑事案件。

一审 指公诉案件的第一审程序。

再审 指人民法院按照审判监督程序重新审判的案件。

提出抗诉 指人民检察院对人民法院的判决、裁定认为确有错误，向人民法院提出对案件重新进行审理的诉讼活动。包括按照第二审程序提出的抗诉和按照审判监督程序（再审程序）提出的抗诉。

撤回抗诉 指上级人民检察院对下级人民检察院按照第二审程序提出的抗诉，经审查，认为抗诉不当时向同级人民法院撤回抗诉，同时通知提出抗诉的下级人民检察院。

立案 指决定立案审查的案件。

提请抗诉 指本级人民检察院将本院有提请抗诉权的案件交下级人民检察院办理，下级人民检察院审查认为应当提请抗诉，建议上级人民检察院提请抗诉的案件。

抗诉 指本级人民检察院提出抗诉的案件。

撤回抗诉 指作出抗诉决定的人民检察院发现抗诉不当的，或接到上级人民检察院撤销抗诉决定后，向人民法院撤回抗诉的案件。

立案监督 指人民检察院对侦查机关刑事立案活动的监督。包括对应当立案而不立案的监督和不应立案而立案的监督。

监督立案 包括侦查机关接到要求说明不立案理由后主动立案和执行通知立案两个内容。

监督撤案 指人民检察院对侦查机关不应当立案而立案的监督。

监管活动 指对监狱等监管改造场所的管理活动进行的监督。

“减假保” 指人民检察院针对罪犯减刑、假释和保外就医中出现的违法情况进行的监督。

受理 指人民检察院接受申诉的情况。包括来信和来访。

立案复查 指人民检察院接受申诉后，经审查决定立案进行复查。

结案 指立案复查有结果的案件。

首次举报 指单位或个人以来信、来访形式检举国家工作人员涉嫌贪污、贿赂犯罪，国家机关工作人员涉嫌渎职、侵权犯罪。不包括重复举报数。

首次控告 指单位或个人以来信、来访形式检举国家工作人员违法或涉嫌刑事犯罪。不包括重复控告数。

首次申诉 不服人民检察院处理决定的或不服人民法院判决或裁定的以来信、来访形式的申诉。不包括重复申诉。

分送检察机关 指人民检察院对受理的举报、控告、申诉案件，经审查，分不同情况，或由控告申诉部门直接办理、或转本院有关业务部门、或转其他人民检察院。

巾帼文明岗 指“巾帼文明岗”创建活动，是适应社会主义市场经济需要，服务国家改革发展稳定大局，由全国妇联等24家部委发起并推出，旨在激励广大妇女争先创优、岗位建功、岗位成才的一项群众性精神文明创建活动。

五好文明家庭 指“爱国守法、热心公益好”、“学习进取、爱岗敬业好”、“男女平等、尊老爱幼好”、“移风易俗、少生优生好”、“勤俭持家、保护环境好”，评选条件是优中选优。

各类家长学校数 为了进一步推动家庭教育的健康发展、传播家庭教育的先进理念、帮助家长掌握科学的家庭教育知识和教子方法，根据不同年龄儿童的家长和有特殊需要儿童家长的要求，举办的各种类型的家长学校个数，以及在广播、电视中开办的广播父母学校个数。这些学校对提高家长素质，提高家庭教育水平发挥了很好的作用。要求学校有机构、有固定场地和师资、有教材、有考核、有年度工作计划、档案齐全。

春蕾小学 指中国儿童少年基金会捐款修建或改建的学校，也包括通过各级妇联捐建的学校。

母亲水窖 指由中国妇女发展基金会承办的为帮助西部干旱地区母亲和儿童解决饮水困难问题，募集社会各界资金修建的水窖。

母亲健康快车 指由中国妇女发展基金会承办的，为帮助西部贫困地区妇女儿童解决就医困难问题，向社会各界募集资金捐赠的医疗救护车。

十二、附　　录
Appendix

教育部 国家统计局 财政部
关于2010年全国教育经费执行情况统计公告

一、全国教育经费情况

2010年，全国教育经费为19561.85亿元，比上年的16502.71亿元增长18.54%。其中，国家财政性教育经费（主要包括公共财政预算教育经费，各级政府征收用于教育的税费，企业办学中的企业拨款，校办产业和社会服务收入用于教育的经费等）为14670.07亿元，比上年的12231.09亿元增长19.94%。

二、落实《教育法》规定的“三个增长”情况

1. 中央和地方各级政府公共财政预算教育拨款（不包括教育费附加）为13489.56亿元，比上年的11419.30亿元增长18.13%。其中，中央财政教育支出2547.34亿元，按同口径比较，比上年增长28.60%，高于中央财政经常性收入9.90%的增长幅度。

2. 各级教育生均公共财政预算教育事业费支出增长情况。2010年全国普通小学、普通初中、普通高中、中等职业学校、普通高等学校生均公共财政预算教育事业费支出情况是：

（1）全国普通小学为4012.51元，比上年的3357.92元增长19.49%。其中，农村普通小学为3802.91元，比上年的3178.08元增长19.66%。普通小学增长最快的是海南省（43.34%）。

（2）全国普通初中为5213.91元，比上年的4331.62元增长20.37%。其中，农村普通初中为4896.38元，比上年的4065.63元增长20.43%。普通初中增长最快的是江苏省（42.04%）。

（3）全国普通高中为4509.54元，比上年的3757.60元增长20.01%，增长最快的是海南省（53.44%）。

（4）全国中等职业学校为4842.45元，比上年的4262.52元增长13.61%，增长最快的是青海省（54.02%）。

（5）全国普通高等学校为9589.73元，比上年的8542.30元增长12.26%，增长最快的是新疆维吾尔自治区（84.03%）。

3. 各级教育生均公共财政预算公用经费支出增长情况。2010年全国普通小学、普通初中、普通高中、中等职业学校、普通高等学校生均公共财政预算公用经费支出情况是：

（1）全国普通小学为929.89元，比上年的743.70元增长25.04%。其中，农村普通小学为862.08元，比上年的690.56元增长24.84%。普通小学增长最快的是西藏自治区（75.01%）。

（2）全国普通初中为1414.33元，比上年的1161.98元增长21.72%。其中，农村普通初中为1348.43元，比上年的1121.12元增长20.28%。普通初中增长最快的是青海省（111.43%）。

（3）全国普通高中为1071.78元，比上年的831.59元增长28.88%，增长最快的是青海省（177.91%）。

（4）全国中等职业学校为1468.03元，比上年的1164.43元增长26.07%，增长最快的是西藏自治区（216.63%）。

（5）全国普通高等学校为4362.73元，比上年的3802.49元增长14.73%，增长最快的是新疆维吾尔自治区（138.54%）。

三、公共财政预算教育经费占公共财政支出比例情况

按公共财政预算教育经费包含教育费附加的口径计算，2010 年全国公共财政预算教育经费为 14163.90 亿元，占公共财政支出 89874.16 亿元的比例为 15.76%，比上年 15.69%增加了 0.07 个百分点。从全国情况看，有 22 个省、自治区、直辖市公共财政预算教育经费占公共财政支出比例比上年有不同程度的下降。

四、国家财政性教育经费占国内生产总值比例情况

据统计，2010 年全国国内生产总值为 401202 亿元，国家财政性教育经费占国内生产总值比例为 3.66%，比上年的 3.59%增加了 0.07 个百分点。

2010 年全国教育经费执行情况监测结果表明，政府教育投入总量继续增加，国家财政性教育经费占 GDP 的比例以及公共财政预算教育经费占公共财政支出比例均比上年有所增加。

教育部 国家统计局 财政部

二〇一一年十二月二十三日

注：1.公告中所涉及的全国性统计数据，均不包括台湾省、香港特别行政区、澳门特别行政区。

2.公告中的2010年全国国内生产总值401202亿元和公共财政支出89874.16亿元等数据来源于《中国统计年鉴-2011》。